21世纪经济学管理学系列教材

现代物流概论

第二版

INTRODUCTION TO MODERN LOGISTICS

主编 海峰 谭颖

WUHAN UNIVERSITY PRESS

武汉大学出版社

图书在版编目(CIP)数据

现代物流概论/海峰,谭颖主编.—2版.—武汉:武汉大学出版社,
2021.12

21世纪经济学管理学系列教材

ISBN 978-7-307-22624-1

Ⅰ.现⋯ Ⅱ.①海⋯ ②谭⋯ Ⅲ.物流—高等学校—教材 Ⅳ.F252

中国版本图书馆 CIP 数据核字(2021)第 200434 号

责任编辑:范绪泉   责任校对:李孟潇   版式设计:马 佳

出版发行:**武汉大学出版社** (430072 武昌 珞珈山)

(电子邮箱:cbs22@whu.edu.cn 网址:www.wdp.com.cn)

印刷:武汉中科兴业印务有限公司

开本:787×1092 1/16 印张:23.25 字数:548 千字 插页:2

版次:2007 年 9 月第 1 版   2021 年 12 月第 2 版

2021 年 12 月第 2 版第 1 次印刷

ISBN 978-7-307-22624-1   定价:49.00 元

21世纪经济学管理学系列教材

编委会

顾问

谭崇台　郭吴新　李崇淮　许俊千　刘光杰

主任

周茂荣

副主任

谭力文　简新华　黄　宪

委员（按姓氏笔画为序）

王元璋　王永海　甘碧群　张秀生　严清华

何　耀　周茂荣　赵锡斌　郭熙保　徐绪松

黄　宪　简新华　谭力文　熊元斌　廖　洪

颜鹏飞　魏华林

前　　言

物流业是融合运输、仓储、货代、信息等产业的复合型服务业，是支撑国民经济发展的基础性、战略性、先导性产业。尽管物流作为一个学科发展的历史不长，但物流表现出的生机和活力在当前经济活动中尤为突出。近年来，我国物流产业保持了快速增长的态势，对经济发展的贡献日益明显，其在国民经济中的地位也随之提升。加快发展现代物流业，对于促进产业结构调整、转变发展方式、提高国民经济竞争力和建设生态文明具有重要意义，而培养现代物流管理人才正是加快发展现代物流业的必然途径和必要手段。

本书是在近 20 年对本科生、研究生讲授的物流管理学课程进行精炼总结的基础上，结合本科生、研究生的学习特点，展望物流管理学科发展的趋势以及物流产业未来的企业组织形态而进行编撰修订的教材。本教材在原教材《物流管理学》基础上修改更新了全部内容，新增了物流企业管理和物流产业两篇内容。全书是以物流、物流管理、物流企业管理、物流产业这一从微观物流活动到宏观物流产业发展为教材编纂主线和内在逻辑展开的。全书分为四大篇：

第一篇：物流学概论。以物流系统论为基础，详细介绍物流的六大功能活动：运输、储存、包装、流通加工、装卸搬运、配送，呈现物流基本活动及物流活动六要素的全貌。

第二篇：物流管理。以物流管理（学）逻辑为纲，在物流管理理论基础上，分层次对物流管理的战略层、战术层、运作层进行了详细阐释，充分展现物流管理（学）的逻辑层次。

第三篇：物流企业管理。区别于物流管理，以物流企业活动的基本逻辑为前提，从战略管理、营销管理、信息管理、质量管理、财务管理五大方面对物流企业管理的主要框架（内容）进行了描绘与丰富。

第四篇：物流产业。在对物流产业内涵及其在国民经济中的地位进行阐述的基础上，凝练现状、分析问题、借鉴经验、探索对策，对我国物流产业进行全面的剖析，进而洞察和展望物流产业的发展趋势和物流产业未来的企业组织形态。

本教材较旧版与其他同类教材，具有以下几个鲜明特征：

第一，从内容安排上，本教材不仅包含物流学内容及物流管理内容，还涵盖微观个体物流企业的管理理论与方法以及对宏观层面物流产业的现状与未来的剖析与洞察，知识结构丰富，适用性强。

第二，从章节布局上，第一篇以物流六大功能活动为序，第二篇以物流管理（学）为纲，第三篇以物流企业活动的基本逻辑为前提，第四篇以物流产业的现状、问题、对策及未来为线，全书布局逻辑严谨，条理性强。

第三，从体例形式上，本教材紧紧围绕中心内容，设置丰富的案例、专栏和复习思考题，有利于巩固学习效果，扩大信息量，提高分析问题和解决问题的能力。

　　学习本课程时需要特别注意第二篇物流管理的内在逻辑联系，第七章为统揽，以下各章依次遵从物流管理战略层、战术层、运作层三个层面进行编排：第八章物流战略属于战略层，第九章物流系统设计属于战术层，第十章物流系统运作技术和第十一章物流功能活动的管理均属于运作层的内容。学习第四篇物流产业时，一定要理解物流园区和物流产业的区别与联系，物流园区是物流产业发展到一定阶段、物流产业集聚的必然结果，它不仅是一个物流节点形式，更是物流产业中的一种资源集聚形态。

　　本教材是针对物流管理专业的大学生学习物流管理专业知识而编写的，亦可供企业和社会各界的广大读者学习。

　　本书第一章由海峰、张旖编写与修改，第二章、第三章、第四章、第五章由胡娟、张旖编写与修改，第六章由海峰、张旖编写与修改，第七章、第八章、第九章、第十章、第十一章由海峰、招莉莉编写与修改，第十二章、第十三章、第十四章、第十五章、第十六章、第十七章由冯玮麟编写，第十八章、第十九章、第二十章由谭颖编写，全书由谭颖统纂、修改，海峰审定。

　　在本教材出版之际，谨对参加教材编写、审定的专家学者、同志，对提供了大力支持与帮助的武汉大学教务部和武汉大学出版社表示衷心感谢！

目　　录

第一编　物流学概论

第二编　物流管理

第一编　物流学概论

第一章　物流概述

物流是一个古老的话题，自从有商品的交换活动就有物的流动；物流又是一个现代的概念，在现代社会、经济和科学技术发展的环境下，物流被赋予许多新的内涵。本章回顾了物流发展的历程、我国物流概念的引入和研究、现代物流的体系结构、现代物流的重要作用、现代物流的特点和发展趋势，目的是给出现代物流的总体概况。

关键词：物流（logistics）　　物流体系（logistics system）　　物流六要素（six elements of logistics）　　物流的作用（function of logistics）

1.1　物流概念的发展历程

"物流"作为社会生活中生产生活资料实体的储存和流动方式，从人类社会形成开始就存在，并在人类发展中发挥着巨大作用。然而，传统上各项物流活动分离在各个部门之间。20 世纪初开始，有学者逐渐注意到这种现象。随着经济的发展和经济全球化的影响，人们发现对于物品实体转移的全过程进行统一协调和控制以降低日益增长的物流相关费用变得越来越重要，对物流活动集成的要求越来越强烈，物流作为一门新兴的学科随之逐渐成形。

物流在我国是一个比较新的概念，1979 年才正式引进和使用"物流"这一术语。改革开放以来，我国国民经济快速发展，经济结构和市场环境也不断升级变化，物流产业的规模和产业模式随之产生了巨大变化。近几年来，我国物流产业有了一个爆发式的增长，物流企业无论是数量还是质量都有了明显提高，作为其理论基础和发展指导的物流概念和内涵也同时有了革命性的进展。

1.1.1　西方物流概念的发展历程

物流活动各个环节之间存在着效益背反现象，也就是说，某个环节物流费用的节省，会带来其他环节物流费用的增加，这种现象最早在 1844 年在法国人朱尔斯·杜普伊的论著里就有提及，他用实例指出在陆路运输和水路运输之间进行选择时，水路运输成本较低，但随之而来的库存费用和货物损失会很大程度上抵消运输费用的节约。[①]

物流概念最早起源于 20 世纪初的美国。从 20 世纪初到现在近 1 个世纪的时间内，物流概念的产生和发展经历了四个阶段：

---

① 　Dup uit J. On the Measurement of the Utility of Public Works. translated from the French by Barback T H. reprinted in International Economics Papers，1952.

第一个阶段：物流概念的产生阶段。

从 20 世纪初到 20 世纪 50 年代，这一个阶段是物流概念的孕育和产生阶段。这一阶段的特点，第一个是局部范围，主要是在美国；第二个是少数人，是几个人提出来的；第三个是意见不统一。

这一阶段关于物流主要有两种观点。一种是市场营销学派关于物流（physical distribution）的概念。1915 年，阿奇·萧（Arch Shaw）在哈佛大学出版社出版的《市场流通中的若干问题》（*Some Problem in Market Distribution*）一书中研究了市场流通中存在的一些问题，明确将企业的流通活动分为创造需求的活动和物流活动，并指出"创造需求和实物分拨的各项活动之间的关系……说明存在平衡和相互依赖两种准则"，并且指出"物流（此处原文为 The Physical Distribution of Goods——编者）是与创造需求不同的一个问题"。这是因为，20 世纪初西方主要发达国家已经出现生产相对过剩的经济危机，企业将商品销售和实物分拨作为不同的活动分别进行管理已经成为必要。而且，阿奇·萧明确指出了对物流各项活动以及物流活动与企业其他活动进行管理的两个重要原则：平衡和相互依赖，也就是说，要根据整体的需要来对各项活动进行统筹管理。1922 年，著名市场营销学者弗莱德·克拉克在《市场营销的原则》一书中，将市场营销定义为为了实现商品所有权转移而发生的包含物流在内的各项活动，从而物流正式成为企业经营研究的一个重要部分。在其之后，不少市场营销专家的论述中也论及了 physical distribution，物流逐渐被人们认识和重视。1935 年，美国市场营销学会（American Marketing Association）在其编写的《市场营销用语集》中将物流定义为："物流是销售活动中所伴随的物质资料从产地到消费地的种种企业活动，包括服务过程。"总体来说，物流被认为是流通活动重要的组成部分之一，是实现商品流通的支持性功能，对流通活动中"商流"和"物流"的不同功能和规律有了基本的认识。

第二种是从军事后勤角度提出的物流（logistics）概念。早在 1905 年，美军少校琼西·贝克就在其所著的《军队和军需品运输》中指出"作战艺术的一个分支——关于军队调度和保障供给的工作成为物流"。第二次世界大战中，美国作为同盟国的大后方，为同盟国提供了数量惊人、种类繁多的军用物资。美军的这些在军队中的人员调动、军用物品的装备制造、运输、供应、战前配置与调运、战中补给与养护等军事后勤活动采用了一系列技术与方法，使得这些后勤活动既能及时保障供给，满足战争需要，又能使得费用最省、时间最少、成本最低，还安全巧妙地回避敌方进攻。所有这一切都对战争的胜利起到决定性作用。在战争供应过程中，"后勤"（logistics）理论逐渐建立起来。

应该说，这两个概念的实质内容是不一样的。阿奇·萧是从市场营销的角度来定义物流的，physical distribution，直译应该是"实体分配"，按中国人的语言习惯应该译成"分销物流"。它实际上就是指把企业的产品怎么样分送到客户手中的活动；而 logistics 是后勤的意思，主要是指物资的供应保障、运输储存等。这两种不同的概念，之所以都能分别存续下来，是因为它们都分别在各自的专业领域中得到了一定程度的响应、应用和发展；还因为这两个概念各自都在各自的专业领域中独立运用，二者之间没有发生冲突，也没有一个统一的物流学派来进行统一规范，也不需要得到社会广泛一致的公认。因此这个阶段可以说是物流概念的产生阶段，是市场营销学和军事后勤孕育了物流学。

第二个阶段：分销物流学（physical distribution）阶段和现代物流萌芽阶段。

从 20 世纪 50 年代中期开始到 80 年代中期，可以叫作分销物流学阶段。这一个阶段的基本特征，是分销物流学的概念发展而占据了统治地位，并且从美国走向了全世界，被世界各国一致公认，形成了一个比较统一的物流概念，形成和发展了物流管理学，因而也形成了物流学派、物流产业和物流领域。

physical distribution 概念继续在美国得到发展和完善，基本形成了比较完整的物流管理学。1961 年斯马凯伊（Edward W. Smykay）、鲍尔素克斯（Donald J. Bowersox）和莫斯曼（Frank H. Mossman）撰写了《物流管理》，这是世界上第一本物流管理的教科书，建立起了比较完整的物流管理学科。20 世纪 60 年代初期，密歇根州立大学以及俄亥俄州立大学分别在大学部和研究生院开设了物流课程。1963 年成立了美国物流管理协会（National Council of Physical Distribution Management，NCPDM），该协会将各方面的物流专家集中起来，提供教育、培训活动，这一组织成为世界第一个物流专业人员组织。

同时，physical distribution 概念从美国走向世界，成为世界公认的物流概念，在世界范围内形成了物流管理学的理论体系。

20 世纪 50 年代中期，美国的 physical distribution 概念传到了日本，在日本得到了承认、发扬和光大，以后又逐渐传到了欧洲、北美，70 年代末也传到了中国。这样，基本上全世界各个国家都接受了这样的物流概念和物流管理学。

分销物流学，主要把物流看成运输、储存、包装、装卸、加工（包括生产加工和流通加工）、物流信息等各种物流活动的总和。在分销物流学中，主要研究这些物流活动在分销领域的优化问题。在各个物流专业理论和应用发展上取得了很大的进展，例如系统理论、运输理论、配送理论、仓储理论、库存理论、包装理论、网点布局理论、信息化理论以及它们的应用技术等。

与此同时，在分销领域各专业物流理论竞相发展的同时，企业内部物流管理的作用和价值也逐渐被人们发现和重视，成为现代物流学的萌芽时期。

第二次世界大战以后，"后勤"一词在商业中逐渐开始广泛应用，被称为"企业物流"（business logistics），意指对企业的采购、生产、销售中的物料运行活动进行综合管理。1965 年美国 J. A. 奥列基博士（Dr. Joseph A. Orlicky）提出独立需求和相关需求的概念，出现了 MRP 技术。在 MRP 发展的基础上，受 MRP 思想原理的启发，20 世纪 80 年代又产生了应用于分销领域的 DRP（distribution requirement planning）技术，在 MRP 和 DRP 发展的基础上，为了把二者结合起来运用，90 年代又出现了 LRP（logistics resources planning）技术和 ERP（enterprise resources planning）。

这一时期的五六十年代日本丰田公司创造的准时化生产技术（Just In Time，JIT）以及相应的看板技术是生产领域物流技术的另外一朵奇葩。它不仅在生产领域创造了一种革命性的哲学和技术，而且为整个物流管理学提供一种理想的物流思想理论和技术，现在已经应用到物流的各个领域。企业内部另一个重要的物流领域是设施规划与工厂设计，包括工厂选址、厂区布局、生产线布置、物流搬运系统设计等，也都成为物流学强劲应用和发展的领域，形成了物流管理学一个非常重要的分支学科。

所有这些企业内部物流理论和技术的强劲发展，逐渐引起了人们的关注。分销物流的概念显然不能包含它们，使原来只关注分销物流的人们自然想到，光使用分销物流的概念已经不太合适了。特别是到 20 世纪 80 年代中期，随着物流活动进一步集成化、一体化、信息化的发展，改换物流概念的想法就更加强烈了，于是就进入了物流概念发展的第三个阶段。

第三个阶段：现代物流学（logistics）阶段。

从 20 世纪 80 年代中期开始一直到 90 年代中期的阶段，叫做现代物流学阶段。第二阶段物流业的发展，使人们认识到，物流已经不只是仅仅限于分销领域，而已经涉及包括企业物资供应、企业生产、企业分销以及企业废弃物再生等全范围和全领域。原来的分销物流概念，已经不适应这种形势，应该扩大概念的内涵，因此决定放弃使用 physical distribution，而采用 logistics 作为物流的概念。

1985 年美国物流管理协会（NCPDM）改名为 Council of Logistics Management（CLM），从此 logistics 正式代替 PD 概念，并提出了新的物流概念："所谓物流，就是为了满足顾客需要而对原材料、半成品、成品及其相关信息从产地到消费地有效率或有效益的移动和保管进行计划、实施、统管的过程。这些活动包括但不局限于顾客服务、搬运及运输、仓库保管、工厂和仓库选址、库存管理、接受订货、流通信息、采购、装卸、零件供应并提供服务、废弃物回收处理、包装、退货业务、需求预测等"。

这一时期，企业内部的集成化物流趋势越来越明显。MRPII 把生产管理与生产能力管理、仓储管理、车间管理、采购管理、采购管理、成本管理等集成起来；DRP 是把分销计划、客户管理、运输管理、配送管理、车辆管理、仓储管理、成本管理等集成起来；LRP 是把 MRP 和 DRP 集成起来；ERP 是把 MRPII 与人事管理、设备管理、行政办公等系统集成起来。物流外包和第三方物流的产生，进一步导致物流专业化、技术化和集成化，实现了生产和物流的分工合作，提高了各自的核心竞争力。

第四个阶段：供应链管理（supply chain management）阶段。

20 世纪 90 年代以来，随着经济全球化影响进一步加强、Internet 及电子商务的兴起，人们开始感觉到，物流的作用在新经济环境中，还会继续发展扩大，要把物流与供应链联系在一起，这样才能进一步释放物流的能量，企业才能在经济全球化中获取竞争优势。企业之间的竞争在某种程度上演变成了围绕核心企业组成的供应链之间的竞争。物流成为供应链管理的有机组成部分。

2004 年 CLM 执委会投票决定再一次更名为美国供应链管理协会（Council of Supply Chain Management Professionals，CSCMP）。CLM 最新的物流定义为：物流是供应链管理过程的一部分，以满足客户需要为目的，对产品、服务和相关信息从起始点到消费点的正反向流动和储存进行计划、执行和控制以使其更加有效率和效益。

西方物流概念发展的阶段如表 1.1 所示。

表 1.1　　　　　　　　　　　　西方物流概念发展的阶段

阶段	时期	物流概念
物流概念的产生阶段	20 世纪初到 20 世纪 50 年代	物流是销售活动中所伴随的物质资料从产地到消费地的种种企业活动，包括服务过程。
分销物流阶段和现代物流萌芽阶段	20 世纪 50 年代到 80 年代中期	物流是以对原材料、半成品及成品从产地到消费地的有效移动进行计划、实施和统管为目的而将两种或以上活动的集成。这些活动包括但不局限于顾客服务、需求预测、流通信息、库存管理、装卸、接受订货、零件供应并提供服务、工厂及仓库选址、采购、包装、废弃物回收处理、退货业务、搬运和运输、仓库保管等。
现代物流学阶段	20 世纪 80 年代中期到 90 年代中期	所谓物流，就是为了满足顾客需要而对原材料、半成品、成品及其相关信息从产地到消费地有效率或有效益的移动和保管进行计划、实施、统管的过程。这些活动包括但不局限于顾客服务、搬运及运输、仓库保管、工厂和仓库选址、库存管理、接受订货、流通信息、采购、装卸、零件供应并提供服务、废弃物回收处理、包装、退货业务、需求预测等。
供应链管理阶段	20 世纪 90 年代至今	物流是供应链管理过程的一部分，以满足客户需要为目的，对产品、服务和相关信息从起始点到消费点的正反向流动和储存进行计划、执行和控制以使其更加有效率和效益。

1.1.2　我国物流概念的引入和研究

1956 年，日本为了发展流通业的需要，派出"流通技术专业考察团"到美国考察学习，将美国的"实物分拨"（physical distribution）概念引入日本。考察团回国后向政府提出重视物流的建议，并在产业界掀起了 PD 启蒙运动。为了使普通人能够顺利理解，日本政府在文件和报道中将 PD 翻译为日文"物の流"。随着理论和实践的发展，1992 年 6 月，日本"物的流通协会"和日本"物流管理协议会"合并成立日本后勤系统协会（The Japan Institution of Logistics Systems，JILS），此时日本从使用汉字的物流变成直接使用外来语的 logistics，也就标志着对于物流的认识已经发生了变化。日本的物流研究机构也逐渐代之以新的物流概念，是英文 logistics 的日文注音。

1979 年，我国物资工作者代表团参加了在日本举行的第三届国际物流会议，并在回国以后的报告和研究中直接使用了日本的"物流"一词。随着交流的不断深入和相关研究的进展，国内学者也对西方的物流理论进行了大量的学习和研究，我国的"物流"现在也逐渐成为了等同于"后勤"的一个概念。

20世纪90年代以来，我国政府也逐渐认识到推动现代物流发展的重要性和巨大作用，十五计划纲要中明确指出：积极引进新型生态和技术，推进连锁经营、物流配送、代理制、多式联运，改造和提升传统流通业、运输业和邮政服务业。2001年4月我国颁布了第一个关于物流的国家标准：《中华人民共和国国家标准——物流术语》。在国家标准中，物流的定义为：物品从供应地向接受地的实体流动过程。根据实际需要，将运输、储存、装卸、搬运、包装、流通加工、配送、信息处理等基本功能实施有机结合；并明确对应的英文为 logistics。

我国因为是直接引入的现代物流理念和方法，因此对物流的研究不仅仅局限于企业中物流管理的实践，而且要对宏观的物流活动进行统筹规划，同时通过研究和制定推动现代物流发展的一系列政策法规，从而利用后发优势，促进现代物流产业的迅速发展，对我国经济的可持续发展起到支持作用。

1.2 现代物流业的构成

随着物流产业的迅速发展和物流巨大价值的凸现，现代物流已经成为一个使用极为频繁、含义十分丰富的词汇，在不同情况下具有特殊的内涵，因此有必要对现代物流根据不同的对象、目的、作用和范围进行分类研究，以使我们了解现代物流的整体体系。现代物流业的构成如图1.1所示。

现代物流业由六大部分构成：

第一部分，物流的基本活动。即：运输、储存、装卸搬运、包装、流通加工、配送、信息处理的一体化，这是任何一项完整的物流活动所必须包括的基本活动和功能，这也是现代物流区别于传统储运的主要方面。

第二部分，物流类型。根据物流服务对象将物流分类为自然资源物流、能源物流、原料物流、材料物流、机电产品物流、日用工业品物流、日用农产品物流、医药产品物流、文化产品物流、废旧物品物流、垃圾物流和其他物流（如特殊产品军用物资物流）等；根据物流服务行业、产业不同，可以将物流分为农业物流、工业物流、建筑业物流、服务业物流（含商业物流、军事物流）和生活物流等；根据物流服务作用的不同，可以分为供应物流、生产物流、销售物流、反向物流和废弃物物流。

第三部分，物流组织类型。按物流组织服务物流市场的组织属性来看，一类是为社会提供物流服务的物流组织，即传统物流企业、第三方物流企业，这是物流业的产业主体；另一类是为本企业提供物流服务的物流组织，也称为企业自营物流或专业子公司物流。这部分物流服务，在社会化物流服务达到一定的水平和市场竞争日益激烈的环境下，有可能将其物流业务外包给专业化的物流企业，或者在物流服务能力提高的情况下，为社会提供物流服务。

第四部分，物流节点类型。物流节点是物流体系的重要组成部分，也是物流业空间布局的主要内容。现代物流体系是由点、线、网所构成的，点是构成物流体系的核心。现代物流体系中的点（物流节点）是由物流园区、物流中心、配送中心等构成。物流园区聚集了众多的物流企业，为区域、城市的各种经济活动提供综合物流服务，是物流产业的集

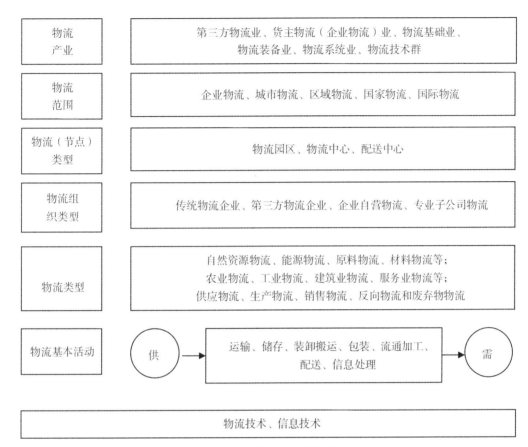

图 1.1　现代物流业的构成

聚地；物流中心同样也服务于产业、城市的经济活动，为产业聚集区、大型交易市场等提供专业化的物流服务；配送中心又是以物流配送，为相同类型的工业、商业企业提供专业化配送服务。物流节点的空间布局，通常是以产业布局、城市发展、交通条件、区位和区域市场为基础，按服务于城市商业、产业发展、区域经济发展等基本原则和物流服务的规模、范围、功能逐一进行空间布局。

第五部分，物流范围。按物流活动的服务，将物流服务划分为：服务于企业和企业供应链的企业物流，服务城市经济发展和居民生活的城市物流，服务区域经济发展的区域物流，服务整个国家的国家物流和服务国际经济活动的国际物流，从而形成全球性的物流服务网络。

第六部分，物流产业。物流产业由第三方物流业、货主物流（企业物流）业、物流基础业、物流装备业、物流系统业、物流技术群所构成。

1.2.1　物流基本活动及物流活动的六要素

物流基本活动包括：物品的运输、储存、装卸、包装、流通加工、包装物和废品回收等，以及与之相联系的物流信息，如图 1.2 所示。

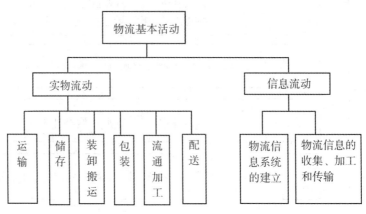

图 1.2　物流的基本活动

物流活动的六要素是指：流体、载体、流向、流量、流速、流程 6 个要素。流体是指物流活动流动的物体，也称物品；载体是运载物体或物品的运输工具；流向是物体或物品从什么地方流向什么地方；流量是流动的物体或物品的数量；流速是一项物流活动的时间要求；流程是物流活动的路径和距离。

任何一项物流活动都可以通过六要素来描述。如一项从武汉某企业到上海某企业（B to B）的物流活动（流向），流体（物品）是一台（流量）大型的机械设备，流速（时间）要求 10 天之内达到，载体可以选择汽车公路运输、铁路运输或水路船运，各种运输方式的经济性、时效性和安全性是不同的，因此，这就存在不同运输方式的选择，如何确定具体的流程（路线）就要考虑经济性和安全性。通过对汽车公路运输、公路—铁路、公路—水路等多式联运的方式选择最终确定该物品的流程（即通常所说的运输方案）。

由此可见，任何一项物流活动都可以通过对物流的六要素来描述，同时通过对六要素的分析能够确定该项物流活动的物流实施方案。

1.2.2　物流类型

根据物流活动本身对象、作用的不同，我们可以将物流做如下分类：

1. 根据流体的固有属性分类

物流活动的对象，即物流流体，它们的物理和化学性质决定了物流活动的基本操作内容。固体的物和液体的物的性质不同，钢铁和水泥性质不同，化工原料和日用商品性质不同，食品和家具性质不同，针对它们的物流活动的性质也就不同。由于物的性质不同，运输方式的要求也不同，包装的要求也不同，物流加工的要求也不同，储存的要求也不同。

按物流流体的基本属性分类，可以将物流活动分为自然资源物流、能源物流、原料物流、材料物流、机电产品物流、日用工业品物流、日用农产品物流、医药产品物流、文化产品物流、废旧物品物流、垃圾物流和其他物流（如特殊产品军用物资物流）等 12 大类，每一大类还可再分若干种类，最后可细分到每一种物资物流，[①] 如水资源物流、矿石物流、沙土物流、煤炭物流、石油物流、天然气物流等。在研究和具体工作中，我们要注意根据这些不同种类物流的独特性质，具体情况具体分析，找出它们各自的规律，又针对性地采取措施提高其物流活动的效率和效益。

2. 根据物流的作用分类

根据物流活动在社会流通过程中的不同作用，可以划分为五种类型，如图 1.3 所示。

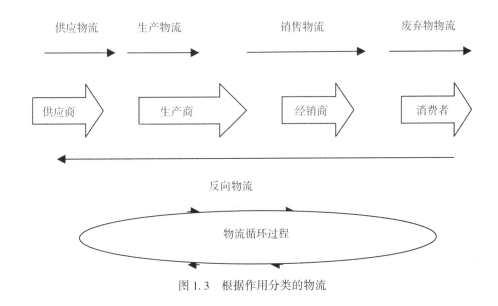

图 1.3　根据作用分类的物流

（1）供应物流。企业需要原材料、零部件和其他物品时，物品从供应方到需求方之间的实体流动过程。供应物流是企业生产和销售的基础，是完成流通过程、实现商品价值的第一步。对于企业来说，由于各种原材料之间有固定的比例关系和时间关系，所以根据需求和预测合理采购，对运输、包装、搬运装卸、储存、拣选和配送活动进行组织和管理，准确、快速、低成本地保证生产和销售的供应，是供应物流的主要内容和目标。

（2）生产物流。它是生产过程中，原材料、在制品、半成品、产成品在企业内部的实体流动过程。生产物流的合理化是生产管理的重要方面，良好的生产物流可以帮助减少库存成本，提高生产效率，缩短生产周期，消除浪费。

（3）销售物流。它是企业出售商品时，物品从供应方到需求方之间的实体流动过程。销售物流是最早引起人们关注的物流活动，因为它是实现社会再生产的最重要步骤。在现代社会的买方市场环境下，销售物流活动必须具备极强的服务性。合理设计销售物流系统，根据顾客需要高水平、低成本地将商品配送到顾客手中，是企业实现利润、提高竞争力的重要方面。

（4）反向物流。它是退货、不合格商品和损坏商品的返修以及销售物流中运输、搬

---

① 徐寿波. 关于物流的科学分类问题. 北方交通大学学报（社会科学版），2002（12）.

装卸运、储存中的容器、工具、器具及其他可以再利用的物品，回收到企业的实体流动过程。合理的反向物流，可以提供高水平顾客服务，降低物流成本，同时对于降低物流活动对社会环境和生态环境的影响也有重要作用。

（5）废弃物物流。它是生产过程中的副产品、废弃物以及产品消费后的废弃物收集、分类、处理、销毁的实体流动过程。良好的废弃物物流可以改善社会生态环境，提高社会资源利用效率。

五种不同作用的物流贯穿和帮助实现了社会再生产的整个过程，构成了物流循环。

3. 其他分类方式

可以按物流的部门（产业和行业）属性分类。按部门分，可分为农业物流、工业物流、建筑业物流、服务业物流（含商业物流、军事物流）和生活物流等五种；按产业分，可分为第一产业物流、第二产业物流和第三产业物流三种；按行业分，可分为各个行业的物流，如冶金行业物流、化工行业物流、建材行业物流、煤炭行业物流等。

1.2.3　物流组织类型

根据物流运作的组织和承担主体不同，可以将物流划分为企业自营物流、专业子公司物流、第三方物流等。

传统上企业有"大而全""小而全"的现象，大多数企业的供应物流、生产物流、销售物流都是通过企业自有的车辆、仓库、器具、人员和场地进行组织和运作。这就是企业自营物流的形式。

随着市场竞争的加剧、企业管理理念的进步，很多传统工商企业将自己的物流活动剥离并外包，以集中精力和资源发展自己的核心竞争力。这其中有部分大型企业将传统的物流部门剥离出来，成立自主经营、独立核算、自负盈亏的专业物流子公司，为企业服务，在此基础上逐渐为社会提供物流服务。这就是专业子公司物流组织类型。

关于"第三方物流"的定义，国家标准术语 GB/T 18354—2006 中是这样描述的："接受客户委托为其提供专项或全面的物流系统设计以及系统运营的物流服务模式"。广义地讲，第三方物流是与自营物流相对而言的，即第三方物流是专业物流企业面向全社会提供物流服务，按照客户要求进行货物的运输、包装、保管、装卸、配送、流通加工等项目的有偿服务。

1.2.4　物流节点

物流节点种类繁多，传统的有公路货运站、铁路编组站、港口、货物堆场等。现代物流节点由以下三种类型组成：

物流园区一般以传统的大型公路货运站、港口、铁路编组站为依托，位于具有两种或两种以上交通运输方式（公路、铁路、水路、航空）相交会的区域，交通便利，是由多家专业从事物流服务、拥有多种物流设施的不同类型物流企业在空间上相对集中分布而形成的场所，是服务领域广泛，物流辐射的范围广阔（涵盖城市范围、区域范围、国际范围），能够提供规模化、集约化的大规模物流服务和综合服务功能的物流节点。物流园区具有物流产业的一致性或相关性，具有经济开发的功能。

物流中心与物流园区的含义基本相同，主要区别在于物流中心的规模小于物流园区，物流服务领域的专业化特点突出，主要服务于某一个或一些专门的产业或交易市场，所以相对于物流园区的地理位置要靠近城市，一般贴近某个产业聚集区或者大型交易市场。

配送中心是从供应者手中接受多种大量的货物，进行倒装、分类、保管、流通加工和情报处理等作业，然后按照众多需要者的订货要求备齐货物，以令人满意的服务水平进行配送的设施。

1.2.5　物流范围

物流活动覆盖的地域和范围是不同的，因此我们按物流地域覆盖的范围将其分为国际物流、国家物流、区域物流、城市物流、企业物流五个层次。

不同的层次由于经济、社会、自然环境等不同，物流也不尽相同。由于不同的地域有自己的地域特性，所以不同地域有不同的物流。比如，中东地区盛产石油，石油物流就是该地域主要的物流，澳大利亚的煤炭和铁矿石出口物流很有名，中国的农产品和轻工业产品物流是主要的出口物流，又比如，我国东北地区的石油物流、大豆物流、新疆地区的石油物流、石材物流、棉花物流，山西地区的煤炭、焦碳物流，上海、广东、江浙沿海地区的日用商品物流等，都反映了每个地区的物流自己的特性。

随着经济全球化的发展、国际贸易额的增长和国际分工的细化，国际物流在世界经济交流和发展中起着越来越重要的作用。国际物流面临着距离遥远、需求复杂、物品多样、单证处理麻烦、中转运输等种种挑战，很多跨国公司和国际物流企业开始通过建立战略联盟的方式构建跨国的一体化物流服务体系，以在企业进行全球营销和国际生产的同时，保证物流服务的效率和降低物流服务成本。

物流是国民经济的重要组成部分，良好的物流系统对于推动和维持一国经济的可持续健康快速发展具有重要意义。所以，国家物流重点在于以政府为主导，从全国经济、社会、地理和物流特点着手，通过计划、政策、法规和资金投入，推动符合经济发展现状的现代物流系统建设。

区域物流和城市物流是在一定的区域地理环境中，以大中型城市为中心，以区域经济规模和范围为基础，结合物流辐射的有效范围，将区域内外的各类物品从供应地向接受地进行有效的实体流动；根据区域物流基础设施条件，将公路、铁路、航空、水运及管道输送等多种运输方式及物流节点有机衔接，并将运输、储存、装卸搬运、包装、流通加工、配送及信息处理等物流基本活动有机集成，以服务本区域的经济发展，提高本区域物流活动的水平和效率，扩大物流活动的规模和范围，辐射其他区域，提高本区域的综合经济实力。如京津唐区域、长三角区域都是我国区域物流发展的重点。

企业物流是对企业与供应商、分销商直到最终消费者所组成的供应链上物流活动的计划、组织、协调、控制活动。对企业物流良好的管理，可以帮助企业降低成本、减少库存、提高服务水平，并最终获得竞争优势。

1.2.6　物流产业

物流产业由第三方物流业、货主物流（企业物流）业、物流基础业、物流装备业、物流系统业、物流技术群所构成。

第三方物流业，包括为社会的各种经济组织提供一整套供应链物流解决方案与运作的物流企业，和提供部分物流服务的运输服务、仓储企业等；货主物流（企业物流）业是为本企业提供物流服务的服务组织或机构；物流基础业为物流服务提供基础条件的产业，如铁路、公路、港口、机场、航道等交通基础设施；物流装备业是为物流活动提供运输、搬运等设备的制造业；物流系统业为物流服务提供系统和基础支持的集装箱、托盘及标准化建设等；物流技术群是指为提高物流服务的效率的技术群。

1.3　现代物流的重要作用

1.3.1　现代物流在企业中的作用

对于企业而言，加强物流管理，具有如下作用：

1. 确保顾客服务水平

按照市场营销学的理论，完整的产品概念包括核心产品、形式产品与扩大产品。在这个完整的产品概念中，核心产品为顾客提供最基本的效用或需求，如电冰箱的制冷功能；形式产品是指顾客对某一基本需求的特定满足形式，如电冰箱的质量、款式、品牌、颜色、容积等；扩大产品是指与产品相关的各种附加服务，如说明书、质量保证、送货、维修、技术培训、安装等。其中，扩大产品最容易被企业所忽视，而物流服务则是扩大产品中重要的组成部分。企业一旦重视附加服务，很容易形成产品的差别化优势，在市场上脱颖而出，在竞争中获胜。在传统的观念中，物流被看作是纯粹的费用支出。随着社会经济的发展，顾客对服务水平的期望越来越高。一些企业通过加强物流管理，形成了独特的物流服务能力，赢得了顾客的青睐。

2. 节约物流费用

在不同类型的产品的售价中，物流费用所占的比重大相径庭，比如，在石化产品中，物流费用占售价的30%～40%，而在烟草和服装产品中，物流费用只占售价的5%～10%。但无论如何，任何一个企业在致力于最大限度地降低产品售价时，都必须将降低物流费用作为其有机组成部分。

3. 实现快速反应

一方面，消费者的需求呈现出多样化、个性化的特点；另一方面，企业的产品生命周期不断缩短，更新换代的速度越来越快。企业的经营环境表现出越来越强的不确定性。

企业通过加强物流管理，可以加快原材料、零部件采购和最终产品向顾客传输的速度，大大缩短顾客订货所需的提前期，迅速响应市场的需要，做大"蛋糕"，赢得更多的市场份额。

4. 改善企业管理水平

对于物流系统的任何改善都有助于提高企业的管理水平。以库存为例，传统的观点认为，为了应付原材料或零部件供应的不及时、消费需求的异常变化，必须进行适当数量的原材料、零部件、产成品库存，以缓冲各个生产环节之间的矛盾，保证生产连续进行，提高对顾客的服务水平；而现代观点则认为，一个充满库存的生产系统会掩盖其存在的各种问题，诸如设备故障造成停机、工作质量低造成废品或返修、横向扯皮造成工期延误、计划不周造成生产脱节等问题，都可以动用各种库存，使矛盾钝化、问题被淹没，一旦矛盾累积到很高的程度，容易造成大危机。因此，许多专家认为，只要看物流状况，就能判断出企业的管理水平。

【专栏 1.1】

京东物流全链路智慧化履约系统

随着无界零售时代的到来，京东物流作为无界物流的引领者和实践者，以降低社会化物流成本为使命，致力于成为社会供应链的基础设施。将基于短链供应，打造高效、精准、敏捷的物流服务；通过技术创新，实现全面智慧化的物流体系；与合作伙伴、行业、社会协同发展，构建共生物流生态。通过智能化布局的仓配物流网络，京东物流为商家提供仓储、运输、配送、客服、售后的正逆向一体化供应链解决方案、快递、快运、大件、冷链、跨境、客服、售后等全方位的物流产品和服务以及物流云、物流科技、物流数据、云仓等物流科技产品。目前，京东物流是全球唯一拥有中小件、大件、冷链、B2B、跨境和众包（达达）6 大物流网络的企业。

京东物流庞大的体系由全链路智慧化系统支撑，针对物流互通互联不足、物流供需信息不对称、物流成本高、智能化发展较弱等问题，京东物流对"预测—库存—仓储—运输—配送"全流程进行规划，以大数据、物联网和人工智能技术为支撑，打造了智慧化物流体系。京东智慧物流支撑京东交易额和营业收入以远高于行业平均增速的速度增长。2017 年，支撑京东实现 GMV 1.3 万亿元、营业收入 3623 亿元。推动京东整体运营成本不断降低、效率不断提升。京东智慧物流综合运营费用率为 7% 左右，几乎为行业的一半。与此同时，京东智慧物流系统全面对外开放，服务数万商家，致力于将社会物流运营效率提高 2 倍。

（资料来源：中国物流与采购联合会 http：//www.chinawuliu.com.cn/xsyj/201904/24/340138.shtml，2019-04-27.）

1.3.2　现代物流在国民经济中的作用

对于整个国民经济而言，发展现代物流具有如下作用：

1. 降低物流费用

关于物流费用，曾经出现过一系列的学说。从这些学说中，我们可以看出加强物流管理对于提高国民经济的运行效果具有极其重要的作用。

（1）黑暗大陆说

1962 年，美国管理学泰斗彼得·德鲁克（Peter Druker）在《财富》杂志上发表一篇题为《经济的黑暗大陆》的文章，指出流通是经济领域里的"黑暗大陆"。德鲁克所指的是流通领域，但由于流通领域中物流活动的模糊性尤其突出，物流是流通领域中人们更认识不清的领域，因此，"黑暗大陆"的说法目前主要针对物流而言。

黑暗大陆说认为，在消费者所支出的商品价格中，大约50%是与商品流通有关的费用。根据日本产业投入——产出表的资料分析，制衣业的附加价值构成为：零售：36%；批发：15%；加工：19%，其中工资和保险11%，经营5%，其他3%；物质中间品：20%，其中纺织物13%，染色整理2%，其他投入5%；其他中间投入：4%；与投入相关的业务：5%；运输：1%。由于当时企业物流以外的活动已经得到明显的改善，生产方面的机械化、自动化取得了较大的进展，销售方面采用了科学的营销方法，因此，物流被视为降低成本的最后领域。

（2）物流冰山说

物流冰山说是由日本早稻田大学西泽修教授在《主要社会的物流战》一书中提出来的。通过对物流费用的专门研究，西泽修发现，现行的财务会计制度和会计核算方法不可能掌握物流费用的实际情况，人们对物流费用的了解是一片空白的，甚至有很大的虚假性，他把这种情况形象地比作"物流冰山"。物流费用是大部分沉在水面以下的我们看不到的黑色区域，而我们看到的物流费用不过是冰山的一角。

（3）第三利润源泉说

"第三利润源泉"的说法同样出自西泽修之口。从历史发展的角度来看，人类历史上曾经有过2个大量提供利润来源的领域：其一是资源领域，其二是人力领域。20世纪70年代初，世界爆发了第一次石油危机，石油价格的上涨造成一系列的连锁反应，导致能源、原材料、劳动力价格全面上涨，传统的2个利润源泉的潜力越来越小。在利润开拓越来越困难的情况下，物流领域的潜力日益为人们所重视，被称为"第三利润源泉"。

根据有关资料显示，我国许多商品的总成本中，物流费用已占到20%~40%，每年因包装造成的损失约150亿元，因装卸、运输造成的损失约500亿元，因保管不善造成的损失在30亿元左右。全社会物流费用占GDP的比重，美国、日本、英国等大致在10%左右，而我国则高达20%。可见，我国物流费用节约的潜力非常大，只要改善物流管理，就可以大幅度降低国民经济中物流费用的消耗。

2. 促进经济发展

现代物流具有很强的产业关联度和带动效应，几乎涵盖了一产、二产、三产的所有领域和部门，是国民经济的综合性和支柱性产业之一，对国民经济发展具有重要的促进作用。具体表现在：

（1）现代物流有利于促进生产力发展。专业化是现代物流业的一个显著特点，符合社会分工发展的方向。它使生产者、经营者能压缩存量资本和不必要的物流投入，使消费者的需求能更便捷、更好地得到满足；使电子商务、全球卫星定位通讯技术等先进科技有更广阔的应用领域；使物流经营者能更专注于物流服务；使物流设备和技术、管理进步更快；使物流资源向专业化、规模化、合理化方向配置，形成集约化的物流经营，产生规模效益；可以降低企业之间的交易成本，促进分工进一步细化。总之，发展现代物流是促进生产力发展，提高国民经济竞争力的重要手段。

（2）现代物流可以推动第三产业发展。发展现代物流可以提高第三产业在国民经济中的比重及地位。可以带动相关的批发零售业、餐饮业、房地产业、信息业的发展。既增加了第三产业的绝对数量，还提高了第三产业中高附加值行业的比重，从而优化产业结构。此外，发展现代物流业也是创造再就业的有效途径。

（3）现代物流是改善投资环境，扩大招商引资的重要措施。例如，上海浦东刚建成就吸引了世界 500 强中的不少企业登陆，而当他们发现那里居然没有一个物流中心，不少企业憾然离去。

（4）现代物流的发展将直接产生显著的经济效益。据统计数据，发达国家物流成本占 GDP 的比重为 10%左右，而我国约为 14.6%，这说明，我国物流成本的节约空间还非常大。因此，如果能够在物流合理化方面加以改进，将该比例降低 1 个百分点，我国每年就将直接节省约 2400 亿元的物流成本，为企业和社会带来极为可观的经济效益。

（5）发展现代物流，能够起到完善结构，提高国民经济总体质量和抗御危机的作用。1997 年东南亚金融危机过后，人们在分析和总结东南亚各国和各地区的情况时发现，以现代物流为重要支柱产业的新加坡和我国香港具有较强的抗御经济危机的能力。

（6）现代物流可以促进电子商务的发展

随着信息技术的发展，电子商务在整个社会商品交易中的比重逐渐攀升。从本质上而言，电子商务是对商流的现代化，而商流的现代化必须以物流的现代化为基础，由于买卖双方的不见面，电子商务的蓬勃发展必须以高效的物流系统为基础，加强物流管理对于促进电子商务的健康发展至关重要。

1.4　现代物流的特点和发展趋势

1.4.1　现代物流与传统物流的区别

现代物流脱胎于传统物流，和传统物流之间既有联系又有区别。从传统物流转向现代物流，不单是名称上的变化，更是本质上的飞跃。它们之间的区别主要体现在两个层面：其一是管理理念层面；其二是运作层面（服务、管理、技术、经济效率）（如表 1.2 所示）。

（1）管理理念层面上：现代物流注重物流目标系统化，强调从整体上追求最优。它从系统的角度将一个公司的各种物流活动统筹规划为一个整体，注重处理物流活动与公司经营目标之间、物流活动与物流活动之间的关系，不求单个活动的最优化，但求整体业务的最优。传统物流仅仅是对生产或销售企业业务的局部支持。

（2）运作层面上：分为服务、管理、技术、物流活动的效率与效益四个方向。

在服务方面，一方面由于客户要求节约成本和获得高水平服务，另一方面社会物流服务业（第三方物流）壮大成长，其服务效率有了较大改进，在这种物流服务供需双方情况下，企业物流服务由单项发展到综合、由一般化发展到个性化。传统物流业是在计划经济体制下形成的，主要是等货上门，属于被动服务；现代物流以客户为中心、提供个性化服务为经营理念，可以根据客户要求对其物流系统进行设计及咨询，独立开发专业化、定制化的物流服务，唤起潜在需求，积极主动地为客户提供全方位服务。另外，传统物流一般只提供单项物流或多项物流服务，如运输、仓储、搬运装卸等；而现代物流能提供综合物流服务，即将运输、仓储、流通加工、配送、搬运装卸、信息处理联系起来，形成有机的物流系统整体，提供物流增值服务。

在管理方面，传统物流从事单项的物流管理，以物流自理为主，无法控制整个物流链；而现代物流从事综合物流管理，对供应链实施全面控制，并且大多数是委托第三方，以第三方物流为主。

表 1.2　　　　　　　　　　　　　　**传统物流与现代物流的区别**

层面		传统物流	现代物流
管理理念层面		对业务的局部支持	整体上追求最优
运作层面	服务	1. 物流基础设施落后，服务能力低 2. 物流企业以提供单项或多项物流服务为主 3. 从事有限地区、部门的物流服务 4. 服务质量不高，难以满足现代物流需要	1. 物流基础设施先进，服务能力强 2. 物流企业以提供综合物流服务为主 3. 可实现跨部门、跨区域的物流服务 4. 服务质量高，能满足现代物流需要
	管理	1. 从事单项的物流管理，无法控制整个物流链 2. 以物流自理为主	1. 从事综合物流管理，对供应链实施全面控制 2. 以第三方物流为主
	技术	1. 运作时以半机械、半手工作业为主 2. 缺乏外部网络信息整合及 EDI 联系 3. 技术分散、单一 4. 有限的或无先进的信息技术	1. 运作时机械化、自动化程度高 2. 采用网络信息整合系统，广泛使用 EDI 联系和 GPS、R F、GIS 等先进信息技术 3. 大量采用综合技术（物流与信息、控制、管理等一体化）
	效率与效益	1. 政府限制较多，且物流产业政策松、散、乱 2. 物流活动的效率、效益低 3. 无经济全球化	1. 政府比较重视，物流产业政策合理规范 2. 物流活动的效率、效益高 3. 经济全球化

在技术方面，传统物流一般采用手工作业或以半机械、半手工作业为主，技术比较落后；现代物流一般是大规模机械化和技术的综合化，将物流自身的功能技术与现代电子信息技术、智能控制技术、系统管理技术综合集成起来，形成高效的物流运作系统或高新技术产品，如 J IT、立体自动仓库、自动引导小车（AGV）、搬运机器人、地理信息系统（GIS）和射频标识技术（RF）等，手段趋于自动化、智能化。

在物流活动的效率与效益方面，传统物流一般经济效率、效益低，而现代物流通过对分散的、利用效率低的物流资源协调和集成，使整个物流系统的物流活动的效率得到改善和提高，其经济效益比较高。

1.4.2 现代物流的发展特点与发展趋势

现代物流依据客户需求，以物资流通为中心、依托网络和电子商务技术，建立一套完整的社会化服务体系，其发展特点如下：

（1）以客户需求和满意度为中心。在当代网络环境下，市场竞争越来越激烈，消费者的需求趋向多样化、高品质化。为了抢占市场和业务，现代物流越来越强调以客户需求为中心来重组企业的运作模式和业务流程，客户的需要就是物流企业未来业务发展的方向，只有这样才能满足客户日益增长的业务需求。

（2）以物资流通及相关服务为基础。现代物流越来越要求以物资流通及相关服务为基础，大力扩展原有的业务范围，把生产资料和消费资料流通的全部环节（采购、运输、仓储、包装、流通加工、搬运、通讯等）视为一个有机的整体，纳入服务范围中，即以客户需求为中心，逐渐覆盖与物资流通相关的服务领域。

（3）信息流、资金流、物流和人才流相结合。信息流、资金流和物流三流的有机结合是现代物流的重要特征。所谓三流结合是指：通过信息流沟通企业和市场、客户、业务；通过资金流和网上银行相连，最大限度地方便客户支付；通过信息流和物流相结合，及时通知就近的物流配送队伍取货和送货。信息流、资金流、物流的统一运作离不开高素质物流人才的筹划与实施。

（4）资源的合理利用与专业化的配送服务。由于有了三流合一，现代物流企业可以依托当代网络和信息技术，做到各类资源的合理调配和利用。充分利用其业务量大、服务专业化等竞争优势，以最低的成本和最高的效率实现货物的配送服务。

（5）成本的最优化和效益的最大化。成本的最优化和效益的最大化是现代物流发挥其竞争优势并抢占市场的手段。成本的最优化主要靠内部管理和货品配送来实现；效益的最大化主要靠业务的规模、业务量和增值服务业务来实现。

（6）全时空、多方位的网络服务。利用网络和信息技术实现全时空、多方位的网络服务是现代物流发展的方向。另一方面，随着因特网的日益普及，电子商务在现代物流中的应用也是越来越广泛。电子商务带来对物流的巨大需求，进一步推动了现代物流的发展。

随着传统物流逐渐向现代物流转变，现代物流的发展趋势主要体现在以下几点：

（1）系统化趋势。传统物流一般是进行产品出厂后的包装、运输、装卸、仓储，而现代物流提出：物流系统化——使社会物流与企业物流有机结合在一起，从采购物流开始，经过生产物流，再进入销售物流，与此同时，要经过包装、运输、装卸、仓储、加工配送到达消费者手中，最后还有回收物流。物流的系统化可以形成一个高效、通畅、可调控的流通体系，可以减少流通环节，节约流通费用，实现科学的物流管理，提高流通的效率和效益。

（2）信息化趋势。由于全球经济一体化、物流无国界的趋势，现代物流业正向高科技、现代化和信息化发展。电子数据交换技术与国际互联网的应用，使物流质量、效率和效益的提高更多地取决于信息管理技术。现代物流信息化是指通过商品代码和数据库的建立，逐步实现运输网络合理化、销售网络系统化、物流中心管理电子化，以及电子商务和物品条码技术的应用等。

（3）社会化趋势。随着市场经济的发展，专业化分工越来越细，一个生产企业生产某种产品，除了一些主要部件自己生产以外，大多外购。生产企业与零售商所需的原材料、中间产品、最终产品大部分由专门的物流中心提供服务，以实现尽量少的库存或零库存。这样不仅可以实现集约化物流，还能节约大量物流费用和社会流动资本，既提高经济效益又提高社会效益。

（4）一体化趋势。这主要是指物流、资金流、信息流的一体化趋势。在现代社会，不同产品形成了不同的流通方式与营销途径，这就要求物流要随之发生变化，与资金流、信息流统一起来，以提高效率。

（5）标准化趋势。物流标准化是自动化与信息化的结果，是现代物流的显著标志和新趋势，也是现代物流的重要技术基础，它要求物流中心的配送、运输、存储、保管、装卸搬运、分类包装和流通加工等环节的技术应用和物流设施、设备必须有一套科学的作业和检验标准，有了标准化才有信息网络化、自动化和智能化。

小　结

1. 物流概念的发展历程。从 20 世纪初到现在近一个世纪的时间内，物流的概念的产生和发展经历了四个阶段：第一个阶段：物流概念的产生阶段；第二个阶段：分销物流（physical distribution）阶段和现代物流萌芽阶段；第三个阶段：现代物流学（logistics）阶段；第四个阶段：供应链管理（supply chain management）阶段。

2. 我国物流概念的引入。我国物资工作者代表团参加了在日本举行的第三届国际物流会议，并在回国以后的报告和研究中直接使用了日本的"物流"一词。随着交流的不断深入和相关研究的进展，国内学者也对西方的物流理论进行了大量的学习和研究，我国的"物流"现在也逐渐成为了等同于"后勤"（logistics）的一个概念。2001 年 4 月我国颁布了第一个关于物流的国家标准：《中华人民共和国国家标准——物流术语》。

3. 现代物流体系由六大部分构成：第一部分，物流的基本活动；第二部分，物流类型；第三部分，物流组织类型；第四部分，物流节点类型；第五部分，物流范围；第六部分，物流产业。

4. 物流基本活动及物流活动的六要素

物流基本活动包括：物品的运输、储存、装卸、包装、流通加工、包装物和废品回收等，以及与之相联系的物流信息。物流活动的六要素是指：流体、载体、流向、流量、流速、流程 6 个要素。流体是指物流活动流动的物体，也称物品；载体是运载物体或物品的运输工具；流向是物体或物品从什么地方流向什么地方；流量是流动的物体或物品的数量；流速是一项物流活动的时间要求；流程是物流活动的路径和距离。

5. 现代物流的重要作用。现代物流在企业中的作用主要表现在：确保顾客服务水平，节约物流费用，实现快速反应，改善企业管理水平；现代物流在国民经济中的作用：降低物流费用，促进经济发展。

6. 现代物流的特点和发展趋势。现代物流与传统物流的区别，现代物流的发展特点与发展趋势。

思　考　题

1. 在现代物流的概念中，现代物流与传统物流的区别有哪些？
2. 物流概念经历了哪几个发展阶段？
3. 现代物流的体系构成及内容是什么？
4. 为什么在现阶段，现代物流得到企业和政府的高度重视？
5. 如何理解物流的六要素及其在分析物流活动中的作用？
6. 物流园区、物流中心、配送中心的差异是什么？
7. 现代物流对企业生产经营的作用有哪些？
8. 现代物流对国民经济的影响和作用有哪些？
9. 现代物流的发展特点与发展趋势有哪些？

第二章 物流系统要素

从系统论的角度来看，物流活动是一项系统活动。因此，用系统的观点认识和分析物流活动，为人们认识物流提供了又一途径。物流系统的要素很多，通常根据不同的研究目的，可以将物流要素分为不同的类型。为了分析的方便，本章从四个方面来分类分析，即流动要素、资源要素、网络要素和功能要素。

关键词：物流系统（logistics system）   流动要素（flow element）   资源要素（resource element）   网络要素（network element）   功能要素（function element）

2.1 物流系统的特征

物流系统由运输、仓储、包装、流通加工、装卸搬运、配送、信息处理等一系列环节组成，这些环节构成了物流系统的子系统。物流系统的主要特征如下：

（1）复杂性。物流系统运行需要将大量的物质资源进行整合，并保证贯穿于物流活动的大量物流信息的流通顺畅，组织好横跨生产、流通、消费三大领域的工作，这些都是非常复杂的事情，致使结构中各要素之间存在"效益背反"现象，更增强了物流系统自身的复杂性。

（2）动态性。为了使物流系统满足社会需求，管理者需要对物流系统的各组成部分不断完善，使之适应经常变化的社会环境，具有较强的动态性。

（3）可分性。物流系统本身具有可分性①，可以分解成若干个子系统。如按物流功能不同物流系统可分为运输物流子系统、仓储物流子系统、装卸搬运子系统、包装加工子系统、配送子系统和物流信息子系统。

2.2 物流系统要素

2.2.1 流动要素

从"流"的角度看，任何一个具体的物流业务可以分解为 6 个要素的结合，即流体、载体、流向、流量、流速、流程 6 个要素，这种分类抽象掉了物流的具体特征，比如不管是什么流体、载体，也不管是由什么机构组织物流，都可以按照这 6 个方面对它们进行分析归纳，这样有助于把握物流的一般性质，从而可以研究出优化这种"一般物流"的方

---

① 王长琼. 物流系统工程. 北京：中国物资出版社，2004.

法和技术。

　　物流的六要素中的每一个要素都需要进行以物流系统为一个整体进行总体集成和优化，任何一个要素的目标由物流系统整体来确定，要素达到的目标互相配合，使整体目标最优，因此需要进行系统的整体集成和优化。所谓整体集成和优化就是不从要素本身而从系统整体出发来确定要素的目标，这样有的要素自身的目标就要服从于其他要素的目标；但最终系统的总目标是最优的。

　　关于物流六要素，第一章已经进行了分析，在此不再赘述。

2.2.2　资源要素

　　物流活动中资源的种类很多，如果不考虑物流活动与其他经济活动的特殊性，可以将其需要的资源分为人、财、物等，但是企业关注的还是物流系统需要的物流资源，因此要从物流系统特性的角度来考虑所需要的特定资源，尤其是要从设施设备和功能要素及流动要素的角度来分析物流系统的资源。物流系统每一个功能要素所包括的设施设备都很多，下面就其主要部分进行归纳。

　　1. 运输资源

　　运输资源是最为重要的物流资源。从流动要素的角度分析，运输资源就是物流的载体，有两类：

　　第一类载体是运输基础设施。它们固定在某个地点或者线路上，比如铁路、公路、机场、港口等，其中有的连续分布在线路上，比如铁路、公路、专用通讯线路，有的则间断地分布在线路上，比如雷达和信号灯、码头。

　　第二类载体是运行设备。它们是独立的设备，以基础设施为运行条件并与之相配套，有的固定在一个地点或者区域，比如港口的集装箱装卸搬运车（这类运输设备也是装卸设备），有的则是走行设备，它们是运输工具，如汽车、火车、轮船、飞机。管道运输具有特殊性，它的基础设施和走行设备合二为一。

　　在运输的两类载体中，同第一类载体相比，第二类载体是战术性的，它们的建设也很重要，应该主要通过市场进行资源配置。

　　2. 储存资源

　　储存资源也是物流系统最重要的要素之一。商品库存虽然是生产出来的财富，但是在它完成"惊险的跳跃"之前它并不是真正的财富，或许只是风险和坏账，它是储存资源中最让经营者没有拥有感的一类资源。这里我们要分析的不是这类资源，而是为了储存这些商品而建立的仓库等设施，即物流载体中仓储载体部分。

　　仓储载体依然分为两类：第一类是基础设施，第二类是利用这些基础设施进行具体储存运作的设备。一个物流系统通常需要的仓储基础设施包括仓库、货场、站台、堆场等，其中按内部运作温度分，仓库还可分为普通仓库、冷藏仓库和冷冻仓库等，这是固定于一个地点的设施，配送中心和物流中心都需要有这样的设施。仓库中的货架、托盘、叉车、分拣机、巷道机等则是以这些基础设施为基础进行具体仓储业务运作的设备。

　　3. 信息资源

　　信息质量上的缺陷会造成无数个作业上的问题。典型的缺陷可以划分成两大类。首先，所收到的信息会在趋势和事件方面不准确。由于大量的物流是在未来的需求之前发生的，不准确的判断或预测都会引起存货短缺或过剩，过分乐观的预测会导致不恰当的存货定位。其次，有关订货的信息会在具体的顾客需求方面不准确。处理不准确的订货会产生所有的物流成本，而实际上并没有完成销售。的确，由于退回存货的费用往往会增加物流成本，即使另外存在着销售机会，设法向其他顾客提供所需的服务也会再次产生费用。由此可见，信息需求成分中的每一个错误都会对总的供应链产生潜在的隐患。

信息迅速流动的好处直接关系到工作程序的平衡。对一个厂商来说，要想实现快速的交付，可采用两种方法：其一是，在当地的销售办事处积累 1 周的订单，把它们邮寄到地区办事处，在批量的基础上处理订单，把订单分配给配送仓库，然后，通过航空进行装运；其二是，通过来自顾客的电子数据交换（electronic data change，EDI），随时可取得提单，然后使用速度较慢的水上运输。两者相比，显然前者是没有多大意义的，而后者则可能实现在较低的总成本下甚至更快的全面交付。由此可见，关键的目标是要平衡物流系统的各个组成部分。

2.2.3　网络要素

物流系统的网络由三个基本要素组成，即点、线、网络。

1．点

在物流过程中供流动的商品储存、停留以便进行相关后续物流作业的场所称为点，如工厂、商店、仓库、配送中心。车站、码头等，也称节点，点是物流基础设施比较集中的地方。根据点所具备的功能可以将点分为下面三类：

（1）单一功能点。这类点的主要特点是：只具有某一种功能，或者以某种功能为主，比如专门进行储存、运输、装卸、包装加工等单一作业，或者以其中一项为主，以其他功能为辅；需要的基础设施比较单一和简单，但规模不一定小；在物流过程中处于起点或者终点。工厂的原材料仓库、不具备商品发运条件的储备型仓库，仅承担货物中转、拼箱、组配的铁路站台、仅供停泊船只的码头等就是这样的点。这类点的业务比较单一，比较适合进行专业化经营。但是从物流系统的角度来看，必须将许多单一功能集成起来才能完成所有的物流业务，因此，如何将各个行使单一功能的不同的点集成起来，由谁来集成以及如何集成，这些都是非常重要的问题。

（2）复合功能点。这类点的特点是：具有两种以上主要物流功能；具备配套的基础设施；一般处于物流过程的中间。这类点多以周转型仓库、港口、车站、集装箱堆场等形式存在。规模可能较小，比如商店后面的一个小周转仓，在那里要储存商品、处理退货、粘贴商品条形码、重新包装商品、从那里向购买大宗商品的顾客发货等；规模也可能较大，比如一年处理 80 万个 TEU 的大型集装箱堆场，除了储存集装箱以外，还有集装箱掏箱、商品检验、装箱，同时，一般的集装箱堆场都与码头或者港口在一起，在那里有大规模的集装箱吊车、大型集装箱专用运输车辆等，再如厂家在销售渠道的末端设立的配送中心或者中转仓库、一个城市集中设立的物流基地等，在一个点上具有储存、运输、装卸、搬运、包装、流通加工、信息处理等功能中的大部分或者全部，它们都是这种复合功能的点。

（3）枢纽点。这类点的特点是：物流功能齐全；具备庞大、配套的基础设施以及附属设施；庞大的吞吐能力；对整个物流网络起着决定性和战略性的控制作用，一旦该点形成，以后很难改变；一般处于物流过程的中间。比如辐射亚太地区市场的大型物流中心、辐射全国市场的配送中心、一个城市的物流基地、全国或区域铁路枢纽、全国或区域公路枢纽、全国或区域航空枢纽港等就是这样的枢纽点。这类点的设施一般具有公共设施性质，因而必定采用第三方的方式进行专业化经营，它的主要优势是辐射范围大，通过这个点连接的物流网络非常庞大，但是这类点面临着非常复杂的协调和管理问题，信息的沟通、设施设备的运转效率也是这类点值得注意的主要问题。在一个物流资源分布高度分散、封闭，物流状况非常落后的国家，建设连接多种载体的枢纽点对于形成全国统一、开放和先进的物流网络具有战略意义。

以上三类点主要是从功能的角度划分的，从单一功能点、复合功能点到枢纽点，功能不断完善，在物流网络结构中的辐射范围也不断扩大，规划、设计和管理的难度也逐渐加大。还可以从点的规模、点的产权状况、点在供应链中的位置等来划分。

2. 线

连接物流网络中的节点的路线称为线，或者称为连线。物流网络中的线是通过一定的资源投入而形成的。

物流网络中的线具有如下特点：

（1）方向性。一般在同一条路线上有两个方向的物流同时存在。

（2）有限性。点是靠线连接起来的，一条线总有起点和终点。

（3）多样性。线是一种抽象的表述，公路、铁路、水路、航空路线、管道等都是线的具体存在形式。

（4）连通性。不同类型的线必须通过载体的转换才能连通，并且任何不同的线之间都是可以连通的，线间转换一般在点上进行。

（5）选择性。两点间具有多种线路可以选择，既可以在不同的载体之间进行选择，又可在同一载体的不同路径具体之间进行选择，物流系统理论要求两点间的物流流程最短，因此，需要进行路线和载体的规划。

（6）层次性。物流网络的线包括干线和支线，不同类型的线，比如铁路和公路，都有自己的干线和支线，各自的干线和支线又分为不同的等级，如铁路一级干线、公路二级干线等。根据载体类型可以将物流线分成以下五类：铁路线；公路线；水路线；航空线；管道线。根据线间关系可以将物流线分为以下两种：干线；支线。根据线上物流的流向可以将物流线分为：上行线；下行线。

物流网络不是靠孤立的点或者线组成的，点和线之间通过有机的联系形成了物流网络，点和线其实都是孤立的静止的，但是采用系统的方法将点和线有机地结合起来以后形成的物流网络则是充满联系的、动态的，点和线之间的联系也是物流网络的要素之一，这种联系才是物流网络有血有肉的灵魂。

3. 网络

网络设计是物流管理部门的一个最基本的责任。典型的物流设施是制造工厂、仓库、码头之间的作业条件以及零售商店。确定每一种设施需要多少数量、其地理位置，以及各自承担的工作等，是网络设计的一个十分重要的组成部分。在具体的情况下，物流设施作业可以获得有关专业服务公司的外援。不管是谁承担实际的工作，都必须把所有的设施看作厂商的物流网络的一个整体组成部分来进行管理。

物流网络的设计需要确定承担物流工作所需的各类设施的数量和地点。它还必须确定每一种设施怎样进行存货作业和储备多少存货，以及安排在哪里对顾客订货进行交付。物流设施的网络形成了一种据以进行物流作业的结构，于是，这种网络中便融合进了信息和运输能力，还包括了与订货处理、维持存货以及材料搬运等有关的具体工作。

市场之间在地理上存在大量差异的事实是很容易说明的，因此一个网络的设计必须考虑地理上的变化。在人口方面，美国最大的 50 家大都市市场占所有产品销售量的 55%以上，因此，在全国范围内进行营销的企业，必须将物流能力确立在为这些最基本的市场服务上。类似的地理上的差异存在于材料和零部件来源的地点。当一家厂商涉及全球物流时，有关网络设计的问题就会变得更为复杂。

2.2.4　物流系统功能要素的配置

物流系统的功能要素包括运输、存储、装卸、搬运、分拣、包装、包装加工、信息等。物流系统要素的配置，通常有基本配置、较好的配置和完善的配置三个不同的配置水平。表 2.1 表示三个水平的配置状况。

表 2.1　　　　　　　　　　　　　　**物流系统要素配置表**

	基本配置	较好的配置	完善的配置
功能要素	运输、储存、装卸搬运、物流信息处理	运输、储存、包装、装卸搬运、物流信息处理	运输、储存、包装、装卸搬运、流通加工、物流信息处理、增值服务
网络要素	一对一的运输系统	多对一或一对多的物流网络	多对多的物流网络系统
流动要素	流体、载体、流向、流量、流程	流体、载体、流向、流量、流程	流体、载体、流向、流量、流程
资源要素	具有满足功能要素、网络要素及流动要素需要的资源	具有满足功能要素、网络要素及流动要素需要的资源	具有满足功能要素、网络要素及流动要素需要的资源

从系统优化的角度来看，物流系统的各要素目标之间存在着明显的冲突（见表 2.2）。因此，如何实现物流系统的整体目标的优化的关键是在确保物流系统物流服务水平的前提下，平衡物流系统各要素之间的冲突，使之相互协调，实现物流系统的优化目标。

表 2.2 物流系统要素目标之间的典型冲突一览表

要素	主要目标	采取的方法	可能导致的结果	可能造成对其他要素的影响
运输	C=min（运输）	1. 批量运输 2. 集装整车运输 3. 铁路干线运输等	1. 交货期集中 2. 交货批量大 3. 待运期长 4. 运费降低	1. 在途库存增加 2. 平均库存增加 3. 末端加工费用高 4. 包装费用高
储存	C=min（储存）	1. 缩短进货周期 2. 降低每次进货量、增加进货次数 3. 在接近消费者的地方建仓库 4. 增加信息沟通	1. 紧急进货增加 2. 送货更加零星 3. 储存地点分散 4. 库存量降低甚至达到零库存，库存费降低	1. 无计划配送增加 2. 配送规模更小 3. 配送地点更分散 4. 配送、装卸搬运、流通、加工物流信息成本增加
包装	1. 破损最少 2. 包装成本最低	1. 物流包装材料强度高 2. 扩大内装容量 3. 按照特定商品需要确定包装材料和方式 4. 物流包装容器功能更多	1. 包装容器占用过多空间和重量 2. 包装材料费增加 3. 包装容器的回收费用增加 4. 包装容器不通用 5. 商品破损降低但包装费增加	1. 包装容器耗用的运费和仓储费用增加 2. 运输车辆和仓库的利用率会下降 3. 装卸搬运费用增加
装卸	1. 降低装卸费 2. 降低搬运费 3. 加快装卸速度	1. 使用人力节约装卸搬运成本 2. 招聘农民工进行装卸搬运 3. 提高装卸搬运速度，"抢装抢卸"	1. 装卸搬运效率低 2. 商品破损率高 3. 不按要求堆放 4. 节省装卸搬运费用	1. 待运期延长 2. 运输工具和仓库的利用率降低 3. 商品在途和在库损耗增加 4. 包装费用增加 5. 重新加工增加，流通、加工成本增加
流通加工	1. 满足销售要求 2. 降低流通加工费用	1. 流通加工作业越来越多 2. 为节约加工成本，采用简陋设备	1. 在途储存和在库储存增加 2. 增加装卸环节 3. 商品重复包装	1. 商品库存费增加 2. 装卸搬运费增加 3. 商品包装费增加
物流信息	1. 简化业务 2. 提高透明度	1. 建计算机网络 2. 增加信息处理设备，如手持终端 3. 采用条形码 4. 增加信息采集点	1. 增加信息处理费 2. 方便业务运作 3. 提高客户服务 4. 信息安全性和可靠性影响到系统运作安全	（与其他要素的目标没有冲突）

2.3　物流系统评价

物流系统评价是对物流系统的各种可行方案进行评价，从众多可行方案中找出最优的方案，并通过评价可以判定各方案是否达到了预定的各项性能指标，满足各种约束条件下实现的预定目标。

物流系统的评价步骤如图 2.1 所示。

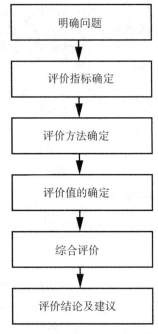

图 2.1　物流系统评价的步骤

物流系统的评价方法很多，根据物流系统的不同结构选用的评价方法也不同。

1. 模糊综合评价法

模糊综合评价法是一种运用模糊数学原理从多个指标对那些有模糊性的系统隶属等级状况进行综合性分析①，其特点是可以将定性因素和定量因素结合起来扩大信息量，评价结果不是绝对的肯定或否定，而是表示为一个模糊集合。

如某一物流公司需要购买 ERP 软件，该类软件有三个供应商，相关情况如表 2.3 所示，现要求从三个供应商中选出优秀的作为采购对象。

第一步，确定评价指标因素集：

U ＝ {技术水平，达成可能性，经济效益}

第二步，确定评价语集：

————————————

① 杜栋，庞庆华. 现代综合评价方法与案例精选. 北京：清华大学出版社，2005.

V = {高，中，低}

表 2.3 三个软件供应商情况表

供应商 \ 指标	技术水平	达成可能性	经济效益
甲	国际先进	70%	200 万元
乙	国内先进	100%	300 万元
丙	一般	100%	30 万元

第三步，采用专家意见确定评价指标权重向量：

A = (0.2，0.3，0.5)

第四步，进行单因素评价得到专家评价结果，见表 2.4。

表 2.4 专家评价结果

供应商 \ 指标	技术水平			达成可能性			经济效益		
	高	中	低	高	中	低	高	中	低
甲	0.7	0.2	0.1	0.1	0.2	0.7	0.3	0.6	0.1
乙	0.3	0.6	0.1	1	0	0	0.7	0.3	0
丙	0.1	0.4	0.5	1	0	0	0.1	0.3	0.6

第五步，对甲、乙、丙三个供应商构建各自的评价矩阵后，进行综合评价，根据最大隶属度原则可得甲为 0.46，乙为 0.56，丙为 0.46，因此乙的综合评分最高，作为采购的首选对象。

2. 层次分析法

层次分析法是一种将与决策相关的元素分解成目标、准则、方案等层次，进行定性与定量分析相结合的多目标决策分析方法，其特点是所需的定量信息较少，在对复杂决策问题进行深入分析之后，将决策问题分解成不同层次结构，把决策的思维过程数学化，求解出权重最大的最优方案。[①]

如在某市物流中心选址问题上，经过实地考察，选取了 C1、C2、C3、C4 为物流中心选址，在充分考虑成本、政策、自然、交通因素的情况下，构建起该市的物流中心选址的评价体系（如图 2.2），然后引入专家判断法构建两两判断矩阵，采用层次分析法计算综合重要度来选择，根据计算结果选择理想方案。

3. 成本效益法

在物流系统中，每个方案都需要付出成本才能带来效益，成本效益法是通过成本与效

---

① 杨保安. 多目标决策分析理论、方法与应用研究. 上海：东华大学出版社，2008.

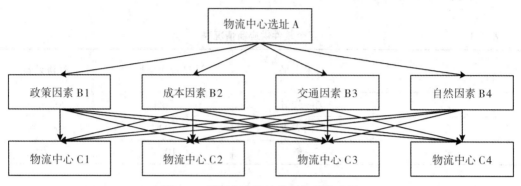

图 2.2 物流中心选址指标体系构建图

益的比值来确定方案的优劣，对研究方案计算出效益成本比，计算结果越大，经济效益越好。

$$效益成本比 = \frac{效益}{成本}$$

如某物流项目有三个可行方案，经过计算，这三个方案的投资额度分别为：$C_1 = 130$ 万元，$C_2 = 150$ 万元，$C_3 = 120$ 万元，建成 3 年后累计盈利分别为：$V_1 = 260$ 万元，$V_2 = 320$ 万元，$V_3 = 228$ 万元。通过计算三个方案的效益成本比，得到如下结果：

方案 1，$V_1/C_1 = 260/130 = 2$

方案 2，$V_2/C_2 = 320/150 = 2.1$

方案 3，$V_3/C_3 = 228/120 = 1.9$

经比较，三个项目的优劣顺序为：方案 2，方案 1，方案 3。

小 结

本章从系统论的角度认识和分析物流活动。主要包括：物流的流动要素的内涵、构成，资源要素中主要介绍了运输资源、储存资源、信息资源；网络要素中主要介绍了点、线、网络三方面；物流系统功能要素的配置、要素目标冲突和系统优化等。

思 考 题

1. 物流的资源要素包括哪些？
2. 为什么说建设集成的基础设施网络的意义更加重大？
3. 为什么说信息是最重要的物流资源？
4. 物流系统的网络由什么构成？
5. 如何理解现代物流活动"无网而不胜"？
6. 对物流系统的功能要素如何进行有效的配置？

7. 物流园区、物流中心、配送中心是什么样的物流节点？

8. 储存资源包括哪些？

9. 物流系统要素目标之间的典型冲突有哪些？

第三章 运 输

运输是一种为货物或个人提供从一个地方到另一个地方的空间位置移动的活动。在这里我们涉及的主要是货物运输，即专指为货物提供位移服务的活动。对大多数企业来说讲，运输通常代表物流成本中的最大单项成本。货物运输费用一般占物流总成本的2/3。因此，物流管理者需要对运输问题有很好的认识。

本章主要介绍运输功能与原理、运输基础结构、运输服务的提供者、运输经济和定价活动。

关键词：运输功能（transportation function）　规模经济（economy of scale）　距离经济（economy of distance）

3.1　运输功能与原理

运输是整个社会经济的基础，生产的社会化程度越高，商品经济越发达，生产对流通的依赖越大，运输的作用越大。可以这么说：运输是物流活动的核心业务，是物流管理的重要内容。

3.1.1　运输的功能

在物流管理中，运输主要提供两大功能：产品转移和产品储存。

1. 产品转移

运输的主要目的就是要以最低的时间、财务和环境资源成本，将产品从原产地转移到规定地点。此外，产品灭失损坏的费用也必须是最低的；同时，产品转移所采用的方式必须能满足顾客有关交付履行和装运信息的可得性等方面的要求。运输通过产品的位移，产生空间效用和时间效用。

2. 产品储存

对产品进行临时储存是运输的另一功能，也就是说将运输车辆临时作为储存设施。实际上，产品被装在运输工具上的时候，就已经被储存起来了。然而，如果运输途中的产品需要储存，但在短时间内（例如几天后）又将重新运输的话，将产品从运输工具上卸下来和再装上去，成本也许会超过直接储存在运输工具上每天支付的费用，当然前提是运输工具在这短时间内没有运输任务。尽管用运输工具储存产品是昂贵的，但考虑到装卸成本、储存能力限制，或延长前置时间的能力，从总成本或完成任务的角度来可能看往往却是经济的。

3.1.2　运输原理

指导运输管理和营运的两条基本原理分别是规模经济（economy of scale）和距离经济（economy of distance）。

（1）规模经济（economy of scale）。规模经济的特点是随装运规模的增长，每单位重量的运输成本下降。一般来说，装载量大的运输工具，如火车或者轮船，每单位重量的运输成本低于卡车或飞机。这是因为转移一票货物的固定费用可按整票货物的重量分摊，因此货物越重，每单位重量的成本越低。

（2）距离经济（economy of distance）。距离经济的特点是指每单位距离的运输成本随距离的增加而减少。由于长距离使固定成本在更大的距离上进行了分配，可以降低单位距离的成本。

我们在对不同的运输方式进行评估时，规模经济和距离经济这两个原则很重要。运输的目标就是在满足客户服务期望的前提下，使运载规模和运输距离最大化。

3.2　运输基础结构

运输的基础结构包括通行权、运输工具和经营五种基本运输模式的承运人。一种运输模式等同于一种基本的运输方法或方式。本节主要介绍运输方式，有 5 种基本的运输方式：铁路、公路、水路、管道和航空。各种方式的相对重要性可以按照系统公里数、交通流量、收入，以及交通成分性质等来衡量。

3.2.1　铁路运输

我们利用铁路运输的多是距离长的原材料（如煤炭、木材和化工品）和价值低的制成品（食品、纸张和木制品），一般至少运输一整车的批量货物。铁路部门以两种法定形式提供运输服务：公共运输和自营运输。由于自营运输的范围比较有限，几乎所有的铁路运输都属于公共运输。

【专栏 3.1】

我国铁路货运量的增长

2018 年全国铁路完成货物总发送量 40.26 亿吨，比 2017 年增长 9.1%，货物总周转量 28820.55 亿吨公里，比 2017 年增长 6.9%。

1. 铁路运输的优点

（1）运输能力大

这使它适合于大批量低值商品的长距离运输。进入 21 世纪以来，新技术、新装备的开发将在更大范围内提高铁路运输的载运能力。

（2）受气候和自然条件影响较小

铁路运输是一种全天候、四季皆宜的运输方式；由于在固定线路上运行，可以较准确地估计运行时间。

（3）可以方便地实现驼背运输、集装箱运输及多式联运。

2. 铁路运输的缺点

（1）由于铁路运输是专用的，其固定成本很高，原始投资较大，建设周期较长。

（2）铁路运输按列车组织运行，在运输过程中需要有列车的编组、解体和中转改编等作业环节，占有时间较长，因而增加了货物的运送时间。

（3）铁路运输中的货损率较高，而且由于装卸次数多，货物毁损或丢失事故通常比其他运输方式多。

（4）由于大多数国家的铁路网络都不如公路网发达，不能实现"门到门"运输，通常要依靠其他运输配合，才能完成运输任务，除非托运人和收货人均有铁路专用线。

3.2.2 公路运输

在现代化运输业发展过程中，世界上许多国家有一个共同的发展规律，即海运、铁路运输发展在先，公路运输则后来居上，20世纪60年代后，其发展速度大大超过铁路和其他运输方式。

由于汽车已成为公路运输的主要载运工具。因此，现代公路运输主要指汽车运输。目前全世界的交通运输网的总长度约为3000万公里，其中公路运输网占67%。

1. 公路运输的优点

（1）快速。汽车运输的运送速度比较快，运输中不需要中转。据国外资料统计，一般在短途运输中，汽车的运送速度平均比铁路运输快4~6倍，比水路运输快10倍。汽车运输的空间活动领域大，这一特点是其他任何现代运输工具所不具备的，因而汽车运输在直达性上有明显的优势。

（2）灵活、方便。汽车运输具有机动灵活、运输方便的特点。汽车运输既可以成为其他运输方式的接运方式，又可以自成体系，机动灵活。

（3）原始投资少，经济效益高。据国外资料介绍，一般公路运输的投资每年可以周转1~2次，而铁路运输3~4年才周转一次。我国有些经营得好的运输企业的经验表明，若经营得好，一年左右即可收回购车费。

2. 公路运输的缺点

（1）运输能力低。与铁路和水运相比，公路运输能力偏低。但目前出现了载货汽车向轻、重型车两极发展的趋势。轻型车用于短途小件物品的营运；重型货车则广泛使用半挂车和汽车列车。这样，就提高了运输效率，降低了成本。

（2）单位运价高。由于单位运载能力低，因此每次载运的总成本分摊到每单位货物上的成本就相对较高。

（3）运输种类少。公路运输所能承载的货物种类不如铁路运输那么多，主要是由于公路的安全限制限定了所运货物的规格和重量。

（4）公路的拥挤和污染。由于日益严重的道路拥挤和空气污染，控制汽车排放污染和降低公路交通拥挤已成为各国提高运输机动能力和实现可持续发展的重要目标。

3.2.3 水路运输

水路运输是指利用船舶，在江、河、湖泊、人工水道以及海洋上运送旅客和货物的一种运输方式。水路运输可以分为内河运输和海洋运输两大类。

1. 水路运输的优点

（1）运输能力高。在目前普遍使用的五种基本运输方式中，船舶的运输能力最高。超级油轮载重已达 56 万吨，矿石运输船载重达 36 万吨，第八代集装箱船载箱量约 2.1 万 TEU。我国内河定推船队运载能力也达到 3 万吨，比铁路列车高 5~10 倍。

（2）运输成本低、资源消耗少。由于运输能力高，而且水上运输主要运用天然水道或天然水道加以改良，线路建设成本低。且水运耗油少。水上运输与其他运输方式相比，水运对货物的载运和装卸要求不高，因而占地较少。新建 1 公里铁路需占地 30~40 亩，公路需占地 15 亩左右，而水运航道几乎不占用土地，这就节约了国家的土地资源。

（3）适货能力强。适合各种货物的运输，固体、液体、气体货物以及超大件货物都可运送。

2. 水路运输的缺点

（1）速度慢。船舶行驶速度一般为 15 节，最快不超过 42 节，是五种运输方式中最慢的一种。

（2）受气候影响大。特别是海运，容易受风浪和恶劣天气影响，风险大。

（3）货物易破损。海上风浪大，以及运输时间长，长时间颠簸、摇晃，容易造成货物受损。

（4）可靠性差。船舶在运输途中受天气、港口等因素影响，运输时间难以保证，而且洪水或旱灾也会使水运（内河运输）中断。

【专栏 3.2】

水路运输的成本

根据国际惯例与运作经验，水路运输在成本上是公路运输的 1/3 至 1/2；观察目前中国的水运集装箱，在成本上还未发挥其根本的优势，存在着巨大的发展空间：以杭州为例，水运集装箱平均每标准箱的成本是公路运输成本的 2/3 左右。

3.2.4 管道运输

管道运输是指主要利用管道，通过一定的压力差而完成的商品（多为液、气体货物）运输的一种现代运输方式。

1. 管道运输的优点

（1）运量大。如一条输油管线可以源源不断地完成运输任务。根据其管径的大小不同，其每年的运输量可达数百万吨到几千万吨，甚至超过亿吨。

（2）可靠性强。由于管道运输不受地面气候影响，可以全天候 24 小时，全年 365 天连续作业，所以造成运输时间变化的因素少。

（3）产品灭失和损坏少。因为气体和液体不易损坏，而且危及管道运输的灾难很少。

（4）成本低。管道运营经营管理相对简单，单位成本低。

2. 管道运输的缺点

（1）管道建设周期长，固定投资成本大。

（2）适货性差，仅限于液体、气体和少数同质固体货物的运输。

【专栏 3.3】

管道+胶囊物流模式

在 2019 年举办的第一届雄安城市物流发展论坛上，由京东物流发起成立的雄安智能物流研究院发布未来城市配送模式：在未来城市的地下物流系统中，地下管廊与分拨中心、社区配送中心、楼宇等相互连通，像胶囊一样的京东物流无人车穿梭于地下隧道或大直径管道，连接起城市物流中心及市内商超、仓库、工业园和末端站点，实现货物全流程自动化流转。

（资料来源：管道+胶囊物流模式 . 搜狐网 https：//www.sohu.com/，2019-04-26）

3.2.5 航空运输

航空运输在 20 世纪初出现，第二次世界大战后逐渐繁荣起来，在长距离运输中显示出巨大优势。

1. 航空运输的优点

（1）运输速度快。航空运输速度为五种运输方式之首，与各种地面运输方式之间存在距离差。

（2）受地形条件限制小。两点之间的空中飞行，无需在地面修建路线设施，只需修建两端点的飞机起降设施。

（3）可靠性高。货物灭失和损坏小，货物保险费用较低，运送时间绝对变化幅度很小。

2. 航空运输的缺点

（1）运输成本高。由于飞机造价高，燃油消耗量大，航空运输费很高，是最贵的一种运输方式。

（2）容易受机械故障、天气条件等的影响。

（3）可达性差。航空运输难以实现客货的"门到门"运输，必须借助其他运输工具（主要为汽车）转运。

【专栏 3.4】

神龙公司运输系统

神龙公司运输系统主要包括外部运输（厂外运输、厂际运输）和内部运输：厂外运输主要指供应物流中原材料、外协件、油漆、油料、化学品等物资的运输以及销售物流中商品轿车及备件的运输；厂际运输指发动机、变速箱、车桥等主要总成由神龙公司襄樊工厂向武汉工厂的运运；外部运输主要由社会运输单位承担。按物料供应和运输条件，根据经济合理的原则，分别采用铁路、公路、水路或多式联运的方式。

国产外协件实施 200 公里布点原则，供应商位置超出 200 公里，即被要求在神龙公司附近设置中间库。外协件由公路运输卡车运抵工厂，按到货先后和紧急程度发通行牌进厂，凭牌卸货，卸货站台管理有序化进行。进口散装（KD）件采用集装箱多式联运的方式进行运输。通过公路—海运—江运运抵神龙公司集装箱货场。商品轿车采用铁路、公路、水路和货主自提 4 种运输方式。铁路运输选用双层专运轿车车皮，每节车皮可运 8 辆轿车。公路运输选用双层零公里运输车。每车载运 6 辆轿车。水运轿车直接开到长江边的码头，交港口装船发运。

厂内运输由公司自行承担，根据工艺要求和经济合理的原则，分别采用无轨运输和机械化运输方式。连续运输采用空中悬挂输送链和地面输送滚道、埋刮板输送机。间断运输采用牵引车和叉车。为了保证良好的工作环境，厂房内运输采用电瓶牵引车、电瓶叉车和手动托盘搬运车及电瓶托盘搬运车。厂内设有集中充电间，电瓶车通常不出厂房。车间之间的运输采用内燃牵引车拖挂带篷小车和集装箱半挂车，工位间的运输采用带轮转运小车。高位立体仓库作业采用三向高位叉车和高位拣选车。厂内设有车辆维修站，负责所有搬运车辆的维护、维修。

3.3　运输服务的提供者

运输服务是由各种运输服务提供者结合提供的，各种运输方式的整合提高了运输服务的效率。运输服务提供者主要包括：单一方式经营人、专门化承运人、多式联运经营人。

1. 单一方式经营人

单一方式经营人是最基本的承运人类型，仅利用一种运输方式提供服务，这种集中程度使承运人高度专门化、有足够的能力和高效率。

虽然单一方式承运人能提供非常有效的运输服务，但给需要联运服务的托运人带来了困难，使得托运人需要与多个承运人进行协商和谈判。航空运输服务商就是一个很典型的单一方式经营人，一般只服务于机场与机场间。

2. 专门化承运人

专门化承运人是指从事专门领域（业务）运输服务的承运人。它可能要涉及采用不同的运输工具，但是服务的领域往往是专门的，如邮政。

【专栏 3.5】

联合包裹运输公司（UPS）全球特快货运日中送达服务

联合包裹运输公司 UPS 在 2018 年宣布推出 UPS 全球特快货运日中送达服务，该服务是原有 UPS 全球特快货运服务的延伸，线路范围覆盖由 71 个国家始发，至占全球 GDP 2/3 以上的 35 个主要目的地国家，承诺中午 12 点或下午 2 点前将货物送达。

（资料来源：联合包裹运输公司（UPS）全球特快货运日中送达服务．搜狐网 https：//www. sohu. com/，2018-02-12）

3. 多式联运经营人

多式联运经营人使用多种运输方式，以期利用各自的优势，在最低的成本条件下提供综合性服务。从技术上讲，在所有基本的运输方式之间都能够安排协调运输或多式联运。一些描述性术语，如卡车渡运（fishy back）、火车渡船（train ship）和运货飞机（air truck）等，已成为标准的运输业行话。每一种多式联运的组合，其目的都是要综合各种运输方式的优点，以实现最优化的绩效。

多式联运有以下几方面的优点：

（1）以集装箱为运输单元的多式联运可以实现门到门运输，提高了运输效率。而且由于中途不需要换装，缩短了运输时间，降低了破损和偷盗风险。

（2）集中托运、一次付费、一单到底、统一理赔、全程负责、选择最佳线路组织合理化运输的运输作业方式，提高了运输管理水平和现有设备利用率。

（3）降低了全程运输的费用，有利于总物流成本的降低。

多式联运的组合方式有很多种，一般较多使用的有以下几种：

（1）驼背运输（piggyback）

这是一种公路和铁路联合的运输方式。既有铁路在长距离运输中的速度和可靠性，又有公路运输在货物集散中的门到门和灵活性优势，是现代高效物流运作的最佳方案之一。

驼背运输一般有以下几种形式：

1）拖车与挂车：货物装在挂车里；用拖车运到火车站。在火车站，挂车被运上火车的平板车厢，拖车则与挂车分离。到达目的地车站后，再使用拖车将挂车运到收货人的仓库。

2）挂车列车：一种公路和铁路两用的挂车，在公路上用自己的轮子挂在公路拖车后面，到达火车站时，将其在公路上行驶时使用的轮子收起来，放上火车轮架，就可以在铁轨上行驶。到达目的地后，又还原成公路运输工具。

3）铁工路：20 世纪 90 年代引入的一项联运技术。它的火车车厢有自己的动力，能够行驶和自动装货，能够直接进行"门到门"运输，不必依赖卡车。在 800 公里运距内，比公路系统更可靠，费用更低。

（2）海—空联运

这种联合运输方式兼有海运的经济性和空运的速度。运输距离越远，采用海空联运的优越性越大。目前国际海空联运线主要有：远东—欧洲，远东—中南美。适用于电器、电子产品、计算机和照相器材等高价值商品以及玩具、时装等季节性需求较强的商品。

（3）海—铁联运

这是铁路和海运联合的运输方式。适合重型货物的运输。远东—欧洲的运输经常采用这种联运方式。

（4）航空—公路联运

长途运输中，经常运用航空与公路的联合方式，行包运输和件杂货物运输，就常使用这种联合方式。

（5）铁路/公路—内河与海上—内河联运

在内河运输较方便的地区，使用内河运输方式与公路铁路运输方式联合可以利用内河运输廉价的特点。公路—内河联运的方式是一些内河运输网发达的国家或地区在国际物流运作时使用的联运方式。通常，出口货物首先使用内河运输方式从内陆地区运到出口港口，再通过海运由港口运到目的国。

（6）陆桥

陆桥运输是指采用集装箱专用列车或卡车，把横贯大陆的铁路或公路作为中间"桥梁"，使大陆两端的集装箱海运航线与专用列车或卡车连接起来的一种连贯运输方式。

陆桥系统常用于以下国际集装箱运输线：

1）欧洲或中东与远东之间经西伯利亚大陆桥或新亚欧大陆桥；

2）欧洲与远东之间经大西洋到达美国或加拿大太平洋沿岸，使用北美大陆桥。

【专栏3.6】

基于电子商务的物流配送

近年来，随着互联网的普及，各种类型的电子商务不断涌现。利用互联网进行客户服务和产品销售等电子商务已经为许多企业和个人所广泛接受。电子商务主要是基于互联网传播商品信息，使其传播超出地域、文化和其他工具传播速度的限制而变得更为迅速，以挖掘更加广泛的客户群体，并通过电子现金、信用卡等手段实现货款付讫，最后按照客户的要求在正确的时间将正确数量的正确物品送到正确地点。之所以称其为电子商务，是因为其信息传播的主要途径是通过互联网，其成败的关键是物流配送。

基于电子商务的物流配送也已经打破了传统运输的模式，商品运输由单一的传统运输方式变成多种运输方式的最佳组合，提高了运输效率，缩短了中间储存和中转时间，加速了商品流动，大大降低了运输成本，加快了商品使用价值的实现。高速发展的电子商务为运输业提供了更广阔的市场空间，也必将进一步推动我国交通运输业的整体发展。但是，运输企业在看到机遇的同时也应看到自身的问题与挑战。只有建立高效、完善的运输体系，才能更好地满足客户的需求，提高企业的竞争力，获取更多的利润与市场份额。

3.4　运输经济和定价活动

运输经济和定价活动与确定运输成本和运输费率的因素和特征有关。本节讨论涉及三个主题：影响运输经济的因素、影响运输费用分配的成本结构、费率结构。

3.4.1　经济因素

运输经济通常受 7 个因素的影响，尽管这些因素并不是运费表上的组成部分，但在承运人制订运输费率时，都必须对每一个因素加以考虑。这 7 个因素分别为：距离、装载量、产品密度、积载能力、搬运、责任、市场因素。一般说来，上述顺序也反映了每一个因素的重要程度。

1. 距离

运输距离是影响运输成本的主要因素，因为它直接对劳动、燃料和维修保养等变动成本发生作用。图 3.1 显示了距离和成本的一般关系。

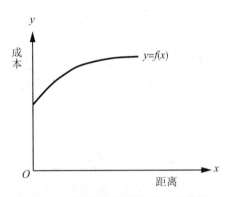

图 3.1　运输距离与运输成本的关系

从图中我们可以得出以下两个要点：

第一，成本曲线不是从原点开始的，因为它与距离无关、但与货物的提取和交付活动所产生的固定费用有关；

第二，成本曲线是随距离减少而增长的一个函数，这种特征称作递减原则（tapering principle），即运输距离越长，城市间的运输距离所占的比例趋于更高。

承运人可以使用更高的速度，使城市间单位运输距离费用相对较低，并且不同的距离适用相同的燃料和劳动费用；而市内运输通常会频繁地停车，因此要增加额外的装卸成本。

2. 装载量

第二个因素是装载量，它之所以会影响运输成本，是因为与其他物流活动一样，大多数运输活动中存在着规模经济。这种关系如图 3.2 所示。

从图中我们可以看出每单位重量的运输成本随装载量的增加而减少。之所以如此，是

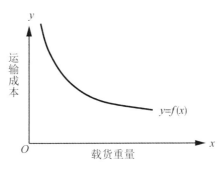

图 3.2　重量与运输成本的关系

因为提取和交付活动的固定费用以及行政管理费用可以随装载量的增加而被分摊。但是，这种关系受到运输工具（如卡车）最大尺寸的限制，一旦该车辆满载，对下一辆车会重复这种关系。这种关系对运输管理部门的启示是：小批量的装载应整合成更大的装载量，以期利用规模经济。

3. 产品密度

第三个经济因素是产品密度，它把重量和空间方面的因素结合起来考虑。这类因素之所以重要，是因为运输成本通常表示为每单位重量所花费的金额，例如每吨金额数。在重量和空间方面，单独的一辆运输卡车更多的是受到空间限制，而不是重量限制。即使该产品的重量很轻，车辆一旦装满，就不可能再增加装运数量。由于运输车辆实际消耗的劳动成本和燃料成本主要不受重量的影响，因此产品密度越高，则可以把固定运输成本分摊到增加的重量上去，使这些产品所承担的每单位重量的运输成本相对较低。图 3.3 说明了每单位重量的运输成本随产品密度的增加而下降的关系。

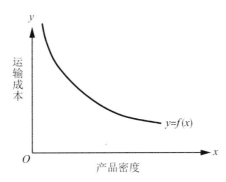

图 3.3　产品密度与货物运输成本间的关系

4. 积载能力

积载能力是指产品的具体尺寸及其对运输工具（火车、拖车或集装箱）的空间利用程度的影响。由于有些产品具有奇特的尺寸和形状，以及超重、超长等特征，通常不能很好地进行积载，并因此浪费运输工具的空间。尽管积载能力的性质与产品密度类似，但很可能存在具有相同密度的产品，积载差异很大的情况。

一般来说，标准形状的产品要比形状古怪的产品更容易积载。例如，钢块与钢条具有相同的密度，但钢条的长度和形状，使其积载起来就更困难一些。

积载能力还受到装运规模的影响：大批量的产品往往能够相互嵌套、便利积载，而小批量的产品则有可能难以积载。

5. 搬运

卡车、火车或船舶等的装卸可能需要特别的搬运设备。此外，产品在运输和储存时实际所采用的成组方式（例如，用带子捆起来、装箱或装在托盘上等）也会影响到搬运成本。

6. 责任

责任与产品的六个特征有关，主要关系到货物损坏风险和导致索赔事故。因此，对产品要具体考虑的因素有：易损坏性、财产对货运损害的责任、易腐性、易被偷窃性、易自燃性或自爆性、每单位重量价值。

承运人必须通过向保险公司投保来预防可能发生的索赔，否则有可能要承担任何可能损坏的赔偿责任。托运人可以通过改善保护性包装，或通过减少货物灭失损坏的可能性，降低其风险，最终降低运输成本。

7. 市场因素

运输通道流量和通道流量均衡等市场因素也会影响到运输成本。运输通道是指起运地与目的地之间的移动。通道流量均衡即运输通道两端的流量相等。但由于制造地点与消费地点的需求不平衡，通道两端流量相等的情况很少见。例如，我国有许多货物是在东部沿海地区加工制造的，然后装运到中、西部的消费市场，这样就会产生运往西部的流量要大于流向东部的流量。此外，平衡性也会受到季节影响，如在销售旺季里运输水果和蔬菜就属此种情况。需求的方向性和季节性会导致运输费率随方向和季节的变化而变化。因此，物流系统的设计必须考虑这方面的因素，并且尽可能地增加回程运输。

3.4.2 成本结构

运输经济和定价活动的第二个方面与分配各种成本的标准有关，虽然成本分配主要是承运人关心的事，但由于成本结构影响到洽谈运输的能力，因此托运人对此也很关注。运输成本通常可以被划分成以下各种类别：变动成本、固定成本、联合成本、公共成本。

1. 变动成本

变动成本是指在一段时间内所发生的费用，通常以一种可预计的、与某种活动直接有关的形式变化。因此，变动成本只有在运输工具未投入营运时才有可能避免。除例外情况，运输费率至少必须弥补变动成本。变动成本包括与承运人运输每一票货物有关的直接费用，这类费用通常按照每公里或每单位重量成本来衡量。在这类成本构成中还包括劳动成本、燃料费用和维修保养费用等。一般说来，如果按每公里计算，整车承运人的成本范围在每辆车每公里 0.75 元至 1.5 元之间。正如任何一本有关经济原理的教科书中所解释的那样，要求承运人按低于其变动成本来收取运费而又期望他能维持营运，那是不可能的。

2. 固定成本

固定成本是指在短期内虽不发生变化，但又必须得到补偿的那些费用，即使公司关门了（如休假或罢工）也是如此，而这类固定成本包括那些不受装运量直接影响的费用。对于运输公司来说，固定成本构成包括端点站、通道、信息系统和运输工具等费用。在短期内，与固定资产有关的费用必须由上述按每票货物计算的变动成本来弥补；从长期来看，可以通过固定资产的买卖来降低固定成本的负担。但实际上要出售运输通道或运输技术往往是非常困难的。

3. 联合成本

联合成本是指提供某种特定的运输服务产生的不可避免的费用。例如，回程的费用。联合成本的确定要考虑到托运人是否有适当的返程货物，或者这种返程运输所产生的费用由原先的发货人来承担。

4. 公共成本

这类成本是承运人代表所有的托运人或某个分市场的托运人支付的费用。如过桥、过路费及其他管理费等。

【专栏 3.7】

连锁餐饮业的运输环节物流成本

对于连锁餐饮业来说，靠物流手段节省成本并不容易。然而，作为肯德基、必胜客等业内巨头的指定物流提供商，百胜物流公司抓住运输环节大做文章，通过合理的运输安排，降低配送频率，实施歇业时间送货等优化管理方法，有效地实现了物流成本的"缩水"，给业内管理者提出了一条细致而周密的降低物流成本之路。

3.4.3　定价策略

通常采用的定价策略有以下几种：服务成本策略、服务价值策略、组合策略。

1. 服务成本策略

服务成本策略是根据提供某类服务的成本加上毛利润来确定运输费的。例如，如果提供某种运输服务的成本是 200 元，毛利为 10%，那么承运人就将向托运人收取 220 元的运费。这种服务成本方法代表了基本的或最低的运输收费，是对低价值货物或在高度竞争的情况下使用的一种定价方法。

2. 服务价值策略

服务价值是一种可供选择的策略，它是根据托运人所感觉到的服务价值，而不是实际提供这种服务的成本来收取运费的。

例如，托运人感觉到，运输 1000 公斤的电子设备要比运输 1000 公斤的煤炭更重要或更有价值，因为设备的价值大大超过了煤炭，因此，托运人有可能愿意为设备多支付些运输费用。显然，对于高价值货物或竞争状况有所限制时，承运人趋向于使用服务价值定价。

3. 组合策略

这种组合战略是在最低的服务成本与最大的服务价值之间来确定某种中间水平的运价。大多数运输公司使用这种中间值的运价，被视为标准的做法。因此，物流经理必须要了解运价浮动的范围和可供选择的策略，以便于他们能够进行恰当的谈判。

【专栏 3.8】

我国相关的运输法规

为了满足交通运输改革形势的发展需要，我国相关的运输法规也在不断更新，在交通运输部 2019 年立法计划里要求研究起草、适时报审的立法项目的法案有《交通运输法》《铁路交通事故调查处理规则》《铁路货物运输管理规程》《公路建设市场信用管理办法》《内地与港澳间水路运输管理规定》《危险货物道路运输安全管理办法》《国际航空运输价格管理办法》《快递业信用管理办法》等。

小　　结

本章首先介绍了运输管理的重要功能和运输基本原理——规模经济和距离经济，接着论述了五种基本运输方式的优缺点和运输服务的提供者，然后分析了影响运输经济的因素和定价活动的构成。

思　考　题

1. 请结合实例说明运输的功能与原理有哪些？
2. 常用的运输方式及各自的优缺点有哪些？
3. 有哪几种运输服务的提供者及各自的特点？
4. 有哪些影响运输经济的因素及运费的成本结构？
5. X 公司按照 CIF 价格为 Y 公司供应电动机。X 公司负责货物运输。运输经理有三个方案可供选择：铁路运输、驼背运输和公路运输。整理出的信息如下表：

运输方式	运送时间（天）	运价（元/台）	运输批量（台）
铁路	16	120	10000
驼背	10	352	7000
公路	4	704	5000

Y 公司每年采购 50000 台电动机，合同规定的 CIF 价格为 4000 元/台。两家公司的库存持有成本都是 25%/年，X 公司应该选择哪种运输方式？

【案例分析】

王强是武汉华昌物流公司的运输销售经理，他在考虑要为一个新顾客，东盛电脑公司提供服务，该公司是宜昌一家电脑经销商，每一个月要从武汉分销商的仓库拖运12车的电脑配件到宜昌东盛电脑公司的仓库，要求每卡车运费为850元。每辆卡车须从华昌物流公司的所在地出发，离分销商的仓库2公里。从分销商的仓库到宜昌东盛电脑公司的仓库的距离为326公里。在宜昌卸车后，卡车空车返回到华昌物流公司的所在地，距离为320公里。

（1）如果武汉华昌物流公司经营每辆卡车的平均成本为每公里1.20元，王强是否应该按洽谈的费率接受该笔业务？为什么接受或为什么不接受？

（2）王强先生为东盛电脑公司上述装运后的回程运输，与宜昌的一个新顾客进行了协调。该新顾客是安宇电子有限公司，要从它的厂里运送电子产品到武昌经销商的仓库。于是，东盛电脑公司的每次装运将伴随来自安宇电子有限公司的回程装运货物（12车/月）。华昌物流公司将向安宇电子有限公司收取每公里1.30元的运费。武昌经销商的仓库离安宇电子有限公司的距离为360公里。东盛电脑公司到安宇电子有限公司的距离为25公里。在递送完回程货物后（再次去分销商的仓库提取货物前）卡车必须回到华昌物流公司所在地。与东盛电脑公司的协议条款概括在（1）中，保持不变。根据新的安排，王强先生期望每次作业可使华昌物流公司获得多少利润（亏损）？

（3）根据新的安排王强先生期望每个月公司能够获得多少利润（亏损）？公司该不该接受这笔业务？

（4）王强先生安排回程运输值得吗？为什么？

（资料来源：http://www.china-logistics.net）

第四章　储　　存

仓储运作环节涉及物流活动的方方面面，仓储与其他的物流活动会发生相互作用，但它与我们所提到的订单管理与库存管理有很大的差别。本章将主要涉及仓储作用、类别，仓储作业的流程。

关键词：储存（storage）　仓储战略（storage strategy）　时间效用（time utility）入库管理（putawaystock management）　在库管理（stock management）　储位管理（storage address management）　拣货作业（picking operation）

4.1　概述

4.1.1　储存的概念

在物流管理中，经常涉及库存、储备及储存几个概念，三者都包含有"物资的一种停滞状态"这一层意思，但它们的范围还是有很大的区别：

1. 库存

仓库中处于暂时停止状态的物资。需要注意的是停滞的位置是在仓库而不是在别的地方，另外停滞可能是由于各种原因引起的，这些原因大致为：能动的各种形态储备；被动的各种形态的储备；完全的积压。

2. 储备

物资储备是一种有目的的储存物资行动，也是这种有目的的行动和其对象总体的称谓。物资储备的目的是保证社会再生产不断地、有效地进行。所以可以认为，物资储备是一种有目的的、能动的生产领域和流通领域中物资的暂时停滞，尤其指生产和再生产、生产和消费之间的那种停滞。

储备和库存的本质区别在于：储备是有目的的、能动的行动及其对象总体，而库存可以是能动的各种形态的储备，也可以是被动的各种形态的储备或者是完全的积压。储备物资的停滞位置范围远比库存的广泛得多，一般库存的物资只是包括停滞在仓库、途中未到的物资，而储备物资可以在生产和流通的任何节点上。对库存和储备的分析，可以用图4.1表示两者的关系。

3. 储存

储存是包含库存和储备在内的一种广泛的经济现象。对于任何的社会形态，对于不论是什么原因形成停滞的物资，也不论是什么种类的物资在没有进入生产加工、消费活动之前或在这些活动结束之后，总是要储存起来的，这就是储存。

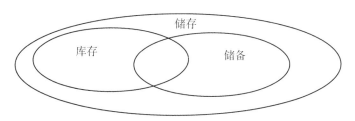

图 4.1　库存、储备、储存三者关系图

4.1.2　储存的地位和作用

储存的地位与作用，可以从宏观和微观二方面来认识：

1. 从宏观层面上看，储存是社会物质生产的必要条件之一

储存作为社会再生产各环节之中，以及社会再生产之间的"物"的停滞，构成了上一步活动和下一步活动的必要条件。社会再生产各环节因为技术特点、成本要求等多方面原因，各环节之中总免不了一定的间隔、时间或空间上的不协调，例如上一道工序的半成品，需要达到一定的批量后，才能经济合理地送给下一道工序，而下一道工序为了保证连续生产需要一定的储存。可见储存是生产个环节之间协调一致的必要条件。

在信息化社会，这种情况有很大的改变，例如现代企业的供应链管理和零库存管理向传统的理念提出挑战，这些方法和理论在信息化的背景下大幅度降低了社会生产和再生产各环节的各种储存。但由于社会化大生产的复杂性，在经济领域中的不平衡、不同步的现象是客观存在的，主要表现还是生产活动之间的不平衡、不同步，供需双方的不平衡、不同步。这就需要调整，即生产的产品要经过一定时间的储存保管才能与下一步生产活动和消费需求相协调。此外，出于应付突发事件和自然灾害的要求，或出于延长一段时间出售产品获得利润的要求，出于合理利用资源而防止产品一时过剩造成浪费的要求，都要对产品进行一定的储存。储存的这些作用，在工业化时期称为"蓄水池"，在现代物流领域，它起到对整个物流过程的调节作用，称为"调节阀"。

2. 从微观层面上看，即从企业的角度出发，储存可以创造"时间效用"

通过储存，事物在效用最高的时间发挥作用，提高物的使用价值，从而提高物的价值。储存还是企业"第三个利润源"的重要源泉之一。第三个利润源中，储存是其中主要部分之一，这可以从储存的几个正面作用中得到解释：第一，有了库存保证，就可免除加工赶班，省去了增加成本的加工赶班费。第二，有了储存保证，就无需紧急采购，不致加重成本。第三，有了储存保证，就能在有利的时机进行销售，或在再有利的时机购进，增加销售利润或是减少采购成本。第四，储存是大量占有资金的一个环节，储存的节约的潜力是巨大的。

4.1.3　储存功能与基本目标

现代储存保管在经济建设、流通领域和企业经营中都起着重要的作用，合理利用储存

功能有助于经济目标的实现。

1. 储存的功能

储存的主要任务是保管保养好准备出库或将要配送的商品。储存管理主要包括：储位管理、储存空间的利用、储存设备的配置。

库存商品的数量与质量控制不同，组织模式的配送中心，其储存功能不完全相同，但从其实际运作来看，储存的功能主要体现在以下三个方面：

（1）储存衔接生产与需求

生产的产品总是需要经过一段时间才能进入消费过程，为协调和沟通供应与需求，必须通过储存，此外为满足国家储备以及合理使用资源的要求，也必须对生产的产品进行一定时间的储存。通过储存可以弥合供需时间上的分离，从而衔接并有效地调节生产与需求。

（2）储存为生产和消费提供货源保证

生产和消费的不断进行需要消耗资源，因此必须有一定的库存作保证，才不至于引起生产、销售以及消费停滞而带来的各种损失，避免赶工和紧急采购而引起的成本上升。当然储存也会消耗一定的管理费用和投资，而且高库存水准还将大量占用资金，因此，必须通过储存的合理化，缩短储存时间，降低投入，加速资金周转来节省储存消耗的费用。

（3）储存创造时间效用

商品所处的时间状态不同，其价值实现的大小可能会有差别，因此，通过储存可以使商品在效用最高的时间实现其价值或者在效用最高的时间发挥其作用，从而充分优化资源在时间上的配置，所以，储存可以创造时间效用。

2. 储存保管的基本目标

对于配送过程来说，储存除了具有以上三项基本功能之外，就是辅助其他各项作业的顺利进行，因此，配送环节中储存保管的基本目标是：

（1）充分有效地利用空间；

（2）尽可能提高人力资源及设备的利用率；

（3）有效地保持商品的质量和数量；

（4）维持良好的储存环境；

（5）使所有在储货物处于随存随取状态。

4.1.4　仓储战略

仓储战略主要是企业在仓储资源的利用上如何根据存储物品的特点、性质及市场变化和仓储的经济性来决定合理地利用仓储资源的决策。

1. 仓储资源的类型及特点

通常仓储资源分为：自有仓库、公共仓库和合同仓库三种类型。

（1）自有仓库

自有仓库是由拥有产品的经营者实际拥有的仓库设施。产品的经营者建立自有仓库的主要原因是：在现实中，要寻找一家完全适合经营者要求的出租仓库往往是困难的。

（2）公共仓库

　　公共仓库被广泛地用于物流系统，无论是短期的还是长期的，几乎任何一种仓储服务的组合都能与仓库经营人商定。如今，公共仓库的分类已经有了发展。现根据所承担的专业化经营范围，公共仓库一般可以被分类为：日用商品、冷藏货、特殊商品、保税商品、家庭用品和家具等。

　　公共仓库向客户收取基本的搬运费和储存费。在提供搬运服务的情况下，公共仓库是按照实际搬运的件数或重量来收费的；对于储存来说，则是按照该月份期间所储存的件数或重量来收费的。一般情况下，这种收费超过自有仓库的成本，但前提是，自有仓库存在充足的产品流量。可是，当自有仓库设施不可能存在规模经济时，公共仓库则可能是一种低成本的可选方案。

　　（3）合同仓库

　　合同仓库把自有仓库和公共仓库最佳的特征结合在一起。仓库的租用者与仓库经营者建立长期的仓库租用合同，形成了一种长期的合作关系。

　　合同仓库的经营人还把其提供服务的范围延伸到包括其他物流活动，例如运输、存货控制、订货处理、顾客服务，以及退货处理等，并往往可以向制造业承担全部的物流服务的方向延伸其物流服务。

【专栏 4.1】

合同仓库

　　甲公司是一家冷冻食品制造商，它已开始愈来愈多地利用合同仓库。甲公司与一家冷藏仓库、配送的公司——乙公司，就有关在其位于甲公司附近的仓库设施中进行储存、搬运和配送服务等达成了长期的承诺。甲公司得到保证，它将始终拥有储存空间来堆放其产品，而乙公司则无须担忧如何将其仓库的空间堆满货物，它只需把精力集中在提供服务上。而且，甲公司可以利用乙公司按照仓储合同提供更好的服务，使其能够了解甲公司的业务需要，提供顾客定制化服务。

2. 仓储战略

　　许多企业是结合使用自有仓库、公共仓库和合同仓库来进行储存活动的。自有仓库和合同仓库可以被用来满足企业年度的基本需求，而公共仓库则可被用来应付旺季之需。在其他情况下，中央仓库可以是自有设施；市场销售或现场仓库可以使用公共仓库设施；而合同设施则可同时用于上述两种情况。通常说来，仓库全年都处于满仓的可能性极小。尽管按照一般的计划原则，仓库的设计旨在满仓利用，但事实上全年满仓利用的时间在75%～85%。因此，在15%～25%的时间里，那些旨在满足高峰时所需的仓库空间并没有得到充分利用。在这种情况下，也许可以采取的更有效办法是建私人仓库，以满足75%的需求，而用公共仓库来应付高峰期的需要，如图4.2所示。

　　因此，仓储战略集中在两个问题上：第一个问题关系到应该使用多少仓库；第二个问题关系到应该使用哪些类型的仓库才能满足市场需要。对于许多企业来说，其回答往往是应由顾客和产品来确定某一种仓库的组合。尤其是，有些顾客群体可以通过自有仓库得到

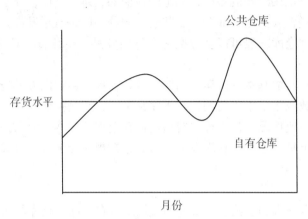

图 4.2　自有仓库与公共仓库的结合

最佳的服务，而对于其他一些顾客来说，也许公共仓库显得更恰当些。

4.2　储存的分类

对储存进行科学分类，有利于经济活动中物资资源的统筹安排，储存可以按储备在社会再生产中的作用分类和按库存的作用分类。

1. 按储备在社会再生产中的作用分类

按在社会再生产中的作用储备通常分为生产储备、消费储备、流通储备和国家储备。

（1）生产储备

生产储备是生产企业为了保持生产的正常进行而保有的物质储备，这种储备是在生产领域中，已脱离了流通领域但尚未投入生产过程。

生产储备一般以库存的形式存在，储备占用生产企业的流动资金。由于被储备之物资已经由生产企业验收，在此期间的损失一般都记入生产企业的成本之中。

（2）消费储备

消费储备是消费者为了保持消费的需求而保有的物质储备，这种储备是在最终消费领域中，已脱离流通领域但尚未进入消费过程。

（3）流通储备

流通储备是社会再生产中为了保证再生产的正常进行而保持在流通领域中的"物"的暂时停滞。这种停滞有时是由储备要素的，有的则是非必要的流通过程中的停滞。流通储存的"物"，已经完成上一段的生产过程，进入流通领域但尚未进入再生产或消费领域。流通储备可能以库存形式存在，也可能是以非库存的形式不断处在市场上、车站货运输中。

（4）国家储备

国家储备是国家有关机构代表国家为全国性的特殊原因所建立的物质储备。这种储备主要是保持在国家专门设立的机构中，也有的保持在流通领域或生产领域。

2．按库存的作用分类

按库存的作用库存通常分为：周转库存、安全库存、调节库存和在途库存四种类型。

（1）周转库存

这是指配送中心在正常的经营环境下为满足日常的需要而建立的库存。这种库存随着每日的需要不断减少，当库存降低到某一水平时（如订货点），就要进行订货来补充库存。这种库存补充是按一定的规则反复、周期性地进行，是一种确定型库存。

（2）安全库存

这是指为了防止不确定因素（如突发性大量订货、厂商交货期延期等）而准备的缓冲库存。

（3）调节库存

这是指为了满足特定季节中出现的特定需要而建立的库存，或指对季节性出产的商品在出产的季节大量收购所建立的库存。

（4）在途库存

在途库存指处于运输状态或为了运输的目的而暂时处于储存状态的商品，这种库存往往表示了库存所处的状态。

4.3　仓储作业流程

4.3.1　仓储作业流程内容

不同形式的储存，作业内容有异，但不管是哪种类型的企业的仓储作业流程，一般性的划分为三项作业任务：商品入库作业、商品出库作业和商品在库管理。

图4.3是对仓储作业过程的大概描述。

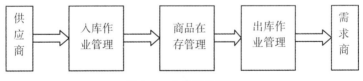

图4.3　仓储作业流程

1．商品的入库作业

商品的入库作业是商品保管工作的基础，是在库管理工作的前期工作。一般包括以下工作内容：制定商品进货计划及接货准备、接货、卸货、商品检验、商品分类、签发入库凭证、商品托盘堆码、入库上架、登记入账等一系列作业环节。

2．商品在库管理

商品在库管理内容一般根据管理的对象、客户的要求的不同而不同，但基本上都包含以下作业环节：与接货单位和用货单位联系并制定保管计划、储位安排、盘点作业、拣货作业及分装加工作业等。

3. 商品出库作业

商品出库作业是依据客户服务部门或业务部门开出的送货单或商品出库凭证，按其所列的商品编号、名称、规格、数量和生产日期等要求组织商品出库的一系列活动。一般包括以下作业环节：与收货单位联系并制定发货计划、备货和核对出货商品、办理交货手续。商品出库作业的完成标志着储存作业的完成。

4.3.2　商品入库管理

1. 入库作业流程

入库作业是其他作业环节的开始，入库作业的工作质量直接影响后续作业的质量。其作业内容具体来说，包括以下几项作业：

（1）制定入库作业计划和接货准备

入库作业计划制定的基础和依据是企业的采购计划和进货单据，以及供应商的送货规律、送货方式和企业自身的运输能力和方式等相关信息。入库计划的制定必须依据订单所反映的信息，充分掌握商品到达的时间、地点、品类、数量及到货方式，提前作出接货、卸货、储位安排、人力、物力等方面的计划。

在商品到达之前必须依据入库计划做好接货准备，准备工作的主要内容有：入库工具的准备、人员准备、储位准备、文件准备。

（2）核对单据

到货商品通常会具备下列单据或相关信息：送货单、采购订单、采购进货通知、供应方开出的出仓单、发票、发货明细表，可能还有商品质量保证书、检疫合格证。所以，企业在接运时首先要对运单进行核对，核对货物和单据反映的信息是否相符。

（3）接运和卸货

由于商品可能由铁路、公路、航空或水路等不同的运输方式到达，企业需要组织人员从不同的相应站港接货，并组织卸货入库。

（4）入库检验

入库检验是对即将入库的商品，按照规定的程序和手续进行数量和质量的检验，也就是保证库存质量的第一个重要的工作环节。商品检验的方法有全检和抽检两种。全检主要是数量的全检，一般针对重要商品或抽检发现问题时，才进行全检；抽检主要是针对大批量到货商品或规格尺寸包装整齐的商品。商品的检验方式一般由供应方和接货方共同协商确定。

（5）入库信息的处理

商品接运、验收完毕，然后通过搬运过程进入指定的储位储存，进入在库状态。同时，必须进行入库过程中的相关信息的处理。在这一阶段，首先必须将所有入库商品的单据进行归纳整理，并详细记录验收情况，登记入库商品的储位；然后依据入库商品纪录与验收情况记录的信息，对在库商品保管账进行财务处理，并将入库记录与验收情况记录的相关信息反馈给供应商和本公司的采购、财务等相关部门。

从上面对入库作业的内容的概括中可以看到，影响储存的入库作业的主要因素有以下几个方面：商品的送货规律，其中包括送货方式、送货工具、送货时间等，这些都是入库作业计划需要考虑的主要内容；商品的种类、特性与数量，这其中限制了商品的包装、规格以及批量大小，这些都是在接运准备时所必须考虑的制约因素。

2. 验收作业

商品验收主要是对商品的数量、质量和包装进行验收，是保证在库商品质量的一个非常重要的环节。验收主要的工作包括：检查入库商品的数量是否与订单收据或其他凭证相符，规格、型号是否有差异，商品的质量是否符合规定要求，物流包装是否合理，销售包装是否符合合同要求。验收工作的基本要求是必须做到及时准确，即在最短的时间内，准确地对入库的商品进行验收。

3. 商品入库验收的内容

（1）质量验收

质量验收是入库验收工作的核心。主要目的是检查入库商品的质量状况，发现问题，分清责任，确保到库商品符合订货要求。

（2）数量验收

商品到货后，收货人员必须依据送货单和有关订货资料，按照商品品名、规格、等级、产地等相关要求进行数量核对，确保到货商品数量准确无误。通常商品数量验收有计件法和计重法两种。

①计件法，一般有标记计件法、分批清点和定额装载。

②计重法，一般包括衡器称重和理论换算两种方法。

（3）包装验收

包装验收也是商品入库验收的重要内容，包装验收的标准与依据一是国家颁布的包装标准，二是购销双方合同和订单的要求与规定。包装验收的具体内容有：包装是否牢固；包装标识、标记是否符合要求。

（4）时间验收

对交货时间进行检验的目的是核查交货期是否和订单的日期一致。如果供货商提前供货，可能导致库存上升，占用货位，增加储存费用。如果供应商逾期供货，则要进行索赔。

（5）问题处理

在商品入库验收中如果发生问题，应该严格根据相关制度进行处理，一般可能会出现下面几种情况：

①验收中出现商品质量不符合规定的，应作出详细记录，将有问题的商品单独存放，同时采取必要措施防止扩大损失，并通知有关单位到现场查看，共同协商，及时做出处理。

②在商品数量验收中，计件商品的数量与订单或合同中的数量不一致时，或计重的商品发生损益时，仓库可按照实际数量验收入库，并与交货人员作出详细记录，分清责任，及时处理。

③到货商品不能满足一次订单的全部数量，采取分批到货的，仓库要及时通知订货发出单位，或按规定将收获单据存留至规定的期限。

④到货商品的到货凭证或入库凭证不齐或不符时，仓库有权拒收或要求重新办理入库

手续，将收到的商品另行堆放，暂作待验处理。

⑤在验收中对有索赔期的商品，发现问题时必须认真记录，按照规定的手续，在规定的期限内，向有关部门提出索赔要求，否则责任部门对造成的损失将不负责任。

4.3.3 物资在库管理

物资的在库管理的主要内容包括储位管理，储存期间的物资维护及保养，以及库存物资的盘点工作。

4.3.3.1 储位管理

1. 储位管理的概述

储位管理，就是把将来要用或要处理的商品保管好的前提下，经常对库存进行检查、控制和管理。储位管理的好坏将直接影响到整个作业的顺畅与否。一般储位管理的目标包括以下几个方面：空间利用率最高；劳动力及设备的有效使用；存取方便；保证质量；管理科学。

2. 储位管理的原则

（1）明确标识储位。先将储存区域经过详细规划区分，并标示编号，让每一种预储存的商品都有位置可以存放。储存的具体位置必须明确，边界含糊不清会使储位管理发生混乱。

（2）有效定位商品。依据商品保管方式的不同，应该为每种存货确定合适的储存单元、储存策略、分配法则，把商品合理地放置在预先准备的储位上。

（3）及时更新记录。当商品按规划就位后，接下来的工作就是储位维护。无论是因为出货、淘汰，还是受其他因素的影响，使商品的位置或数量发生改变时，必须及时准确记录变动前后的情况，使库存记录与实际的情况相符合。

3. 储位管理的要素

储位管理要考虑的基本要素包括储位空间，储放的商品，人员以及储放、搬运设备与资金等。

（1）基本要素

①储位空间。针对不同主要功能的储存要求，储存空间的要求也不相同，例如，在重保管的储存时，主要是仓库保管空间的设计；而在重配送的储存时，主要是为了拣货和补货的储位设计。

②储存的商品。如何放置储位上的商品，首先必须考虑的是商品本身的影响因素，其中包括：供应商，即商品是本公司生产还是外购；商品特性，商品的体积、重量、包装、自然属性、湿度温度要求；进货规定，即采购前置时间，采购作业的特殊要求。

③人员，包括保管员、搬运员、拣货或补货员。保管员负责管理和盘点作业，拣货员负责拣货作业，补货员负责补货作业，搬运员负责入库、出库、库内搬运。

（2）其他要素

包括储放设备、搬运与输送设备。①储放设备。储放设备的选择，需要考虑商品的特性、单位、重量等相关影响因素，然后再选择适当的设备配合使用。例如，自动仓库设备，或者对固定货架和流动货架的选择使用；拣货作业可以使用电子辅助卷标；出库、点货可以使用无线电传输设备。②搬运与输送设备。选择搬运与输送设备时，同样要考虑商品的相关属性，以及作业流程与状况等，当然还得考虑设备成本因素。

4.3.3.2 储位管理步骤

1. 仓储空间的规划布局

仓储空间就是储存商品的地方，仓储空间规划是物流规划的重要内容，它受物流企业执行的主要功能的影响。例如，以保管为主要功能的仓储，库存的周转率比较低，其空间的布局要求最大限度地利用仓储空间；而以配送为主要功能的仓储，其空间布局在于寻求仓库的吞吐量最大。仓储空间是否有效使用，是衡量物流部门或企业规划是否合理的重要方面。规划仓储空间时必须进行储区分类，了解空间使用特点，评估其在各方面的利弊。

2. 储存搬运设备的选择

储存搬运设备是储位管理要素之一，是储存作业的基本条件。选择储存设备要考虑的因素有商品特性、搬运设备、出入库量、存取性、库房结构等。最重要的是根据不同保管区域的功能作出选择，例如，补货储区的主要功能是补充库存数量，则可选用一些高容量的货架；而拣货储区的主要功能是提供拣货作业的场地，则可选用一些方便拣货的流动货架，提高作业效率。

3. 储位编号和货物编号

（1）储位编号

储位编号和分区分类是相辅相成的。由于进行储位编码，所以要具体落实分区分类储位编号是在一定保管区域内进行的。储位编号在保管业务中有重要的作用。首先，能提高收发货效率，避免差错；在收发货物时，对识别货墩较为便利，能缩短货物进出库的时间，减少串号或错付的发生。其次，储位编号标志明显，货位容易识别，不同货区的保管员之间开展互助就比较容易，有利于进出库作业的协调。最后，有利于货物的在库检查、盘点对账等作业，便于仓库管理。

（2）货物编号

货物编号的方法主要有三种：

①按数字顺序编号。该方法由1开始一直往下编，常用于账号或发票编号，属于延展式方法。

②数字分段法。是数字顺序编号法的变形，即把数字分段，每一段代表一类货物。

③分组编号法。该编号法把货物的特性分成四个数字组，每一个数字的位数多少要视实际需要而定。如表4.1所示。

表4.1 储位编号表

	类别	形状	材料	大小
编号				

4. 分配储位

当前面的准备工作完成以后，接下来就是用什么方法把准备保管的货物分配到最合适的储位上，一般主要的方法有人工分配管理、计算机辅助分配管理或全由计算机分配管理等。

（1）人工分配方式

人工分配储位的作业流程如图4.4所示。

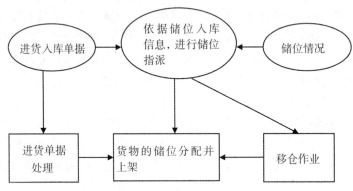

图4.4　人工储位分配作业流程图

仓库管理人员首先根据进货情况和储位使用情况对货物分配储存区位，重新分配过程中，有可能要进行移仓作业。所以，在储位分配过程中要及时更新储位信息，仓库人员每完成一个储位分配内容后，就必须将这个储位内容准确及时地记录至表格中；货物出库时或移动时也必须及时做好信息处理。

（2）计算机辅助分配

计算机辅助分配作业流程图如图4.5所示。

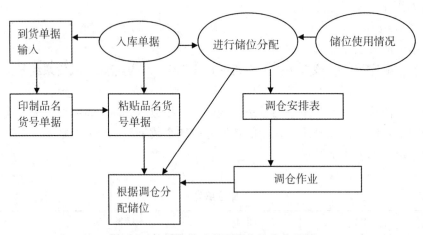

图4.5　计算机辅助分配储位作业流程图

计算机辅助分配储位依靠的是现代信息技术。利用自动读取或辨认设备来读取资料，通过无线电网络，再配合储位监控或储位管理软件控制储位分配，这两种方式由于其中的资料输入输出由条形码读取扫入，出错率低；资料录入后，通过无线电或网络把信息传回。

（3）计算机全自动分配储位方式

这种分配方式的作业流程图如图4.6所示。

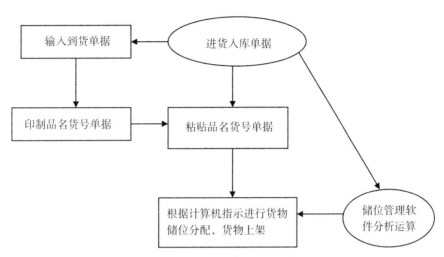

图4.6 计算机全自动储位分配流程图

利用一些监控和储位管理软件，经过收集在库储位信息和进货信息后，通过计算机分析运算进行货物储位分配。由计算机自动下达储位分配指示，一般都可以使储位处在合理的分配中，不需要调仓作业。

（4）核查与改进

储位管理不是一天两天就可以完成的，必须每日每月每年不断加以维护。只要有仓库保管区域，就要不断进行储位维护工作，以保证储位的高效利用。通过核查，及时了解储位管理的实际情况，如设备的使用情况、仓库空间的使用情况，一方面起到监督的作用，另一方面，可以及时发现储位管理中的问题，加以改进，提高储位管理的效率。

4.3.4 货物在库期间的保管养护

由于货物在库期间由于各种原因会发生质量数量或价值变化，所以储存过程中一个重要的要求就是通过一定的环境条件及对被保管物品的具体技术措施，保持其数量和使用价值不发生减退。

1. 货物在库期间的变化

（1）质量变化。质量变化主要是由储存时间、储存环境和储存操作等方面因素造成的，主要的表现形式有以下几种：

①物理和机械变化：物理存在状态的变化。有些物资在不同的温度湿度压力条件下存在的形态不同，这就有可能失去货物的原有形态，这种变化有挥发、溶化、熔融三种类型。

②渗漏变化：液体和气体物资，由于储存条件不当，如库的密封不善，或包装破损，而逐渐产生数量损失。

③串味变化，有吸附特性的物品在储存期间吸附了有气味的气体或液体，而失去或降低其使用价值。

④破损变化：物资在储存过程中受外力作用而出现形体的破裂，如破碎、掉边等；变形：物资在储存期间由于外力或其他作用，出现被存物资物理形态、尺寸的改变。

（2）化学变化。由于在储存期，物资内部或不同物资之间发生化学变化，改变原物质原有的微观状态，形成了不同于原物质的新的物质，从而使货物的使用价值变化造成损失。化学变化主要有以下几种：分解与水解，水化，锈化，老化，化合，聚合。

（3）生化变化。在储存期间，有生命活动现象的有机体物质，继续进行生命活动，如呼吸活动、发芽抽苔等活动，从而引起所存物资的质量变化，这种生物性活动主要发生在粮食、肉类、蔬菜水果及蛋奶等物资领域。

（4）价值变化。在储存期间，物资的价值方面还可能发生以下几种变化：

①呆滞损失。储存时间过长，虽然物资的使用价值并未变化，但社会需要发生变化，从而使该物资的效用降低，无法按原价值在社会上流通，最终形成储存领域的呆滞物资，所形成的损失为呆滞损失。

②时间价值损失。物资储存占用一定的资金，资金的使用是有价值的，需要付出一定的利息，储存的时间越长，利息支付越多，机会投资成本就越大。

2. 物资的维护与保养

为了防止在库物资的质量发生变化以及使用价值与价值在储存期间降低，维护与保养工作是十分必要的，一般工作的主要内容有以下几项：

（1）创造适合物资储存的环境条件。这是维护保养物资的根本性和基础性措施，在适合的环境条件下，能有效防止和控制物资的变化。主要的环境条件包括：温度条件，湿度条件，密封隔离条件。

（2）对部分储存物资进行个别技术处理。主要的措施有：个别货物的封装，物资表面的喷涂防护，物资表面施以化学药剂，气相防锈保护。

（3）进行救治防护。对已经发生质变损坏的物资，采取各种救治措施，以防止损失的扩大。

4.3.5 盘点作业

4.3.5.1 盘点概述

1. 盘点的概念

货物因不断的进出库，在长期的累积下库存账面数量与实际数量产生不相符的现象，有些货物因储存不当导致变质、丢失等损失。为了有效地控制货物的数量，对各储存场所清点库存数量的作业，就是盘点工作。

2. 盘点的作用

盘点的作用主要有以下几方面：

（1）确保各项货物的安全与完好，了解仓库中物资的储存状态，检查仓库制度的执行情况。

（2）发现问题，提高仓库利用率。

（3）确保库存记录的准确性。

4.3.5.2　盘点的主要内容与方法

1. 盘点的主要内容包括：

（1）检查货物的账面数量与实际储存量的情况。

（2）检查货物的堆放及维护保养情况。

（3）检查各种货物有无损坏情况。

（4）检查货物的进出货是否按仓库的有关规定执行。

（5）检查对不合格货物和损坏的货物的处理情况。

（6）检查安全设施及安全情况。

2. 盘点的方法

一般根据盘点的种类不同有不同的盘点方法。盘点的种类有以下两种：

（1）账面盘点法

账面盘点法是将每一种货物分别设账，然后将每一种货物的入库与出库情况进行记录，不必进行实地盘点，即能随时从计算机或账册记录上查看货物存量。

（2）实物盘点法

实物盘点根据盘点时间的不同又分为"期末盘点"和"永续盘点"。期末盘点是指在期末一起清点所有货物的数量；永续盘点则是在每天、每周作少种少量的盘点，到了月末或期末每项货物至少完成一次盘点。永续盘点可以通过计算机信息管理系统进行。以下是以计算机管理系统的永续盘点的一般工作流程，如图 4.7 所示。期末盘点在仓储中也经常广泛应用，一般每月或每隔半年或一年就要进行一次总的实物盘点。总盘点是相对永续盘

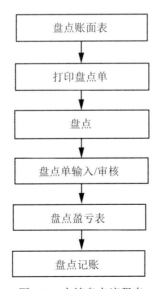

图 4.7　永续盘点流程表

点而言的，其盘点的对象和范围是所有储存的货物，因为货物的品种规格繁多，期末盘点的工作也比较复杂，工作量比较大，这就需要将整个仓库分成几个小组，各个小组之间协调并行盘点，以提高盘点的效率。期末盘点也可以通过计算机管理系统进行，各个小组的盘点程序与永续盘点的流程大概一致。

4.3.5.3　盘点的评估

进行盘点的目的是为了真实准确掌握货物的出入库的情况和货物的储存状态，所以盘点作业完成后，必须对盘点工作进行评估。盘点评估主要以下指标：

（1）盘点数量误差＝实际库存数−账面库存数

盘点误差率＝盘点数量误差/实际库存数量

（2）盘点品种误差率＝盘点误差品种/盘点实际品种数

盘点误差率的高低反映的是总的数量，从整体上反映储存的情况，而盘点品种误差是以品种数为计量单位，反映的是品种的保管情况。当盘点误差率较高，而盘点品种的误差率比较低时，表明发生误差的货物品种虽然减少，但每一个发生误差品种的数量却在增大。

4.3.6　货物出库管理

4.3.6.1　货物出库的作业流程

货物出库是根据业务部门的计划，在办理出库手续的基础上，进行备货、出库、付货或外运付货作业。其基本作业流程如图4.8所示。

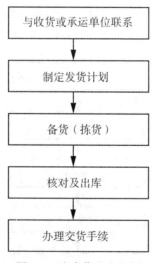

图4.8　出库作业流程图

（1）根据业务部门的计划，与收货单位、外运承运单位联系。充分掌握收货单位和提货时间、能力及外运承运的时间、能力、要求。

（2）制定发货计划。根据物资的特点，在与收货、外运单位共同确定的发货方式的基础上，制定发货计划。主要包括备货时间、备货方式、装运及搬运人员设备的安排。

（3）备货。制定发货计划后，根据计划进行备货。备货是指按照订单或出库单的要求，从储存的场所（仓库或其他场所）拣出货物，并放在指定的位置上的物流作业活动。

（4）核对及出库。备货完成后，要对所要出库的货物的品种、规格、数量进行核对，防止出现差错。

（5）办理交货手续。按发货计划，与收货或接运单位办理各项财务、交接手续。

4.3.6.2　备货作业

备货作业是一项非常耗时的工作。随着社会需求向小批量、多品种方向发展，且需求对时间的要求非常严格，备货作业是出库作业和整个仓储作业的重要环节之一，备货系统的效率高低对整个出库作业效率和服务水平具有重要影响。对流通企业来说，备货实际上就是拣货作业。

拣货作业信息来源于客户的订单，拣货作业的目的就是为了正确且迅速地挑选出客户所订购的货物。拣货作业分为两部分内容：信息处理和选货作业。

1. 拣货方式

一般有两种方式：

（1）按单个订单拣货。这种作业方式是针对每一张订单，作业人员将这张订单中的货物从拣货区挑选出并集中起来的方式。这种方式比较适合货物品种较少，且需求量比较大的订单。

（2）批量拣货。把多种订单汇集成一批，按照商品的类别将数量加总后再进行拣货，并按照客户订单作分类处理。

2. 其他策略

上述两种拣货方式中，比较而言，按订单拣货弹性较大，临时工作安排调整较为容易，适用于客户需求少品种多的订货；批量拣货的作业方式通常在系统化、自动化后工作量调整能力较小，适用于内容变化小、数量稳定的订单。除了这两项基本的拣货策略外，由这两种策略引申出下述五种拣货策略：

（1）复合拣货。复合拣货是按订单拣货及批量拣货的组合，可以根据订单上的品种数量决定哪些订单适合按订单拣货，哪些适合批量拣货。

（2）分类拣货。一次处理多张订单，并且在拣取各种商品的同时，把商品按照客户订单分开放置。例如，一次处理几张订单时，每次拣货用台车带几家客户的篮子，边拣货边按客户不同区分摆放。

（3）分区、不分区拣货。不论是按订单拣货还是按批量拣货，为了进一步提高效率都可以配合采用分区或不分区的作业策略。分区作业就是将拣货作业场地做区域划分，每一个作业员只负责拣取指定区域内的商品；而分区方式又可以分为拣货单位分区、商品特性分区、储存单位分区、拣货方式分区及工作分区。

（4）接力拣货。这种方式与分区拣货类似，首先决定拣货员各自负责的产品品种或货架的范围，各个拣货员只拣取订单中自己所涉及的部分，然后以接力的方式交给下一个拣货员。

（5）订单分割拣货。当一张订单所订购的商品品种较多，或需要设计一个及时快速处理的拣货系统时，为了使其能在较短的时间内完成拣货作业，可以使用此策略将该订单分成若干子订单，交给不同的拣货人员同时进行拣货作业，以提高拣货速度。

<h2 style="text-align:center">小　结</h2>

1. 储存是一个非常广泛的概念，从宏观上看，储存协调着社会再生产中的各个环节，对整个物流过程起调节作用，称为"调节阀"；从微观上看，储存可以创造"时间效用"。

2. 储存可以分成生产储备、消费储备、流通储备和国家储备。

3. 仓储战略是决定企业如何运用自有仓库、公共仓库和合同仓库的决策，是企业如何提高仓库的存储效率和降低成本的主要决策。

4. 仓储作业的一般流程可以分成三项作业任务：商品入库作业、商品出库作业和商品的在库管理。入库作业是其他作业环节的开始，入库作业的工作质量直接影响后续作业的质量；物资的在库管理的主要内容包括储位管理、储存期间的物资维护及保养，以及库存物资的盘点工作；货物出库是根据业务部门的计划，在办理出库手续的基础上，进行备货、出库、付货或外运付货作业。

<h2 style="text-align:center">思　考　题</h2>

1. 储存与储备、库存有什么区别？三者之间有什么关系？
2. 储存在社会再生产和在企业的生产中的作用有哪些？
3. 储存按照在社会再生产中的作用可以划分为哪些种类？
4. 简要介绍仓储作业的一般流程。
5. 在商品入库验收的环节中，检验商品的内容有哪些？
6. 储位管理的要素及原则有哪些？
7. 盘点的主要内容及方法有哪些？
8. 如何进行仓储战略的决策？

【案例分析】

<h3 style="text-align:center">苏宁物流 AI 仓储</h3>

一、应用企业简况

苏宁 1990 年创立于南京，是中国商业领先者、中国最大的商业零售企业。截至目前，苏宁连锁网络已覆盖海内外 600 多个城市，销售规模达万亿元，位列中国民营企业前三强。苏宁物流集团，作为苏宁控股旗下重要的业务板块之一，是苏宁互联网转型的主要聚焦点。

苏宁以商业为主业，顺势切入综合地产开发，同步带动酒店服务等行业发展，形成了商业零售、综合地产、酒店服务、投资多产业协同发展的格局。近 3 年苏宁实施营销变革，推进科技转型，打造智慧服务，开创苏宁易购新模式。苏宁以云技术为支撑，以开放平台为架构，融合线上线下，开放前台后台，做"店商+电商+零售服务商"。

随着物流行业智能化、数据化、数字化的发展，苏宁物流也立足O2O本身在该方面做进一步的尝试与应用，物流企业每天都会涌现出海量的数据，特别是全程物流，包括运输、仓储、搬运、配送、包装和再加工等环节，每个环节中的信息流量都十分巨大，使物流企业很难对这些数据进行及时、准确的处理。随着大数据时代的到来，大数据与智能硬件相结合，以数据为核心，以智能硬件为基础承载，为企业提供有益的帮助，为企业带来利润。

二、面临的战略挑战

随着苏宁业务的增长，线上线下O2O融合，顾客对商品的配送响应需求越来越高，如何提升仓库出库效率，从而加快整个运输环节的速度，提升用户满意度，是行业目前存在的困难点。

国内物流行业劳动密集型的现状下，人效低下，电商物流的生产效率和整体产能并没有有效的提升手段。苏宁易购集团是中国最大的互联网零售企业，也是"互联网+"的提倡与推动者。集团在建设互联网零售的过程中对于物流运营模式提出了更高的要求。集团将物流建设作为战略核心之一，目的是要寻求解决当前物流产业劳动密集型状态的有效途径。以作业效率为抓手：聚焦仓库内部与仓库之间的作业能力协同，聚焦配送中心的自动化作业能力，聚焦新技术在仓库作业方面的应用和实践；快速实现能力的建设和拓展，为物流集团向社会开放服务能力打好基础。

三、应对策略

通过融合自动化控制系统、大数据分析技术、移动机器人，突破物流行业困境。

近10年，苏宁一直在自动化技术、大数据分析、智能硬件融合方面进行探索和创新，不断尝试更加切实有效的自动化仓储运营解决方案。

在解决小件仓储空间利用效率方面，积极采用高密度存储的方式；在提高人员拣选效率方面，积极变革流程推行实时优化拣选路径和订单结构优化作业；在仓库投资成本及回收效率提高方面，积极应用先进设备设施。综合三方面应用及解决方案，苏宁构建了基于AGV智能设备的仓储应用，AGV可实现货到人、自动化分拣等多种高效运作模式。

可调可移动可多楼层多场地的布局的货架结构及机器部署方式，实现大型高密度型设备空间解决方案，同时又降低仓储投资成本及提高回收时效；基于大数据和算法的支撑，AGV智能机器人能够高效移动货架或包裹到指定位置，取代人力搬运工作，能够大幅提高作业人员单位效率及节约人力成本。

结合大数据的货品ABC计算，通过发货和库存量的大数据分析出商品ABC属性，收货时，系统自动提示商品ABC属性，操作员根据提示在建议区域进行上架，同时基于销售数据的分析，AGV机器人会自动调节动销品货架位置，减少移动距离，提高拣选效率。

四、总结

国内物流正处于高速发展期，电商物流的发展态势尤为迅猛，但同时其运作模式也处于动荡期。各大电商都在不断调整自己的运作模式，试图找到一个平衡。苏宁在电商物流领域集成各个方面的知识和技术，与自身业务结合，通过实践的方式探索，找寻对行业生产水平起指导性作用的信息化解决方案。电商物流与已经发展成熟的制造业物流有极大的差别，其综合性更强，差异性更大。苏宁通过自身信息化探索，已经为未来物流行业的发展找到了方向，苏宁也将坚持并持续探索，未来苏宁将会对社会提供服务，助力国内物流的升级变革。

（资料来源：中国物流与采购联合会 . http：//www. chinawuliu. com. cn/xsyj/201903/01/338836. shtml，2019-03-11）

案例思考题

试分析在电商物流迅猛发展的态势下，苏宁是怎样应对所面临的困难与挑战的？

第五章　包装、流通加工和装卸搬运

包装和装卸搬运在物流过程中更多的是增加成本要素，它们的存在主要是支撑其他物流活动，对于完善物流系统、完善物流活动必不可少。流通加工，和仓储、运输物流活动一样，是物流过程中形成物流增值效应的功能要素。

本章详细介绍了物流过程中包装、流通加工和装卸搬运三个物流环节，包括基本概念、特点、功能、分类、相关的技术、配套的设备以及使用、管理等。

关键词：包装（packaging）　集装化（containerization）　包装设计（package design）　包装管理（packaging management）　流通加工（distribution processing）　流通加工管理　装卸（load and unload）　搬运（convey）

5.1　包装（packaging）

5.1.1　包装的定义

我国国际标准《包装流通术语》（GB/T4122.1—1996）对包装的定义为："所谓包装是指为在流通过程中保护商品、方便运输、促进销售，按照一定技术方法而采用的容器、材料和辅助物等的总称。也指为了达到上述目的而采用容器、材料和辅助物的过程中施加一定技术方法等的操作活动。"

日本工业标准（JIS. Z. 0101）对包装的定义是："包装是指在物品的运输和保管等过程中，为保护物品的价值和状态，采用适当的材料、容器等对物品实施的技术或实施的状态，分为个装、内装和外装。"

5.1.2　包装的分类

从不同角度划分，包装可以划分分多种类型，如：按包装形态分，包装可以分为个包装、内包装和外包装；按包装容器形态分，可以分为箱、袋、包、桶、罐、瓶、软管等；按包装的技术方法可以分为防湿包装、防绣包装、缓冲包装、收缩包装、真空包装等；按包装所用的材料可以划分为纸箱包装、木箱包装、纸袋包装、玻璃瓶包装、塑料袋包装（软包装）等；按包装内装物可以分为食品包装、药品包装、电器包装、危险品包装等；按商品所处的流通阶段可以划分为生产者包装、集货地包装、零售包装等。

按照物流的需要，包装通常分为工业包装和商业包装两大类。工业包装又称运输包装或外包装，指为了保护运输和保管过程中的物品、方便储运和装卸、加速物流各环节之间交接为目的的包装。商业包装又称单体包装、销售包装或内包装，是以促进销售为主要目的，直接接触商品并根据销售需要随商品进入零售网点，和消费者或客户直接见面的包装。

5.1.3　包装的功能

包装的作用不仅可以体现于保护商品、美化商品，也可以宣传商品、推销商品，还体现于能够提高商品的附加值。把包装作用的范围再扩大，它的重要意义可表现为如下方面：（1）从商品生产来看，包装是生产过程的一个环节，多数商品进行包装后才完成生产过程；（2）从商品流通来看，包装不仅能保护商品，达到减损的效果，而且能提高储运效率，降低物流管理费用；（3）从商品销售来看，包装能美化商品，增强竞争力，扩大营销范围，取得良好经济效益。

本书在此只探讨与物流关系密切的包装主要功能，包括：保护功能、便利功能、标识的信息功能和环保功能。

1. 保护功能

保护功能即有效保证内装物在流通过程中的质量和数量水平，具体体现在以下几个方面：

（1）防止内装物破损变形。包装必须具有一定的强度，防止内装物受装卸、运输、仓储等过程中各种冲击、振动、颠簸、压缩、摩擦等外力的作用而破损变形。

（2）防止内装物发生化学变化和内装物的渗漏或泄漏。包装制品必须能够在一定程度上起到阻隔作用。一方面，阻隔水分、潮气、光线以及流通环境中各种有害物质侵入，防止内装物发生受潮、发霉、变质、生锈等化学变化。另一方面，阻隔内装物的泄漏或渗出，造成其重量或容量损失，失信于消费者。

2. 便利功能

科学合理的包装具有便利运输、便利装卸和便利储存的功能，从而大大提高物流作业的效率和效果。

（1）便利运输。包装起来的物品便于装载，运输途中不容易碰撞、散失和损坏。包装的规格、形状、重量与物品运输关系密切，包装尺寸与运输车辆、船、飞机等运输工具箱的吻合性，方便了运输，提高了运输的效率。

（2）便利装卸。物品的包装便于各种装卸、搬运机械的使用，有利于提高装卸搬运的效率，包装的规格尺寸标准化为集合包装提供了条件，从而能极大地提高装载效率。

（3）便利储存。包装为仓库的搬运、装卸作业提供了方便；包装物本身也为物品的保管提供了条件。可以起到保护物品的作用；包装的各种标志便于识别，易于存取、易于盘点，有特殊保管要求的易引起注意，为仓库的保管提供了便利。易于开包，便于重新打包的包装方式为验收提供了方便，包装的集合方法、定量性，对节约验收时间、加快验收速度也会起到十分重要的作用。

3. 标识的信息功能

标识指在包装上印刷图文、贴标签、贴条形码等。首先，通过这些标识，商品的信息（包括制造厂、商品名称、容器类型、个数、商品代码等）容易被识别，能够方便物流作业，提高物流效率。其次，通过包装上的标识能够有效地对包装内产品进行跟踪，有效控制减少产品损失和失窃情况的发生。最后，包装上关于物流作业所需注意问题说明的标识使得产品的作业能够合理化，减少潜在的危险性和由于操作不慎而可能导致的货损等。

4. 环保功能

对于特定的商品，如农药、化工产品、带毒物品以及易燃商品等，通过适当的密封包装，可以防止造成对人类生存环境的污染。

5.1.4　包装材料、包装容器和包装技术

1. 包装材料

常用的包装材料有纸、塑料、木材、金属、玻璃等，其中使用最为广泛的是纸及各种纸制品，其次是木材、塑料材料。

（1）纸质包装材料

纸质包装材料具有价格低、质地细腻均匀、耐摩擦、耐冲击、容易黏合、不受温度影响、无毒、无味、质轻、易加工、废弃物易回收、适于包装生产的机械化等优点，其最大的弱点是防潮、防湿性差。

纸质材料品种最多，有牛皮纸、玻璃纸、植物羊皮纸、沥青纸、板纸、瓦楞纸板等。

（2）塑料

塑料具有以下优良性能：透明，对容器内包装的物品不必开封即一目了然；有适当的强度，可以保护商品的安全；有较好的防水、防潮、防霉等性能；有耐药剂、耐油性能；耐热、耐寒性能较好，对气候变化有一定的适应性；有较好的防污染能力，使包装的物品既安全又卫生，密封性能好等。

常见的塑料包装材料有聚乙烯塑料（PE）、聚氯乙烯塑料（PVC）、聚丙烯塑料（PP）、聚苯乙烯塑料和聚酯（PET）。

（3）木材及木制品

木材是最传统的包装材料，具有抗压、抗震等优点，至今仍有广泛的使用，但由于木材资源的再生速度很慢，很多国家采取限制使用木材的措施，许多包装领域已用纸或塑料代替。但由于木材的良好包装特性，在重物包装以及出口物品等方面还在使用，常用于那些批量小，或体积小、重量大，或体积大、重量大的产品，制作小批量、强度高的包装。

包装木材一般分为天然木材和人造板材两大类，常用的木材包装有各种箱、桶、笼、托盘等，主要用于各种物品的外装。

（4）金属材料

通常用于包装的金属材料有镀锡薄板（俗称马口铁）和铝合金。马口铁坚固、抗腐蚀、易进行机械加工，表面容易进行涂饰和印刷，用马口铁制成的容器具有防水、防潮、防污染等优点，主要用于食品、药品、石油类、涂料类及油脂类物品的包装；铝合金包装材料的主要特点是隔绝水、气及一般的腐蚀性物质，强度重量比大，因而包装材料轻，无效包装较少，无毒、外观性能好，易装饰美化，常见的包装制品有牙膏皮、饮料罐、食品罐、航空集装箱等。

（5）玻璃、陶瓷

玻璃、陶瓷的主要特点是有很强的耐腐蚀性能，强度较高，有耐热、耐风化、耐磨等

优点，尤其适合各种液体物品的包装。此外，其装潢、装饰性能好，广泛用于商业包装。其缺点是在一定的冲击下容易破碎。

玻璃、陶瓷制成的包装容器容易洗刷、消毒、灭菌，能保持良好的清洁状态。同时，它们可以回收利用，有利于包装成本的降低。主要用于食品、饮料、酒类、药品、化学工业品等。

（6）复合材料

在现代包装中，为了避免各种包装材料的缺点，发挥各种包装材料各自的优点，常常将两种或两种以上不同特性的材料复合在一起。常见的复合材料有三四十种，使用最广泛的是纸基复合材料、塑料基复合材料、金属基复合材料。

2. 包装容器

包装容器是包装材料和造型结合的产物。现代运输包装容器有包装袋、包装盒、包装箱、包装瓶、包装罐五大类。

（1）包装袋

包装袋为柔性包装中的重要一种，材料为挠性材料，有较高的韧性、抗拉强度和耐磨性。一般结构为铜管状结构，一端先封死，在包装结束后再封装另一端，包装操作一般采用充填操作。

包装袋按盛装重量分为：集装袋、一般运输包装和小型包装袋。集装袋，盛装重量在 1t 以上，一般用聚酯纤维编织而成，顶部一般装有金属吊架火吊环，便于起重机吊装、搬运，卸货时可打开袋底的卸货孔，即行卸货，适用于装运颗粒状、粉状的物品。一般运输包装袋，承重重量为 50~100kg，大部分由植物纤维和合成树脂纤维编织而成，或者是由几种挠性材料构成的多层包装袋，如麻袋、草袋、水泥袋等，主要包装粉状、粒状和个体小的物品。小型包装袋，承重重量较小，包装范围较广，液状、粉状、块状和异型物均可采用这种包装。

上述几种包装中，集装袋适用于运输包装，一般运输包装适用于外包装及运输包装，小型包装适用于内装、个装及商业包装。

（2）包装盒

包装盒是一种刚性或半刚性容器，包装材料有一定的挠性，不易变形，有较高的抗压强度，刚性高于袋装材料。包装结构呈规则的几何形状，有开闭装置。包装盒整体强度不大，不适合做运输包装，适合做商业包装、内包装，包装块状及各种异型物品。

（3）包装箱

包装箱是刚性包装中的重要一种，包装材料为刚性或半刚性材料，如纸板、木材、金属、硬质塑料以及复合材料等。包装箱整体强度高，抗变形能力强，包装量较大，适合做运输包装、外包装，主要用于固体杂货包装。

按照制作的材料不同，包装箱主要有：瓦楞纸箱、木箱、塑料箱、托盘集合包装和集装箱。

（4）包装瓶

包装瓶是瓶颈尺寸有较大差异的小型容器，是刚性包装中的一种，包装材料有较高的抗变形能力，刚性、韧性要求一般也较高，主要包装液体和粉状货物。包装瓶包装量一般不大，适合美化装潢，主要做商业包装、内包装。

包装瓶按外形可分为园瓶、方瓶、高瓶、矮瓶、异型瓶等若干种。瓶口与瓶盖的封盖方式有螺纹式、凸耳式、齿冠式、包封式等。

（5）包装罐

包装罐是罐身各处横切面形状大致相同，罐颈短，罐顶内径比罐身内颈稍小或无罐颈的一种刚性包装容器。包装材料强度较高，罐体抗变形能力强，一般用于包装液体、粉状及颗粒状物品，适用于做化工原材料、土特产的外包装，起运输包装的作用。

包装罐按容量分为小型包装罐、中型包装罐和集装罐三种，其中集装罐是典型的运输包装；按制造材料分有金属罐和非金属罐。

3. 包装技术（方法）

物品种类繁多，性能与包装要求各异，因此在包装设计与作业中，必须根据物品的类别、性能以及形态选择相适应的包装技术和方法，从而以最低的消耗，完好地把物品送到消费者手中。

（1）包装的保护技术

①防震保护技术

防震包装又称缓冲包装，在各种包装方法中占有重要的地位。这项技术为防止运输中震动或冲击而造成的商品损伤，一般情况下采取在内包装材料中插入防震材料，以吸收外部冲击力的方法。防震包装的设计要点是确定防震材料的种类和厚度。在设计上，还应该同时考虑成本问题，选择不同的材料、设计不同的衬垫形状都会影响成本。防震包装主要有全部防震包装、部分防震包装和悬浮式防震包装三种。

②防破损保护技术

缓冲包装有较强的防破损能力，因而是防破损包装技术中有效的一类。此外还可以采取以下几种防破损保护技术：

捆扎及裹紧技术：它的作用，是使杂货、散货形成一个牢固整体，以增加整体性，便于处理及防止散堆来减少破损。

集装技术：利用集装，减少与货体的接触，从而防止破损。

选择高强保护材料：通过外包装材料的高强度来防止内装物受外力作用破损。

③防锈包装技术

防锈包装技术的首选技术是使用防锈剂，防锈剂有防锈油和气化性防锈剂两类。各种防锈油是在矿物中加入防锈添加剂后制成的，防锈油包装技术可以使金属表面与引起大气锈蚀的各种原因隔绝，达到防止金属锈蚀的目的。

气化防锈包装技术就是用气化缓蚀剂（挥发性缓蚀剂），在密封包装容器中对金属制品进行防锈处理的技术。气化缓蚀剂是一种能减慢或完全停止金属在侵蚀性介质中的破坏过程的物质，它在常温下即具有挥发性，它在密封包装容器中，在很短的时间内挥发或升华出的缓蚀气体就能充满整个包装容器内的每个角落和缝隙，同时吸附在金属制品的表面上，从而起到抑制大气对金属锈蚀的作用。

④防霉腐包装技术

包装防霉烂变质的措施，通常是采用冷冻包装、真空包装或高温灭菌方法。冷冻包装的原理是减慢细菌活动和化学变化的过程，以延长储存期，但不能完全消除食品的变质；高温杀菌法可消灭引起食品腐烂的微生物，可在包装过程中用高温处理防霉。

真空包装法也称减压包装法或排气包装法。这种包装可阻挡外界的水汽进入包装容器内，也可防止在密闭着的防潮包装内部存有潮湿空气，在气温下降时产生露水。采用真空包装法，要注意避免过高的真空度。以防损伤包装材料。防止运输包装内货物发霉，还可使用防霉剂，防霉剂的种类甚多，用于食品的必须选用无毒防霉剂。

机电产品的大型封闭箱，可酌情开设通风孔、通风窗等相应的防霉措施。

⑤防虫包装技术

防虫包装技术，常用的是驱虫剂，即在包装中放入有一定毒性和味道的药物，利用药物在包装中挥发气体杀灭和驱除各种害虫。常用驱虫剂有萘、对位二氯化苯、樟脑精等。也可采用真空包装、充气包装、脱氧包装等技术，使害虫无生存环境，从而防止虫害。

⑥危险品包装技术

这是按照危险品的性质、特点，按照有关法令、标准和规定专门设计的包装技术和方法。危险品的运输包装必须标明不同性质、类别的危险货物标志，以及装卸搬运的要求标志。

对于易燃、易爆商品，防爆炸包装的有效方法是采用塑料桶包装，然后将塑料桶装入铁桶或木箱中，每件净重不超过 50 公斤，并应有自动放气的安全阀，当桶内达到一定气体压力时，能自动放气。

对黄磷等易自燃商品的包装，宜将其装入壁厚不少于 1 毫米的铁桶中，桶内壁须涂耐酸保护层，桶内盛水，并使水面浸没商品，桶口严密封闭，每桶净重不超过 50 公斤。

对有腐蚀性的商品，要注意商品和包装容器的材料发生化学变化。金属类的包装容器，要在容器壁涂上涂料，防止腐蚀性商品对容器的腐蚀。

对于有毒物品，主要措施是严密包装，不透气。包装上也要有明显的有毒标志，并标明装卸搬运的要求。

⑦保鲜保质包装技术

充气包装。充气包装是采用二氧化碳气体或氮气等不活泼气体置换包装容器中空气的一种包装技术方法，因此也称为气体置换包装。这种包装方法是根据好氧性微生物需氧代谢的特性，在密封的包装容器中改变气体的组成成分，降低氧气的浓度，抑制微生物的生理活动、酶的活性和鲜活商品的呼吸强度，达到防霉、防腐和保鲜的目的。

真空包装。真空包装是将物品装入气密性容器后，在容器封口之前抽成真空，使密封后的容器内基本没有空气的一种包装方法。一般的肉类商品、谷物加工商品以及某些容易氧化变质的商品都可以采用真空包装，真空包装不但可以避免或减少脂肪氧化，而且抑制了某些霉菌和细菌的生长。

收缩包装。收缩包装就是用收缩薄膜裹包物品（或内包装件），然后对薄膜进行适当加热处理，使薄膜收缩而紧贴于物品（或内包装件）的包装技术方法。收缩薄膜是一种经过特殊拉伸和冷却处理的聚乙烯薄膜，由于薄膜在定向拉伸时产生残余收缩应力，这种应力受到一定热量后便会消除，从而使其横向和纵向均发生急剧收缩，同时使薄膜的厚度增加，收缩率通常为 30%～70%，收缩力在冷却阶段达到最大值，并能长期保持。

拉伸包装。拉伸包装是 20 世纪 70 年代开始采用的一种新包装技术，它是由收缩包装发展而来的，拉伸包装是依靠机械装置在常温下将弹性薄膜围绕被包装件拉伸、紧裹，并在其末端进行封合的一种包装方法。由于拉伸包装不需进行加热，所以消耗的能源只有收缩包装的 1/20。拉伸包装可以捆包单件物品，也可用于托盘包装之类的集合包装。

脱氧包装。脱氧包装是继真空包装和充气包装之后出现的一种新型除氧包装方法。脱氧包装是在密封的包装容器中，使用能与氧气起化学作用的脱氧剂与之反应，从而除去包装容器中的氧气，以达到保护内装物的目的。脱氧包装方法适用于某些对氧气特别敏感的物品，适用于那些即使有微量氧气也会促使品质变坏的食品包装。

（2）集装单元化（成组化）包装技术

产品集装化是用集装器具或采用捆扎方法，把物品组成标准规格的单元货件，或将两个以上重量轻、体积小的同种或异种货物组成重量或外形都一致的组合体，以加快装卸搬运、储存、运输等物流活动，提高物流活动作业效率。它是现代运输工具的重要组成部分，是集装运输的基础。产品集装化的出现，使产品生产的流水线一直延伸到集合包装的组成，集合运输的条件、装卸和储存保养等各方面，使商品运输方式发生了根本性的改变。

目前，按集装单元化的具体方式分类，主要有：集装箱化、托盘化、货捆化、网袋化、框架化、滑板化、半挂车等 7 种。以下介绍集装箱化、托盘化两种主要集装单元化技术。

①集装箱化。这是以集装箱作为货物单元的一种集装化形式。集装箱按用途可以分为：铁路集装箱、船运集装箱、航空集装箱及其他集装箱。采用集装箱包装运输既可以起到很好的保护物品作用和保护环境作用，也可以便于运输、装卸、储存等物流环节及其之间的作业，大大提高作业效率，还能够充分利用运输工具的装载空间。

②托盘化。这是以托盘作为货物单元的一种集装化形式。托盘是一种更为简便的用于承载货物的，适用于机械化装卸搬运和堆存货物的集装工具。托盘的种类和形式很多，分为用叉车或平板车装运的平托盘、柱式托盘、箱式托盘；有底部安装滚轮的，用人力推送的滚轮箱式托盘、滚轮保冷箱式托盘；板状托盘；有装运桶、罐等与货物外形一致的特殊构造的专用托盘。

5.1.5　包装设计（packing design）

包装设计需要运用专门的设计技术，将产品设计、加工制造、物流和市场营销等要求综合起来考虑，尽可能满足多方面的需要。在此我们讨论的是如何满足物流活动，特别是如何满足仓储、运输、装卸搬运对包装设计的要求。

1. 包装设计的基本要点

为货物设计包装时，必须了解货物本身的特性，以及运输和存储条件，然后从以下几个方面考虑：

①保护性：包装是否能够达到货物的保护要求；

②装卸性：货物在运输工具上装卸及仓库中取存是否方便；

③作业性：对货物的包装作业是否简单容易操作；

④便利性：货物开包是否方便，包装物处理是否容易；

⑤标志性：包装物内物品的有关信息（如品名数量质量等）是否清楚；

⑥经济性：包装费用是否恰当。

2. 包装与装卸搬运

从物流全过程来看，对包装发生影响的第一作业活动是装卸搬运，调整好包装与装卸搬运之间的关系，可以降低成本，节省费用，又能提高装卸搬运效率。

（1）包装的结构形式及尺寸规格要便于装卸和搬运操作

对于手工方式的装卸搬运，包装的重量必须限制在允许能力之下，包装的外形及尺寸也应适合于人工操作。国内外对人体功能的研究表明，25kg 以上的过肩作业，50kg 以上的过腰作业，100kg 以上的过膝作业，会因人的体力不支而影响作业效率；而体积方面，货物长度最好为 70cm 左右，宽度最好为 40cm，高度约与宽度相同为宜。

对于大型容器的机械装卸搬运，其质量和体积需做明确规定，比如叉车的高度必须与包装产品尺寸适合，用吊车要研究如何起吊比较方便等。

（2）包装的结构设计和缓冲材料选择应尽可能保护物品

在物流诸环节中，装卸搬运是物品损坏率最高的环节，原因在于：装卸搬运是物流诸环节中发生最频繁的作业活动；无论是人工还是机械装卸搬运，都有可能因人为或偶发因素使包装件跌落。根据物品的贵重程度、物品的强度、物品的重（质）量、物品可能跌落的高度等因素，进行包装的结构设计和缓冲材料的选择。

表 5.1 列出了一定质量、尺寸的货物与其装卸方式、最大跌落高度之间的对应关系。

表 5.1　　　　　　　　　　　　　货物重量、尺寸与跌落高度

货物		装卸方式	跌落参数	
质量（kg）	尺寸（cm）		姿势	高度（cm）
9	122	一人抛掷	一端面或一角	107
9~23	91	一人携运	一端面或一角	91
23~45	122	二人搬运	一端面或一角	61
45~68	152	二人搬运	一端面或一角	53
68~90	152	二人搬运	一端面或一角	46
90~272	183	机械搬运	底面	61
272~1360	不限	机械搬运	底面	46
>1360	不限	机械搬运	底面	30

（资料来源：彭彦平，王晓敏. 物流与包装技术. 北京：中国轻工业出版社，2004：168）

3. 包装与保管

在物流过程中，物品要多次在仓库内储存保管，而仓储的环境条件、堆码作业、仓储设备、仓储管理对包装的设计有很大的影响。

（1）仓储环境对包装的要求

在仓储过程中，包装保护功能的实现，在很大程度上受仓储环境的影响，例如仓库的空气温湿度、光线强度等。这就需要在包装前充分了解储存环境，选择恰当的包装材料，采取能够承受的恰当的包装技术。

（2）堆码对包装的要求

仓储环节的保管费与物品在仓库内的占地面积有很大的关系。在仓库面积一定的情况下，提高物品堆码高度或采用高层货架可以提高库存量，减少占地，提高仓库面积的利用率。然而堆码堆的越高，越容易导致堆码底层物品被压坏或变形，这就需要尽可能提高包装抗压强度。

（3）包装对仓库设备的适应性

为适应现代物流仓储中各种机械化搬运和储存设施，包装件的外形尺寸应与之相配套。在仓储管理中，尤其要考虑包装件尺寸与仓库、托盘等尺寸的配套，从而提高各种仓储设施的利用效率和作业效率。如利用托盘装卸、储存时，以托盘模数尺寸来确定包装模数尺寸，能够提高在托盘上的堆码效率和以托盘为基本单位的物流作业效率。

（4）包装对现代化仓储管理的适应性

计算机管理和条形码技术在仓储管理中的应用，大大提高了物品发放的准确性，降低了仓储管理的时间，提高了仓储管理的效率和效果。产品包装要适应自动化仓储管理的要求，严格遵守产品条形码使用标准，并且在进行包装设计时，合理设计条形码的位置，使物品在进出库、堆放、销售等流通环节能方便读码。

4. 包装与运输

（1）包装尺寸模数化

在用卡车、铁路货车、托盘、集装箱等运载工具运载时，希望包装货物的尺寸在装运时没有空间上的浪费，提高运载工具的空间利用率。这就需要包装的外廓尺寸与这些运载工具的内尺寸构成可约倍数，当然也必须考虑到运输的安全、规范。如对于规格为1100mm×1100mm 的托盘，将这一标准尺寸进行分割，可得出一系列相应的包装尺寸，在这种托盘上可以是一个长×宽为 1100mm×1100mm 包装纸箱一个，或 1100mm×550mm 包装纸箱两个，或 1100mm×366mm 包装纸箱 3 个，或 600mm×250mm 包装纸箱 8 个等，经过分割和组合，采用不同的堆码方法，在这种型号的托盘上可有 69 种长宽不同的纸箱组成的正方形。

（2）保证合理的强度

包装件在运输过程中，不可避免地要经受各种振动和冲击，以及多次搬运、装卸等机械或人力操作。因此在进行包装设计时，要考虑各种运输环境，选择符合要求的包装结构和缓冲材料，使包装件能够适应运输过程的振动、冲击和各种操作而不损坏。如用木箱包装，应根据货物的性质、价值、体积和重量选用材料。对价值高、容易散落丢失的货物，应使用密封木箱，其他可使用胶木板箱；用纸箱包装，要质量坚韧，能承担所载货物的重量，需要堆码时，还应考虑纸箱的抗压强度。

（3）运输包装标识规范

所谓运输包装标识，指用图形或文字在运输货物包装上制造的特定记号、代号及其他指示和说明事项等的总称。在货物运输包装上将标识分为三类，即识别标识、储运标识、危险货物标识。

包装物表面应印刷必要的标志，能够方便理货、识别和引起应有的注意。如在运输过程中造成货物分离时，就可以根据包装标记来加以辨认；对某些有防护要求（防水、防潮、易碎、易燃等）的包装件，则可以根据相应的标志，对货物进行妥善的处理。

货物运输包装标志必须符合某些规定，我国目前贯彻实施的有 GB/T 191—2008《包装储运图示标志》、GB6388—1986《运输包装收发货标志》和 GB5892《对辐射能敏感的光学材料图示标志》。

5.2　流通加工

5.2.1　流通加工的概念

流通加工是在物品从生产领域向消费领域流动的过程中，为促进销售、维护产品质量和提高物流效率，对物品进行的包装、分割、计量、分类、分拣、刷标志、拴标签、组装等简单作业的总称。比如，按顾客的订单要求，将食肉、鲜鱼进行分割或把量分得更小些；家具的喷漆、调整；家用电器的组装；衣料布品陈列前挂牌、上架；礼品的拼装等。总之，流通加工是生产活动在流通过程中的延伸，其通过改变和完善流通物品的原有形态来实现"桥梁和纽带"的作用，因此流通加工是流通中的一种特殊形式。

流通加工和一般的生产型加工在加工方法、加工组织、生产管理方面并无显著区别，但在加工对象、加工程度方面差别较大，其差别的主要点为：

1. 加工对象的区别

流通加工的对象是进入流通过程的商品，具有商品的属性。流通加工的对象是商品而生产加工对象不是最终产品，而是原材料、零配件、半成品。

2. 加工程度的区别

流通加工程度大多是简单加工，而不是复杂加工，流通加工对生产加工只是一种辅助及补充。特别需要指出的是，流通加工绝不是对生产加工的取消或代替。

3. 价值创造的区别

从价值观点看，生产加工目的在于创造价值及使用价值，而流通加工则在于完善其使用价值并在不作大改变情况下提高价值。

4. 加工责任人的区别

流通加工的组织者是从事流通工作的人，能密切结合流通的需要进行这种加工活动，从加工单位来看，流通加工由商业或物资流通企业完成，而生产加工则由生产企业完成。

5. 加工目的的区别

商品生产是为交换、消费而生产的，流通加工一个重要目的，是为了消费（或再生产）所进行的加工，这一点与商品生产有共同之处。但是流通加工也有时候是以自身流通为目的，纯粹是为流通创造条件，这种为流通所进行的加工与直接为消费进行的加工从目的来讲是区别的，这又是流通加工不同于一般生产的特殊之处。

5.2.2　流通加工的功能及其在物流中的地位

1. 流通加工的功能

（1）促进销售。通过流通加工环节可以使物品更能满足顾客的需要，从而促进产品的销售。

（2）便于其他物流活动，促进物流合理化。流通加工可以使物品更加适物流其他环节的作业要求，促使物流活动的合理化。

（3）提高原材料利用率。利用流通加工环节进行集中下料，将生产厂直接运来的初级产品，按使用部门的要求统一进行下料，使原材料得到充分利用。集中下料可以优材优用、小材大用、合理套裁，有很好的技术经济效果。

北京等一些城市对平板玻璃进行流通加工后，玻璃利用率从 60% 左右提高到 85%~95%。

（4）提高加工效率及设备利用率。建立集中加工点，可以产生规模效应；采用效率高、技术先进、加工量大的专门机具和设备，设备也得到充分的利用。

2. 流通加工在物流中的地位

（1）流通加工有效地完善了流通

虽然流通加工在实现时间及场所效用上不能与运输和存储相比，但这绝不是说流通加工不甚重要，实际上它也是不可忽视的，它起着补充、完善、提高增强作用的功能要素。所以，流通加工的地位可以描述为是提高物流水平，从而提高顾客价值和满意度。

（2）流通加工是物流中的重要利润源

流通加工是一种低投入高产出的加工方式，往往以简单加工解决大问题。实践证明，有的流通加工通过改变包装使商品档次提升而充分实现其价值，有的流通加工将产品利用率一下子提高 20%~50%，这是采取一般方法提高生产率所难以企及的。我国近些年的实践证明，流通加工单就向流通企业提供利润一点，其成效就不亚于从运输和储存中挖掘的利润，是物流中的重要利润源。

（3）流通加工在国民经济中也是重要的产业形态

在整个国民经济的组织和运行方面，流通加工是其中一种重要的加工形态，对推动国民经济的发展和完善国民经济的产业结构和生产分工有一定的意义。

5.2.3　流通加工的类型

通常典型的划分方法是按照流通加工的目的划分。可以将流通加工分为：

1. 为适应顾客多样化需求进行的服务性加工

从需求的角度看，随着人们生活水平的不断提高，人们的需求也越来越呈现多样化、个性化的特点。为满足这样的要求，厂家需要考虑到顾客需求，提供尽可能多的风格和式样的产品，期望满足顾客日益增长的个性需求。

2. 为弥补生产领域的加工不足的深加工

有许多产品在生产领域只能加工到一定程度，这是由于存在许多限制因素限制了生产领域不能完全实现终极的加工。例如木材如果在产地就制成木制品的话，就会造成运输的极大困难，所以原材料生产领域只能加工到原木板方材这个程度。进一步下料、切裁、处理等加工则由流通加工完成。这种流通加工实际上是生产的延续，是生产加工的深化，对弥补生产领域的加工不足有重要的意义。

3. 以保护产品为主要目的的流通加工

这种流通加工主要是为了保护产品不受到外物的损害。如丝、麻、棉织品的防虫、防霉加工；水产品、蛋产品、肉产品的保鲜、保质的冷冻加工、防腐工程等；为防止金属材料的锈蚀而进行的喷漆、涂防锈油等措施，运用手工、机械或化学方法除锈；木材的防腐朽、防干裂加工；水泥的防潮、防湿加工；煤炭的防高温自燃加工等。

4. 为方便消费、省力的流通加工

如根据需要将钢材定尺、定型，按需求下料；将木材制成可以直接投入使用的各种型材；将水泥制成混凝土拌和料，使用时只需要稍加搅拌即可使用等。

5. 为促进销售而进行的流通加工

将大包装或者散装物分装成适合一次性销售的小包装；将蔬菜肉类洗净切块以满足消费者的需求；将原来以保护产品为目的的运输包装改装成促进销售为主的装潢性包装，以此来吸引消费购买。

6. 为提高物流效率、降低物流损失的流通加工

把木材磨成木屑的流通加工，可极大提高运输工具的装载效率；集中煅烧熟料、分散磨制水泥的流通加工，可有效防止水泥的运输损失，减少包装费用，也可以提高运输效率；石油液化气的加工，使很难运输的气态物质转变为容易输送的液态物，也可提高物流效率。

7. 使不同运输方式相衔接，物流更加合理的流通加工

散装水泥中转仓库把散装水泥袋装、将大规模散装水泥转化为小规模散装水泥的流通加工，就衔接了水泥厂大批量运输和工地小批量运输的需要。

8. 为实现配送进行的流通加工

流通加工可以充分利用物品在途时间加工，节省时间。如混凝土搅拌车可根据客户的要求，把沙子、水泥、石子、水等各种不同的材料按比例要求装入可旋转的罐中。在配送路途中，汽车边行驶边搅拌，到达施工现场后，混凝土已经均匀搅拌好，可以直接投入使用。

5.3　装卸搬运

5.3.1　装卸搬运的概念、特点、功能及作业内容

1. 概念

装卸搬运指以改变"物"的存放（支承）状态和空间位置为主要目的，在同一场所范围内（如车站范围、工厂范围、仓库范围等），对物料、产成品、零部件或其他物品进行的搬上、卸下、移动的活动。其中：改变"物"的存放（支承）状态的活动即狭义的装卸活动；改变"物"的空间位置的活动即狭义的搬运活动，但是在这里的搬运的"运"

和运输中的"运"有实质的区别，搬运是在同一地域的小范围内发生的，而运输则是在较大范围内发生的。

在实际操作中，装卸与搬运是密不可分的，两者是伴随在一起发生的。习惯上，常以"搬运"或"装卸"来代替装卸搬运的完整含义。在物流领域一般常将装卸搬运这一整体活动称为"货物装卸"，而在生产领域常将这一整体活动称为"物流搬运"。

2. 特点

装卸搬运在物流活动中占有重要的地位，其特点主要表现在：

（1）装卸搬运是附属性、伴生性的活动。装卸搬运是伴随着物流每一项活动必然附带发生的作业。如：在货物运输时，必然伴随发生把货物装进和卸出运载工具的装卸作业；在保管货物时，必然伴随着从仓库或工厂出入库的装卸作业和仓库内的搬运活动；在配送时，必然伴随拣选等活动发生的装卸搬运活动等。

（2）装卸搬运作业对象复杂。物流过程中的物品种类多样，其外观、重量、包装等各不相同。装卸搬运作业对象的复杂性，导致选择合理的装卸搬运作业方式、配置合理的装卸搬运设备变得困难。

（3）装卸搬运作业的重复性与多变性。在物流的每个节点（如仓库、车站、码头、配送中心等）上都有可能发生装卸搬运活动，从这个意义上讲，装卸搬运作业是一种重复性的劳动。但同时由于地域的改变，装卸搬运器具、装卸搬运方式等也可能随之改变，因此，装卸搬运又存在多变性的特点。

（4）装卸搬运作业的波动性。商品运输的到发时间不确定，批量大小不等，各运输活动仓储部门收发商品的时间经常变化，这就造成了装卸搬运作业是不连续的、波动的、间歇的。

（5）装卸搬运还是增加物流成本的活动。在物流过程中，装卸搬运活动是不断出现和反复进行的，是所有物流活动中发生频率最高的活动，而每次装卸活动所耗的人力、物力也很多，所以装卸费用在物流成本中所占的比重较高。如：我国铁路运输的始发和到达的装卸作业费用大致占运费的20%左右；美国与日本之间的远洋海运，一般往返需25天，其中装卸时间就需要12天，差不多占整个周期的一半。

3. 功能

装卸搬运与运输、储存不同。运输是解决物的空间距离，创造物的空间效应，储存解决时间距离，创造物的时间效应。其功能在于：保障和支持各物流活动高效率和高质量完成；衔接各物流活动，促使物流活动之间形成有机联系的整体。

（1）支持、保障功能。装卸搬运的附属性不能理解成被动的，实际上，装卸搬运对其他活动有一定的决定性。装卸搬运会影响其他物流活动的质量和速度，例如，装车不当，会引起运输过程的损失；卸放不当，会引起货物转换成下一步运动的困难。

（2）衔接性功能。在任何其他物流活动互相过渡时，都是以装卸搬运来衔接的，因而，装卸搬运往往成为整个物流的"瓶颈"，是物流各功能之间能否形成有机联系和紧密衔接的关键，而这又是一个系统的关键。建立一个有效的物流系统，关键看这一衔接是否有效。

4. 作业活动内容

装卸搬运活动大部分是在物流节点设施内进行的，主要的装卸搬运作业活动有三类：堆拆作业、"分拣、集货"作业和"搬送、移送"作业。具体内容如表 5.2 所示。

表 5.2　　　　　　　　　　　　　　　　装卸搬运作业活动内容

作业名称		作 业 说 明
堆拆作业	堆装	把物品从预先放置的场所移动到卡车等运输工具或仓库等保管设施的指定场所，按所规定的位置和形态码放
	拆装	堆装的相反作业
	堆码	将物品整齐、规则地摆放成货垛
	拆垛	堆码的相反作业
分拣		将物品按品种、出入库先后顺序等进行分门别类的堆放
集货		按货物的种类或发货对象等，将分散的或小批量的物品集中起来，以便运输和配送
搬送		为了进行上述作业活动而发生的移动作业，包括水平、垂直、斜向搬送及其组合
移送		搬送作业中，设备、距离、成本等方面移动作业比重比较高的作业

5.3.2　装卸搬运"活性"理论

装卸搬运活性指的是物从静止状态转变为装卸搬运运动状态的难易程度，如果很容易进行下一步装卸搬运而不需做过多的准备工作，则活性就较高，反之，则较低。

货物只有处于良好的"搬运状态"，才能节省搬运的时间和费用，提高物流的效率。评价不同放置状态下货物的装卸搬运活性的参数称为活性指数。搬运活动指数的组成如下：

最基本的活性是水平最低的散放状态的活性，散放在地的物品要运走，需要经过集中（整理）、搬起、升起、拖运四次环节，规定其活性指数为零。其他放置状态的物品，搬运每增加一次必要的操作，其搬运活性指数加上 1，活性水平最高的状态活性指数为 4。

不同放置状态下物品的活性指数如表 5.3 所示。

表 5.3　　　　　　　　　　　　　　　　装卸搬运指数

放置状态	作业的种类				搬运活性指数
	集中	搬起	升起	拖运	
散放在地上	要	要	要	要	0
一般容器中（包装箱、包装盒等）	否	要	要	要	1
集装化（集装箱或托盘等）	否	否	要	要	2
无动力车（搬运车、台车等）	否	否	否	要	3
动力车辆或传送带	否	否	否	否	4

5.3.3　装卸搬运类型

从不同的角度可以将装卸搬运分成不同的类型。以下简要介绍装卸搬运的一些典型的分类方法和类型。

1. 按货物的集散程度分类，可以将装卸搬运分成单件装卸搬运、集装装卸搬运和散装装卸搬运

单件装卸搬运指的是非集装按件计的货物逐个进行搬运装卸的作业方法。由于单件处理，装卸搬运作业速度慢，且作业逐件接触货体，容易出现货损，作业次数较多，容易出现货差。单件作业对机械、装备、装卸条件要求不高，机动性强，可以在很广泛的地域内进行而不受固定设施、设备的地域限制。单件装卸搬运的对象主要包括：包装杂货、危险货物、长大笨重货物、多品种少批量的货物等。

将货物先进行集装化，再进行装卸搬运的方法称为集装作业法。它包括集装箱作业法、托盘作业法、网袋作业法、货捆作业法、滑板作业法及挂车作业法等。集装作业一般采用机械进行作业，一次装卸搬运量大，速度快，且在装卸搬运时不接触货体，直接对集装体进行操作，因而货损较小，货差也小。集装装卸搬运作业的对象范围较广，一般除特大、重、长的货物和粉、粒、液、气状货物外，都可采用集装作业法。

散装装卸搬运是指对大批量粉状、粒状货物进行无包装散装、散卸和搬运，其作业对象主要包括：煤炭、建材、矿石等大宗货物以及谷物、水泥、化肥、食糖等。

2. 按装卸搬运设备的作业特点分类，可以将装卸搬运分成间歇装卸搬运和连续装卸搬运

间歇性装卸搬运指货物支撑状态和空间位置的改变系断续、间歇、重复和循环进行的，在两次作业中存在一个空程准备过程的作业方式。间歇性装卸搬运作业方式具有较强的机动性，作业地点可以在较大的范围内变动，主要适用于货流不固定的各种货物，尤其适于包装货物、大件货物、散粒货物。

连续装卸搬运指连续不断地（中间不停顿、货间无间隔）进行作业的作业方式。适用于装卸搬运量大、对象固定、货物对象不易形成大包装的情况，一般采用输送机链斗装车机等机械设备。

3. 按作业手段和组织水平分类，可以将装卸搬运分成人工作业、机械化作业和自动化作业

人力作业指在某些特殊的情况下，完全依靠人力和人工使用无动力器械来完成的装卸搬运作业。

机械化作业指运用装卸搬运机械进行装卸搬运作业的方法，是装卸搬运的主流。

自动化作业指通过作业机械化设备和作业设施、作业环境理想配合，对装卸搬运系统进行全面的组织、管理、协调，并采用自动化控制手段，如电子计算机控制和信息传递，取得高效率、高水平的装卸搬运作业。

4. 按装卸搬运实施的物流设施和设备对象分类，装卸搬运可以分成仓库装卸、铁路装卸、港口装卸、飞机装卸等

仓库装卸搬运配合出库、入库、维护保养等活动进行，并且以堆垛、上架、取货等操作为主。

铁路装卸搬运是对火车皮的装进及卸出，特点是一次作业就需实现一车皮的装进或卸出，很少有像仓库装卸时出现的整装零卸或零装整卸的情况。

港口装卸搬运包括码头前沿的装船，也包括后方的支持性装卸搬运，有的港口装卸搬运还采用小船在码头与大船之间的"过驳"的方法，因而作业流程较为复杂，作业环节较多。

汽车装卸搬运一般一次装卸批量不大，由于汽车的灵活性，可以减少或根本减去搬运活动，而直接利用装卸作业活动实现货物在车与物流设施之间的过渡。

5.3.4 主要装卸搬运机械、特征及其选择

1. 主要装卸搬运机械及其特征

装卸搬运机械指在工厂、仓库、货物中转中心、配送中心等物流现场用于从事货物装卸搬运的各种机械设备的总称。装卸搬运作业中使用的主要机械搬运设备及其特征如表5.4所示。

表5.4 主要装卸搬运机械及其特征

机械类型	设备名称	定义及特征
装卸搬运车辆	1. 叉车 2. 人力搬运车 包括：台车、手推车、手动液压托盘搬运车和升降式搬运车 3. 动力搬运车 包括：轨道无人搬运车、牵引车、挂车和底盘车	依靠机械本身的运行和装卸机构的功能，实现物资的水平搬运和装卸、码垛的车辆。底盘上装有起重、输送、牵引、承载装置，可以在设施内移动作业
起重机械	1. 轻小起重设备：电动葫芦和绞车 2. 升降机：电梯和升降机 3. 起重机 包括：堆垛起重机、桥式类型起重机、门式类型起重机、臂式类型起重机和梁式类型起重机	靠人力和动力使物资作上下、左右、前后等间歇、周期性运动的装载机械。主要用于起重、运输、装卸、机器安装等作业
连续输送机械	1. 带式输送机 2. 棍子输送机 3. 悬挂输送机 4. 斗式提升机 5. 振动输送机等	一种可以将货物在一定的输送线路上，从装载起点到卸载终点以恒定的或变化的速度进行输送，形成连续或脉动物流的机械。
散装作业法用机械	1. 斗式类型装载机 2. 斗轮类型装载机 3. 抓斗类型装载机 4. 倾翻类型卸车机 5. 连续输送机	具有装卸和运输两种功能的组合机械，主要用来装载搬运散装货物

机械类型	设备名称	定义及特征
自动分拣机械	押出式、浮出式、斜行式和倾斜落下式	在计算机的控制下连续动作，将不同的货物搬送到各自被指定的位置

2. 装卸搬运机械的选择

选用装卸搬运机械时，要将各类机械的特征与货物特性、作业特点以及使用机械的经济性等因素结合起来考虑。

（1）货物的特性

具体包括：货物的种类、重量、外形和货物的保管方式等。货物有集装货物和散装货物之分，重量、外形等各不相同，货物的保管方式和装卸搬运方式多种多样，这就需要不同形式的装卸搬运机械来适应货物的这些特性。

（2）作业地环境条件

装卸搬运货物的地点有车站、码头、港口、工厂车间、仓库、配送中心等，装卸搬运作业必然会受到这些物流设施的物流量、工作时间以及外部工作环境的限制，需要据此选取适应的装卸搬运设备。

（3）装卸搬运作业特点

具体包括作业量、作业的速度、作业运动方式和移动距离等。装卸搬运设备的选择应该与上述作业特点相适应。

（4）经济性

在考虑上述因素后，初步确定机械设备的方案，需要对这些方案进行财务分析选出最经济的方案。常见的财务分析方法有净现值法、投资回收期法和投资收益率等。

小　结

与物流关系密切的包装主要功能，包括：保护功能、便利功能、标识的信息功能和环保功能。

包装技术主要包括：包装的保护技术和包装的集装技术。前者起到对包装物的保护作用；后者作用在于通过集装化提高物流作业活动的效率和效果。

产品集装化是一种新型的包装操作。主要的集装技术有：集装箱化、托盘化、货捆化、网袋化、框架化、滑板化、半挂车等7种。

仓储、运输、装卸搬运与包装之间密切相关，其作业方式和条件影响着包装尺寸、结构、强度、材料的选择和包装技术的选用。

装卸搬运主要有保障支持功能和衔接功能。一方面，保障和支持各物流活动高效率和高质量完成；另一方面，衔接各物流活动，促使物流活动之间形成有机联系的整体。

主要的装卸搬运作业活动有三类：堆拆作业、"分拣、集货"作业和"搬送、移送"作业。

装卸搬运活性指的是物从静止状态转变为装卸搬运运动状态的难易程度，货物只有处于良好的"搬运状态"，才能节省搬运的时间和费用，提高物流的效率。

主要的装卸搬运机械包括以下几类：装卸搬运车辆、起重机械、连续输送机械、散装作业法用机械和自动分拣机械。选用装卸搬运机械时，要将各类机械的特征与货物特性、作业特点以及使用机械的经济性等因素结合起来考虑。

流通加工活动亦属于生产活动的范畴，但它和一般的生产型加工在加工对象、加工目的、加工价值、加工程度和加工责任人方面有较大差别。

思　考　题

1. 与物流活动紧密联系的包装功能有哪些？
2. 主要的包装材料及其特征有哪些？
3. 主要的包装容器的种类及其特征有哪些？
4. 主要的包装技术有哪些？
5. 设计的基本要点是什么？包装设计如何满足物流活动？
6. 说明装卸搬运活动的特点及其功能。
7. 装卸搬运活动包括哪些内容？
8. 什么是装卸搬运活性？装卸搬运活性理论的重要性是什么？
9. 简要阐述装卸搬运的分类方法及其类型。
10. 说明流通加工活动与生产加工活动的区别。
11. 说明流通加工的功能及其在物流中的地位。
12. 按照流通加工的目的，可以将流通加工分为哪些类型？

第六章　配送与配送中心

配送中心的形成及发展是有其历史原因的。日本经济新闻社的《输送的知识》一书，将此说成是物流系统化和大规模化的必然结果；《变革中的配送中心》一文中是这样讲的："由于用户在货物处理的内容上、在时间上和服务水平上都提出了更高的要求，为了顺利地满足用户的这些要求，就必须引进先进的分拣设施和配送设备，否则就建立不了正确、迅速、安全、廉价的作业体制。因此，在运输业界，大部分企业都建造了正式的配送中心。"因此，配送中心在整个物流活动中占有重要的位置。本章将对配送中心的定义、类型及其规划、设计等方面作详细的介绍。

关键词：配送（distribution）　　配送中心（distribution center）　　配送类型（types of distribution）　　系统分析与设计（systems analysis and design）　　作业流程（operation flow）

6.1　配送

6.1.1　配送的特征及作用

国家标准《物流术语》GB/T 18354—2006 中将配送定义为："在经济合理区域范围内，根据用户要求，对物品进行拣选、加工、包装、分割、组配等作业，并按时送达指定地点的物流活动。"

配送活动是物流活动的特殊形式，具有以下特征：

（1）不是一般的送货和销售性送货，而是从物流据点（配送中心）到用户的一种特殊送货形式。特殊在于用户需要什么就送什么。

（2）不是一般的输送和运输，而是从物流据点（配送中心）到用户的终端运输。虽然整个配送活动离不开运输，但在整个运输过程中它属于"二次运输""支线运输"。

（3）不是一般的供应或供给，而是"门到门"服务性的供应。供应者从物流据点（配送中心）送货到用户仓库、车间、营业所或生产线。

（4）不是消极的送货式发货，而是在全面配货的基础上，充分按用户的要求进行服务，它是将"配"和"送"有机地结合起来，完全按照用户要求的数量、种类、时间等进行分货、配货、配装等工作。

配送的作用主要有以下方面：

（1）完善物流系统。配送环节属于支线运输，可以与运输密切结合起来，使得干线运输与支线运输有机统一，完善物流系统。

（2）实现资源合理配置。通过实施配送可以将社会上零散库存以配送企业的集中库存来取代，库存相对集中，使得按统一计划合理分配资源可以实现。

（3）有利于新技术开发应用。随着社会对配送的需求越来越大，配送规模不断发展扩大，自动化、智能化配送设备与技术也在不断地投入使用，促使更多有实力的企业投入资金研发新技术。

（4）促进电子商务发展。随着电子商务的蓬勃发展，客户对物流要求的提高，各大电商平台也越来越重视物流配送质量，部分电商巨头通过构建自己的自营配送体系形成竞争优势，配送质量的好坏，影响到平台的发展。

6.1.2 配送的类型

配送有多种类型，按照不同的区分方式主要有以下几种：

1. 商品种类及数量分类

（1）多品种、少批量配送

多品种、少批量配送是按用户要求，将所需的各种物品配备齐全，凑整装车后由配送中心送达用户。往往是多用户、多频次零售业和生产配送。

（2）少品种、大批量配送

工业企业需要量较大的商品，单独一个品种或几个品种就可达到较大输送量，可实行整车运输，这种商品往往不需要再与其他商品搭配，可由专业性很强的配送中心实行这种配送。如农业产品、汽车整车、钢材、建材等。

（3）成套配送

按企业生产需要，尤其是装配型企业生产需要，将生产每一台件所需全部零部件配齐，按生产节奏定时送达生产企业，生产企业随即可将此成套零部件送入生产线装配产品。采用这种配送方式，配送企业承担了生产企业大部分供应工作，使生产企业专注于生产，与多品种、少批量配送效果相同。

2. 接配送时间及数量分类

（1）定时配送

按规定时间间隔进行配送，如数天或数小时一次等，每次配送的品种及数量可按计划执行，也可在配送之前用已商定的联络方式（如电话、计算机终端输入等）通知配送品种和数量。这种方式由于时间固定，易于安排工作计划，易于计划使用车辆，对用户来讲，也易于安排接货力量。但是，由于配送物品种类变化，配货、装货难度大，在要求配送数量变化较大时，也会使配送运力安排出现困难。如送牛奶、邮政、生鲜等。

（2）定量配送

按规定的批量在一个指定的时间范围内进行配送。这种方式数量固定，备货工作较为简单，可以按托盘、集装箱及车辆的装载能力规定配送的定量，能有效利用托盘、集装箱等集装方式，也可做到整车配送，配送效率较高，运力利用也较好。对用户来讲，每次送货都处理同等数量的货物，有利于人力、物力的准备，如送牛奶和具有稳定生产计划的生产配送等。

（3）定时定量配送

按照规定配送时间和配送数量进行配送。这种方式兼有定时、定量两种方式的优点，但特殊性强，计划难度大，适合采用的对象不多，不是一种普遍的方式。

（4）定路线配送

在规定的运行路线上制定到达时间表，按时间表进行配送，用户可按规定路线及规定时间接货及提出配送要求。这种方式有利于计划、安排车辆及驾驶人员。在配送用户较多的地区，也可免去过分复杂的配送要求所造成的配送组织工作及车辆安排的困难。对用户来讲，既可在一定路线、一定时间进行选择，又可有计划地安排接货力量，但这种方式应用领域也是有限的。

（5）即时配送

完全按用户突然提出的配送时间和数量即时进行配送的方式，是一种有很高的灵活性的应急方式，采用这种方式的品种可以实现保险储备的零库存，即用即时配送代替保险储备。

3. 按经营形式不同分类

（1）销售配送

配送企业是销售型企业，它是销售企业作为销售战略一环所进行的促销性配送。配送对象和用户依据对市场的占有情况而定，配送的经营状况也取决于市场状况，配送随机性较强而计划性较差。各种类型的商店配送一般多属于销售配送。

（2）供应配送

用户为了自己的供应需要所采取的配送形式，往往由用户或用户集团组建配送据点，集中组织大批量进货，然后向本企业配送或向本企业集团若干企业配送。这种配送形式主要用于组织对本企业的供应，尤其在大型企业或企业集团或联合公司中采用较多。

（3）销售—供应一体化配送

企业对于基本固定的用户或基本确定的配送产品可以在自己销售的同时承担用户计划供应者的职能，既是销售者同时又成为用户的供应代理人，起用户供应代理人的作用。这种配送方式使销售企业能获得稳定的用户和销售渠道，有利于本身的稳定持续发展，有利于扩大销售数量。对用户来讲，能获得稳定的供应，可大大节约本身为组织供应所耗用的人力、物力、财力，销售者能有效控制进货渠道，这是任何企业供应机构难以做到的，因而供应保证程度可大大提高，如批发企业和制造企业采取的 VMI 管理模式。

（4）代存、代供配送

用户将属于自己的货物委托配送企业代存、代供，有时还委托代订，然后组织对自身的配送。这种配送在实施时不发生商品所有权的转移，配进企业只是用户的委托代理人，商品所有权在配送前后都属于用户所有，所发生的仅是商品物理位置的转移。配送企业仅从代存、代供中获取收益，而不能获得商品销售的经营性收益。

4. 接配送企业专业化程度分类

（1）综合配送

配送商品种类较多，不同专业领域的产品在一个配送网点中组织对用户的配送，这类配送由于综合性较强，因此被称为综合配送。

综合配送可减少用户为组织进货的负担，只需和少数配送企业联系便可解决多种需求的配送，对用户的服务性较强。但由于产品性能、形状差别很大，在组织时技术难度较大。一般只是在形状相同或相近的不同类产品方面实行综合配送。

（2）专业配送

按产品形状不同适当划分专业领域的配送方式。专业配送并非越细分越好，实际上在同一形状而类别不同产品方面，也是有一定综合性的。

专业配送的优势在于可按专业的共同要求优化配送设施，优选配送机械及配送车辆，制定实用性强的工艺流程，从而大大提高配送各环节工作的效率。现在已形成专业配送形式的专业有很多，如中小件杂货配送，金属材料的配送，燃料煤、油的配送，水泥的配送，木材的配送，平板玻璃的配送，化工产品的配送，生鲜食品的配送，家具及家庭用具的配送等。

6.1.3　配送计划的制定

配送计划是对未来配送行动所制定的方案，可以指导货物配送工作，确保货物及时、妥当地投送。

1. 配送计划的制定的依据

（1）客户订单。客户订单是制定配送计划的最基本的依据，其对配送商品的品种、规格、数量、送货时间、送达地点、收货方式等都有具体要求。

（2）客户分布。客户的地理位置离配送点的距离，配送点到达客户收货点的路径选择，直接影响到配送成本。

（3）货物的性态。配送货物的体积、形状、重量、性能等货物性态，是决定运输方式的影响因素。

（4）运输装卸条件。道路交通状况、送达地点及其作业地理环境、装卸货时间、气候等对输送作业的效率也起相当大的约束作用。

2. 配送计划的内容

（1）配送地点及数量。

（2）所需配送车辆的数量和类型。

（3）运输路线。

（4）各环节的操作要求。

（5）时间范围的确定。

（6）与客户作业层面的衔接，如托盘货物的接货门店是否有接货月台及相关操作设备。

（7）达到最佳化目标，如所用车辆最少、服务水平最高、作业总成本最低等。

3. 配送计划的实施

（1）下达计划

配送计划确定后，将到货信息分别通知用户和配送点，以便用户作好接货准备，配送点作好配送准备。

（2）按计划配货

各配送点按配送计划审定库存货物信息，确保可以正常供货，同时配送点各职能部门按配送计划进行订单处理、分拣、配货等作业。

（3）装车发运

理货部门将已配货好的货物组合装车，发货车辆按指定线路送达用户。

6.1.4 分拣作业与车辆配装

1. 分拣作业

分拣作业是指根据计划获取拣货信息后，按照一定的方式对货物拣取的过程，是物流配送出库作业的重要环节之一。在现代电子商务环境下，分拣作业是所有作业中最耗劳动力的过程之一，分拣成本占企业作业成本很大一部分，因此，提高分拣效率是物流作业的重点。

分拣作业根据分拣流程划分成两种形式：摘取式和播种式。

（1）摘取式

此方法是根据每一份订单（即每个客户）进行拣选操作，拣货人员或设备巡回于各个货物储位，按照订单所列商品逐一取出，然后集中在一起的拣货方式，形成类似摘果的作业过程。它适用于订单大小差异较大、订单数量变化频繁、商品差异较大的拣选。

（2）播种式

此方法是把多份订单（多个客户的要货需求）集合成一批，然后再根据各个用户对该种货物的需求量进行二次分配，形似播种的操作。这种方式适用于货物易于集中移动且对同一种货物需求量较大的情况。

2. 车辆配装

车辆配装是在充分保证货物的数量和质量完好的前提下，提升车辆的利用率，降低配送费用。在进行具体的配装作业时，要根据配送货物和装载车辆的具体情况进行简单计算，再根据经验确定装车方案。一般有如下装车原则：

（1）装载时车厢内货物重量应分布均匀，不得超过车辆所允许的最大载重量。

（2）轻重不同的货物，重不压轻，体积大小不同的货物，大不压小。

（3）到达同一地点的货物尽可能一次装载，按确定的送货路线，先送后装。

（4）拼装在同一个车厢内的货物，其化学性质、物理属性和灭火方法不能互相抵触。

（5）货物包装尺寸有大有小，应做到大小搭配，减少空隙，充分利用车厢内容积。

（6）装货完毕，应在门端处采取适当的稳固措施。

（7）装载易滚动的卷状、桶状货物，要垂直摆放。

6.2 配送服务的战略决策

任何一个配送服务组织，不论是社会化的组织还是企业内部的配送部门，在建立配送中心（服务机构）时，应该决策并且确定以下三个方面的问题：

1. 战略决策

主要决策配送组织（部门）服务的对象、目标市场，服务的内容，服务的物品及种类、数量，配送模式（方式），外部资源的利用，联盟与合作，竞争重点、竞争优势及赢利模式等。物流配送服务范围，指物流配送服务的区域。通常分为：城市、区域范围，以 30 公里的范围为基础。也可以根据配送服务的对象的物流配送范围为基本前提进行确定。

【专栏 6.1】

物流服务行业（对象）的决策

不同的行业，物流配送服务的要求和特点是不同的，物流配送服务的模式同样也有所不同。因此，这就存在服务行业的选择。通常来说，作为第三方物流配送企业，选择物流服务的行业必须考虑赢利性和发展性两个方面，主要因素包括四点：（1）行业的附加值（利润空间）；（2）行业的发展前景（增长性）；（3）行业的物流规模（物流量）；（4）行业的成熟程度（充分竞争）。

【专栏 6.2】

不同行业、产品特点及物流配送需求的差异（见表 6.1）

表 6.1

行业	行业特点	物流需求特点	可提供的第三方物流服务
电子、IT 产业	柔性生产及 JIT 生产方式，产品生命周期短，更新换代快，时效性强，产品附加值高，对市场敏感。	其供应物流和销售物流侧重于快速响应和效率；生产物流一般要求在其生产厂设立备货仓库或配送中心，满足原材料配送需求。	1. 国际物流服务支持。2. 配送功能。3. 运作和系统设计、咨询等。
家电业	市场竞争激烈，产品销售利润率低，物流成本在产品成本中占较大比重。	其物流运作侧重于如何有效控制物流成本，需要庞大的分销与物流网络以及专业化的物流服务以降低物流成本。	1. 货物集散功能。2. 为本行业开拓国际市场提供国际物流服务支持。
汽车业	柔性化生产、JIT 零配件配送，其生产与销售过程是一个典型的供应链管理过程。	在生产物流方面与电子业相似，要求提供零配件的 JIT 配送；销售物流方面对运输过程的安全性要求很高。对于一些在国内进行组装而零配件在不同国家生产的企业，对国际物流中的仓储和加工的需求非常高。	1. 国内运输与配送系统服务。2. 配送、装配加工服务、仓储服务。3. 方案策划。4. 货物中转功能。5. 国际物流服务支持。

续表

行业	行业特点	物流需求特点	可提供的第三方物流服务
日业	1. 国内运输与配送系统服务。 2. 配送、装配加工服务、仓储服务。 3. 方案策划。 4. 货物中转功能。 5. 国际物流服务支持。	分拨与配送业务急剧增长；重视减少分销和零售渠道的缺货率，保证产品的可得性以降低产品可替代性风险。	1. 商品展示、销售物流功能； 2. 提供搭配包装等流通加工服务帮助企业完成促销任务。
食品业	对食品的保温保鲜要求很高，产品时效性强，生产出来后需要迅速交付。	对物流作业质量较挑剔，对能够快速响应的第三方物流服务需求很大，但同时对选择新的第三方物流服务商也最具积极性。	1. 专业化的配套物流设施，如冷藏车、冷藏库等。 2. 以快速响应为特点的物流配送方案策划。
医药保健品行业	产品附加值高，产品有严格的温度控制，需要单独的专业化设施和设备来储存、运输。	重视物流运作的可靠和安全性，对库存管理与控制严格，需要信息系统配合，自动预警，加速产品周转。	1. 物流信息增值服务。 2. 建立分销与物流网络，组织配送服务。
零售业	趋向大型化和连锁经营，配送费用在总物流成本中所占比例较大。	对配送服务的需求较强烈。但大部分连锁零售企业都自己建立配送中心，自己进行统一采购和统一配送，只是将部分商品的配送和部分物流功能交给第三方物流来承担，并进行严格控制。	1. 提供自动化信息处理、库存情况分析等增值服务。 2. 条形码标签的贴附等流通加工辅助服务。 3. 信息增值服务。

【专栏 6.3】

物流服务企业的市场定位

确定物流服务企业的市场定位的方法（见图 6.1）：

第一，物流服务市场（客户）分类分析。

第二，竞争对手的竞争优势、特点。

第三，差异化。

第四，确定竞争优势（市场定位）。

服务业竞争的重点，通常有以下几方面：

①友好及善意地对待顾客　　待遇（服务 S）

②服务的快速及便利　　　　速度/便利（T）

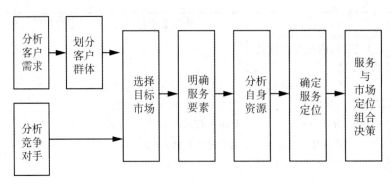

图 6.1 物流企业市场定位与功能定位的步骤

③服务的成本　　　　　　成本（C）
④服务质量　　　　　　　质量（Q）
⑤服务的特殊技能　　　　定制化、个性化等

2. 战术决策

配送中心的选址、设计：进货区、出货区、存储区、加工区的大小、空间，存储设施、设备，搬运、装卸、加工包装设备，运输工具，配送中心的进货、拣货、出货的通道，配送中心与外部的环境（交通道路、停车场地等）。

配送中心信息系统的设计：编码设计（物品、货架、托盘、用户、供应商等），数据结构设计，功能结构设计，网络设计等。

3. 运作决策

包括配送中心服务的具体流程（进货流程、出货流程、拣货流程）、采用的配送运作技术、进出货物的管理、存储货物的管理、库存的控制、配载方案、运输方案等。

6.3 配送中心设计

6.3.1 配送中心的基本功能

配送中心是集货、存储、分拣、流通加工（包装）运输等基本功能的综合，因此基本作业流程包括进货、存储、分拣、配送运输等，见图 6.2。

1. 进货作业流程与组织

（1）进货作业的基本流程

在配送的基本作业流程中，进货作业是从供应商根据有关采购指令将货物送达配送中心后开始的。配送中心经过装卸、搬运、分类、验收，确认商品后，将商品按预定的货位储存入库，这一过程即为进货作业过程。进货过程在配送作业环节中的作用，如图 6.3 所示：

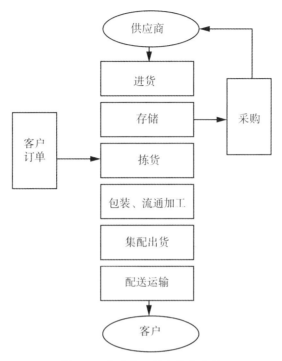

图 6.2　配送中心基本作业流程

进货作业过程主要包括以下流程（如图 6.3）：

第一步，采购计划。

采购计划的制定主要是依据商品存储数量及客户需求订单和预测及供应（采购）周期来确定的。

第二步，进货作业计划的制定。

进货作业计划制定的基础和依据是采购计划与实际的进货单据，以及供应商的送货规律与送货方式。

进货作业的制订必须依据订单所反映的信息，掌握商品到达的时间、品类、数量及到货方式，尽可能准确预测出到货时间，以尽早作出卸货、储位、人力、物力等方面的计划和安排。

第三步，进货前的准备。

在商品到达配送中心之前，必须根据进货作业计划，在掌握入库商品的品种、数量和到库日期等具体情况的基础上作好进货准备。准备工作的主要内容有：

①储位准备。根据预计到货的商品特性、体积、质量、数量和到货时间等信息，结合商品分区、分类和储位管理的要求，预计储位，预先确定商品的理货场所和储存位置。

②人力的安排。依照到货时间和数量，预先计划并安排好接运、卸货、检验、搬运货物的作业人员。

③设备器材的准备。根据到货商品的理化性能及包装、单位重量、单位体积、到货数

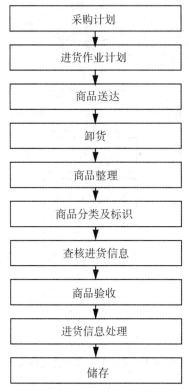

图 6.3　进货作业的流程

量等信息，确定检验、计量、卸货与搬运方法，准备好相应的检验设施、度量衡、卸货及码货工具与设备，并安排好卸货站台空间。对一些室外储放的商品，还需准备相应的苫垫用品。

第四步，接运与卸货。

有些商品通过铁路、公路、水路等公共运输方式转运到达，需配送中心从相应站港接运商品，对直接送达配送中心的商品，必须及时组织卸货入库。

第五步，分类与标示。

在对商品进行初步清点的基础上，需按储放地点、标志进行分类并作出标记。在这一阶段，要注意根据有关单据和信息，对商品进行初步清理验收，以及时发现问题，查清原因，明确责任。

第六步，核对有关单据和信息。

进货商品通常会具备下列单据或相关信息：采购计单、采购进货通知，供应方开具的出仓单、发票、磅码单、发货明细表等；除此之外，有些商品还有随货同行的商品质量保证书、材质证明书、合格证、装箱单等；对由承运企业转运的货物，接运时还需审核运单，核对货物与单据反映的信息是否相符。

第七步，商品验收。

对到库商品进行清点、分类后，必须对其进行认真验收。商品验收包括数量清点、质量和包装的检查等作业内容。先根据有关单据和信息，清点到货数量，确保入库商品数量准确，同时，认真检查商品质量和包装情况，并作出详细验收记录，对查出的问题及时处理，然后填写验收单据和其他签收凭证。

第九步，进货信息的处理。

首先必须将所有进货入库单据进行归纳整理，并详细记录验收情况，登记入库商品的储位。然后依据验收记录和其他到货信息，对库存商品保管账进行账务处理，商品验收入库，库存账面数量与库存实物数量同时增加。有些到货信息还必须及时通过单据或库存数据，反馈给供应商和本公司采购、财务等部门，为采购计划的制订和财务货款结算提供依据。

2. 进货作业的影响因素及组织原则

（1）影响进货作业的因素

在进行进货作业组织与计划时，我们首先必须对影响进货作业的主要因素进行分析。这些影响因素主要包括：①供应商及其送货方式。②商品种类、特性、商品数量。③进货作业与其他作业的相互配合等方面。

（2）进货作业组织的原则

进货作业组织的目的是为了及时、安全、准确地组织货物入库，因此在规划进货作业时必须遵循以下几个作业原则：

①尽可能将各项作业集中在同一个工作场所进行。在进货作业过程中，尽可能将卸货、分类、标志、验货等理货作业环节集中在一个场所完成，这样既可减少空间的占用，也可以节省货物搬运所消耗的人力和物力，降低作业成本，提高作业速度。

②依据各作业环节的相关性安排活动，即按照各作业环节的相关顺序安排作业，避免倒装、倒流而引起搬运货物的麻烦，提高作业效率。

③尽可能平衡安排卸货站台的使用，并将货物从站台至储存区的活动尽量保持直线流动。根据到货信息和历史统计资料，掌握货物到达的时间规律，以合理安排卸货站台及其他卸货设施，避免由于作业量不均衡造成的贻误。

④将人力集中安排在进货尖峰时间，以保证人力资源的合理安排与进货作业的顺利进行。

⑤适当使用可流通的容器，以省去更换容器的工作。在对小件物品或可以使用托盘集合包装的货物，尽可能固定在可流通的容器内进行理货与储存作业，减少货物倒装的次数。

⑥详细认真地处理进货资料和信息，以便利其他后续作业及信息的查询与管理。

3. 商品验收入库

（1）商品验收的标准和依据

商品验收主要是对商品数量质量和包装的验收，即检查入库商品数量是否与订单资料或其他凭证相符，规格、牌号等有无差错，商品质量是否符合规定要求，物流包装能否保证货物在运输和储存过程中的安全，销售包装是否符合要求。验收工作的基本要求是必须做到及时准确，即在尽可能短的时间内，准确地验收商品的数量、质量和包装。

①商品验收的标准。通常依据以下标准来验收商品：（a）采购合同或订单所规定的具体要求和条件；（b）以议价时的合格样品为标准；（c）以各类产品的国家品质标准或国际标准为依据。

②确定抽检比例的依据。在配送中心进货验收工作中，商品通常是整批、连续到库，而且品种、规格较复杂，在有限的时间内不可能逐件查看，这就需要确定一个合理的抽查比例，验收抽查比例的大小，一般根据商品的特性、商品的价值大小、品牌信誉、物流环境等因素而定。

（2）商品验收的内容

①质量验收。包括：（a）感官检验；（b）仪器检验法。

②包装验收。包括：（a）包装是否安全牢固；（b）包装标志、标记是否符合要求；（c）包装材料的质量状况。

③数量验收。包括：（a）计件法；（b）计重法。

4. 存储管理

存储的主要任务是保管保养好准备出库或将要配送的商品。存储管理主要包括储位管理、储存空间的利用、存储设备的配置、库存商品的数量与质量控制等内容。不同组织模式的配送中，存储功能不完全相同，但从其实际运作来看，存储的功能主要体现在以下三个方面：（1）衔接生产与需求；（2）为生产和消费提供货源保证；（3）创造时间效用。

对于配送过程来说，存储除了具有以上三项基本功能之外，就是辅助其他各项作业的顺利进行，因此，配送环节中存储保管的基本目标是：（1）充分有效地利用空间；（2）尽可能提高人力资源及设备的利用率；（3）有效地保护好商品的质量和数量；（4）维持良好的存储环境；（5）使所有在储货物处于随存随取状态。

在配送作业中，储位管理的范围包括为满足进、出货等理货作业的需要而规划的临时存货区；为完成拣货作业，依拣货作业要求和拣货作业设备特点而设立的拣货作业区；为货物的中长期储存而设立的保管区，保管区所占的区域最大，是配送中心管理的重点，因此，必须尽可能提高保管区的空间利用率和作业效率。储位管理的范围包括以下几个方面：

（1）理货作业区的储位管理

理货作业区的主要功能在于进、出货时，货物在这一区域进行暂时存放，并准备进入保管区储存或出货。在这一阶段货物如果不严格管理，容易出现货物混乱，理货作业区不仅需临时存放保管的商品，在这一区域还将对货物进行必要的标示、分批、分类、分区或包装整理和验收。

（2）拣货作业区的储位管理

拣货作业区主要为拣货作业时使用，拣货作业经常要依靠一些拣货设备来完成，如电脑辅助拣货系统、自动拣货系统等。拣货作业区的储位管理就是拣货位置指示及相应拣货设备的应用。

（3）存储保管作业区的储位管理

存储保管作业区的主要作用是中长期保管库存的商品，占用的面积最大，是整个配送中心管理的重点。

存储保管作业区管理的核心是通过选择合适的设备、采用适当的储存方式和策略，同时加强库存货物的有效控制，来提高储区的空间利用率和存储作业效率。

同时，储位管理也应遵循以下基本步骤（见图6.4）。

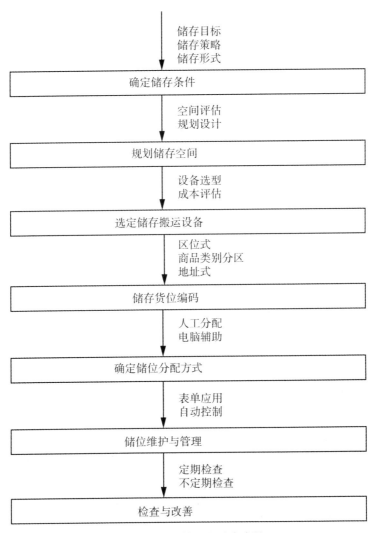

图6.4　储位管理的基本步骤

储存方式有三种：

（1）定位储存

定位储存是指每一项货物都有固定的储位，货物在储存时不可互相窜位，在采用这一储存方法时，必须注意每一项货物的储位容量必须大于其可能的最大在库量。

定位储存通常适应以下一些情况：①不同物理、化学性质的货物须控制不同的保管储存条件，或防止不同性质的货物互相影响；②重要物品须重点保管；③根据物品尺寸及重量安排储位；④库房空间较大；⑤多品种少批量货物的存储。

定位存储具有三个优点：①储位能被记录、固定和记忆，便于提高作业效率；②可以缩短出入库搬运距离；③较好的解决货物之间相互影响。其缺点是占用仓储空间较大。

（2）随机存储

随机存储是指根据库存货物及储位使用情况，随机安排和使用储位，每种商品的储位可随机改变。模拟研究显示，随机存储系统比定位储存系统可节省35%的移动库存货物的时间，储存空间利用率可提高30%。通常随机储存适用于下列两种情况：①库房空间有限，需尽量利用储存空间；②商品品种类别少、批量或体积较大的货物。

随机存储具有储区空间的利用率高的优点，同时具有以下三个缺点：①增加货物出入库管理及盘点工作的难度；②周转率高的货物可能被储放在离出入口较远的位置，可能增加出入库搬运的工作量；③有些可能发生物理、化学反应的货物相邻存放，可能造成货物的损坏或发生危险。由于随机储存，储位不易于记忆和管理，因此，需设立储存记录卡，将储存信息详细记录，以随时准确掌握库存货物的储位和数量，以提高出入库作业效率。

（3）分类储存

分类储存是指所有货物按一定特性加以分类，每一类货物固定其储存位置，同类货物不同品种又按一定的法则来安排储位。分类储存通常按以下几个因素分类：①商品相关性大小。商品相关性是指商品的配套性，或由同一家顾客所订购等；②商品周转率高低；③商品体积、重量；④商品特性。商品特性通常指商品的物理或化学、机械性能。

分类储放主要适用于以下情况：①商品相关性大，进出货比较集中；②货物周转率差别大；③商品体积相差大。

分类储存具有以下两个优点：①便于按周转率高低来安排存取，具有定位储放的各项优点；②分类后在各储存区域再根据货物的特性选择储存方式，有助于货物的储存管理。同时由于储位必须按各类货物的最大在库量设计，储区空间平均的使用效率仍然低于随机存储。

（4）分类随机储存

分类随机储存是指每一类货物均有固定储位，但各储区内，每个储位的安排是随机的，因此，可以兼有定位储存和随机储存的特点。

分类随机储存的优点：具有分类储放和随机储放的部分优点。

分类随机储存的缺点：货物出入库管理特别是盘点工作较困难。

（5）共同储存

共同储存是指在确定知道各货物进出仓库确定时间的前提下，不同货物共用相同的储位。这种储存方式在管理上较复杂，但储存空间及搬运时间却更经济。

储位分配的基本思路是：首先，根据货物特性分区分类储存，将特性相近的货物接近存放；其次，重、大体积货物储于坚固层架并接近出货区；再次，周转率高的货物储存时尽量接近出货区或易于移动的位置；最后，服务设施应选在底层楼区。

5. 订单处理作业

从接到商店订货开始到准备出货之间的作业阶段，称为订单处理，包括订单确认、存货查询、库存分配和出货配送等。订单处理是与客户直接沟通的作业阶段；对后续的拣选作业、调度和配送产生直接影响。

订单处理有人工和计算机两种形式，目前主要是电子订货。电子订货借助电子订货系统，采用电子资料交换方式取代传统的订单、接单方式。具体订单处理的一般流程如图6.5所示：

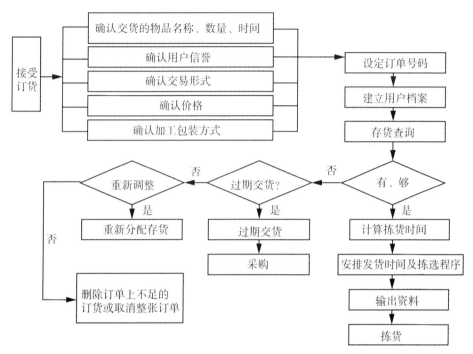

图 6.5　订单处理的一般流程

与配送中心存货、补货、理货以及输配送系统相比，订单管理系统具有以下特点：

（1）配送中心订单处理系统是配送中心所有物流作业组织的开端和核心。

通常一个配送中心的各个用户都要在规定时点以前将订货单或要货单通知给配送中心，然后配送中心再将这些订单汇总，并以此来进一步确定需要配送货物的种类、数量以及配送时间。

（2）配送中心订单处理系统的作业范围超越了配送中心的内部作业范围。

与其他功能子系统相比，配送中心订单处理系统的作业是配送中心与用户之间的互动作业。首先用户要进行订单准备，并将订单传输给配送中心；随后配送中心还要进行接单、订单资料输入处理、出货商品的拣货、配送、签收、清款、取款等一连串的数据处理，这些活动都需要用户的配合。

（3）配送中心订单处理系统的作业活动伴随整个配送活动的全过程。

虽然一般认为配送中心订单处理的作业流程始于接单，经由接单所取得的订货信息，经过处理和输出，终止于配送中心出货物流活动，但在这一连串的物流作业里，订单是否有异常变动、订单进度是否如期进行亦包括在订单处理范围内。即使配送出货，订单处理并未结束，在配送时还可能出现一些订单异常变动，如客户拒收、配送错误等，直到将这些异常变动状况处理完毕，确定了实际的配送内容，整个订单处理才算结束。

（4）配送中心订单处理系统的电子化要求高。

由于配送中心订单处理系统每天要面对大量的用户订单，为了提高订单处理的效率，减少差错，需要提升配送中心订单处理系统的电子化水平。实际上，大多数配送中心订单处理系统都是配送中心中电子化程度最高的部分，它们通过采用大量的电子化技术，如电子订货系统、联机输入、计算机自动生成存货分配、订单处理输出数据等技术大幅提高了订单处理系统的效率，手工技术在这一领域正逐渐被淘汰。

6. 拣货作业

众所周知，每张用户订单中最少有一种以上的商品，如何把这些不同种类、数量的商品由物流配送中心集中在一起，就是所谓的拣货作业。一般拣货作业程序如图 6.6 所示。

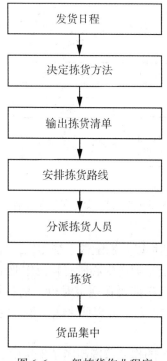

图 6.6 一般拣货作业程序

【专栏 6.4】

物流成本的组成

物流成本约占商品最终售价的 30%，其中包括配送、搬运和储存等成本。一般拣货成本约是其他堆叠、装卸和运输等成本的总和的 9 倍，占物流搬运成本的绝大部分。为此，若要降低物流搬运成本，首先应从拣货作业着手改进，这样才能达到事半功倍的效果。

从人力需求的角度来看，目前大多数的配送中心仍属于劳动力密集型产业，其中与拣货作业直接相关的人力更占50%以上，且拣货作业的时间也占整个物流中心的30%~40%。由此可见，规划合理的拣货作业方法，对于日后物流中心的运作效率具有决定性的影响。

拣货单位分成托盘、箱和单品三种形式。拣货单位是根据订单分析结果而决定的。如果订货的最小单位是箱，则拣货单位最少是以箱为单位。对于大体积形状特殊的无法按托盘和箱来归类的特殊品，则用特殊的拣货方法（参见图6.7）。

（1）单品。这是拣货的最小单位。单品可由箱中取出，可以用一只手进行拣货。

（2）箱。由单品所组成，可由托盘上取出，用人手时必须用双手进行拣货。

（3）托盘。由箱叠积而成，无法用人手直接搬运，必须利用堆垛机或拖板车等机械设备。

（4）特殊品。体积大、形状特殊，无法按托盘、箱归类，或必须在特殊条件下作业者，如大型家具、桶装油料、长杆形货物、冷冻货品等，都具有特殊的商品特性，拣货系统的设计将受其严格限制。

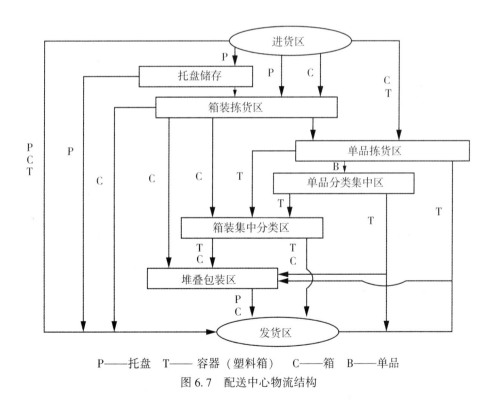

P——托盘 T——容器（塑料箱） C——箱 B——单品

图6.7 配送中心物流结构

拣货作业除了少数自动化设备逐渐被开发应用外，大多是靠人工的劳力密集作业，因此在拣货系统的构筑中，必须掌握下述七个要点：①不要等待——零闲置时间。②不要拿取——零搬运（多利用输送带、无人搬运车）。③不要走动——动线的缩短。④不要思考——零判断业务（不依赖熟练工）。⑤不要寻找——储位管理。⑥不要书写——免纸张（Paperless）。⑦不要检查——利用条码由计算机检查。

拣货作业中所采取的拣货策略一般可做如下划分：

（1）按订单拣货（single-order-pick）

这种作业方式是针对每一张订单，作业员巡回于仓库内，将客户所订购的商品逐一由仓储中挑出集中的方式，是较传统的拣货方式。

（2）批量拣货（batch pick）

把多张订单集合成一批，依商品类别将数量相加后再进行拣货，之后依客户订单作分类处理。

（3）复合拣货

复合拣货为按订单拣货及批量拣货的组合。可依订单品项数量决定哪些订单适于按订单拣货，哪些适合批量拣货。

（4）分类式拣货（sort-while-pick）

这是一次处理多张订单，且在拣选各种商品的同时，按照客户订单分类放置。如一次拣货五六张订单时，每次拣货用台车或笼车带此五六家客户的篮子，一边拣货一边按客户分类。如此可减轻事后分类的麻烦，提高了拣货效益。这种方式适合每张订单量不大的情况。

（5）分区、不分区拣货（zoning，no zoning）

不论是按订单或按批量拣货，为了提高效率可采用分区或不分区的作业策略。分区作业就是将拣货作业场地做区域划分，每一个作业员负责拣货固定区域内的商品。分区方式可分为拣货单位分区、拣货方式分区及工作分区（见图 6.8）。

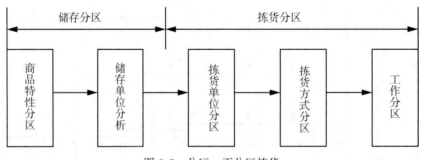

图 6.8　分区、不分区拣货

（6）接力拣货（relay pick）

此种方法与分区拣货类似，先决定拣货员各自分担的产品项目或货架的责任范围后，各个拣货员只按拣货单中自己所负责的部分商品进行拣货，然后以接力的方式交给下一位拣货员。

（7）订单分割拣货

当一张订单所订购的商品项目较多，或欲设计一个快速处理的拣货系统时，为了能在短时间内完成拣货处理，应将订单切分成若干个订单，交由不同的拣货人员同时进行拣货作业以便加速拣货。拣货必须与分区策略联合运用才能有效发挥长处。

以上 7 种策略可与搬运车或动力、无动力输送机相互配合形成不同组合的作业系统，而不同的拣货策略与各种储存策略的配合亦有好坏不同的差异，如表 6.2 所示。

表 6.2　　　　　　　　　　　　拣货策略与各种储存策略的配合

储存策略	拣货策略							
	按订单拣货		批量拣货		分类式拣货		接力拣货	订单分割拣货
	分区	不分区	分区	不分区	分区	不分区		
定位储存	适合	适合	适合	适合	适合	适合	适合	适合
随机储存	不适合	不适合	尚可	不适合	不适合	不适合	不适合	适合
分类储存	适合	适合	适合	适合	适合	适合	适合	适合
分类随机储存	尚可	不合适	合适	合适	合适	尚可	尚可	合适

6.3.2　配送中心设计的基本框架和步骤

1. 配送中心系统设计的目标

在进行配送中心系统设计的时候，首先要确定系统的总目标是要满足客户物流服务需求，在这个基础上，追求密西根大学的斯麦基教授所倡导的 7R 物流系统设计的效果，即：在恰当的时间（right time）、地点/场所（right place）和恰当的条件（right condition）下，将恰当的产品或服务（right product or service）以恰当的方式（right way）和恰当的成本（right cost）提供给恰当的客户（right customer）。用系统论的方法对配送系统设计的目标进行分类，包括服务目标、成本（赢利）目标和投资目标三个目标。

2. 配送中心系统设计的钥匙

配送中心系统设计的钥匙主要包括配送系统所服务的产品及数量、客户对服务的时间及物流运作的具体要求，进而规划出物流的最佳流程，并合理控制物流的成本。

P——产品

物流服务的流体情况，即物流产品和种类，包括原材料（工业、农业、工业品、成品、半成品）、日用商品、家电。物流产品及种类对运输方式、储存（仓库）设计有着重要的影响。

Q——数量（流量）

年物流量的大小往往决定仓库设计的数量、地点、规模和类型、搬运设备、出入通道的设计及运输方式的选择。

R——流程、流向

它包括从何处流入、向何处流出的地理位置。影响运输方式的选择和仓库的网点布局。

T——时间

它包括用户服务的时间要求及供货时间的季节性波动。影响仓库的网点布局及运输方式的选择。

S——服务

用户对物流服务的其他要求，如分包装、小包装、分类套装等，对流通加工提出要求，对仓库设计的流通加工作业区提出要求。

C——成本

物流成本就是用金额评价物流活动的实际代价。成本是综合性指标，包括直接成本、间接费用、日常费用等，因而在每一个物流环节都要考虑。物流成本常常与服务水平冲突，如何在不降低服务水平的前提下，降低物流总成本是物流系统设计的重要目标。

3. 配送中心系统分析与设计的总体框架和步骤

配送中心系统分析是指从配送系统的整体利益出发，根据系统的目标要求适用科学的分析工具和计算方法，对系统的目标、功能、环境、费用和效益进行充分的调研、收集、比较、分析和数据处理，并建立若干备选方案和必要的模型，进行系统仿真实验，比较分析和评价实验等后，对各因素和系统进行优化，协调配送系统的各个组成部分，从而设计出适合整个系统发展的配送中心系统。

小　结

1. 配送中心是从事货物的配备（集货、储存、加工、分货拣货、配货）和组织对用户的送货（运输），以高效率、在一定区域范围内实现对生产、销售等物流活动支持的物流节点和组织。

2. 配送中心是集货、存储、分拣、流通加工（包装）运输等基本功能的综合，因此，其主要包括进货、存储、分拣、配送运输等主要作业。

3. 储位分配必须遵循以下原则：（1）以周转率为基础的原则；（2）产品相关性原则；（3）以商品特性为基础的原则；（4）商品体积、重量特性原则；（5）先进先出的原则。

4. 确定物流服务企业的市场定位的方法：第一，物流服务市场（客户）分类分析；第二，竞争对手的竞争优势、特点；第三，差异化；第四，确定竞争优势（市场定位）。

思　考　题

1. 配送的基本类型（模式）有哪些？
2. 配送中心及类型有哪些？
3. 存储的功能与基本目标是什么？
4. 试说明订单处理的一般流程。
5. 有哪些拣货策略？

6. 不同行业、产品特点及物流配送需求的差异表现在哪里？
7. 如何确定物流服务企业的竞争重点？
8. 试说明配送中心系统分析与设计的总体框架和步骤。
9. 试说明配送中心的流程（作业流程和业务流程）。

【案例分析】

联华生鲜食品加工配送中心①

联华生鲜食品加工配送中心是我国国内目前设备最先进、规模最大的生鲜食品加工配送中心，总投资6000万元，建筑面积35000平方米，年生产能力20000吨，其中肉制品15000吨，生鲜盆菜、调理半成品3000吨，西式熟食制品2000吨，产品结构分为15大类约1200种生鲜食品；在生产加工的同时配送中心还从事水果、冷冻品以及南北货的配送任务。连锁经营的利润源重点在物流，物流系统好坏的评判标准主要有两点：物流服务水平和物流成本。本案例（联华生鲜食品加工配送中心）就是其中在这两个方面都做得比较好的一个物流系统。本案例中的软件系统，是由上海同振信息技术有限公司开发完成的。

生鲜商品按其秤重包装属性可分为：定量商品、秤重商品和散装商品；按物流类型分为：储存型、中转型、加工型和直送型；按储存运输属性分为：常温品、低温品和冷冻品；按商品的用途可分为：原料、辅料、半成品、产成品和通常商品。生鲜商品大部分需要冷藏，所以其物流流转周期必须很短，节约成本；生鲜商品保值期很短，客户对其色泽等要求很高，所以在物流过程中需要快速流转。两个评判标准在生鲜配送中心通俗的归结起来就是"快"和"准确"，下面分别从几个方面来说明联华生鲜配送中心是如何做的。

1. 订单管理

门店的要货订单通过联华数据通讯平台，实时的传输到生鲜配送中心，在订单上制定各商品的数量和相应的到货日期。生鲜配送中心接收到门店的要货数据后，立即在系统中生成门店要货订单，按不同的商品物流类型进行不同的处理：

（1）储存型的商品：系统计算当前的有效库存，比对门店的要货需求以及日均配货量和相应的供应商送货周期，自动生成各储存型商品的建议补货订单，采购人员根据此订单和实际的情况作一些修改即可形成正式的供应商订单。

（2）中转型商品：此种商品没有库存，直进直出，系统根据门店的需求汇总按到货日期直接生成供应商的订单。

（3）直送型商品：根据到货日期，分配各门店直送经营的供应商，直接生成供应商直送订单，并通过EDI系统直接发送到供应商。

（4）加工型商品：系统按日期汇总门店要货，根据各产成品/半成品的BOM表

---

① 深圳市邦捷国际物流有限公司官网 . http://www.ne56.com/manage-case/ne56101128 1327210ABIE.html.

计算物料耗用，比对当前有效的库存，系统生成加工原料的建议订单，生产计划员根据实际需求做调整，发送采购部生成供应商原料订单。

各种不同的订单在生成完成/或手工创建后，通过系统中的供应商服务系统自动发送给各供应商，时间间隔在10分钟内。

2. 物流计划

在得到门店的订单并汇总后，物流计划部根据第二天的收货、配送和生产任务制订物流计划。

（1）线路计划：根据各线路上门店的订货数量和品种，做线路的调整，保证运输效率。

（2）批次计划：根据总量和车辆人员情况设定加工和配送的批次，实现循环使用资源，提高效率；在批次计划中，将各线路分别分配到各批次中。

（3）生产计划：根据批次计划，制定生产计划，将量大的商品分批投料加工，设定各线路的加工顺序，保证和配送运输协调。

（4）配货计划：根据批次计划，结合场地及物流设备的情况，做配货的安排。

3. 储存型物流运作

商品进货时先要接受订单的品种和数量的预检，预检通过方可验货，验货时需进行不同要求的品质检验，终端系统检验商品条码和记录数量。在商品进货数量上，定量的商品的进货数量不允许大于订单的数量，不定量的商品提供一个超值范围。对于需要重量计量的进货，系统和电子秤系统连接，自动去皮取值。

拣货采用播种方式，根据汇总取货，汇总单标识从各个仓位取货的数量，取货数量为本批配货的总量，取货完成后系统预扣库存，被取商品从仓库仓间拉到待发区。在待发区配货分配人员根据各路线各门店配货数量对各门店进行播种配货，并检查总量是否正确，如不正确向上校核，如果商品的数量不足或其他原因造成门店的实配量小于应配量，配货人员通过手持终端调整实发数量，配货检验无误后使用手持终端确认配货数据。

在配货时，冷藏和常温商品被分置在不同的待发区。

4. 中转型物流运作

供应商送货时同储存型物流一样先预检，预检通过后方可进行验货配货；供应商把中转商品卸货到中转配货区，中转商品配货员使用中转配货系统按商品、路线、门店的顺序分配商品，数量根据系统配货指令的指定执行，贴物流标签。将配完的商品采用播种的方式放到指定的路线门店位置上，配货完成统计单个商品的总数量/总重量，根据配货的总数量生成进货单。中转商品以发定进，没有库存，多余的部分由供应商带回，如果不足在门店间进行调剂。

三种不同类型的中转商品的物流处理方式：

（1）不定量需称重的商品

设定包装物皮重；由供应商将单件商品上秤，配货人员负责系统分配及其他控制性的操作；电子秤称重，每箱商品上贴物流标签。

（2）定量的大件商品

设定门店配货的总件数，汇总打印一张标签，贴于其中一件商品上。

（3）定量的小件商品（通常需要冷藏）

在供应商送货之前先进行虚拟配货，将标签贴于周转箱上；供应商送货时，取自己的周转箱，按箱标签上的数量装入相应的商品；如果发生缺货，将未配到的门店（标签）作废。

5. 加工型物流运作

生鲜的加工按原料和成品的对应关系可分为两种类型：组合和分割，两种类型在BOM设置和原料计算以及成本核算方面都存在很大的差异。在BOM中每个产品设定一个加工车间，只属于唯一的车间，在产品上区分最终产品、半成品和配送产品，商品的包装分为定量和不定量的加工，对于称重的产品/半成品需要设定加工产品的换算率（单位产品的标准重量），原料的类型区分为最终原料和中间原料，设定各原料相对于单位成品的耗用量。

生产计划/任务中需要对多级产品链计算嵌套的生产计划/任务，并生成各种包装生产设备的加工指令。对于生产管理，在计划完成后，系统按计划内容出标准领料清单，指导生产人员从仓库领取原料以及生产时的投料。在生产计划中考虑产品链中前道与后道的衔接，各种加工指令、商品资料、门店资料、成分资料等下发到各生产自动化设备。

加工车间人员根据加工批次加工调度，协调不同量商品间的加工关系，满足配送要求。

商品分拣完成后，都堆放在待发库区，按正常的配送计划，这些商品在晚上送到各门店，门店第二天早上将新鲜的商品上架。在装车时按计划依路线、门店顺序进行，同时抽样检查准确性。在货物装车的同时，系统能够自动算出包装物（笼车、周转箱）的各门店使用清单、装货人员也据此来核对差异。在发车之前，系统根据各车的配载情况出各运输的车辆随车商品清单、各门店的交接签收单和发货单。

商品到门店后，由于数量的高度准确性，在门店验货时只要清点总的包装数量，退回上次配送带来的包装物，完成交接手续即可，一般一个门店的配送商品交接只需要5分钟。

案例思考题

简述联华生鲜食品加工配送中心的运作流程。

第二编　物流管理

第七章　物流管理概述

本章主要介绍物流管理的基本概念、目标、主要内容，供应链背景下的物流管理；有效的物流管理能为企业拓展利润空间，物流企业所面临的基本问题与物流管理学的基本逻辑一致。

关键词：物流管理（logistics management）　供应链管理（supply chain management）第三利润源泉（third profit resource）　物流管理的目标（aim of logistics management）物流管理（学）的逻辑（logic of logistics management）

7.1　物流管理的概念、目标和主要内容

物流管理科学揭示了物流活动的内在联系，其发展与优化是现代企业赢得市场竞争的法宝。不同侧重点下的物流管理，概念上存在一定的差异。不过，其始终都不能脱离三个重要的理论核心，一是系统管理思想，二是总成本概念，三是顾客至上理念。

1. 物流管理的概念

物流管理，指的是从供应到生产、销售、回收的整个物资流通过程中的所有有效控制活动，其管理范围包括需求预测、采购、生产计划、库存管理、配送和客户服务等方面，目的在于优化物流活动效益。换句话说，物流管理是为了保证物资能够在高效率、低成本的状态下流通和储存而进行的计划、组织、指挥、协调和控制活动过程。

物流管理强调运用系统方法来解决问题。用系统论的观点，物流管理是对物流企业或企业物流的物流系统进行分析、设计及对物流系统的运作进行管理，在总成本较低的条件下，使系统能够提供有竞争优势的客户服务。

2. 物流管理的目标

物流管理是为了创造企业在竞争中的战略优势，要创造这种战略优势就要在尽可能最低的成本条件下满足客户的要求，即寻求成本和服务优势的一种动态平衡。物流管理的目标在目的上表现为提高物流活动的绩效，即实现物流的效率化和效果化，以较低的成本和优良的顾客服务完成商品实体从供应地到消费地的运动；在原则上具体表现为 7R，即：将正确的产品（right product）能够在正确的时间（right time），按照正确的数量（right quantity）、正确的质量（right quality）和正确的状态（right status）送到正确的地点（right place），交给正确的客户（right customers）[①]，并使总成本最小。用一句话来说，物流管理的目标是：物流企业或物流服务部门在合适的时间、合适的地点，以合适的服务、

---

① 骆宏. 供应链系统下的企业物流管理研究. 中国电子商务，2012，31（5）：116.

质量和价格向顾客提供合适数量的物品。

3. 物流管理的主要内容

物流管理是时间因素和空间因素的最佳组合成果，旨在创造物资的空间和时间效用[①]。创造物品的空间效用指的是通过合理化操作，使物品实现空间上的位移，通常情况下，运输配送是实现物品空间位移的主要途径。在物流管理中，运输处于关键性地位，需要全面考虑经济因素、管理因素、运输方式因素、运输线路因素等。物资生产与消费存在时差，为了保证生产与消费可以连续发生，应该对物资进行储存。物品储存的出现伴随物资管理工作产生，如设置仓储设施，控制库存量、存储成本等。

物品的空间和时间效用得到实现，不仅需要运输管理以及仓储管理，还需要其他工作或措施，主要包括：包装、装卸和搬运、流通加工和物流信息系统。此外，还有对物流系统诸要素的管理，如对人、财、物和信息等要素的管理；对物流活动中具体职能的管理，如物流活动的计划、质量、技术等职能的管理。

7.2 供应链背景下的物流管理

现代企业的竞争更多的是供应链管理水平竞争和物流管理的竞争，供应链的管理思想改变了物流管理方式和模式。

1. 基于供应链管理的物流环境

市场竞争环境的变化使企业的物流竞争优势也发生了转变，原有的竞争优势逐渐失去了优势地位。20世纪70年代之前，企业的竞争优势为成本要素，80年代则转变为质量要素，到了90年代，企业竞争优势转变为交货时间，而如今，敏捷性成为企业竞争优势。所谓敏捷性，具体来讲，指的是企业根据市场需求，以最短的时间将产品或服务提供给客户。随着社会迈入信息时代，企业竞争压力加大，但随着信息资源的开放程度不断加深，企业与企业之间的界限越来越不明显，企业之间建立起新的合作关系，共同在竞争中发掘优势。

2. 物流管理向供应链管理发展演变

现代物流管理是一种集成的协同物流。从商品供应体系这一角度看，现代物流涵盖了供应商、制造商、批发商、消费者等所有关联方在内的整体共同活动，从而使物流管理衍生为供应链管理。对于企业来说，物流是供应链的一部分，也是整个成本管理中的核心要素。在企业的整个物流管理过程中，供应链将供应商、制造商、分销商、客户连接成一个链条、一个整体，通过协调和控制企业的信息流和物流，使它们之间信息互联、协同互利。供应链背景下的物流管理最大的特点就是集成化，它需要实现供应链的规划、组织和控制功能。从企业物流和供应[①]链管理角度而言，我们认为在供应链的背景下，物流管理逐渐延伸和发展为供应链管理。

3. 供应链管理与物流管理的区别与联系

（1）区别

---

① 袁邢君. 试论供应链管理环境下的物流管理. 物流工程与管理，2014（9）：55-56.

①物流管理与供应链管理的范围不同。物流管理是对供应链中的具体物流模块的计划、运作等进行管理、而供应链管理除了对物流活动进行管理之外，还涉及对生产制造活动的管理、对供应链关系的管理等。

②物流管理与供应链管理的重点不同。物流管理是对供应链中的物流活动的管理为核心的，而供应链管理是在对物流管理的基础上，通过供应链成员间的合作与优势互补，建立虚拟组织，提高供应链的竞争实力。

（2）联系

①物流管理是供应链管理的重要组成部分。如表 7.1 所示，供应链中物流价值（采购和分销之和）在不同行业中均占到了整个供应链价值的一半左右和一半以上，是供应链价值形成的重要组成部分。

表 7.1　　　　　　　　　　　　　　　　供应链上的价值分布

产品	采购	制造	分销
易耗品	30%～50%	5%～10%	30%～50%
耐用消费品	50%～60%	10%～15%	20%～30%
重工业品	30%～50%	30%～50%	5%～10%

资料来源：葛存山. 供应链管理环境下物流管理的一体化. 中国博硕论文数据库，2003，http：//cnki. digilib. sh. cn/cdmd/mainframe. asp？ encode＝gb&navigate＝sjt&display＝Chinese.

供应链中的物流管理要通过其正常运转以支持生产运作，更重要的是，通过供应链物流系统的协调运作，提高供应链敏捷性，降低物流成本，创造顾客价值，是供应链竞争力构筑的重要支柱。

②供应链管理是物流管理的延伸与发展。供应链管理是在物流管理发展的基础上出现并得到发展的。在物流管理的基础上，将跨企业管理的范围扩展到营销、财务、制造等各项职能的一体化发展。同时，供应链管理将物流管理提升到了战略层次，不仅仅关注内部竞争优势，更将外部竞争优势纳入扩展性企业范围，从而在供应链整体角度上提升竞争层次和竞争模式。

7.3　有效的物流管理是企业创造利润的"第三利润源泉"

通常来说企业创造利润的来源主要有两方面：一是通过降低单位产品物资消耗来提高利润，二是通过降低单位产品的劳动消耗来提高利润。这两种途径主要是在生产领域来实现的。因此，长期以来，企业始终将目光聚焦在生产领域，并进行了深入的挖掘。然而，这两大因素尽管一度为企业带来了很大的利润，可是都会受到技术水平的限制，随着机械生产的自动化、标准化程度不断提高，再加上生产技术表现出越来越明显的趋同性，两大因素为企业带来的利润空间不断缩减。20 世纪 80 年代，世界市场竞争更加激烈，很多企业开始将关注点由生产领域向非生产领域转移，无论是物品生产活动还是物品流通活动，都伴随着物流管理活动。所以，物流管理活动的合理化和高效化有助于提升物品生产和流通过程的效率，进而使企业获得更大的利润空间。这也是我们经常说的物流是企业的"第三利润源泉"。

然而，物流的"第三利润源泉"并不是从天而降的，它是要通过有效的物流管理才能够创造和实现的。因此，对"第三利润源泉"的认识是基于两个前提条件：

第一，物流是可以完全从流通中分化出来，自成一个独立运行的，有本身目标，本身的管理，因而能对其进行独立的总体判断的系统；

第二，物流和其他独立的经营活动一样，它不仅是成本构成因素，也是单独盈利因素，物流可以成为"利润中心"型的独立系统。

同时，物流成为第三利润源泉是基于两个自身能力：一是企业通过有效的物流管理，使物流活动能够提高效率，并且降低成本。二是物流活动最大的作用，并不仅在于为企业节约了消耗，降低了成本或增加了利润，更重要的是在于提高企业对用户的服务水平进而提高了企业的竞争能力。

【专栏 7.1】

宝洁公司的物流管理收益

作为国际一流的日用化工产品的宝洁公司，曾经这样描述从物流管理中获得的收益：

（1）顾客仓库中的库存量从 19 天降至 6 天。年库存周转次数从 19 次增加到 60 次；

（2）配送中心的设施设备得到充分利用，车辆利用率提高了 4%～12%；

（3）存货可获性从 96.4% 增加到 99.2%；

（4）客户订货数量增加了 30%；

（5）市场份额增长了 4%；

（6）退货率降低了 60%；

（7）货物残损率减少 20%～40%。

7.4 物流管理（学）的逻辑

作为一门新兴学科的物流管理学科，其学科的基础课程《物流管理学》是整个学科的基础课程，它是整个物流管理学科的学科基础。因此，《物流管理（学）》的逻辑与物流管理有着必然的内在联系。在此，我们提出了《物流管理（学）》的逻辑。如图 7.1 所示。

第一环节：现代物流管理概述。了解什么是物流、物流系统及物流管理等基本概念；第二环节：物流战略决策。即对应物流企业面临的第一个基本问题，物流需求市场和物流服务市场分析，以确定企业服务的顾客（目标市场）和企业的目标、服务水平和竞争重点。第三环节：物流系统设计决策。在确定了物流服务的对象、目标、服务水平及竞争重点之后，接下来的工作是设计物流服务系统来保障上述目标的实现，包括物流服务能力、网点规划、配送中心设计及物流服务方案的设计等；第四环节：物流系统运作决策，即实施或执行每一项具体物流活动，如计划安排、调度、控制、库存管理、运输管理等具体运作。第五环节：物流系统改善。当环境和服务对象发生较大变化，及先进的技术、方法和手段有较大的变化时，以往设计的物流系统将进行物流系统的重构以适应环节的变化。因此，新一轮的循环开始了。

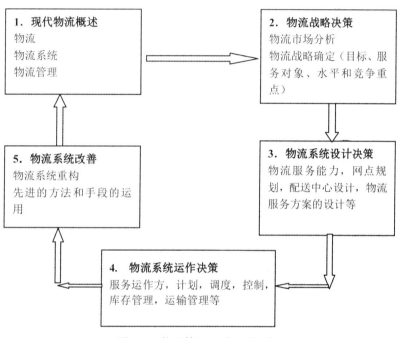

图 7.1　物流管理（学）的逻辑

小　　结

1. 物流管理的概念、目标和主要内容。物流管理的目标是一个企业始终必须坚持的和追求的。物流管理没有终极的目标，是一个不断完善的过程，是以满足顾客需求和提高企业竞争力为目标的。

2. 供应链背景下的物流管理供应链。物流是供应链的一部分，供应链管理是物流管理的延伸和发展。

3. 有效的物流管理是企业创造利润的"第三利润源泉"。"第三利润"不是凭空产生的，是物流组织采用物流管理的思想、方法，实施有效管理创造的。

4. 物流管理（学）的逻辑。

思 考 题

1. 简述物流管理的概念和主要内容。
2. 如何理解物流管理的目标？
3. 简述物流管理与供应链管理的异同。
4. 企业如何创造"第三利润源泉"？
5. 物流企业面临的三个基本问题是什么？
6. 如何理解物流企业面临的三个基本问题与物流管理（学）的内在联系？

【案例分析】

上海全方物流有限公司

　　松江工业区是上海市首家市级工业区，该工业区的市政基础设施配套比较完善，交通地理位置很适合现代物流企业的运输配送要求。2001 年，国务院特批的 15 个出口加工园区之一亦落户松江工业区。目前，已有 20 多个国家和地区的客商投资了 270 家企业，引进外资超过 20 亿美元。可以看出，松江工业区的物流发展空间广阔，物流需求潜力巨大。但偌大的工业区内至今还没有一家大型的具有综合规模的第三方物流企业，物流基地建设比较滞后。

　　2000 年 6 月，上海商业储运有限公司为改变计划经济下国有体制的仓储业落后状态，为适应市场经济发展的需要，高起步地进入现代物流市场，更好地迎接 WTO 的挑战，投资 2600 余万元（第一期工程），在上海松江工业区建造规模 2 万平方米的现代化第三方物流配送基地，就这样，上海全方物流有限公司（下面也简称全方物流）孕育而生。

　　上海全方物流有限公司与百事食品有限公司是供应链上的紧密型合作伙伴，全方物流是百事食品生产厂的物流配送中心，因此全方物流选址与百事食品生产厂毗邻。世界上常有将第三方物流基地建在生产大厂附近的情形，在供应链一体化的整合中，体现了强强联合，生产厂商可大大降低物流成本，而第三方物流企业以自身物流管理的强项以及优良的软硬件环境，为厂商或货主及其客户提供优质的服务，从而获得丰厚的第三利润，并能增强一体化供应链的竞争能力。上海全方物流有限公司服务客户定位于外商独资企业、中外合资企业和国内现代化企业，为其现代第三方物流企业的发展打下了坚实的基础。

　　上海全方物流有限公司的领导非常清楚的一点就是随着全球经济一体化发展，现代化企业管理的计算机信息化、数字化、网络化是至关重要的，对第三方物流企业来说，好的计算机信息管理系统尤为重要，因为厂商在寻找第三方物流合作伙伴时，首先考虑其信息化程度能否高效地为物流作业提供及时有效的支持，其次才考虑其物流管理的水平（包括人员素质）和物流的硬件设施。

　　全方物流目前运行的计算机信息管理系统由三个部分组成，即库存管理系统、公路配送系统以及铁路运输系统。其中库存管理系统准确率可达99%~100%，涵盖了所有的库存管理职能，包括进出仓登记、进货货位分配、出货仓位自动拣取、自动结算功能、库存日报表自动生成、仓位段位的利用率查询、库龄分析、盘点、库存异常报警以及温湿度管理等。2000年11月，上海全方物流有限公司为提高运作效率和准确率，进一步降低运行成本，启动了物流管理现代化的第二期工程——将无线数据通讯（radio frequency，RF）技术和条码技术运用于物流作业中。RF系统开发的指导思想是通过手提电脑对客户产品的条码以及"全方"货架编位条码进行激光扫描录入（不同的操作另有相关数据输入），整个过程瞬间（ms级）完成，大大缩短了人工输入时间，减少了输入差错，且做到无纸化操作，从而达到提高效率。

公路配送系统的指导思想是用系统来替代人工配载/调度配送车辆的操作实施。即全方物流在接到上游客户的配送指令后，只要将指令内容（被配送品种/数量/门点）进行录入，系统就会自动完成整个配送业务安排，包括给出合理的配送路线、合理的车辆类型、车种需求数、单车最合理配载量，等等。

目前，全方物流已通过计算机信息管理系统大大地提高了工作效率和操作的准确性。就人力资源而言，与同等面积的老的仓储企业（基本以人力运作为主）相比，职工人数仅占1/3到1/2，在日均进/出货量为70 000箱（5 000立方米）的条件下，两者效率的比较如表7.2所示。

表7.2　　　　　全方物流两类处理方式的仓储数据

项目	人工处理	系统处理
日账务核账速度	6小时	1.5小时
出货配单时间	与作业时间同步（18~24小时）	2小时
无复核出货配单准确率	90%~100%	99%~100%
处理日/月报表速度	4小时	10分钟
账务处理人员	10~12人	1~2人
在库商品动态反馈	隔日	即时
人为差错	高	低

全方物流作为第三方物流企业，其产业定位就是以优越的硬件设施为基础，利用现代信息和网络技术，运用现代企业组织和管理方式，对运输、仓储、装卸、加工、配送、信息等物流环节进行一体化经营，组织客户的产品从生产地到消费地之间的整个供应链的物流服务。

全方物流具备了一个现代化物流企业所应拥有的一系列特征。可以这样说，全方物流是一座高科技和现代物流相结合的配送中心，它的仓库是一座现代化的数字仓库。

全方物流的基地建设为期6个月，库房采用高平台彩钢板结构。库房长度为167

米，跨度 60 米，库房面积 10000 平方米，整个库房净空高度为 12 米。在顶部设计了透光率高的采光带，透光效果十分理想。整个库房及综合管理楼全部安装了自动喷淋以及烟雾自动报警装置。钢构件上都采用了高密度防火涂料，并且在相应的位置配置了消防器材。全年库内最高温度为 27 摄氏度。在库房东端，设计了 100 平方米的铲车配电房和 200 平方米的流通加工用房。配电房可以同时停放 6 台电瓶铲车并同时充电，加工房可同时容纳 100 名作业人员进行包装工作。南端设计建造外置作业平台，高度 1.3 米，长度 167 米，并配置 2 台液压升降平台，适合铲车直接驶入到各种厢型车辆进行装卸作业。在作业平台前，配备了 7000 平方米的车辆周转场地，适合各种车辆的周转装卸运作。

在全方物流的库房内，设计配置了 7056 个段位的高位货架。该货架采用贯通驶入形式，以标准托盘存放货物，适用于批量大、批次较少的产品的存放和出货。采用立体坐标标号方式进行货位编码，每层的货位高度可根据客户需求自由调节。通过该货架的使用，大大地提高了全方物流的库存面积使用率，现全方物流的仓库面积使用率为 170%。

在铲车使用选择上，全方物流使用的铲车提升高度达 7.7 米，当门架提升至最高点时，载重可达 5 吨。其次该铲车门架晃动保护为专利设计，作业人员及商品的作业安全性得以大大提高。另外，该铲车的转弯半径只有 2.7 米，所以货架间主通道的设计仅为 3.1 米，提高了库内实际面积利用率。

无论是物流设施新还是信息系统好，要创建和发展现代化的第三万物流，最为关键的因素在于是否具有先进的经营理念，是否拥有一支高素质的员工队伍，是否具备现代化的组织管理体系。

全方物流的服务理念是 CAN DO 和为客户提供个性服务。全方物流对 "CAN DO" "个性服务" 的理解就是做别人不愿做甚至是做不了的事。全方物流现在的主要客户为上海百事食品有限公司和上海口东电器有限公司。其中上海百事食品有限公司的业务量占全方物流业务总量的 70%。2000 年全方物流为其调整了整个运作体系，使其在市内配送以及工厂仓库做到了真正的 "零配送" 和 "零库存"。"百事食品" 生产线下来的成品装载托盘后，直接由全方物流接运进库，由全方物流进行全方位管理，直至离开全方物流仓库配送到上海的每一家超市门店，真正实现一体化物流供应链服务。另外，全方物流还为 "百事食品" 提供了流通加工和成品报废处理等一系列延伸服务，在提高了全方物流营运收入的同时，也扩展了物流功能。此外，全方物流现在提供的是 24 小时全天候运作，不需通知，凭证发货，真正满足了客户进出业务快速响应的要求，从而也提高了 "百事食品" 库存商品的周转率，降低了 "百事食品" 的库存成本。

除了具有先进的经营理念，全方物流还拥有一支高素质的员工队伍。全方物流的用人机制和管理体制是全新的。全方物流的操作工在进企业之前都进行为期 2 个月的培训，两张证书是必需的，即铲车驾驶证和三级保管员证书。因为在全方物流，操作工的职能是集仓库保管员、铲车驾驶员和电脑操作员于一体的，每一名操作工都要熟练掌握上述三种技术。全方物流员工队伍的平均年龄为 27 岁，大中专学历占 90% 以上，所以说，要发展现代物流产业，员工队伍的年轻化、知识化是必须具备的。

组织管理的科学化就意味着企业发展的迅速化。全方物流的职能部门设置为三部一室一中心，即营销部、运作部、财务部和办公室、计算机信息处理中心。营销部的职能是日常的运作管理以及对外的组织招商；运作部负责对下属四个工班进行全天候调配，保证正常作业；财务部负责公司的账务处理；办公室负责后勤保障；计算机信息中心则是全方物流的心脏，是整个运作体系的关键。精简的部室配备，科学的管理体系，大大降低了全方物流的营运成本，从而提高了整体的经济效益。

"全方物流在前进"，这是"百事食品"对全方物流的评价，同时也坚定了全方物流走现代化物流之路的信心。全方物流的终极目标就是要发展成为集快速运输、配送、保管、流通加工、结算、物流信息处理以及为客户提供物流方案和为客户提供物流培训诸多功能于一体的一个真正现代化的第三方物流企业。

（资料来源：上海现代物流人才培训中心. 现代物流管理. 上海：上海人民出版社，2002）

案例思考题

1. 现代化的第三方物流企业所具备的要素有哪些？
2. 如何理解计算机信息系统在现代物流发展工作中的作用？
3. 运用物流管理的基本逻辑分析全方物流的战略、战术和运作决策的内容。
4. 如何理解现代化第三方物流企业的员工所应具备的素质？
5. 全方物流的"CAN DO"以及"个性服务"有何理论价值？

第八章 物流战略

作为物流管理（学）逻辑的第二个环节，物流战略决策是物流企业面临的第一个基本问题。物流规划已逐渐被企业提到了战略层面，本章就是从战略的层面对物流的相关知识进行探讨。本章第一部分站在企业物流的角度，探讨了物流对于企业的战略意义；第二部分解释了企业物流战略的概念及目标，第三部分介绍了制定物流战略的原则；第四部分则探讨了物流战略决策包含的主要内容。本章内容旨在让读者能够系统全面地把握物流战略的相关知识。

关键词：价值链（value chain）　　物流（logistics）　　竞争重点（competitive priority）　　第三方物流（the third-party logistics）　　物流服务质量（logistics service quality）　　物流成本（logistics cost）　　战略决策（strategy decision）

8.1 物流对于企业的战略意义

20世纪50年代以来，由于资源的日益短缺，企业之间的竞争日趋激烈，企业开始引入战略管理以适应生存环境的不确定性，从而进一步提高企业的竞争能力。战略管理用于解决"最大的挑战——生活在不确定的环境中"，即如何面对变化、适应变化、把握变化。基于企业发展前景的层面分析，战略表现为一种对企业未来发展所制定的计划（plan）；基于企业发展历程的层面分析，战略则表现为由传统到现代逐渐演化出的一种发展模式（pattern）；基于产业层次的角度分析，战略表现为在整个产业格局中企业所处的位置，即定位（position）；基于企业层次的角度分析，战略表现为企业发展所持有的一种态度与观念（perspective）；基于企业竞争的角度分析，战略又表现为一种计策和谋略（ploy）。从企业战略的角度分析，上述五点内容涵盖了企业战略的各个方面，而这就是著名的5P模型。对于战略管理而言，实质上就是对企业发展战略进行管理，其中又涉及三个阶段：战略形成、战略实施、战略评估。

物流作为支撑企业运作中的重要一环，企业有必要将其纳入战略规划与管理层次，充分发挥物流作为"第三利润源泉"的作用，以支持企业整体战略的实施。

企业是一个协调器、转换器和放大器，企业通过其转换机制，将投入的资源（人力、土地、资本）转换为产出（产品及服务），如图8.1所示。

每一个企业都是用来进行设计、生产、营销、交货以及对产品起辅助作用的各种活动的集合。所有这些活动都可以用价值链表示出来，见图8.2。

价值活动可以分为两大类：基本活动和辅助活动。基本活动，如图8.2底部所示，是涉及产品的物质创造及其销售、转移给买方和售后服务的各种活动。任何企业中，基本活

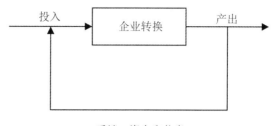

反馈：资金和信息

图 8.1　企业运作图

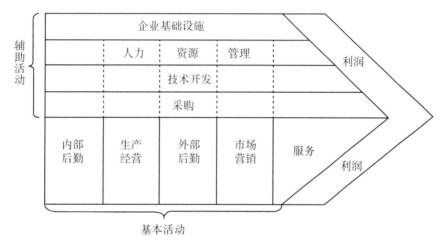

图 8.2　企业价值链及物流

（资料来源：迈克尔·波特.竞争优势.北京：华夏出版社，1985)

动都可以划分为图 8.2 所示的五种基本类别。辅助活动是辅助基本活动并通过提供外购投入、技术、人力资源以及各种公司范围的职能以相互支持。

　　物流作为企业运行的支撑性活动，贯穿于企业整个价值增值流程，是企业奠定战略优势的基石。离开了高效运作的物流管理，现代企业的生产经营活动是难以实现的。或者说高效的物流管理水平决定了企业的利润水平，也同时决定了企业的核心竞争力，如图 8.3 所示。

　　物流管理为企业生产经营活动提供良好的外部条件。企业要想不间断地从事生产经营活动，需要各方面的协调配合，首先需要根据市场需求均衡、持续地供应生产燃料、设备以及原材料。另外，生产过程中的不同种类的物品、原材料等需要传送到不同的生产场所，完成不同的生产程序，通过多道生产工序，最终生产出具有更高使用价值和价值的物品。在现代物流管理的作用下，企业生产的产品才能顺利被运送到客户手中。由此可见，企业生产经营活动中的供应、生产以及销售等环节与物流活动之间存在密切联系，当某一环节出现问题时，企业可能无法正常从事经营活动。

　　物流管理为企业保持竞争优势提供动力。一个拥有卓越物流能力的企业，可以通过向

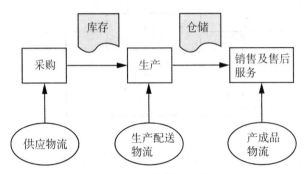

图 8.3　企业价值链及物流

顾客提供优质服务获得竞争优势；一个物流管理技术娴熟的企业，如果在存货的可得性、递送的及时性和交付的一贯性等方面领先于同行业的平均水平，就能成为有吸引力的供应商和理想的业务伙伴。今后，我国企业必须将物流管理作为降低经营总成本和提高顾客服务水平的主要手段，以高水平的物流管理构建企业的核心竞争力，迎接来自国外的挑战。

8.2　企业物流战略的概念及目标

在竞争环境下，企业要想做大做强，物流作为重要的一环也必须被提升到发展战略的高度上来，站在全局的角度，合理地利用资源和优势，更好地对未来的物流发展做出规划。

1. 企业物流战略的概念

一家公司要想获得成功，首先要明确企业发展的战略。战略是站在目标和远景的高度来指导某项行动的。以下是几个这方面的例子。

ZARA 的战略定位是为顾客提供"买得起的快速时尚"，定位在一流的品牌、二流的产品、三流的价格。

麦当劳的愿景是主宰全球的饮食服务业。主宰全球意味着，在通过我们的便利、价值和实施的战略增加市场份额和获利能力的同时，提供顾客满意的标准化。

微软的愿景就是：在使用作为强大工具的软件时，让计算机摆在每一张办公桌和进入每个家庭。

企业战略带动各职能部门战略的制定，各职能战略的制定和实施是为了更好地实现企业的总体战略。其中，物流战略是指一家企业在综合分析了自身物流内外环境的基础上，为了企业本身长期的生存和发展，对物流的发展目标和为了实现该目标所采用的途径和方法所进行的总体规划。物流战略是较长期的全局性的重大物流发展决策，其具有以下四个特征：

（1）长远性。战略决策针对的是长远目标，一般在 5 年以上。

（2）非常规性。战略决策不经常做出，一般也无先例可循。

（3）重要性。战略决策的结果将导致大量资源投入。

（4）指导性。战略决策指导企业内的次要决策和未来行为。

　　物流战略和企业其他职能战略（营销、财务）通过有机结合，共同支持企业的总体发展战略，保证企业总体战略逐步实施。

【专栏 8.1】

物流系统的重新设计

　　美国一家生产办公器材的公司曾采取了创新性的举措而大大节省了服务时间。这家公司以往的器材维修是由技术人员赶往维修地点进行现场维修，这些受过高等训练和享有高工资的技术人员往往在路上花费大量的时间，对于公司来说是极大的浪费。于是公司变换思路，重新设计了其物流系统；在全国各地设立保管办公器材的地点，坏了的器材得到及时的替换后被运往服务中心进行维修，不仅节约了大量的维修成本，而且提高了服务质量，真可谓一举两得。

　　2. 企业物流战略目标

　　物流战略目标是企业为物流的发展制定的可在预定时期内实现的目标。它是企业总体战略的重要组成部分，也是企业物流战略中所有策略制定的基本依据。通常一个企业所制定的物流战略目标与企业物流管理的目标是一致的，即在保证物流服务水平的前提下，最大限度地降低物流成本，以达到利润最大化，并依据此制定出适合企业发展的物流模式，提高企业的竞争力。该目标评价的指标就是企业的净利润。企业物流战略可以分为以下三个基本目标：

　　（1）降低成本。我国企业的物流成本占销售额的比重在 20%~40%，企业物流成本还有很大利润空间可供挖掘。企业可以通过优化运输路线、采用回程运输方式来降低运输成本；企业还可以通过有效的信息系统来降低库存持有成本等。

　　（2）减少资金占用。企业在筹建物流系统时应该充分考虑资产回报率。企业要考虑是自建仓库还是使用公用仓库；是将物流业务外包还是自营等。企业应该通过权衡各方利弊才能得出最佳的投资方案。

　　（3）改进服务。企业物流系统旨在满足客户的需求。尽管提高物流服务水平将大幅度提高成本，但收入的增长可能会超过成本的上升。企业在制定物流战略的过程中，应体现出与竞争对手的差异性。

【专栏 8.2】

沃尔玛物流——零售业物流典范

　　沃尔玛作为全球最大的零售业服务商，不断通过其现代化的物流系统来降低企业运营成本，更好地满足消费者的需求。沃尔玛是全球第一个发射物流通信卫星的企业，依靠其强大的信息系统，沃尔玛在全球第一个实现集团内部 24 小时计算机物流网络化监控，使采购库存、订货、配送和销售一体化。例如，顾客到沃尔玛店里购物，然后通过 POS 机打印发票，与此同时负责生产计划、采购计划的人以及供应商的电脑上就会同时显示信息，各个环节就会通过信息及时完成本职工作，从而减少了很多不必要的时间浪费，加快了物流的循环。沃尔玛凭借强大的物流系统，大大降低了库存成本以及配送成本。据统计，沃尔玛实行每家店每天送 1 次货（竞争对手每 5 天 1 次）。这就使得零售场地和人力管理成本都大大降低。另外，沃尔玛的配送成本占销售额 2%，是竞争对手的一半左右。

（资料来源：胡松评．沃尔玛物流——零售业物流典范．www. 21tb. com）

8.3　物流战略制定需遵守的原则

物流战略制定是企业为了更有效地应对机会与威胁，根据自身优势和劣势制定长期规划的过程，其主要遵循以下原则。

1. 客户服务驱动原则

企业在进行物流规划设计时要以客户为中心，尽可能增大产品或服务的额外附加价值，进一步提高客户的满意度和忠诚度。因此，企业物流规划应首先辨认客户的服务需求，以提高客户服务为目的进行物流体系设计。

2. 系统总成本最小原则

物流的各项活动之间存在着效益悖反规律。比如：降低库存成本必然要求较高的运输费用，而降低运输费用则必然会增加库存成本。同样，客户服务的改善也往往意味着运输、订单处理和库存费用的上升，如图 8.4 所示。在遇到这些问题的时候，就需要用到总成本最小原则，而不能是单项成本最小，即要平衡各项活动使得整体达到最优。

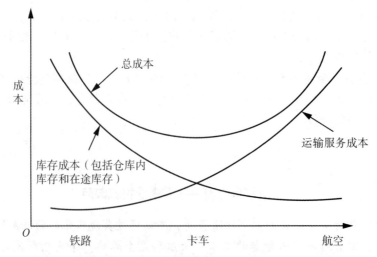

图 8.4　运输成本和作为运输服务函数的库存成本之间的矛盾

（资料来源：Ronald H. Ballou. 企业物流管理——供应链的规划、组织和控制．北京：机械工业出版社，2002）

3. 个性化和多样化原则

客户个性化原则：不同的客户对于企业的重要程度是不一样的。营销学里的"二八"原则告诉大家，20%的客户占据了企业80%的销售收入。因此，企业首先可以将客户以及市场进行分类，然后针对不同的客户提供不同水平的物流服务水平。

产品多样化原则：物流活动的主体是"商品"，各种产品具有不同的物理和化学特性，企业应针对不同的产品选择不同的运输方式及库存水平。

4. 延迟原则

延迟是一种减少预测风险的高明策略。它是指在保证生产和物流准确性的前提下，尽量减少不必要的等待时间，把进程中运输的时间和终极产品的加工时间推迟到收到客户订单之后。传统的物流管理往往是依靠预测来决定库存的大小，生产需要提前进行以保证一定的库存量。如果需求变得完全确定，则产品的制造可以推迟到最后进行。延迟可分为生产延迟和物流延迟两种。

生产延迟是指在生产过程中尽可能地把能够使产品具有特性的工序往后推，最好能推到接到订单之后，这样就可以解决大规模生产与多样化需求之间的矛盾，消除不确定性所带来的风险，同时还能够降低物流成本。这一战略经常与标准化战略共同实施。

【专栏8.3】

针织品供应商的物流延迟

本尼顿是一个大型针织品供应商，向成百上千个商店提供产品。服装行业的特点是顾客偏好变化快，但是由于生产提前期长，商店常常不得不提前7个月订购羊毛衫。羊毛衫通常的生产工艺是采购毛纱—染印毛纱—毛纱线加工—外衣部件加工-把各个部件缝制成毛衣。这样的顺序对于顾客快速变化的偏好进行反应显得缺乏弹性和灵活性。为了解决上面的问题，公司重整了制造工艺，把外衣印染延迟到毛衣已经完全装配好以后。因为对毛衣而言，顾客需求变化最快的主要是衣服多花色，而尺寸变化相对较小。因此，挑选印染的颜色被推迟到收到更多的预测和销售信息后。采用新的工艺顺序后，由于推迟了印染工艺，毛纱线的采购和生产计划可根据产品系列的总体预测而制定，而不是根据具体颜色的组合预测来测定。虽然生产成本增加了10%，但由于预测得到改善，额外库存降低，大多数情况下的销售量提高，本尼顿获得的补偿更多。

（资料来源：中国技术创新广东省信息网 www.gdtg.com.cn）

物流延迟是地理上的推迟，它是指在物流网络设计几个主要的中央仓库，根据预测结果储存必要的物品，不考虑过早地在消费地点存放物品，尤其是价格高的物品，一旦接到订单，从中央仓库处启动物流程序，把物品送到客户所在地的仓库或直接快运给客户。这种策略特别适用于高价值的物品，在整个物流网络中，只在少数的中央仓库保持必要的最低量库存，以确保所有潜在的需求，一旦需求发生，订单通过信息网络传到中央库，然后采用适当的运输方式将物品送到客户手中。

5. 大规模订制原则

大规模订制原则强调物流、供应链作业运动中的规模经济效应（规模经济效应是指随着运输规模的增大，单位产品的运输成本逐渐下降），企业将小批量运输合并为大量运输，将稍前到达的客户订单与稍后到达的客户订单合在一起进行集中处置。例如，企业在实施采购过程中，往往会在某一地区设置一个集配库，将该地区及其附近的供应物资先储存在集配库内，在达到一定规模后，企业再组织将这批采购物资运往企业的生产基地。

8.4　物流战略决策的主要内容

物流战略决策需要考虑企业所处的内外部环境，在此基础上制定长远规划。因此物流战略决策的主要内容可以分为两大部分：物流市场分析和物流战略确定。

1. 物流市场分析

战略分析的主要目的是评价影响企业目前和今后发展的关键因素，并确定在战略选择步骤中的具体影响因素。战略环境分析包括外部环境分析和内部条件分析两个主要方面。外部环境分析要了解企业所处的环境正在发生哪些变化，这些变化给企业将带来更多的机会还是更多的威胁。内部条件分析要了解企业自身所处的相对地位，具有哪些资源以及战略能力；还需要了解与企业有关的利益相关者的利益期望，在战略制订、评价和实施过程中，这些战略相关者会有哪些反应，这些反应又会对组织行为产生怎样的影响和制约。

2. 物流战略确定

（1）物流企业的价值链定位

一个物流企业首先应在充分调研的情况下，找准自己的价值点。目前物流市场的供需之间呈现出的矛盾起来越明显：一方面，物流市场火热，可很多物流公司却抱怨说市场竞争太激烈，企业很难抓到客户；另一方面，需要物流服务的公司却埋怨找不到符合要求的物流供应商。这个供需矛盾反映了物流企业的价值链定位的重要性。所谓物流企业的价值链定位是指物流企业将自己定位于货代、运输、仓储配送等物流价值链中的一环，还是提供集成的供应链服务商。国际上一些著名的物流巨头大多有自己的核心业务，如 AEI，Circle 等主要集中在货代；TNT，UPS，FedEx，DHL 等集中在运输业；Exel 则主要集中在仓储业。这些企业都取得了惊人的成就，它们的成功就在于它们始终清楚自己在物流价值链中的定位，并在这一定位上做到卓越。企业在寻求市场定位时，需要参考的指标主要有市场需求、宏观的环境和政策、自身的能力、企业的战略目标、现有物流企业竞争状况等。如图 8.5 所示。

根据在价值链中的定位，物流企业提供的服务可以分为下面 4 个层次，即功能型物流服务、增值型物流服务、集成供应链服务和个性化供应链服务。

①功能型物流服务。这类企业只提供诸如货代、运输、仓储或配送中的某一单项服务。它们的竞争力在于能够充分有效利用自有资源的基础上提高功能型物流服务的经营效率。功能型物流服务是专业化物流服务的起步阶段。这类物流企业要想进一步发展，则可

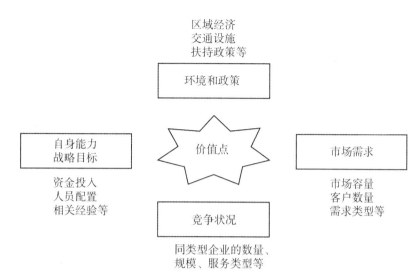

图 8.5　物流企业价值链定位因素图

（资料来源：周祖军．定位：物流企业的首要抉择．AMT 研究院 www.amteam.org/docs/bpwebsite.asp）

以在保证能够高效满足功能型物流服务的基础上，进一步提供增值型物流服务。

②增值型物流服务。增值功能没有固定的组成要素，目前对于增值功能的界定还很模糊，笼统地说，只要是需要在物流过程进行的，不属于基本功能的都算增值功能。例如货物跟踪、到货检验、简单加工、重新包装和组合、价格标签或条形码以及信息服务等。

③集成供应链服务。提供此类服务的物流企业已经不再是货运或仓储公司，而是把仓储、运输、配送、包装和各种增值服务高度系统集成的一体化组织，它们为客户提供一种长期的、专业的、高效的物流服务，不断优化服务质量，提高客户满意度。

④个性化供应链服务。这类物流企业将不再以占有物流资源成为在市场中取胜的关键，它们不仅具备提供集成供应链服务的能力，而且能够利用专业、科学的物流知识为客户量身进行物流体系的规划、设计、整合和改进，全面提升运作效率和效益。

以上 4 个层级的服务在能力上是逐步提升的，其在市场上的竞争力也逐步增强。物流企业必须根据自己的实际能力进行自我定位，在做精做强自己的核心业务的基础上再寻求服务层级的提升。

（2）物流企业服务对象定位

除了在价值链上的定位之外，物流企业还需要从客户类型上进行定位。从全球的角度，没有一家物流公司能够在多个地区成为多种行业的物流提供商。从国外情况来看，各物流企业都有各自擅长的领域，如 TNT 物流精力主要集中在电子、快速消费品、汽车物流三大领域；三井物产则以钢铁物流而闻名；Ryder 是世界著名的汽车物流服务商。像化工物流、家具物流、医药物流等因行业特征明显在国外也都是由专业物流公司来运作的。

从以上的价值链和服务对象定位可以看出，国内的物流企业也应该在充分调研和分析的基础上，找准自身的服务内容和服务对象，然后寻求进一步的发展。

（3）物流服务的竞争重点

企业在确定了服务对象及服务内容之后，企业应该针对不同的客户确定不同的物流服务水平。物流服务水平可以具体到订单履行率、订单履行周期、配送时间、配送次数、存货可得性等物流服务指标。例如：联邦快递能在24到48个小时之内，提供门到门、代为清关的国际快递服务。公司无与伦比的航线及基础设施使其成为全球最大的快递公司，向211个国家及地区提供快速、可靠、及时的快递运输服务。

（4）物流企业竞争重点的确定

企业应该充分利用其有限的资源，将目标锁定在某一细分市场，合理打造企业所拥有的竞争重点。对于物流企业而言，其竞争重点主要体现在四个方面，即：时间、质量、成本、服务。

①时间

物流的基本要素之一便是时间。物流系统的成本和服务质量都跟时间因素有密切关系。缩短货物的在库时间则会降低库存成本，运用同样的运输工具使时间减少，则成本往往也会降低；如果顾客的订货提前期缩短，则会提高顾客满意度。

随着信息技术的发展，人们对于时间的认识也越来越深刻。企业可以通过先进快速的信息传递获得需求信息，并进行准时化生产，以达到降低库存的目的。

【专栏 8.4】

JIT 在物流中的作用

JIT 是一种日本丰田汽车公司在 20 世纪 60 年代实行的一种生产方式。其核心在于消减库存，直至实现零库存，同时又能使生产顺利进行。这种观念本身就是物流功能的一种反应，而 JIT 应用于物流领域，就是指要将正确的商品以正确的数量在正确的时间送到正确地点，这里的"正确"就是"JUST"的意思，既不多也不少，既不早也不晚，刚好按需要送货。这当然是一种理想化的状况，在多品种、小批量、多批次、短周期的消费需求的压力下，生产者、供应商及物流配送中心、零售商者要调整自己的生产、供应、流通流程，按下游的需求时间、数量、结构及其他要求组织好均衡生产、供应和流通，在这些作业内部采用看板管理中的一系列手段来消减库存，合理规划物流作业。在此过程中，无论是生产者、供应商还是物流配送中心或零售商，均应对各自的下游客户的消费需要作精确的预测，否则就用不好 JIT，因为 JIT 的作业基础是假定下游需求是固定的，即使实际上是变化的，但通过准确的统计预测，能把握下游需求的变化。

（资料来源：www.chinabig.com）

②质量

物流过程强调将恰当的商品在恰当的时间送到顾客手中。质量也是物流活动中的重要一环。物流质量管理是指以全面质量管理的思想，运用科学的管理方法和手段，对物流过程质量及其影响因素进行计划、实施、控制，使物流质量不断得以改善和提高的过程。物流质量主要包括：物品质量、物流服务质量、物流工作质量和物流系统质量四个方面。物品质量：物品质量是指物品在储运过程中，对物品质量的保证，避免破损；物流服务质量：物流服务质量指用户对物流企业提供服务的满意程度；物流工作质量：物流工作质量是指物流服务各步骤、各环节、各岗位具体的工作质量；物流系统质量：物流的目标是要实现物流系统整体目标最优，而不是系统内部要素目标最优。

③成本

在企业经营活动中，物流是渗透到各项经营活动之中的活动。物流成本就是用金额评价物流活动的实际情况。现代物流成本是从原材料供应开始一直囊括到将商品送达到消费者手上所发生的全部物流费用。物流成本包括运输成本、存货持有成本、仓储成本、批量成本、缺货损失、订单和信息处理成本、采购成本、其他管理费用。

运输成本：运输成本是指企业对原材料、在制品以及成品的所有运输活动所造成的费用，包括直接运输费用和管理费用。

存货持有成本：一般来说，存货可以占到制造商资产的 20% 以上。存货持有成本有些概念区分模糊，难以确定，所以，目前许多公司计算存货成本的公式是（当前的银行利率×存货价值+其他一些费用）。实际上，存货持有成本包括存货资金、占用成本、存货服务成本、存货风险成本和调价损失等。

仓储成本：大多数仓储成本不随存货水平变动而变动，而是随存储地点的多少而变。仓储成本包括仓库租金、仓库折旧、设备折旧、装卸费用、货物包装材料费用和管理费等。

批量成本：批量成本包括生产准备成本、物料搬运成本、计划安排和加速作业成本以及因转产导致生产能力丧失等。

缺货损失：缺货成本是指由于不能满足客户订单或需求所造成的销售利润损失。

订单处理和信息成本：订单处理是指从客户下订单开始到客户收到货物为止，这一过程中所有单据处理活动，与订单处理相关活动的费用属于订单处理费用。信息成本指与物流管理运作有关的 IT 方面的成本。

采购成本：采购成本指与采购原材料部件相关的物流费用，包括采购订单费用、采购计划制订人员的管理费用、采购人员管理费用等。

其他管理费用：其他管理费用包括与物流管理及运作相关人员的管理费用。

单项物流活动成本降低必将导致其他部分成本增加，处理不当，甚至有可能导致总成本的上升。因此，物流总成本的分析是进行一体化物流管理的关键。另外，企业在进行企业物流成本分析时必须与客户服务水平结合起来，应该在物流成本和客户服务水平两者之间找到一个较优结合点。

④服务

衡量物流服务水平可从三个方面进行，即：存货可得性，物流服务的完成，服务的可靠性。

存货可得性指当顾客下订单（要货）时，物流企业所拥有库存的能力（库存物品的数量）。存货可得性反映了周转库存和安全库存的控制水平。我们常用缺货率、供应比例两个指标进行衡量。缺货率指缺货发生的概率，供应比例则是衡量需求满足的程度。

物流任务的完成情况是衡量服务水平的主要指标。它又由速度、一致性、灵活性、故障与修复来衡量。

服务的可靠性是指物流企业所提供物流服务的可靠程度，服务的可靠性与物流服务质量密切相关。它通常可用服务水平、交货水平、商品完好率等指标来进行衡量。

⑤如何确定物流企业的竞争重点

服务业与制造业相比有以下特点：一是产品（服务）的保护性上。制造业的产品可申请相关专利进行保护，而服务业的知识产权不易保护，容易被竞争对手模仿。二是产品（服务）的标准方面。制造业的产品通常会按照相应的标准来进行生产，而服务业却很少有严格的标准用来遵照执行。物流企业应该如何确定自己的竞争重点，形成竞争对手难以模仿的竞争能力呢？关键是物流企业要根据市场、顾客对服务的要求，挖掘服务的内容，提供定制化的物流服务。在此基础上，改善服务、降低成本，寻求、培养并形成在某些竞争要素上竞争的优势。表 8.1 反映了国内外大型物流企业的竞争重点及其优势。

表 8.1　　　　　　　　　　国内外一些优秀的物流企业的竞争优势

	服务时间	服务质量	服务成本	服务水平	服务柔性	服务领域	物流优势
马士基		*	*			国际航运	资本、网络
UPS	*	*		*	*	国内、国际邮件、包裹	资本、网络
联邦快递	*	*		*	*	国内、国际邮件快递	资本、网络
日本运通			*	*	*	国际航运	资本、网络
沃尔玛	*		*	*	*	商业零售	资本、网络
中远集团		*		*	*	国内、国际运输	资本、网络
中外运	*			*	*	国内、国际运输	资本、网络
广州宝供	*		*			第三方物流	网络、信息
海尔物流		*			*	集团内物流及 第三方物流	网络、品牌

小　结

1. 物流活动贯穿于企业价值链运作过程，在价值链的运作和优化上起到了重要的作用。物流作为企业的"第三利润源泉"，近年来得到了生产制造企业以及流通企业的重视，许多企业已经开始规划其物流战略以支持企业整体战略的实施。

2. 企业物流战略的三个目标：降低成本、减少资金占用、改进服务。一句话，企业物流战略就是试图以最小的成本来保持或提高顾客服务水平。

3. 企业物流战略制定的五个原则：客户服务驱动原则、系统总成本最小原则、个性化和多样化原则、延迟原则、大规模定制原则。

4. 物流战略决策是指物流市场分析以及服务对象、服务目标、服务水平、服务内容和竞争重点的确定。

思　考　题

1. 物流如何影响企业的价值链？
2. 简述企业物流战略的目标。
3. 企业物流战略制定的原则有哪些内容？
4. 企业如何做才能更好地挖掘物流的"第三利润源泉"？
5. 什么是物流企业的价值链定位？
6. 什么是物流企业的服务对象定位？
7. 介绍物流成本的组成及其主要构成部分。
8. 物流企业的竞争重点包括哪些方面？
9. 物流战略决策包含哪些主要内容？

【案例分析】

中远集团：努力实现物流、商流、信息流的一体化

1. 中国外贸运输的主力

中国外贸运输量的 90% 以上是依靠航运来完成的。作为以航运为主业的中远集团，以占全国远洋运力 75% 的船队规模和覆盖全球的营销网络，成为中国外贸运输的主力。作为全球承运人，中远集团在进一步确立航运业在现代物流业中主干地位的同时，正努力向现代综合物流方向转变，从而实现物流、商流、信息流的一体化，使物流成为中远集团的利润区域。

这是中远集团在 21 世纪的一项新的战略任务。

2. 从客户需要出发，以客户满意为中心，达到与客户间的"双赢"目标

不同类型的客户所采用的生产经营方式有着巨大的差异，也就决定了其产品和原材料在流通过程中的需求千差万别。一方面，客户对象主要集中在外资企业、高附加

值产品、国家重点建设项目和国家支柱产业，其产品档次和价值相对比较高，也有能力支付高额的物流费用，但要求服务往往应具备个性化、专业化的特点。另一方面，在客户眼里，是分不同航运要求需求物流服务的。这就要求必须以客户满意为中心，真正地领会客户的生产经营意图，一切从客户的需要出发，针对客户供应链的各环节，紧密地配合客户生产的需求，以提高客户生产效率、降低客户物流费用、提高客户整体效益和竞争力为目的，拟定一个整体性的解决方案，并以此整合包括航运在内的所有业务。

这是中远集团总结经验得出的航运企业发展物流业的关键所在。比如在上海最大的蔬菜出口基地，通过调查，得知客户对蔬菜的运输、包装等业务知之甚少，就与客户洽谈以劳务输出的方式派出储运管理人员，直接进入客户的生产活动中，与客户真正融为一体。在总结这个经验的基础上，推出了"绿色服务"这一物流品牌。

"绿色服务"是从公司派出优秀的业务人员，进驻客户单位进行联合办公这一形式开始的，整个运输业务流程的运转，全部由高素质、高效率的业务人员来完成。这样，业务人员就直接参与了客户的经营活动，在与客户的伙伴关系中，直接为客户创造价值，同时向客户出具书面承诺。该承诺意味着从接受委托这一刻起，公司将承担出货过程中所遇到的一切风险，从而使客户摆脱了运输过程中诸多业务上的细节，远离风险。客户满意以后的最终结果，就是通过物流的增值服务，获得了应有回报，树立了自己的品牌形象，达到了与客户间的"双赢"目标。

3. 中远集团要和航运企业建立全球营销一体化网络

全球经济一体化和跨国公司的日益扩张，促使航运企业内部资源配置模式，由航线型资源配置模式转向全球承运的资源配置模式，并逐渐将遍布于全球各地的人员、设备、信息、知识和网络等资源进行全方位、一体化的协调和整合，形成全球一体化的营销体系。

物流服务涵盖的范围是航运业向客户方向进一步延伸，它连接了生产、流通、消费、交换等诸多环节，包括了加工、包装、订单处理、需求预测、采购、仓库选址、零部件及服务支持等。因此，全球承运人必须积极发展现代物流，使得业已形成的全球营销网络的触角更加深入客户内部的生产经营领域，极大地丰富了航运企业全球营销体系的内涵和外延，也在一定程度上，使得全球承运人日益向针对客户全面解决问题的综合服务商方向转变。

4. 加快服务体系的建设，不断完善信息系统，形成全球物流综合网络

现代物流服务体系由三大块组成：运输系统、配送系统（包括装卸搬运、包装、保管、保管发送、流通加工）和信息服务系统。

中远集团的运输系统中，外贸运输具有传统优势，内贸运输和配送业务则刚刚起步。为逐步提高中远集团综合物流服务能力，将更多地介入内贸运输，以完善运输功能；发展国内货物配送，积极尝试在海外为大客户开展配送分拨服务；在此基础上，为客户提供各类增值服务，以强化服务优势；同时投入资金，不断完善信息系统，最后形成全球物流综合网络。

　　总之，中远集团的发展是一个循序渐进的过程，要一步一个脚印走下去，在系统建设过程中要避免贪大求快、急功近利的现象。

案例思考题

1. 试从本案例概括中远集团未来的发展战略。

2. 随着外资航运企业（如 MAERSK、ALP 等）巨头进入中国，中远集团如何应对今后激烈的竞争？

第九章 物流系统设计

物流系统设计是物流管理（学）逻辑的第三个环节。在确定物流战略以后，需要思考如何设计物流系统来保障目标的实现。随着系统工程、信息工程、电子计算机技术等新技术的广泛应用，现代物流的内涵不断扩展，服务功能不断延伸，逐渐形成一个完全新型的综合社会服务体系。完善综合服务功能和发掘第三利润源泉都需要物流一体化、系统化。本章运用现代物流理论及系统分析方法，从物流系统设计的影响因素、钥匙设计主要内容和步骤，及对设计后的评价完善等物流系统设计的主要方面来介绍其设计的核心思想，以追求为物流系统整体运作的效率及效益的最大化提供前提条件。

关键词： 系统设计（system design） 钥匙（key） 物流作业系统（logistics operation system） 物流信息系统（logistics information） 步骤（step） 基本模式（basic pattern）

9.1 物流系统设计的内涵与目标

随着全球经济一体化和新技术，特别是信息技术的迅猛发展，社会生产、物资流通、商品贸易及其管理方式等方面都发生了深刻的变革。物流业也从以运输、仓储管理等服务为主要功能的传统物流阶段，通过物流组织和管理体制的创新以及新技术的应用，进入以自动化、网络化、集成化、信息化与智能化为特征的现代物流阶段。

从系统的角度理解，物流是一个系统，它具有系统的所有特征。物流系统是一个动态的复杂的大系统，是系统思想在物流领域的具体化。物流系统是为了实现一定的物流目标而设计的由相互关联、相互作用的物质实体、物流设备、人员和物流设施等物流活动要素（或子系统）构成的具有物流功能的有机整体。物流系统的目标是物的空间效益和时间效益，在保证社会再生产顺利进行的条件下，通过对各种物流要素的合理设计和配置，实现最大的经济效益和社会效益。物流系统是社会经济大系统的一个子系统或组成部分。

物流已经成为生产和流通企业流程再造的突破口。物流专业化分工和零售连锁化经营已成为流通领域发展的主流。物流服务对象的复杂化，给物流经营带来了更大的挑战，只有适应信息化和网络化的物流系统才能在网络经济中生存，而物流系统设计是物流系统能否成功运作的一个关键因素。

9.1.1 物流系统设计的内涵

物流系统设计是指对物流系统内部要素互相冲突或者系统要素之间互相配合的目标进行权衡、选择和协调，确定物流系统硬件结构和软件结构体系的构想，形成物流系统建设与运行的战略部署。它以国家、地区的经济和社会发展的规划为指导或以企业的发展战略为指导，以物流系统内部的自然资源、社会资源和现有的技术经济构成为依据，考虑物流系统的发展潜力和优势，在掌握运输、仓储等基本要素的基础上，研究确定物流系统发展方向、规模和结构，经济、合理、有效地配置资源，统筹安排运输、仓储等物流设施，使物流系统可持续发展从而获得最佳经济效益、社会效益与生态效益，为物流运作创造最有利的环境。

物流系统的设计需要决策的问题主要有：物流系统服务于（区域、企业）经济战略的发展需要；物流服务设施决策-配送中心等的设施的数量、规模、选址、分布。物流服务能力主要包括：物流服务设备、设施等。物流领域中经常出现"效益悖反"的内部矛盾：当一个功能要素的优化和获得利益时，另一个物流功能要素随之损失利益；物流系统在追求和确保快捷性、准确性和安全性的同时，物流成本相应提高，因而物流系统的设计应注重整体的价值，保证各功能要素的高效运作，要素之间形成合理协调的一体化，以满足客户的需求为导向，高效低成本地为总体经济效益服务。

由于物流系统设计的政策性与综合性强，因此要善于从宏观着眼，微观入手，运用系统方法论进行综合分析与认证，全面规划，统一布局，协调各方面的矛盾，使规划方案在经济上合理，在技术上先进与适用，在建设实施中现实与可行。

9.1.2　物流系统设计中追求的目标

系统设计首先要确立基本目标，这是系统设计的逻辑起点，由"问题—求解"这一系统过程方法可知，目标是问题分析的归纳及求解结果的期望。物流系统作为"桥梁、纽带"的流通系统的一部分，它紧密联结着生产与再生产、生产与消费。用系统论的方法对物流系统设计的目标分类，主要包括以下几个目标：服务目标、成本（赢利）目标、投资目标。见图9.1。

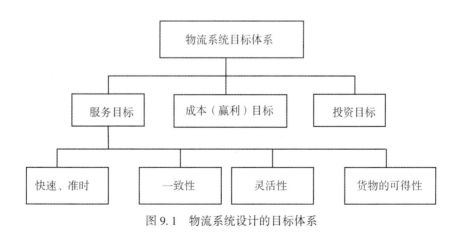

图9.1　物流系统设计的目标体系

1. 服务目标
主要包括以下几个目标：快速和准时、一致性、灵活性、货物的可得性（库存调节目标）。

（1）快速和准时。在买方市场的环境下，快速和准时的按交货期将所订货物准确地交给用户，已是判断整个物流系统运作水平的关键指标，也是增强企业提供服务的差异性及提高服务竞争优势的重要因素。诸如近年来在物流服务中所采取的直达物流、联合一贯运输、高速公路、时间表系统和"准时供货方式"等物流管理方式和技术，就是服务于这一目标。

【专栏 9.1】

戴尔公司

美国的戴尔公司就是一个很好的例子，在不到 20 年的时间内，戴尔公司的创始人迈克尔·戴尔，白手起家把公司发展到 250 亿美元的规模。根据美国一家权威机构的统计，戴尔公司 2001 年一季度的个人电脑销售额占全球总量的 13.1%，仍高居世界第一。戴尔公司分管物流配送的副总裁迪克·亨特一语道破天机："我们只保存可供 5 天生产的存货，而我们的竞争对手则保存 30 天、45 天甚至 90 天的存货，这就是区别。"

（资料来源：物流市场力拼赢利模式 www.chinapostnews.com.cn）

（2）一致性。物流系统的所有作业领域都容易遭受潜在的变异，诸如顾客收到订货的期望时间被延迟，货物到达顾客所在地时发现已受损，或者把货物交付到不正确的地点……为能给顾客提供最佳的服务，在设计物流系统时，就应积极考虑到各种可能的变异，引入信息技术，将潜在的变异减少至最低限度，以降低处理缺货、损伤和丢失等相关运营费用和风险。

（3）灵活性。物流系统的灵活性是物流系统能满足顾客需求的物流服务能力的体现。物流作业的重点从根据对下游的预测和对存货储备的预期，转移到在设计物流系统时提高系统的柔性程度，通过迅速地对物流功能进行扩充和减少、调整物流路线等运作，以实时准确地满足顾客多样和多变的需求。

（4）货物的可得性。物流系统的缺陷需要存货被减少到其最低可能的水平时才会显露出来，并且谋求减少存货配置的设想和类似"零库存"的概念受到广泛的关注，但保持最低库存的最根本目标是要把存货配置减少到与顾客服务目标相一致的最低水平。要实现最低存货的目标，物流系统设计必须控制整个公司或区域而不仅是每个业务点的资金负担和周转速度。存货可得性的高周转率，意味着分布在存货上的资金得到了有效的利用。

2. 成本节约目标

由于流通过程消耗大而又基本上不增加或提高商品使用价值，因而设计物流系统应考虑引入先进的技术管理，以实现物流规模经营和加快产品流通速度，以降低物资在流通过程中的资源消耗。物流作为继制造业和商业利润之后的 21 世纪"第三利润源泉"，其成本节约的系统设计具体可分为：节约空间，发展立体设施和有关的物流机械，以充分利用空间和面积，缓解城市土地紧缺的问题；规模适当，物流网点的优化布局，合理的物流设施规模、自动化和机械化程度，并以此来追求"规模效益"；合理库存，合理的库存策略，合理控制库存量；运输时间和成本的节约，一般来说，运输成本与产品的种类、装运的规模以及距离直接相关。整个装运规模越大以及需要运输距离越长，则每单位运输成本就越低。这就需要有创新的规划，把小批量的装运聚集成集中的、具有较大批量的整合运输。这种规划必须得到超越整个供应链的工作安排的帮助。

3. 投资目标

物流系统具有创造利润的功能，是指物流活动本身是创造价值的劳动，它所创造的价值要算到商品的销售价格里，提高了产品价格。这部分利润是以费用形式表现出来，即用户付给物流企业的运杂费、保管费等的物流费用。

迈克尔·波特指出：竞争优势来源于企业能相对于其他企业为顾客创造出价值，这种价值是通过成本或价值的差异来表现的，因而物流系统能够提高企业核心竞争力。一个拥有卓越物流能力的企业，可以通过向顾客提供优质服务获得竞争优势，一个物流管理技术娴熟的企业，如果在存货的可得性、递送的及时性和交付的一贯性等方面领先于同行业的平均水平，就能成为有吸引力的供应商和理想的业务伙伴。

【专栏 9.2】

物流系统创建企业核心竞争力

海尔集团就是利用物流系统来创建企业核心竞争力的成功案例，它的核心竞争力是一种整合能力：一方面是市场机制与企业机制的整合，一方面是产品功能与市场需求的整合。物流带给海尔的是"三个零"（服务零距离、质量零距离、零营运成本）目标，但最重要的是可以使海尔一只手抓住用户的需求，另一只手抓住可以满足用户需求的全球供应链，把这两种能力结合在一起，从而在市场上可以获得用户忠诚度，这就是企业的核心竞争力。

（资料来源："一流三网"——海尔独特的现代物流 . http：//learning. 21cn. com/）

9.2　影响物流系统设计的因素

合理地设计物流系统要以物流功能发展的要求为基本核心，紧密联系物流系统设计的钥匙，服务于更大的物流系统为导向，注重协调和处理影响物流系统设计及运行的相关因素。物流系统是由人、财、物、设备、信息和任务目标等要素组成的有机整体。根据不同的目的可以将要素分为不同的类型。影响物流系统设计的因素，主要可分成物流系统的一般基本要素、物质基础要素、功能要素、物流支撑要素。

1. 物流系统的一般基本要素

（1）劳动者要素。它是所有系统的核心要素和首要要素。劳动者是物流系统正常运作不可或缺的关键要素，提高劳动者的业务素质是实现物流系统合理化并使其高效运作的根本。为此需要合理确定物流从业人员的选拔和录用流程，加强物流专业人才的培养。

（2）资金要素。交换是以货币为媒介。实现交换的物流过程，实际也是资金运动过程。同时物流服务本身也是需要以货币为媒介，物流系统建设是资本投入的一大领域，离开资金这一要素，物流不可能实现。

（3）物的要素。物是物流中的原材料、成品、半成品、能源、动力等物质条件，包括物流系统的劳动对象。缺此，物流系统便成了无本之木。

2. 物流系统的物质基础要素

物流系统的建立和运行，需要有大量技术装备手段，这些手段的有机联系对物流系统的运行有决定意义。这些要素对实现物流和某一方面的功能也是必不可少的。要素主要有：

（1）物流设施。它是组织物流系统运行的基础物质条件，主要包括物流结点（仓库、港口、车站码头、物流园区、物流中心、配送中心等）、运输通道（铁路、公路、水路、航空、管道）等。

（2）物流设备。它是保证物流系统开动的条件，是形成劳动手段的各种设备或工具，包括运输设备、仓储设备、搬运设备、加工设备以及装卸机械等。

（3）物流工具。它是物流系统运行的物质条件，包括包装设备、设备维护保养工具、办公设备等。

（4）信息系统。它是掌握和传递物流信息的手段，是现代物流区别于传统物流的标志。物流信息系统不仅扩展了物流功能的内涵，还为物流各环节的衔接与协调提供了必要的支撑。根据所需信息水平不同，包括通讯设备及线路、传真设备、计算机及网络设备等。

（5）组织及管理。它是物流网络的"软件"，起着连接、调运、运筹、协调、指挥其他各要素并规范物流业务活动，协调相关各方利益冲突等作用，以保证物流系统目标的实现。

3. 物流系统功能要素

物流系统的功能要素指的是物流系统所具有的基本能力，这些基本能力有效地组合、联结在一起，便形成了物流的总功能，并能合理、有效地实现物流系统的总目的。一般认为，物流系统的功能要素：包括运输、仓储、包装、装卸搬运、流通加工、配送、物流信息等。如果从物流活动的实际工作环节来考察，物流由下述7项具体工作构成。

（1）运输功能要素：包括供应及销售物流中的车、船、飞机等方式的运输，以及生产物流中的管道、传送带等方式的运输。对运输活动的管理，一般要求采用技术经济效果最好的运输方式及联运方式，合理确定运输路线。

（2）仓储功能要素：它包括堆存、保管、保养、维护等活动。

（3）包装功能要素：它包括产品的出厂包装、生产过程中的在制品、半成品的包装及在物流过程中的换装、分装、再包装等活动。

（4）装卸搬运功能要素：它包括对输送、保管、包装、加工等物流活动进行的衔接活动，以及在保管等活动中为进行检验、维护、保养等所进行的装卸活动。

（5）流通加工功能要素：它包括物品在从生产地到使用地的过程中，根据需要施加的包装、分割、计量、分拣、刷标签、组装等简单作业。

（6）配送功能要素：它是指物流进入最终阶段后，以集货、理货、送货形式完成社会物流并最终实现资源配置的活动。

（7）物流信息功能要素：它包括与进行上述物流活动有关的计划、预测、动态（运量、收、发、存数）的信息。对物流信息的管理要求能正确地选择信息，做好信息的收集、汇总、统计与使用，并保证信息的可靠性和及时性。

4. 物流系统的支撑要素

物流系统设计与建立的进程中需要有许多支撑手段，尤其是处于复杂的社会经济系统中，要确定物流系统的地位，要协调与其他系统的关系，这些要素必不可少。主要包括：

①体制、制度。物流系统的体制、制度决定物流系统的结构、组织、领导、管理方式，国家对其控制、指挥、管理方式以及这个系统地位、范畴，是物流系统的重要保障。

②法律、规章。物流系统的运行，都不可避免地涉及企业或人的权益问题，法律、规章一方面限制和规范物流系统的活动，一方面是给予保障。合同的执行、权益的划分、责任的确定都靠法律、规章维系。

③标准化系统。这是保证物流环节协调运行，保证物流系统与其他系统在技术上实现联结的重要支撑条件。物流系统没有完全实现标准化、通用化、系列化必将导致物流成本上升和服务质量降低，同时也影响物流活动的质量、效率和效益的提高以及物流活动的通畅。

④商业习惯。它是整个物流系统为了使客户满意所提供服务的基本要求。了解商业习惯，将使物流系统始终以客户为主进行运营，从而达到企业的目的。

9.3　物流（企业）系统设计的钥匙

影响物流系统设计的因素很多，因而不同的企业和事业单位对物流系统的个性化的需求是多样的，但物流系统的设计的核心存在其共性的方面，即物流系统设计的钥匙，主要包括物流系统所服务的产品及数量、客户对服务的时间及物流运作的具体要求，进而规划出物流的最佳流程，并合理地控制物流的成本。见图9.2。

1. P——产品

物流服务的流体情况，即物流产品和种类，如原材料（工业、农业、工业品、成品、半成品）、日用商品、家电。物流产品及种类对运输方式、储存（仓库）设计有着重要的影响。并由此可以确定该类物流模式是属于单（小）品种、大批量物流，还是多品种、少批量物流，进而决定物流配送的方式及相应的配套设施设备。

2. Q——数量（流量）

年物流量的大小往往决定仓库设计的数量、地点、规模和类型、搬运设备、出入通道的设计及运输方式的选择。

3. R——流程、流向

这包括从何处流入，向何处流出的地理位置，影响运输方式的选择和仓库的网点布

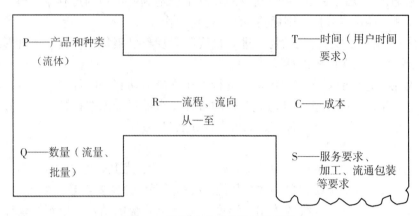

图 9.2　物流企业系统设计的钥匙

局。物流系统的设计应准确掌握流向的变化规律，达到合理配置物流资源、合理规划物流流向，从而降低物流成本、加快物流速度的作用。

4. T——时间

时间是物流系统设计的基本要素之一。物流服务的成本与质量都与时间因素有密切的关系。缩短货物的在库时间能减少库存成本；运用相同的运输工具却使时间缩短，则成本也会降低；如果能缩短顾客的订货提前期，则会提高顾客的满意度。

5. S——服务

物流系统设计应考虑系统整体的独特性及不同的顾客对物流服务的差异要求设置不同的服务项目和服务水平；同时，要考虑服务水平与服务成本的综合权衡，在保证物流服务水平的前提下尽量降低物流成本。还要考虑用户对物流服务的其他要求，如分包装、小包装、分类套装等，以及对流通加工的要求、对仓库设计的流通加工作业区的要求。

6. C——成本

物流成本就是用金额评价物流活动的实际代价。成本是综合性指标，包括直接成本、间接费用、日常费用等，因而在每一个物流环节都要考虑。物流成本常常与服务水平冲突，如何在不降低服务水平的前提下，降低物流总成本是物流系统设计的重要目标。

"钥匙"提供了打开物流系统分析与设计的大门，物流系统设计从此开始。

9.4　物流系统设计的主要内容

物流系统的设计主要由物流网络系统、物流作业系统和物流信息系统三个部分组成，如图 9.3 所示。

9.4.1　物流网络系统

物流网络是物流系统的具体存在形式和基础。物流活动就是由物流系统供求关系推动的在物流网络中进行的物质实体周转活动。物流活动是在一定的物流设施基础上进行的，

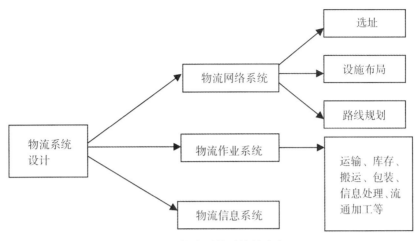

图 9.3　物流系统设计的内容

物流系统的运行需要各种运输线路、港站码头、仓储设施等。物流转移过程是物质实体通过这些物流设施从供应者经过若干节点和连线到达需求者的过程，物流的网络系统就是这些转移路线的集合。就一个企业物流系统而言，企业的储存点、加工点、车间、仓库等储存停放设施构成节点，这些节点之间的运输通道则是网络连线。它们构成企业物流网络系统。因此，也可以说物流网络就是物流系统的具体存在形式和基础，而物流网络体系的设计应注重选址、设施布局及路线规划三方面。

1. 选址

固定设施在整个物流网络中的选址问题是一项十分重要的战略决策，它决定了整个物流系统的模式、结构和形状。同时，在现实的物流网络系统中，单设施的选址规划相对很少，大量存在的是多设施选址，即在某计划区域内设置多个物流设施。但其选址流程大致是一样的，如图 9.4 所示。

物流系统的选址要考虑的因素很多，首先是最低成本的原则，比如原料供应成本、劳动力成本、物流运输、存储成本、设计和建筑的成本、能源和水的供应成本等。所以，应该尽量把地点设在主要原料的供应地，以保证可获得较低的采购价格和较高的产品质量，在一定程度上减少运输费用。其次，物流设施选址时，必须考虑交通的便利性，需考虑是否接近原材料供应地，是否接近消费市场，是否靠近大型企业，是否具备完善的道路运输网络，是否靠近货运枢纽，如临近港口、交通主干道枢纽、铁路编组站或机场，有两种以上运输方式相连接等。再次，公共设施状况也是影响选址的重要因素，物流设施的所在地，要求城市的道路、通讯等公共设施齐备，有充足的供电、水、热、燃气的能力，且设施周围要有污水、固体废物处理能力。最后，现代物流网络体系的选址还应考虑：自然环境因素，包括气象、地质、水文、地形；经营环境因素，包括地区经营政策、商品特性、竞争因素、物流需求概况。

配送中心选址需要的数据函数：工厂至配送中心的运输量、交付顾客的运输配送量、配送中心的库存量、不同配送路线的总量；工厂至配送中心的运输费用、交付顾客的运输

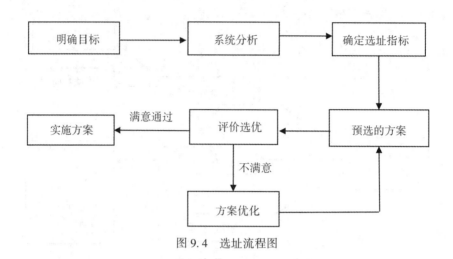

图 9.4　选址流程图

配送费用、设施建设及运行费用、人事费用、业务费用以及其他费用。研究以上基础条件之后，形成一个理想的物流配送中心选址文件，就为物流配送中心的成功建设奠定了技术基础。

设施选址应考虑所有的产品移动过程及相关成本，寻求成本最低或利润最高的方案是选址战略的核心所在。在选址与设计过程中，主要采用以下一些方法：

（1）解析技术。它也称为物流地理重心法，它根据距离、重量或两者的结合，通过在坐标上显示，以物流节点位置为变量，用代数方法来求解物流节点的坐标。

（2）线性规划。这是一种广泛运用的选址优化的物流系统规划与设计工具。它运用的基本思路是：在一些特定的约束条件下，对许多备选的方案进行综合性比较，挑选出一个最佳的方案。线性规划的两个基本条件中，一是物流节点的选址与设计中，要有两个及以上的可供选择的地址；二是所有的相关关系是确定的。

（3）仿真技术。它通过模拟仿真（如电脑的三维显示技术）在选址与设计中的实际条件，来确定物流节点的选址与设计。目前仿真技术主要有静态仿真和动态仿真两种。

2. 设施布局

这是指物流系统网点布局和仓库内的设计。一个物流系统的情况可以用以下物流网络的参数进行描述：（1）物流网络节点的数目、节点之间的连线关系及连线的长度。（2）物流网络节点的储存能力、连线的通过能力（如运输线路的货物运输能力）。（3）物流网络上所进行的物流活动的参数：物质实体的品种、数量、所处的状态等。如某一时刻各节点的库存量和储存时间以及某一时期内物质实体的流入流出量（物流量）、储存周转量和运输周转量等。网络中作为节点的供应者和需求者之间的供求关系，是物流系统周转的动力。物流活动就是在这个网络上进行的周而复始的物质实体的动态周转过程。

物流网点的设施布置设计依据的原则：

（1）根据网点地形的具体状况进行设计，结合各设施之间的应有适当的间隔的要求，充分有效的利用网点的空间，同时也要保证物畅其流。由于物流设施建成后不宜轻易变动和修改，所以在设施的设计和规划时，应有较长远的物流量的预测。

（2）设施布置应具有柔性化，能够通过即时的调整和改造来满足新的多变的物流需求，从而避免重复建设和节约大量的人力物力的投入。

（3）设施布局应以安全为前提，为物流的合理运作提供方便、舒适的作业环境。

3. 路线规划

运输路线的选择直接决定着运输的成本的高低，关系到物资是否能及时到达目的地等一系列问题。因此，在物流网络系统的设计中，运输路线的规划是重要的部分。

（1）车辆路线模型：用于解决一个起始点、多个终点的货物运输中如何降低物流作业费用，并保证服务质量的问题，包括决定使用多少辆车、每辆车的路线等。

（2）网络物流模型：用于解决寻求最有效的分配货物路径问题，也就是物流网点布局问题。如将货物从 N 个仓库运往 M 个商店，每个商店都有固定的需求量，因此需要确定由哪个仓库提货送给哪个商店，所耗的运输代价最小。

（3）分配集合模型：可以根据各个要素的相似点把同一层上的所有或部分要素分为几个组，用以解决确定服务范围和销售市场范围等问题。如某一公司要设立 X 个分销点，要求这些分销点覆盖某一地区，而且要使每个分销点的顾客数目大致相等。

（4）设施定位模型：用于确定一个或多个设施的位置。在物流系统中，仓库和运输线路共同组成了物流网络，仓库处于网络的节点上，节点决定着线路。如何根据供求的实际需要并结合经济效益等原则，在既定区域内设立多少个仓库，每个仓库的位置，每个仓库的规模，以及仓库之间的物流关系等问题，运用此模型均能很容易地得到解决。

9.4.2 物流作业系统

物流作业系统是由多个子系统组成的复杂系统，在运输、库存、搬运装卸、包装、配送、流通加工等作业中都会使用各种先进技能和技术，以提高物流活动的效率。

1. 运输系统的设计

运输通常是物流成本中最大的单项成本，高达物流总成本的30%到50%，因而运输路线规划是物流系统设计中的重点。运输系统设计的内容主要指供应渠道的运输方式选择、路线选择和分销渠道的配送路线选择、车辆调度。其中，供应渠道的运输方式选择取决于运输服务的特性，包括用货物的价格、形态、运输批量、交货日期、到达地点来衡量运输成本、速度和可靠性等综合评价。分销渠道的配送路线选择目标是安排车辆负责相互距离最接近的网点的运输，行车路线应呈水滴状，找出途经点的顺序，使其总出行时间或总距离最短且必须经过所有网点。

2. 库存系统设计

首先确定仓库的服务类型，是属于市场定位型的仓库还是制造定位型的仓库，由此来决定仓库设计的合适的数量与地理位置。在设计库存管理系统时应遵循经济性的原则：通过适量的库存达到合理的供应，实现总成本最低的目标，即不断寻找在满足客户的需要的服务水平上的最低库存量。根据物品重量、出库频率选定位置，为使物品出入库方便，将物品面向通道保管，尽可能地向高处码放，提高保管效率。

3. 配送系统设计

配送作为一种现代流通方式，集经营、服务、社会集中库存、分拣、装卸搬运于一身，是物流进入最终阶段，以配送、送货形式最终完成社会物流并最终实现资源配置的活动。其系统的设计主要是规划配送作业流程，结合考虑配送地的区位、配送规模、接收对象及作业内容、商品的特性等条件。

4. 流通加工系统设计

又称流通过程的辅助加工活动，不仅存在于社会流通过程，也存在于企业内部的流通过程中，实际上是在物流过程中进行的辅助加工活动。所以该系统的设计应结合实际的需求，以合理的成本来弥补生产过程中加工程度的不足，更好地衔接产需，更有效地满足用户或本企业的需求。

9.4.3　物流信息系统

物流的信息管理就是对物流信息的收集、整理、存储、传播和利用的过程，同时对涉及物流信息活动的各种要素，包括人员、技术、工具等进行管理，实现资源的合理配置。信息的有效管理就是强调信息的准确性、有效性、及时性、集成性、共享性。所以，在信息的收集、整理中要避免信息的缺损、失真和失效，要强化物流信息活动过程的组织和控制，建立有效的管理机制。同时要加强交流，信息只有经过传递交流才会产生价值，以利于形成信息积累和优势转化。设计物流信息系统时必须遵循以下原则：

（1）完整性原则。物流的不同层次通过信息流紧密结合起来，在物流系统中，存在对物流信息进行采集、传输、存储、处理、显示和分析的信息系统。因此，物流信息系统应该具有功能的完整性，就是根据企业物流管理的实际需要，制定的系统能全面、完整覆盖物流管理的信息化要求。建立信息系统，不是单项数据处理的简单组合，必须要有系统规划，这是范围广、协调性强、人机结合紧密的系统工程。

（2）可靠性原则。物流信息必须精确地、及时地反映企业当前的状况和定期活动，以衡量顾客订货和存货水平。信息的及时性要求一种活动发生时与该活动在信息系统内可见时的时间耽搁应尽可能地小，并要求及时地更新系统内的信息。系统稳定性除了依赖于系统的准确性，还依赖于系统所存储信息必须具有容易而持之以恒的可得性。不管输入的数据多么复杂，只要是在系统设计要求的范围内，都能输出可靠结果。此外一个优秀的系统也是一个灵活的系统，在设计时就必须针对一些紧急情况作出应对措施。因此，物流信息系统必须以处理异常情况为基础，依托系统来突出问题和机会，以便及时作出相应的危机公关决策。

（3）经济性原则。在系统的投入中要做到最小投入、最大效益。软件的开发费用必须在保证质量的情况下尽量压缩。一个经济实用的物流信息系统必须层次结构分明，不同层次上的部门和人员，要的可能是不同类型的信息。一个完善的物流信息系统，要有以下层次：①数据层，将收集、加工的物流信息以数据库的形式加以存储。②业务层，对合同、票据、报表等业务表现方式进行日常处理。③运用层，包括仓库作业计划、最优路线选择、控制与评价模型的建立，根据运行信息检测物流系统的状况。④计划层，建立各种物流系统分析模型，辅助高管人员制定物流战略计划。另外，物流信息系统必须是友善和易于操作的。系统投入运行后，还必须保持较低的运行维护费用，减少不必要的管理费用。

设计物流信息系统，使物流信息利用程度和利用率大大提高，减少信息传递层次和流程，力求以最短的流程、最快的速度、最小的费用，传输高质量的信息，对物流系统的正常运行是非常有益的。

【专栏 9.3】

沃尔玛的物流信息系统

世界零售商巨头沃尔玛的物流信息系统对供应商的运用就是个成功的案例。沃尔玛的物流链远远超出了本公司的范围，供应商也被包括进来。20 世纪 80 年代末，通过计算机联网和电子数据交换系统与供应商分享信息，从而建立起伙伴关系，让供应商随时了解其商品在沃尔玛各分店的销售和库存变动情况，据此调整公司的生产和发货。这个过程中的物流交易流程大大简化，从而实现了物流成本的节约。

（资料来源：物流信息系统助沃尔玛腾飞. www.dlzhifeng.com）

为了减少和改变物流信息传递过程中衰弱、失真和畸变现象，提高信息的使用价值，引导运输市场的运输价值和运输使用价值有规律的运动，必须在运输市场信源与信宿之间形成一个有机的系统。它包括对物流信息的收集、加工、传递、存储等一系列工作过程以及信息技术手段和方法设计等。实行动态跟踪、动态管理，必须借助于物流信息系统。这涉及 Internet 技术的应用和 Intranet 的应用的设计。

Internet 技术的应用：Internet 的最大特点是一个开放的网络系统，它的主要特点是：(1) 开放性或通用性。一个企业入网后可以和 Internet 上任何企业通过计算机交换信息。(2) 地域无限性，可实现全球任何地方之间的信息交换。(3) 性能强，用户接口、应用界面好，干线速率高、用户获取信息快。(4) 可靠性高。防火墙技术的应用提高了网络的安全、可靠性。(5) 成本极低。

Intranet 的应用：Intranet 是指在有限范围内利用 Internet 的成熟技术，建立企业内部的信息系统。与 Internet 相比，它不仅是内部信息发布系统，还同时是企业内部业务系统。Intranet 具有以下特点：(1) Intranet 跨平台、兼容性好。Intranet 由于采用统一的标准和规则，具有和平台无关性的优点，可以使用不同厂家的操作系统和硬件设备。(2) Intranet 简单易用。(3) Intranet 可以保护企业原有投资。(4) Intranet 安全保密性强，Intranet 并不是直接与 Internet 相连，而是通过一个防火墙技术与 Internet 通讯，这样就阻止了非授权用户获取本企业内部信息，保护企业的利益。

开发物流信息系统有两种方式：一是将国外物流企业的物流信息平台进行汉化，并根据我国物流的流程设计物流信息系统软件；二是组织技术力量开发我国的物流平台，形成有中国特色的物流平台及物流信息系统。加快我国物流信息系统的建设，必须通过政府的引导和推动，采用市场运作的方式开发、建设物流信息系统。政府管理部门可组织相关的软件开发商和物流企业，并吸纳部分生产、销售企业参加。物流信息系统的开发也可采用技术招标的方式，由政府有关部门提出物流信息系统的技术要求，软件开发公司中标后根据技术要求设计开发出物流信息平台及信息系统，经专家评审、鉴定后，政府有关部门推广使用。物流服务企业开发的物流信息系统既要考虑整个物流系统的连接，也要考虑与其他物流信息系统和生产、销售企业的信息系统的接口问题，要形成开放性、多功能的物流信息系统。

9.5　物流系统设计的基本步骤

物流系统是由若干个子系统组成的，物流系统设计需要对每一个子系统或环节进行设计。每一个子系统的设计需要与物流系统其他组成部分的设计相互平衡、相互协调。因此，物流系统设计首先要确定一个总体的框架，在总体框架的基础上采用系统分析的方法对整个系统的各个部分进行设计，最后把各个独立部分结合成一个整体。虽然社会物流系统与企业物流系统的设计步骤存在一定的差异，但总体上仍按图9.5所示步骤进行。在实际设计工作中，分析、综合、评价及完善的方法往往是同时综合运用，没有很明确的界限，并且要多次反复，直到满意为止。

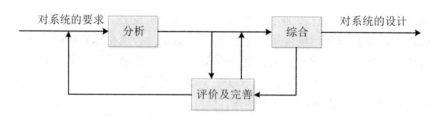

图9.5　物流系统设计的基本步骤

9.5.1　定位分析阶段

分析阶段的主要任务是根据规划与设计的内容进行大量的相关基础资料的调查收集与分析，以作为系统设计的依据。基础资料的调查收集与分析包括分析对象系统的要求、结构及功能等，弄清系统的特性。同时，此阶段要考虑到环境、资源、状态等约束条件。在分析进行过程中，需要考虑五个基本要素：目标、替代方案、模型、指标体系、评价准则。

1. 目标

为了正确获取决策所需的各种有关信息，物流系统分析人员的首要任务就是要充分了解建立物流系统的目的和要求，同时还应确定物流系统的构成和范围。

2. 替代方案

一般情况下，为实现某一目标，总会有几种可采取的方案或手段，这些方案彼此之间可以相互替换。选择一种最合理的方案是物流系统要分析研究和解决的问题。

3. 模型

模型是系统分析的基本方法，它可以将复杂的问题化为易于处理的形式。在分析过程中，借助于模型来有效地求得物流系统规划设计所需要的参数，并据此确定各种制约条件，同时还可以利用模型来预测各替代方案的性能、成本与效益。

4. 指标体系

指标是对替代方案进行分析的出发点和衡量总体目标的具体的可以测量的明细项。它是系统目标所涉及的各个方面。

5. 评价标准

评价标准是物流系统分析中确定各种替代方案优化顺序的依据，是评价方案优劣的尺度。评价标准根据具体情况而定，费用与效益的比较是评价各方案的基本手段。

物流系统的设计以大量的数据分析为基础，并结合区域、企业的特点和发展的需要对物流系统进行定位。物流系统可简要分成区域物流模式、企业自营物流模式、企业物流外包模式、物流企业模式。

（1）区域物流模式：是在区域经济发展战略的总体目标和模式框架下，根据区域的区位、产业活动、流通活动等的特点，开展有效、独特的物流活动，因而就产生了不同的区域物流发展模式，如基于产业集聚区的区域综合物流型物流模式，基于产业链的区域供应链一体化型物流模式，基于区域货物枢纽（港口）的集报关、商检等服务、物流活动等为一体多功能服务型的物流模式等。

（2）物流企业模式：专门为市场提供物流装备、物流设施、物流运作管理服务（运输、储存、装卸、搬运、包装、流通加工、配送、信息处理等基本活动）。为客户提供阶段性或全程性物流设施设备和物流运作管理服务。

（3）单项物流业务外包模式：企业通过借助外界的物流设施设备（库房、站台、车辆等）及专业的物流经验、技能来弥补企业自营物流中的某项薄弱功能，主要是物流业务经营企业提供相应的仓储、运输、流通加工或者配送等服务，适合缺乏某项物流功能或者物流经营成本相对高的企业采用。

（4）企业自营物流模式：是指企业为经营和发展的需要而自主进行的物流活动，这些物流活动伴随着企业的投入、转换、产出而发生，可以分成供应物流、生产物流、销售物流、废弃物及再生物等物流子系统。这类型物流模式的开展主要是物流量较大的制造和流通型或综合性等企业所采用。

9.5.2 物流系统设计的基本模式

系统综合是以分析过程中提出的各种推荐方案为基本，选定系统规划设计的方法，根据整体考虑、各部分独立设计，最后将各部分结合成整体的指导思想，分别进行物流网络规划、物流设施平面布局规划、物流设备选择与设计等，最后形成物流系统的整体规划设计方案。

在设计物流系统阶段，应该从短期（静态）与长期（动态）结合分析，先以短期的、静态的角度考察物流系统，分析出各项物流活动的成本，在满足公司对物流领域的约束条件下，选择总成本最小的系统。然后，进行长期的、动态的物流系统分析，即把物流作为一个大系统，利用统计资料，运用统计分析方法对物流领域的经济现象的发展变化作定量分析，主要包括对物流系统的动态统计资料加以整理、各种动态分析指标的计算以及动态趋势的研究，以总结过去、把握现在和预测未来。每一个过程流（物料及信息）被绘出，空间的布局和平面被细化。

物流系统设计研究上最大的风险就是采用不实的预测数据。要想丝毫不差确实非常困难，因此，所有基于预测信息上的物流系统设计都必须经过敏感度测试和确认程序。计算机仿真模型是目前可用的较好的确认工具。许多"如果这样"的方案可以在压缩的时间上仿真运行，这允许物流业者在系统实施前去测试变化所带来的结果。物流系统是个动态的系统，从一个物流系统状态到另一个物流系统状态，不能瞬间完成，必须经过不断的完善。物流企业系统设计的基本模式流程图可参见图9.6。

9.5.3　物流系统设计的评价及完善

物流系统设计评价是物流系统设计工作的一个必不可少的步骤和重要组成部分，它是对经分析和规划设计后形成的各种备选方案，用经济、技术、社会和环境等多个视角来综合评价的过程。特别是审核系统综合设计的合理性与实现综合设计方案的风险性，从而选择适当的可能实现的方案。物流系统方案评价的目的是确定拟订的物流系统各备选方案是否达到了预定的各项性能指标，能否满足各种内外约束条件下实现物流系统的预定目标。同时，按预定的评价指标体系评出参评的各备选方案的优劣，为最终的选择实施方案打下基础。

物流系统设计的评价及完善是复杂且重要的环节。由于具体规划的物流系统的结构互不相同，规划的内容与目标也千差万别，因此，物流系统评价时研究的对象、考虑的因素、评价的标准、所采用的方法、评价过程与步骤也各不相同。此外，物流系统的构成要素繁多，涉及范围广，因而其评价过程较为复杂，应坚持评价的客观性、局部效益服从整体效益的原则。一般应经过确定评价目标与评价内容、确定评价因素、建立评价指标体系、制订评价准则、选择确定评价方法、进行单项与综合评价等几个步骤。方案评价的方法的选用应根据物流系统的具体情况而定，一般采用定量分析评价法、定性分析评价法以及两者结合的方法（如程序评价法、层次分析法、模糊评价法、目标设计法等）。物流系统设计的评价指标体系由物流生产率和物流质量等指标构成。

物流生产率指物流系统投入产出转换效率的指标。物流系统的投入包括人力资源、物质资源、能源和技术等。物流系统的产出就是为生产系统和销售系统提供的服务。物流生产率指标通常包括实际生产率、资源利用率、行为水平、成本和库存五个方面的指标。

物流质量是对物流系统产出质量的衡量，根据物流的产出，可将物流质量划分为物料流转质量和物流业务质量两个方面。物流流转质量是对物流系统所提供的物品在数量、质量、时间、地点上的正确性评价。物流业务质量是指对物流的物流业务在时间、数量上的

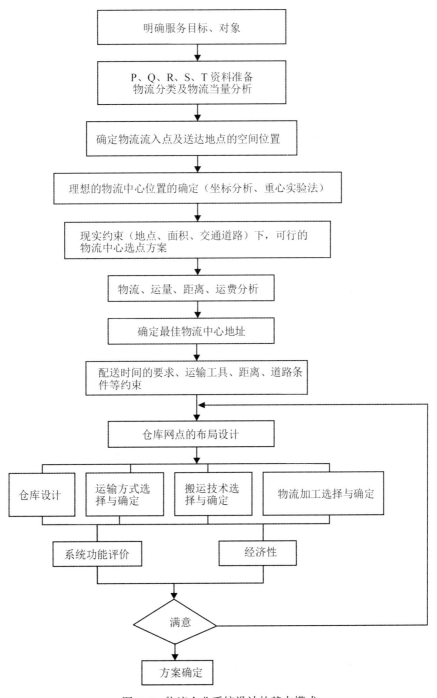

图 9.6 物流企业系统设计的基本模式

正确性及工作的完善性的评价。此外，物流质量也可由物流服务水平、顾客需求的满足程度、交货水平、商品完好率、物流费用等指标进行衡量。

在正确及时地对物流系统设计评价后，应对物流系统设计中受各方面影响造成的不足进行完善。此外，以物流成本与服务水平为两条线索对物流系统全过程和所有环节作系统分析，可以找出影响其效率的主要因素。局部环节上的问题大多可以通过专业化途径予以解决，包括信息化、自动化、标准化，以及改进科学管理，如加强作业研究等。

物流系统所处的环境是在不断变化的，物流系统的设计也不可能正好适合对其的需求，因而物流系统的完善也是个长期的过程。运行中物流系统彻底的改变是极少见的，完善中的系统不可避免地会导致客户服务功能的某种程度的破坏，失去订货或发送错误，以致有必要小范围地进行测试和仿真模拟实施，然后对物流系统改造和完善，使其更好地适合需要，实现物流系统的目标。

小　结

1. 物流系统设计是指经过系统分析，按照物流系统整体最优的原则，对物流系统内部要素互相冲突或者系统要素之间互相配合的目标进行权衡、选择和协调，确定物流系统硬件结构和软件结构体系的构想，形成物流系统建设与运行的战略部署的过程。

2. 物流系统设计中追求的目标：将恰当的产品或服务以恰当的方式和恰当的成本提供给恰当的客户。这也是物流系统设计时追求的"7R"效果，主要包括：服务目标、成本（赢利）目标、投资目标。

3. 物流（企业）系统设计的钥匙：P——产品、Q——数量（流量）、R——流程、流向、T——时间、S——服务、C——成本

4. 物流系统的设计包括：物流网络系统、物流作业系统和物流信息系统三个部分，其中物流网络系统的设计由选址、设施布局及路线规划三方面组成。

5. 物流系统设计的基本步骤：首先是物流系统的定位分析阶段，然后是物流系统分析与设计的综合阶段，最后针对发展的需要对物流系统设计进行合理的评价，并对系统设计的不足进行完善。

思　考　题

1. 为什么要进行物流系统设计？其主要目标有哪些？
2. 物流系统设计的基本步骤是什么？
3. 物流系统设计的核心什么？
4. 为什么说 PQRSTC 是物流系统设计的钥匙？
5. 如何设计出合理物流网络，其选址的根据是什么？
6. 物流信息系统的设计对物流系统运作的意义是什么？
7. 结合自己的理解，分析并画出物流企业系统设计的基本模式图。
8. 如何评价物流系统设计的水平及成功与否？
9. 如何完善物流系统设计中的不足之处？
10. 物流系统设计如何影响系统运作？

【案例分析】

海尔现代物流系统建设

海尔在连续 16 年保持 80% 的增长速度之后，近两年来又悄然进行一场重大的管理革命。这就是在对企业进行全方位流程再造的基础之上，建立具有国际水平的自动化、智能化的现代物流体系，使企业的运营效益发生了奇迹般的变化，资金周转达到 1 年 15 次，实现了零库存、零运营成本和与顾客的零距离，突破了构筑现代企业核心竞争力的瓶颈。

1. 海尔现代物流从根本上重塑了企业的业务流程，真正实现了市场化程度最高的订单经济

海尔现代物流的起点是订单。企业把订单作为企业运行的驱动力，作为业务流程的源头，完全按订单组织采购、生产、销售等全部经营活动。从接到订单时起，就开始了采购、配送和分拨物流的同步流程，现代物流过程也就同时开始。由于物流技术和计算机管理的支持，海尔物流通过 3 个 JIT，即 JIT 采购、JIT 配送、JIT 分拨物流来实现同步流程。这样的运行速度为海尔赢得了源源不断的订单。总起来，海尔完成客户订单的全过程仅为 10 天时间，资金回笼 1 年 15 次（1999 年我国工业企业流动资本周转速度年均只为 1.2 次），呆滞物资降低 73.8%。

2. 海尔现代物流从根本上改变了物在企业的流通方式，基本实现了资本效率最大化的零库存

海尔改变了传统仓库的"蓄水池"功能，使之成为一条流动的"河"。海尔认为，提高物流效率的最大目的就是实现零库存，现在海尔的仓库已经不是传统意义上的仓库，它只是企业的一个配送中心，成了为下道工序配送而暂时存放物资的地方。

目前，海尔建立了 2 座我国规模最大、自动化水平最高的现代化、智能化立体仓库。这个立体仓库与海尔的商流、信息流、资金流、工作流联网，进行同步数据传输，采用世界上最先进的激光导引无人运输车系统、机器人技术、巷道堆垛机、通信传感技术等，整个仓库空无一人。整个仓库实现了对物料的统一编码，使用了条形码技术、自动扫描技术和标准化的包装，没有一道环节会使流动的过程梗塞。

海尔的流程再造使原来表现为固态的、静止的、僵硬的业务过程变成了动态的、活跃的和柔性的业务流程。在海尔所谓库存物品，实际上成了在物流中流动着的、被不断配送到下一个环节的"物"。

3. 海尔现代物流从根本上打破了企业自循环的封闭体系，建立了市场快速响应体系

海尔建立了一整套对市场的快速响应系统。一是建立网上订单管理平台。全部采购订单均由网上发出，供货商在网上查询库存，根据订单和库存情况及时补货。二是建立网上支付系统。目前网上支付已达到总支付额的 20%，支付准确率和及时率达 100%，并节约近 1000 万元的差旅费。三是建立网上招标竞价平台。供应商与海尔一道共同面对终端消费者，以最快的速度、最好的质量、最低的价格供应原材料，提高

了产品的竞争力。四是建立信息交流平台，供应商、销售商共享网上信息，保证了商流、物流、资金流的顺畅。集成化的信息平台，形成了企业内部的信息"高速公路"，架起了海尔与全球用户资源网、全球供应链资源网和计算机网络的桥梁。

4. 海尔现代物流从根本上扭转了企业以单体参与市场竞争的局面，使通过全球供应链参与国际竞争成为可能

从 1984 年 12 月到现在，海尔经历了三个发展战略阶段。第一阶段是品牌战略，第二阶段是多元化战略，第三阶段是国际化战略。在第三阶段，其战略创新的核心是从海尔的国际化到国际化的海尔，是建立全球供应链网络，支撑这个网络体系的是海尔的现代物流体系。

海尔在进行流程再造时，围绕建立强有力的全球供应链网络体系，采取了一系列重大举措：一是优化供应商网络，二是扩大国际供应商的比重，三是就近发展供应商，四是请大型国际供应商以其高技术和新技术参与海尔产品的前端设计。

在抓上游供应商的同时，海尔还完善了面向消费者的配送体系，在全国建立了42 个配送中心，每天按照订单向 1550 个专卖店、9000 多个网点配送 100 多个品种、5 万多台产品，形成了快速的产品分拨配送体系、备件配送体系和返回物流体系。与此同时，海尔与国家邮政总局、中远集团、和黄天百等企业合作，在国内调配车辆可达 16000 辆。

实施和完善后的海尔物流管理系统，可以用"一流三网"来概括。"一流"是指以订单信息流为中心，"三网"分别是全球供应链资源网络、全球用户资源网络和计算机信息网络。围绕订单信息流这一中心，将海尔遍布全球的分支机构整合在统一的物流平台之上，从而使供应商和客户、企业内部信息网络这"三网"同时执行，同步运动，为订单信息流的增值提供支持。

（资料来源：锦城物流网．www.jctrans.com）

案例思考题

1. 海尔集团建设现代物流系统的原因及意义是什么？
2. 结合本章的知识，分析海尔集团物流系统设计的基本思路与重点。
3. 查找相关资料，评价海尔物流系统设计对其运行的状况的影响。

第十章　物流系统运作技术

在完成物流系统设计后，以此为根据对每一项具体物流活动的实施与执行就是物流系统运作，即物流管理（学）逻辑的第五个环节。物流系统的运作，主要是针对物流系统的物流活动，采用相应的技术和方法，有计划、有组织地安排物流活动。本章介绍用于解决流通领域中如何组织商品资源来满足市场需求问题的物流系统的运作技术，主要介绍 DRP（distribution resources planning，分销需求计划）技术和 LRP（logistics resources planning，物流资源计划）技术。

DRP 是管理企业的网络分销系统，又称分销管理系统，目的是使企业具有对订单和供货具有快速反应和持续补充库存的能力。它是流通领域中的一种物流技术，是 MRP（materials requirements planning，物料需求计划）在流通领域应用的直接结果。它主要解决分销物资的供应计划问题，达到保证有效地满足市场需要又使得配置费用最省的目的。

LRP 称为物流资源计划，是一种运用物流手段进行物资资源配置的技术。它是在 MRP 和 DRP 的基础上形成和发展起来的．是 MRP 和 DRP 的集成应用。它可以帮助既涉及生产活动又涉及流通活动的企业来制定物流资源计划。

关键词： 物料资源计划（material resource planning，MRP）　分销需求计划（distribution resources planning，DRP）　物流资源计划（logistics resources planning，LRP）　客户关系管理（customer relationship management，CRM）　企业资源规划（enterprise resources planning，ERP）

10.1　DRP 技术

DRP（distribution requirement planning）主要是针对企业销售网络进行管理的分销管理系统，用于解决流通领域中如何组织商品资源来满足市场需求的问题，是商品资源优化配置技术的核心技术之一。

10.1.1　DRP 的概述

DRP 是分销需求计划，是 MRP（material requirement planning，物料需求计划）原理和技术在流通领域应用的直接结果。DRP 所体现的实际上是"准时"供应的思想，而准时供应的实现以大范围内的物流系统实时控制为基础，是计算机集成系统中决策支持系统的主要方法和原则之一，准时制物流要求将用户所需产品准时保质保量送至用户手上，定制物流计划的关键也就集中在订货需求与库存控制计划上。分销物资资源配送调度计划方法是物流系统管理计划导向的结果。

　　分销管理系统不但能够实现对销售订单的实时性管理，并且能够实现对企业库存情况、企业整体的供销流程等多方面提供实时的管理和监控，优化了各级分销商和业务合作伙伴之间的供应链管理，为企业高层的决策提供真实、有效的数据支持等。因此，对于企业来说，一套全面的、先进的、完整的 DRP 分销管理系统可以为企业带来空前巨大的经济效益。

　　DRP 的发展经过了几个阶段：第一个阶段是 distribution requirements planning（DRPI），即物流需求计划方法；第二个阶段是 distribution resources planning（DRPII），即物流资源计划方法。

10.1.2　DRP 的基本原理及应用

　　DRPI 是基本 DRP（以下简写成 DRP），即分销需求计划。其定义可表述为：DRPI 是 MRP 原理和技术在流通领域中的应用。它主要解决分销商品的供应计划和调度问题，它的基本目标就是合理进行分销商品资源配置，达到既保证有效地满足市场需要，又使得配置费用最省的目的。

　　1. DRP 的基本原理

　　DRP 主要在以下两类企业中应用：

　　（1）一类是流通企业，特别是一些含有物流业务的企业，如储运公司、配送中心、物流中心、流通中心等。这些企业的基本特征是：不一定搞销售，但一定有储存和运输的业务。特别是一些含有物流业务的企业，如储运公司、配送中心、物流中心等。为简单起见，我们将它们统称为"物流中心"。见图 10.1。

　　（2）另一类是既有生产活动又有流通活动并且产品全部或一部分自己销售的生产企业。这些生产企业中的流通部门承担分销业务，具体组织储、运、销活动。见图 10.2。

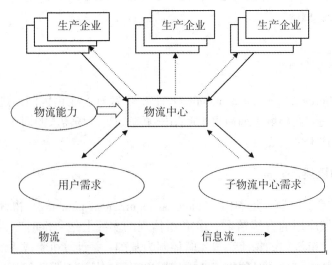

图 10.1　物流中心的基本业务模式

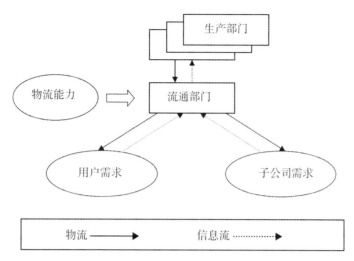

图 10.2 生产企业分销业务模式

对比图 10.1 和图 10.2，可以发现生产企业分销业务模式与流通企业（物流中心）分销业务模式基本一样。由于二者的基本业务模式相同，所以我们就以物流中心为代表来研究 DRP 的原理。DRP 原理如图 10.3 所示。

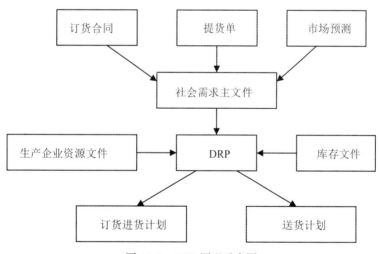

图 10.3 DRP 原理示意图

由图 10.3 可知，DRP 原理简单来说，输入三个文件，再根据这三个文件输出两个计划。具体解释如下：

输入的三个文件是：

（1）社会需求主文件。由市场预测、订货合同、提货单三个部分统计得到。市场预测是通过对未来市场形势的分析，采用一定的数学方法得到的一组数据，它是一种不确定的需求。订货合同是已经发生的实际需求，它一般已经包括在市场预测当中，因此必须和市场预测进行冲减才能合成新的需求加入到需求主文件中。提货单是企业内部各部门、各子公司内部对成品的需求，它们一般不用来满足市场的需求。所有需求按品种和需求时间进行统计，整理成社会需求主文件。社会需求主文件是 DRP 处理的最主要的文件，没有这个文件就不可能进行 DRP 处理。

（2）库存文件。这是物流中心的仓库里所有库存物资量的列表。之所以需要这个文件，是因为物流中心需要根据它确定什么物资可以从仓库里提货送货、送多少，什么物资需要订货进货。仓库文件也是制定 DRP 计划必需的文件。

（3）生产企业资源文件。这是物资生产厂的可供货资源文件。该文件包括可供的物资品种，也包括生产厂的地理位置情况。生产厂资源文件主要是为 DRP 制定订货计划用的。

输出的两个文件是：

（1）订货进货计划

这是指从生产厂或供应商处的订货进货计划。它由生产厂资源文件或流通企业采购部门资源文件提供。对于用户需求的物资，如果仓库到时候没有库存量，则需要生产厂订货进货。因为订货进货也需要花时间，所以也需要设定订货提前期。要根据具体厂家来设定提前期。这由生产企业资源文件提供。

需要说明的是订货和进货并不是一回事。进货计划是对于生产厂委托储运、委托经营而言的，这些物资的所有权在生产厂家，物流中心只是代理经营服务，货物没有了，就直接到生产厂区进货；而订货计划是针对物流中心自己买断经营的产品而言的，所有权属物流中心，货物没有了，需要重新订货。

（2）送货计划

这是对用户的送货计划，对于用户需求的物资，如果仓库里有，就从仓库里提货送货。由于仓库与用户、下属子公司、子物流中心（通称为需求者）都有一定路程，所以提货送货需要有一个提前时间，才能保证货物能够按需求时间及时送达。送货分直送和配送。对于大批量需求的需求者实行直送；对于小批量的需求者，实行配送。所谓配送，是对成片小批量用户的依次循环送货。

2. DRP 的具体运行步骤

DRP 的具体运行步骤如下：

第一步：运行前的编码与信息整理工作。包括：

（1）商品编码。将自己经营的商品品种进行整理编码。

（2）供货单位编码。将自己经营的所有商品品种的供货单位进行编码。

（3）物流中心组织系统的编码。如果物流中心有下属子物流中心，同本物流中心有联系，或者本物流中心又属于上一级物流中心，则都要进行编码。

（4）用户编码。原则上是有关系的所有用户都要编码。因为在制定调运计划或配送时需要用到用户编码。

（5）运输信息整理。需要整理的信息包括运输车辆、运输地理数据、送货提前期、进货提前期等。

第二步：建立社会需求主文件。通过整理订货单、订货合同、订货记录、提货单等确定社会用户及下属子公司在未来一个计划期中每天的需求，按品种、按时间顺序整理并统计，形成社会需求主文件。如果没有这些订货单、订货记录，则只能靠预测估计确定需求量，形成需求主文件。

第三步：建立库存文件。查出所有经营商品的计划期前的库存量、在途量等，形成一个文件。

第四步：建立生产企业资源文件（供货单位文件）。查出所有品种的订货单位、订货进货提前期等，形成一个文件。

第五步：进行计算机 DRP 系统运行，得出各个品种的送货计划和订货进货计划，以及本物流中心的总送货计划和总订货进货计划。

第六步：DRP 计划的执行。根据送货计划、订货进货计划以及运输车辆、运输地理情况，统一组织运输，保证每天送货计划和订货进货计划的完成。

3. DRP 的构成

DRP 就是对分销工作的全过程实施信息化管理的系统，也就是信息化管理要渗透到分销工作的每一个环节上，并通过计算机的应用，提高企业分销管理的水平。DRP 渗透到企业各个部门形成各自的子系统，一般情况下，这些子系统包括决策信息系统、计划信息系统、客户管理信息系统、物流管理信息系统、销售订单管理系统、成本管理信息系统、人员组织信息系统等。系统的各个模块可同时使用，也可选择使用。

（1）决策信息系统。分销信息是决策层进行分销决策的基础，经过计算机实现分销决策的智能化，将大大提高企业决策的质量和水平。

（2）计划信息系统。建立企业内部计划信息流程系统，以便提高计划工作的质量和水平。

（3）客户管理信息系统。建立统一的、专业化的客户档案管理制度和较大规模的客户数据库。

（4）物流管理信息系统。建立物流管理的自动化，实现高效的物流管理，使企业的产品准确而及时地送到客户那里，同时加强物流的控制工作，降低企业经营的成本。

（5）销售订单管理系统。建立销售订单管理系统，规范销售过程，对不同类型的订单进行一一记录、追踪、查询和分析。

（6）成本管理信息系统。对企业运营中的各类成本进行统计、分析，从而对企业的成本进行有效控制。

4. DRP 的应用

一般情况下，确定某种商品的需求量的一般步骤是先查询该产品的预测需求量，然后检查该商品的库存量，进而确定订货进货的日期，如果要维持一个安全库存的话，那么进货的日期应该是低于安全库存的日期。应用 DRP 的最终任务是确定送货计划和订货进货计划。

下面我们分不考虑在途商品和考虑在途商品这两种条件举例来讨论 DRP 的应用。

首先讨论在没有在途商品问题的条件下，应该怎样确定送货计划和订货进货计划。

例 1（本例不考虑在途商品问题）：武汉某物流中心 A 有某种商品的库存 1000 单位，

安全库存 400 单位，每周的需求量在 170~230 单位之间。如表 10.1 所示。

在不考虑在途商品的情况下，计算的方法是现有的库存减去预测需求量得到一个商品量，如果这个商品量低于安全库存量，那么应该进货。考虑到商品到达物流中心的日期又与中央订货供应点的装运配送日期可能会不一致，这里必须考虑从中央供应点进货的订货进货提前期，它包括：由本物流中心将订货信息传输到中央供应点的时间，加上由中央供应点到本物流中心的转运、运输的时间以及本物流中心的验货收货时间等。进货批量应当是规定的订货批量。

在本例中，进货提前期是 2 周，这 2 周时间是从中央供应点到物流中心的进货时间；而正常的进货批量是 600 单位。这 600 单位正好是两个满负荷运输台班。

表 10.1　　　　　　　　　　　　不考虑在途商品问题的 DRP 运算表

品种 A1	物流中心 A					供货单位：中央供应点			
安全库存 400 订货批量 600 进货提前期 2 送货提前期 1	期前	周							
		1	2	3	4	5	6	7	8
需求主计划		190	220	170	200	230	200	180	230
送货在途到货									
计划库存	1000	810	590	420	220	-10	-210	-390	-620
进货在途到货									
到货计划									
订进计划									
送货计划									

由表 10.1 可知，第 1 周的期初库存是 1000 单位，第 1 周预测需求量是 190 单位，那么下周也就是第 2 周的期初库存为 810 单位（1000-190=810）。同理后面的期初库存以此类推，我们可以看到，第 4 周期初库存低于安全库存量 400 单位（第 4 周的计划库存是 220 单位<400 单位），物流经理此时应该进货才能避免库存降低到安全库存 400 单位以下。因此，应把批量 600 单位的商品于第 4 周运达物流中心，这批商品则必须在第 2 周从中央订货点装运发出，如表 10.2 所示，进货计划中第 2 周进货 600 单位。

如表 10.1 所示，物流中心在第 5 周以后出现缺货（第 5 周库存是-10 单位）。如表 10.2 所示，第 4 周的货物到达后，经重新计算计划库存后，发现第 5 周的库存是 590，高于安全库存，而第 6 周的计划库存是 390，低于安全库存，所以物流中心要求第 6 周必须有一批商品到货，同样这批商品必须在第 4 周从中央供应点装运发出。如表 10.2 所示，第 4 周订进计划 600，这样第 6 周的库存由原来的 320 加上订进的 600 就变成 920 了。

从表 10.2 我们可以看出物流中心 A1 商品的送货和订货进货处理的完整计划过程：

将用户需求日期和需求量提前一个送货提前期，就得到送货日期和送货量，从而确定送货计划；

表 10.2　　　　　　　　　　　**不考虑在途商品问题的 DRP 运算表**

品种 A1	物流中心 A					供货单位：中央供应点			
安全库存 400 订货批量 600 进货提前期 2 送货提前期 1	期前	周							
		1	2	3	4	5	6	7	8
需求主计划		190	220	170	200	230	200	180	230
送货在途到货									
计划库存	1000	810	590	420	820	590	990	810	580
进货在途到货									
到货计划					600		600		
订进计划			600		600				
送货计划		220	170	200	230	200	180	230	

当库存量下降到等于或小于安全库存量的期初，应该有一个订货批量的订货量到达，参与本期的需求使用，并得到一个新的本期库存量。根据供货方的订货进货提前期，由这一期开始倒退一个提前期确定供货方的订进日期和订进数量，从而确定订货进货计划。该 A1 产品的送货提前期为 1 周，所以把每周的需求量提前一周就得到送货日期和送货量。

由此，我们就得到送货计划表和订货进货计划表。如表 10.3 和表 10.4 所示。

表 10.3　　　　　　　　　　　　　　**送货计划表**

	周							
	1	2	3	4	5	6	7	8
送货计划	220	170	200	230	200	180	230	

表 10.4　　　　　　　　　　　　　　**订货进货计划表**

	周							
	1	2	3	4	5	6	7	8
订货进货计划		600		600				

下面讨论有在途商品问题的条件下，应该怎样确定送货计划和订货进货计划。

例 2（本例考虑在途商品问题）：武汉 A 物流中心 A1 商品这个计划期的期前送货在途量为 190，预计在计划期第 1 周到达用户；而期前订货进货在途量为 600，预计在第 2 周到达本物流中心。计划期的期前库存和需求主计划与例 1 相同。见表 10.5。

表 10.5　　　　　　　　　　考虑在途商品问题的 DRP 运算表

品种 A1	物流中心 A				供货单位：中央供应点			
安全库存 400 订货批量 600 进货提前期 2 送货提前期 1	期前	周						
		1	2	3	4	5	6	7	8
需求主计划		190	220	170	200	230	200	180	230
送货在途到货		190							
计划库存	1000	1000	1380	1210	1010	780	580	400	770
进货在途到货			600						
到货计划									600
订进计划							600		
送货计划		220	170	200	230	200	180	230	

如果考虑在途商品的话，必须将在途商品加入库存以决定库存能够维持的时间。于是库存商品与购进在途商品数量之和就得到一个总量，这个总量用完的日期就是下次订货进货到达的最佳日期。

因为送货在途将冲减用户需求，从而升高本中心该期库存量，而订货送货在途将增加本中心库存，而减少订货进货次数。这样计算，可以得到表 10.5 的结果。从表中可以看到，第 1 周到达的送货在途 190 冲减了第一周的用户需求，从而升高了库存量（由原来 810 升为 1000，也就是期初库存量减去本期需求量，再加上本期送货在途到货量）。第 2 周的订货进货在途到货升高了库存量，由原来的 780 升高到 1380。知道第 8 周库存只有 170 单位<400 单位，此时就应该订货进货了。

在考察了一个物流中心 A 中的一个产品 A1 的 DRP 计划的制定原理和操作方法后，我们走完了一个 DRP 计划制定的全过程和它的方方面面。DRP 计划的最终成果是两个：一个是产品 A1 的送货计划，另一个是 A1 的订货进货计划。它们分别如表 10.6、表 10.7 所示。注意送货计划都是和特定的产品、特定的用户群相联系的，而订货进货计划都是与特定供货单位、特定产品相联系的。

一个物流中心有多个品种的物资，每一个品种的物资都可以通过运行 DRP 得到一个类似的送货计划和订货进货计划。这样，把各个品种的送货计划汇集起来，就可以得到物流中心 A 的总送货计划表，把各个品种的订货进货计划汇集起来，就得到物流中心 A 的总订货进货计划表。见表 10.8、表 10.9。

表 10.6　　　　　　　　　　　物流中心 A 品种 A1 的送货计划

	周							
	1	2	3	4	5	6	7	8
A1 送货计划	220	170	200	230	200	180	230	

表 10.7　　　　　　　　　　　物流中心 A 品种 A1 的订货进货计划

	周							
	1	2	3	4	5	6	7	8
A1 订货进货计划						600		

表 10.8　　　　　　　　　　　物流中心 A 的总送货计划表

	周							
	1	2	3	4	5	6	7	8
A1 送货计划	220	170	200	230	200	180	230	
A2 送货计划	200	140	220	300	200	140	200	
A3 送货计划	40	100	200	200	200	160	240	
A4 送货计划	20	180	240	260	200	180	300	
A5 送货计划	240	200	220	240	200	160	240	
合计	720	790	1080	1230	1000	820	1210	

表 10.9　　　　　　　　　　　物流中心 A 的总订货进货计划表

	周							
	1	2	3	4	5	6	7	8
A1 订货进货计划						600		
A2 订货进货计划			1000			1000		
A3 订货进货计划					600			
A4 订货进货计划		400					400	
A5 订货进货计划					600			
合计		400	1000		1200	1600	400	

　　至此，在物流中心运行 DRP、制定 DRP 计划的全部过程得以完成，得到了每种商品的送货计划、订货进货计划和本物流中心的总送货计划、总订货进货计划。DRP 计划制定出来后，剩下的问题就是执行 DRP 计划。DRP 计划的执行，就是要组织车辆统一进行运输，包括进货和送货。

10.1.3 DRPII 的基本原理及应用

1. DRPII 与 DRPI 的区别

DRPII 是分销资源计划,是在分销需求计划 DRP 的基础上再加上物流能力计划等而形成的一个集成、闭环的商品资源配置系统。实际上它已经不只是一个商品资源配置系统,而是一个比较全面的企业管理信息系统了。

DRPII 与 DRPI 的区别具体表现在:

(1) DRPII 是一个比较完全的企业管理信息系统

DRP 主要功能是为满足用户商品需要,而进行商品在进、销、存各个环节上商品数量的配置。DRPII 的功能除了商品在数量上的进、销、存配置外,还有配置物流能力,包括车辆、仓库的配置利用以及成本、利润核算等功能。此外还具有物流优化、管理决策等功能。

(2) 在具体内容上,DRPII 比 DRPI 增加了以下功能模块:

①车辆管理。主要管理运输车队,包括运输任务的实施和考核。

②仓储管理。主要是仓储商品的进、发、存管理。

③物流能力计划。主要包括车辆运输能力、仓储能力等计划。这种计划是送货计划和订货进货计划实施的保证。

④物流优化辅助决策系统。这个系统主要是为配置车辆、进行调运、进行辅助决策服务的,是一些物流优化模型,包括调运模型、配送模型等。

⑤成本核算系统。根据车辆、仓储的单位成本和车辆的运输量、仓储量等,求出运输成本和仓储成本,从而也可以求出利润。

(3) DRPII 具有闭环性

DRPII 不但能够配置任务,还能够为任务配置能力,并且能够进行成本利润核算,进行企业的管理决策,形成了一个自我适应、自我发展的闭环系统。在信息的处理上,也是一个信息闭环反馈系统,订货信息和送货信息最后都反馈到仓库和车队。

(4) DRPII 具有集成性

DRPII 比 DRPI 具有更高的集成性,是涵盖各种业务(包括车队、仓储、进货、送货和储存)处理和决策的多功能子系统的集成。

2. DRPII 的基本原理

DRPII 的原理逻辑如图 10.4 所示。图中的上半部分与 DRP I 基本相同。DRPII 原理图下半部分是 DRPII 新增加的功能。能力平衡、运输仓储计划、成本核算是对送货计划、订货进货计划得以实施的保证。具体解释如下:

(1) 能力平衡

该模块是针对基本 DRP 制定出的送货计划和订货进货计划,根据车队的车辆情况以及仓储管理的仓库情况进行能力平衡,形成物流能力计划。对于 DRP 计划给定的任务,要落实车辆和仓储面积(以下统称物流能力),如果物流能力不够,要外购或外租。需要注意的是,这里的物流能力计划还只是一个粗能力计划,只是总量上的平衡,最后要实现能力与任务的总量平衡。

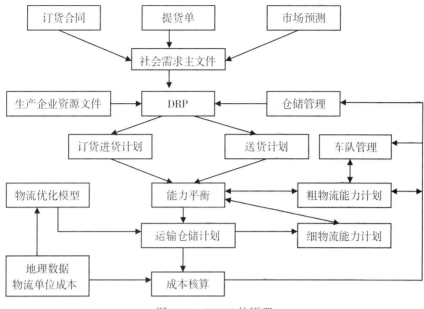

图 10.4 DRPII 的原理

（2）运输仓储计划

在能力平衡以后，对给定的任务根据物流优化模型制定统一的运输计划和仓储计划，并根据这个运输仓储计划制定细物流能力计划。细物流能力计划就是要落实具体运输路线所用的运输车辆以及入库的商品具体的存放地点等。这一块是 DRP 系统中非常重要的一块，实际上是实现 DRP 经济有效配置商品资源的关键一环，也是 DRP 系统中最难的一块。

（3）成本核算

根据已经形成的运输计划、仓储计划，计算工作量，并根据单位成本来计算总成本，从而实现成本利润核算。在 DRP 中，DRP 运算得出库存需求的优先权计划，即提供预见需求量和需求时间的方法。优先权计划的实施前提是必须确保企业的物流功能具备所需的物流能力。当把计划订单所需的物流能力延伸到各个物流能力领域时，计划人员就能够判断计划的可行性。

这三大块是主要的，它们又各自带了一些小模块。这些模块有：

①仓储管理。其基本功能有：仓库出库管理，仓库入库管理，库存商品管理，仓库面积、货位规划管理，库存成本管理。

②车队管理。其基本功能有：车队所有车辆的基本信息管理；运输规划、车辆调度管理；车辆任务管理，根据任务单派车；运输成本管理，单车核算。

3. DRPII 的处理步骤

一般分为五个步骤：

第一步：建立社会需求主文件。根据社会订货单、提货单统计汇总得到，或者通过市场预测得到。

第二步：求出 DRP 计划。由需求主计划、仓储管理中的库存文件和生产企业资源文件得出，包括送货计划和订货进货计划。

第三步：进行任务和能力的粗平衡。这里的任务就是指由 DRP 计划所确定的每天（周）的总任务，具体来说就是每天的送货量加订货进货量。总任务的表示法有"吨""吨公里""台时"等几种，根据具体情况选用。

第四步：具体运输方案、仓储方案的制定。这是对于大致平衡的任务和能力，进行具体运输方案和储存方案的研究确定。所谓具体的运输方案，是指哪个任务派哪一辆车。联合调运方案可通过用电脑运行物流优化数学模型而得到。

所谓储存方案，就是解决入库商品的存放地点和存放方式的问题。DRP 计划中有订货进货计划，订进的货物可能要放到仓库中去，究竟放到哪个仓库，放到哪个货位，怎样存放，这些都是有讲究的，要进行研究分析，形成仓储方案。

第五步：成本核算。在具体调运方案和仓储方案出来以后，就可以进行成本核算了。成本核算的基本方法就是用单位成本乘以任务量。任务量由运输方案和储存方案确定，而单位成本，则由车队和仓库根据实际情况或者价格政策来确定。

在计算成本时，任务量用"t·km"计算的较多，也有用"台时"的。在比较特别的情况下，也可以用"t"。

4. DRPII 的应用

下面我们运用 VSP 法通过例子来说明 DRPII 的运行步骤和应用方法。

（1）VSP 规划法的基本思路

VSP 规划法的基本思路见图 10.5（1），P 为配送中心所在地，A 和 B 为客户所在地，相互之间道路距离分别为 a、b、c。最简单的配送方法是利用两辆车分别为 A、B 客户配送；此时，如图 10.5（2）所示，车辆运行距离为 2a+2b，，然而，如果按图 10.5（3）所示改用一辆车巡回配送，运行距离为 a+b+c。如果道路没有什么特殊情况，可以节省车辆运行距离为（2a+2b）－（a+b+c）＝a+b-c>0，也被称为"节约行程"。

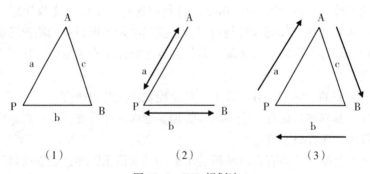

图 10.5　VSP 规划法

如果给数十家、数百家客户配送，应首先计算包括配送中心在内的相互之间的最短距离，然后计算各客户之间的可节约运行距离，按照节约运行距离的大小顺序连结各配送点并规划出配送路线。但是，VSP 规划法所求出的配送路线并不一定都是最适解，有时也有近似解，但是，对于客户多、规模大的情况，它比人工计算要快得多。为了更好地掌握和运用 VSP 规划法，现举一例进行计算。

图 10.6 所示为一配送网络，P 为配送中心所在地，A 至 J 为客户所在地，括号内的数字为配送量，单位为吨（t），线路上的数字为道路距离，单位为公里（km）。为了尽量缩短车辆运行距离，必须求出最佳配送路线。现有可以利用的车辆是最大装载量为 2 吨和 4 吨的两种厢式货车，并限制车辆一次运行距离在 30 公里以内。

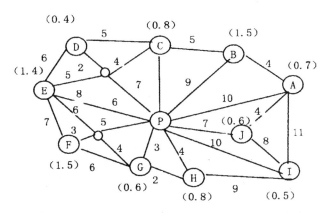

图 10.6　配送网络图

具体步骤如下：

①第一步：首先计算相互之间最短距离，根据图 10.6 中配送中心至各用户之间、用户与用户之间的距离，得出配送路线最短的距离矩阵，如图 10.7 所示。

	P										
A	10	A									
B	9	4	B								
C	7	9	5	C							
D	8	14	10	5	D						
E	8	18	14	9	6	E					
F	8	18	17	15	13	7	F				
G	3	13	12	10	11	10	6	G			
H	4	14	13	11	12	12	8	2	H		
I	10	11	15	17	18	18	17	11	9	I	
J	7	4	8	13	15	15	15	10	11	8	

图 10.7　配送中心到各用户之间的地理数据

②第二步：从最短距离矩阵中（图 10.7）计算出各用户之间的节约行程（图 10.8）。例如，计算 A—B 的节约距离：P—A 的距离：$a = 10$；P—B 的距离：$b = 9$；A—B 的距离：$c = 4$；$a+b-c = 15$。

	A								
B	15	B							
C	8	11	C						
D	4	7	10	D					
E	0	3	3	10	E				
F	0	0	0	3	9	F			
G	0	0	0	0	1	5	G		
H	0	0	0	0	0	4	5	G	
I	9	4	0	0	0	1	2	5	I
J	13	8	1	0	0	0	0	0	9

图 10.8　配送中心到各用户之间的节约行程

③第三步：对节约行程按大小顺序进行排列，见表 10.10。

表 10.10　　　　　　　　　　　配送线路节约行程排序表

序号	连接点	节约行程	序号	连接点	节约行程
1	A—B	15	13	F—G	5
2	A—J	13	13	G—H	5
3	B—C	11	13	H—I	5
4	C—D	10	16	A—D	4
5	D—E	10	16	B—I	4
6	A—I	9	16	F—H	4
7	E—F	9	19	B—E	3
8	I—J	9	19	D—F	3
9	A—C	8	21	G—I	2
10	B—J	8	22	C—J	1
11	B—D	7	22	E—G	1
12	C—E	6	22	F—I	1

④第四步：按照节约行程排列顺序表（表 10.10），组合成配送路线图。

初始解：如图 10.9 所示，从配送中心 P 向各个用户配送。配送路线 10 条，总运行距离为 148 公里。需要 2 吨汽车 10 辆。

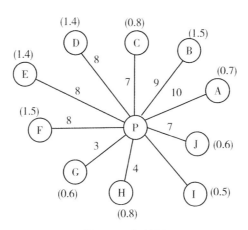

图 10.9　初始解

二次解：按照节约行程的大小顺序连接 A—B、A—J、B—C，如图 10.10 所示，配送路线 7 条，总运行距离为 109 公里，需要 2 吨车 6 辆，4 吨车 1 辆。在图中可以看出，规划的配送路线 I，装载量为 3.6 吨，运行距离 27 公里。

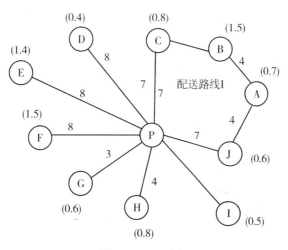

图 10.10　二次解

三次解：按照节约行程大小顺序，应该是 C—D 和 D—E。C—D 和 D—E 都有可能连接到二次解的配送路线 I 中，但是由于受车辆装载量和每次运行距离这两个条件的限制，配送路线 I 不能再增加用户，为此不再连接 C—D，连接 D—E，组成配送路线 II，该路线装载量为 1.8 吨，运行距离 22 公里。此时，配送路线共 6 条，总运行距离 99 公里，需要

2吨汽车5辆,4吨汽车1辆。

四次解:接下来的顺序是A—I,E—F。由于将用户A组合到配送路线中,而且该路线不能扩充用户,所以不再连接A—I;连接E—F并入到配送路线Ⅱ中,配送路线的装载量为3.3吨,运行路线为29公里,此时,配送路线共有5条,运行距离90公里,需2吨车3辆,4吨车2辆。

五次解:按节约行程顺序排列接下来应该是1—J,A—C,B—J,B—D,C—E。但是,这些连接均由于包含在已组合的配送路线中,不能再组成新的配送线路。接下来可以将F—G组合在配送Ⅲ中,这样配送路线Ⅱ装载量为3.9吨,运行距离为30公里,均未超出限制条件,此时,配送路线只有4条,运行距离85公里,需要2吨汽车两辆,4吨汽车2辆。

最终解:接下来的节约行程大小顺序为G—H,由于受装载量及运行距离限制,不能再组合到配送路线Ⅱ内,所以不再连接G—H,连接H—Ⅰ组成新的配送路线Ⅲ,见图10.11。

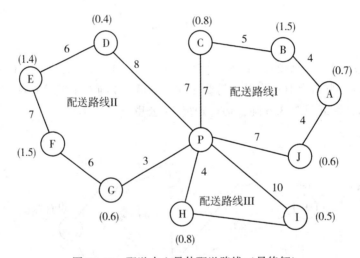

图10.11　配送中心最佳配送路线(最终解)

到此为止,完成了全部的配送路线的规划设计,共有3条配送路线,运行距离80公里。需要2吨汽车1辆,4吨汽车2辆。其中配送路线Ⅰ:4吨车1辆,运行距离27公里,装载量为3.6吨;配送路线Ⅱ:4吨车1辆,运行距离30公里,装载量为3.9吨;配送路线Ⅲ:2吨车1辆,运行距离为23公里,装载量为1.3吨。

至此,DRPⅡ处理的全过程结束。

把送货和进货的任务量统一起来,进行统一调运。首先进行仔细分析,把小批量用户分离出来,实行配送,然后把大批量运输的生产企业和用户组织起来,统一调运。对实行配送的运输采用配送模型,对实行统一调运的采用调运模型。具体的配送、调运模型请查阅有关书籍。

至于仓储计划的制定,由仓储管理人员具体负责。他们要根据整个仓库的规划和布局，再根据进货商品的特点和数量，给入库商品安排存放方式和存放地点。然后根据存放的商品和地点面积，仓储管理人员可以给出单位商品的仓储费用，这样就可以求出仓储费用，进行成本核算。

（2）使用 VSP 规划法注意事项

①适用于顾客需求稳定的配送中心。

②对于需求不固定的顾客，采用其他途径配送，或并入到有富余的配送路线中去。

③最终确定的配送路线要充分听取司机及现场工作人员的意见。

④各配送路线的负荷量尽量调整平衡。

⑤要充分考虑道路运输状况。

⑥预测需求的变化及发展。

⑦不可忽视在送达用户后需停留的时间。

⑧要考虑到司机的作息时间及指定的交货时间。

⑨因为交通状况和需求的变化影响到配送路线，最好利用仿真模拟研究对策及实施措施。

⑩对于 VSP 规划法，几乎所有的计算机应用程序软件包都是比较完备的，特别是规模较大的配送网络应利用计算机进行规划设计。

10.2 LRP 技术

LRP（logistics resource planning）是物流资源计划的简称，实质是把 MRP 和 DRP 结合起来应用，使物流资源管理成为贯穿企业原材料进货、产品制造、产品流通等环节的面向整个市场、降低生产成本的有效管理手段。

10.2.1 LRP 原理

LRP 是在制造资源计划、能力资源计划、分销需求计划的基础上进行功能集成的结果，其基本目标是通过与物资采购、制造支持以及实体分销有关的作业计划的实施，优化配置物资资源，提高物流效率，以实现企业发展战略的经营计划。其基本原理包含了以下几个基本点：

（1）站在市场的高度，从社会大市场和企业内部经济有效地组织资源。

（2）以物流为基本手段，跨越生产和流通来组织和配置物资资源，打破生产和流通的界限以降低物资资源配置成本。

（3）灵活运用各种手段，打破地区、部门、所有制界限，利用各种经营组织、经营方式以及采用各种物流优化方法，什么方式能实现资源的有效配置，最能提高经济效益，就采取什么方式。

（4）立足市场抓企业、立足流通抓生产、立足需求抓供应的思想原则。

（5）"统一""集成""优化"的思想。综合运用各种资源、配置技术、先进管理思想和管理手段。LRP 不是简单地将 MRP 和 DRP 相加，而是将两者进一步融合、优化。

10.2.2 LRP 的处理逻辑原理

LRP 的原理是把 MRP 和 DRP 结合起来应用，在生产厂系统内部，实行 MRP，在生产厂外部，实行 DRP，而将物流作为联系二者的纽带，这是因为 MRP 和 DRP 虽然在原理上有许多不同之处，但在物流上有共同的特点，都是物资在时间空间上的转移。LRP 的处理逻辑原理图如图 10.12 所示。

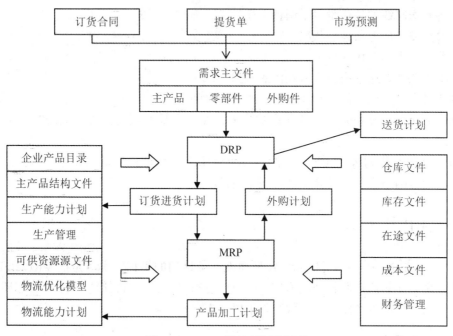

图 10.12　LRP 的处理逻辑原理

由图 10.12 可以看出，LRP 实际上是 MRP 和 DRP 的有机结合。它输入社会需求主文件、供应商货源文件，形成产品生产计划、生产能力计划、送货计划和订货进货计划、运输计划、仓储计划、物流能力计划，并进行成本核算。不同的是，原 MRP 的主产品需求计划现在由 DRP 的订货进货计划的一部分来代替，而其社会订货则由 DRP 的输入文件——"需求主文件"来记录，社会订货首先由 DRP 从库存中供应，仓库中的商品如果不够，再向 MRP 订货进货，MRP 根据这个订货进货计划进行 MRP 处理，产生加工任务单交生产部门加工，外购件又返回 DRP 系统，进入 DRP 处理，DRP 仍然首先从仓库供应，仓库不够的按订货进货计划到市场采购。

在需求主文件中，既有 MRP 需求的产品（包括主产品、零部件），也有 DRP 需要的外购件（企业不生产但流通中心经销的商品）。因此，MRP 输出的外购品计划就成了 DRP 的输入需求计划的一部分。图中的库存文件，不但有生产厂仓库的生产库存，还有流通中心（原来的物流中心，增加了购销等商流功能后称流通中心，下同）的库存。同样，车队也不只是流通中心的，还要为生产厂运输，在整个系统内进行统一调度。现在的财务管理、成本核算，也是面向整个企业的，包括生产成本核算和流通成本核算。这里的物流优化模型，则不仅是原 DRP 的物流优化模型，还应当包括内部物流的优化模型，包括厂区规划、生产路线设计等模型。

下面具体解释一下 LRP 中的输入文件和输出文件：

LRP 的输入文件包括需求主文件、主产品结构文件、企业产品目录文件、库存文件、可供资源文件等，简述如下：

（1）需求主文件。需求主文件是社会订货，既包括对企业生产的主产品和零部件的订货，也包括社会对企业自己不生产但经销的各种产品。将这些订货按主产品、零部件和外购件分成三类，各类又按品种、需求日起整理排列就得到"需求主文件"。

（2）企业产品目录文件。这是企业产品目录清单，用以把需求文件分成两部分，一部分是企业可供产品，进入 MRP 处理，另一部分是外购品，进入 DRP 处理。

（3）主产品结构文件。它指生产厂生产的主产品，把能够独立流通的零部件放在其中。

（4）库存文件。它包括流通库存文件和生产库存文件。库存文件主要列出所需产品的期初库存量和库存量在计划期中的变化动态，列出有关产品的送货在途和进货在途物资的到达数量，同时还包括库存物资的安全库存量。

（5）可供资源文件。这是在资源市场中为 DRP 订货进货可用的订货厂家和订货物资信息文件，特别是订货进货提前期、订货批量等。该可供资源包括企业能够生产的产品，都是外购品。因为 DRP 专门处理外购品，包括企业的外购品和社会需求外购品（企业的经销产品）的订货。需求主文件中的企业能够生产的产品全部进入 MRP 处理系统，并经 MRP 处理后，变成了产品生产计划。产品生产出来后，进入仓库销售。

（6）粗能力计划。它包括粗生产能力计划和粗物流能力计划。粗生产能力计划要根据产品的加工路线确定可用机时和可用工时。粗物流能力计划，包括可用运输能力和可用存储能力。运输能力要根据车型和物流路线来定，可以用"吨"或"吨公里"表示，存储能力要根据入库物资的品种和仓库的具体情况确定，可以用存储面积表示。粗能力计划是用来进行能力平衡用的，包括生产能力的平衡、物流能力的平衡，从而产生细能力计划。

（7）单位成本文件。其内容包括单位生产成本和单位物流成本。单位生产成本要根据特定的加工中心的特定设备和特定人员，给出单位台时、单位机时、单位工时的费用。物流成本要根据特定车型、特定运输方式、特定路段给出单位吨公里（或吨）的费用，同时要计算出特定物资特定仓库的单位保管费用等。这样就可以根据工作量计算生产成本和物流成本。

LRP 的输出文件包括：产品加工计划和细生产能力计划、外购品计划、送货计划、订货进货计划和统一运输计划、物流能力计划、成本核算文件。

（1）产品加工计划和细生产能力计划。这是由 MRP 产生的加工任务单计划和细生产能力计划，交生产厂（或车间）加工生产用。

（2）外购品计划。这是由 MRP 运行后生产的。将该计划与需要主文件中的外购品需求计划合在一起，又可生成 DRP 的输计划。

（3）送货计划、订货进货计划和统一运输计划。这是 DRP 运行后生成的输出文件。在不进行物流优化和统一组织运输的情况下，可以直接用送货计划和订货进货计划。在实施统一运输和物流优化的情况下，就不用送货计划和订货进货计划，而只用运输计划，后者物流成本低、经济效益高。在此需要注意的是送货计划包括对生产仓库的库存外购品的送货，订货进货计划包括对产生产品的进货入库。运输计划实际上是一个详细的运输方案和派车计划。

（4）物流能力计划。该计划是由 DRP 生成的，包括车辆运输能力计划和仓储计划，它是跟运输相联系的。

（5）成本核算文件。该文件应列出加工产品的生产成本和流通产品的物流成本。

LRP 的实际原型可以用图 10.13 表示。

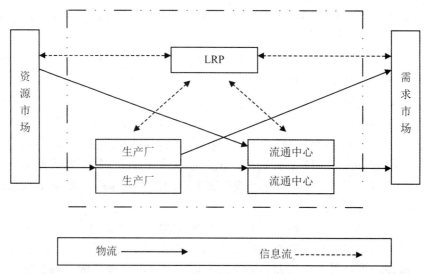

图 10.13　LRP 的实际原型图

10.2.3　LRP 系统的主要功能

LRP 可以认为是一个集团模式，它包含有多个生产厂和多个流通中心，整个企业处在市场之中，由资源市场取得资源投入企业生产过程，获得生产产品或服务去满足需求市场或流通中心的需要；企业也可以从资源市场获取资源进入流通中心去满足需求市场的需要，LRP 在其中的作用就是站在大市场的高度，打破生产和流通的界限，对整个企业的生产和流通进行资源配置，对社会需求进行资源配置。LRP 系统包括以下主要功能：

（1）运输管理：对运输业务、车辆运行、车辆维修、司机绩效、成本控制进行综合管理，包括整车管理与零担管理（含配载管理）、优化调度配车功能。

（2）仓库管理：对货物入、出库、调拨进行详尽管理（可按先进先出的方式），随时按货位、按批次显示货物的库存状况，支持条码管理，支持货位及仓储状态的图形化直观管理。

（3）配送管理：以提高运作效率、降低物流成本为目的，对分销区、分销商或长期的直接用户按 JIT（实时配送）原则，对多需求方多供应方之间施行实时信息通道和物流通道管理（含自动补货系统）。

（4）货代管理：可满足货物代理的托运、接取送达、订舱配载、联运服务等业务管理需求，使货代能为客户提供标准化的门对门的一票到底的服务。

（5）报关管理：集报关、商检、卫检、动植物检疫等功能于一体，实现联机货物通关，满足物资流通企业跨境物流的需要。

（6）数据交换管理：为客户或联盟合作伙伴提供 WEB 形式的数据交换（WEBEDI）功能。

（7）客户管理：对客户资源实行统一管理，优化业务代表与销售内勤之间的工作流程，提升客户响应速度，建立客户反馈渠道，使销售资料规范化，提升客户的忠实度与企业的信誉度（含客户资料管理、客户跟踪管理、客户服务管理、业务知识管理）。

（8）合同管理：对合同进行量化分析，将客户的需求转换成物流服务的具体方案，配置相应的资源，跟踪合同的执行结果。

（9）预算管理：对生产企业、建筑业或简单加工配套销售服务业的物品提供零整配套管理，可灵活、快捷地对各类套装产品及服务进行预算与报价。

（10）办公管理：对企业的人力资源、固定资产、办公设备、质量管理、员工培训、公司动态、公共信息等实行无纸化管理，可降低办公成本，提高办公效率。

（11）结算管理：对企业的所有应收款、应付款项进行自动核算与跟踪，并进行账龄分析，自动发行催款单，支持不同的结算方式。

10.2.4　LRP 的处理步骤

第一步：输入需求主文件。将订货单、订货合同、提货单以及企业生产部门提供的外购品采购单按品种、需求日期汇总整理成需求文件。如果上述资料不齐全，亦可以根据预测数据制定。需求文件应按主产品、零部件和外购品分开，前两类进入 MRP 处理，后一类将和 MRP 处理完生成的外购品计划合起来，再进入 DRP 处理。

第二步：建立主产品、零部件需求文件中各个品种 MRP 的处理表，对每一个品种进行 MRP 处理。

第三步：将 MRP 生成的外购品计划和社会需求主文件中的外购品需求计划汇总，形成 DRP 需求文件，建立 DRP 处理表，进行 DRP 处理。

小　　结

分销资源计划（DRP）是企业资源计划（ERP）的重要组成部分，是 MRP 思想在企业分销网络的运用和发展。DRP 准确计算和合理利用企业销售网络资源，针对客户的需求，平衡物料的在途、库存，制订合理的需求计划，并通过对运输，仓储资源的可行性分析制定合理的运输、储能计划。DRP 虽然在国外发展迅速，但中国应该结合自己的具体国情才能更好地运用 DRP 来促进我国经济迅猛发展。

LRP 实际上是把 MRP 和 DRP 结合起来应用,在生产厂系统内部实行 MRP;在生产厂外部实行 DRP。LRP 的基本动机是帮助既搞生产又搞流通的企业来制定物流资源计划。它的基本思想是面向大市场,以物流为基本手段,打破生产和流通的界限,为企业生产和社会流通的物资需求进行经济有效的物资资源配置。LRP 适用于所有需要兼产、供、销于一身的企业。大的可以是企业集团,小的可以到一般的大中型企业和商店。

思 考 题

1. DRP 的基本原理是什么?

2. DRP 有几个发展阶段,各个发展阶段的特点是什么?

3. 如何确保供货和订货的及时性?

4. 假设你是企业的部门经理,那么你将如何管理该企业的分销体系?

5. 试比较 MRP、DRP、DRPII 的异同点。

6. LRP 的基本原理是什么?

7. 简述 LRP 的处理逻辑原理。

8. LRP 主要功能是什么?

9. 简述 LRP 的处理步骤。

10. 结合实际中的案例,深刻理解 LRP 在发展企业经营战略的巨大作用。

【案例分析】

案例 1

MMH 公司有 3 个配送中心位于美国,在其位于加拿大魁北克省的制造工厂内有一个中央供给设施。这里介绍它们的配送资源计划(DRP)系统在为期 8 周的时间内是如何发挥作用的。

波士顿配送中心拥有的安全储备水平定为 55 个单位的小器具。当储备下降到该水平以下时,配送中心就会发出订单,补给 500 个以上的小器具。从中央供给设施装运到波士顿配送中心的前置时间为 2 个星期。波士顿配送中心的 DRP 显示,有 8 周的需求预测数,称作总需求数。一开始的现有存货剩余数为 352 个小器具,配送中心预测在第 5 周内将只有 42 个小器具(现有存货 122 个小器具减去总需求数中的 80 个小器具)。这将低于安全储备水平,于是,DRP 在第 3 周内(第 5 周减去前置时间 2 周)启动已计划订货数为 500 个小器具的订货。如已预测的那样,备货一到,该配送中心又恢复到安全作业水平。

小器具在芝加哥是高销量货品,所以,芝加哥配送中心总需求数要比波士顿配送中心高。它一次订购小器具的数量也更多。芝加哥配送中心的 DRP 显示,有 800 个小器具已经在运输途中(已定期接收数),并且应该在 1 周内抵达。它们如期抵达,并在第 6 周安排接下来的 800 个小器具的订货,以处理在第 8 周内即将到来的低于安全储备的状况。

　　凭借经验，圣地亚哥配送中心将其安全储备表示为安全时间（2 周）。经检查DRP 显示，圣地亚哥配送中心如果不进行补给，第 5 周内将剩余 30 个小器具（60 减30），第 6 周内将剩余 5 个小器具（30 减 25），在第 7 周内现有存货余数为-10（5 减15）。于是，圣地亚哥配送中心在第 3 周至第 7 周减安全时间、再减前置时间（总计4 个星期）启动已计划订货数，即 150 个小器具的订货。

　　中央供给设施的 DRP 显示类似于各配送中心的显示，不过，它显示有关启动和接受制造订货方面的主计划建议。

　　中央供给设施的总需求数是由各配送中心促成的。波士顿和圣地亚哥配送中心在第 3 周生成总计为 650 个小器具的需求，而芝加哥配送中心则在第 6 周生成 800 个小器具的需求。中央供给设施发现，在第 6 周内现有存货余数将是负值。因此，它在第 3 周启动一项订货量为 2200 个小器具的主计划，以弥补短缺。

　　　　　　（资料来源：http：//www.56net.com/56net/news/wlzx/wlal/9-31.htm）

案例 2

　　随着供应链上下游企业密切配合，DRP 的应用还延伸到了上下游企业的系统连接，共同实施 DRP 来管理双方之间的物流、资金流和信息流。这是 DRP 应用的高级形式，需要企业紧密配合，互相开放资源。作为客户方的企业把产品的销售、库存和生产动态信息提供给供应方企业，供应方企业对市场需求预测的不确定性将大大降低，风险库存也随之降低；供应方成本降低，可以在价格上给客户方价值让渡，而且客户方可以享受供方准时适量送货的服务，自身的库存也得到下降。

　　宝洁公司与沃尔玛公司在合作的基础上双方共同缔造供应链的 DRP 管理是跨企业的系统互联。沃尔玛公司将每天从分销中心到商场的运量通知宝洁公司，当宝洁认为该补货时就建议沃尔玛进货的数量和时间，沃尔玛甚至授权宝洁在适当的时候随时补货，沃尔玛免去了经销宝洁公司产品的库存和相应的采购、库存费用。如图 10.14所示（双箭头表示物流，单箭头表示信息流），最重要的环节是两家企业计算机系统的连接，宝洁直接获取自己产品在沃尔玛的销售和库存等动态信息，据以安排和组织

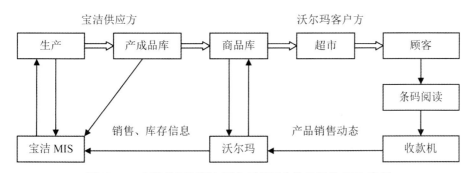

图 10.14　宝洁公司与沃尔玛公司基于合作关系的 DRP 应用

生产，严格控制库存，适时向沃尔玛的配送中心、超市送货；沃尔玛内部应用程序能够动态跟踪库存和销售状况，致力于消减库存。双方共同缔造 DRP 管理，从而实现"双赢"。

案例思考题

1. 运用图表分析 MMH 公司 DRP 的运行情况。
2. 评价宝洁公司与沃尔玛公司在 DRP 基础上的合作给各自带来的益处。

第十一章　物流功能活动的管理

　　物流系统运作决策聚焦于实施或执行每一项具体物流活动，因此物流功能活动的管理是物流系统运作环节的核心。物流活动主要包括包装、装卸搬运、运输、储存、流通加工、配送等要素，其中实现物质、商品空间移动的运输以及时间移动的储存是两个中心要素，它们之间的协调工作对物流管理的顺利进行起着十分重要的作用。本章主要介绍物流运作层面的活动管理，即运输管理、储存管理、包装管理、流通加工管理、装卸搬运管理和配送管理，主要从管理内容、合理化等角度进行介绍。

　　关键词：运输管理（transportation management）　　储存管理（storage management）包装管理（packaging management）　　流通加工管理（distribution processing management）装卸（load and unload）　　搬运（convey）　　配送（distribution）

11.1　运输管理及方法

　　运输管理，就是按照一定的原则，对其涉及的各个环节，进行合理的组织和平衡调整，达到提高效率、降低成本的目的。

11.1.1　运输管理的原则

　　运输是通过运送一定货物量及距离来反映其经济效益的。因此，运输管理通常有两条基本原则：规模经济和距离经济。

　　1. 规模经济

　　规模经济是指当货物量增加时，单位重量的运输成本会降低的一种特性，如整车装运（即满载装运）的每单位运输成本低于零担装运（即利用车辆部分能力进行装运）的运输成本。运输规模经济之所以存在，是因为有关的固定费用（包括运输订单的行政管理费用、运输工具投资以及装卸费用、管理以及设备费用等）可以按整批的货物量分摊，所以货物量大分摊的费用就低。另外，通过规模运输还可享受运价折扣。

　　2. 距离经济

　　距离经济是指单位距离的运输成本会随距离的增加而减少的特性，如公路运输中1000公里的一次装运成本往往要比500公里的两次装运成本低。运输工具装卸所发生的固定费用必须分摊到每单位距离的变动费用中，距离越长，每单位支付的费用越低。可见，选择合理的距离进行运输，不仅是运输经济的要求，也是运输路径优化的主要问题。

　　除了上述原则，考虑到客户服务是物流管理的重要目标，物流管理的每一个活动对客户服务水平都有影响。运输管理还要做到"及时、准确、经济、安全"，做到加速流通，降低流通费用，提高运货质量，多快好省地完成运输任务。

11.1.2　运输管理的内容

运输管理是指对整个运输过程中的各个部门、各个环节以及运输计划、发运、接运、中转等活动中的人力、财力、物力和运输设备进行合理组织、统一管理、实时监控。

1. 运输计划管理

运输计划主要涉及货物运量计划、运输车辆利用计划（即运力计划）、运输车辆作业计划等。它是制订运输企业其他计划（例如设备维修更新计划、物资供应计划、成本计划、财务计划等）的依据和基础，也是整个运输组织与管理的基础性工作。货物运量计划的制订是以货运市场分析和运输量预测为基础的。实际上，运量计划还要结合企业资源和运输设备的效率和能力，在运输成本分析与收益分析的基础上，最后制订。另外，要实现运输生产计划的最佳化，就要对运输方式、运输工具、运输线路、运输时间、运输成本预算、运输人员配备等多种方案进行最佳决策，因而要借用运输优化与决策技术。运输计划按运输方式可分为铁路运输计划、公路运输计划、水路运输计划、航空运输计划、联运及集装箱运输计划；按计划编制时间又可分为年度运输计划、季度运输计划、月度运输计划。

2. 发运管理

发运业务是物流企业按照交通运输部门规定，根据运输计划安排，通过一定的运输方式和运输工具，把货物从产地（或起运地）运到销地（或收获地）的第一道环节，是运输业务的开始。此环节对整个运输作业过程中的时间、数量、质量、费用等运输经济技术指标起着决定性作用。一般发运管理分为以下程序：组织配货；办理托运手续；送货到站；组织装运。

3. 接运管理

接运是指物流企业或运输部门在接到到货通知后，做好接运准备工作，把到达的货物完整无损地接运进来的业务活动。接运要求做好以下几方面工作：

（1）接运单位须与交通运输部门办理交接手续，根据货物运输凭证及数量和质量要求，接收、清点货物，要做到手续清楚、责任分明。

（2）接卸货物，必须注意安全，保证质量，避免造成损失。

（3）提前准备好仓位，货物接卸后，须入库保管的立即进入库房保管。

（4）可组织直拨的货物，在货物到达后，在就近的车站、码头或专线直接把货物发出，不入库保管，这样减少了一道中间环节。

4. 中转管理

从起运地到收货地之间不能一次到达，须经过二次运输转换两次以上运输工具的就要进行中转运输。加强中转管理，对提高运输工作质量非常重要。首先，发货方须提前将需要中转的运输计划通知中转单位；其次，要事先做好接运和中转准备工作，货物到达后，及时装卸、及时转出；再次，对中转的货物包装要认真检查，凡是发现已经破损的，应进行加固和更换，以免造成货物破损；最后，在货物到达后，要及时理货，分批进行，避免前后混淆，批次不清，造成混乱，影响中转时间。

5. 运输安全管理

保证货物在运输过程中的安全是运输工作中的一项重要工作。在货物运输过程中，造成运输事故的原因是多方面的，如：属于货物本身性能和操作不当引起的事故，属于货物在装卸环节和运输途中造成的事故，属于发货单位填错货票、唛头而发生的事故，货物丢失、被盗事故、自然灾害造成的事故等。为了防止或尽量减少事故和损失，应采取预防措施，加强运输安全管理，确保货物运输安全。

11.1.3 运输合理化

物流过程的合理运输，就是从物流系统的总体目标出发，按照货物流通规律，运用系统理论和系统工程原理和方法，合理利用各种运输方式，以实现运输活动所要实现的目标。

1. 运输合理化的概念

物品从生产地到消费地的运输过程中，从全局利益出发，力求运输距离短、运输能力省、运输费用低、中间转运少、到达速度快、运输质量高，并充分有效地发挥各种运输工具的作用和运输能力。

2. 决定合理运输的要素

（1）运输距离

运输时间、运输货损、运费、运输工具周转率等技术经济指标都与运距有一定比例关系，运距长短是运输是否合理的一个最基本因素。无论是从宏观还是从微观来看，缩短运输距离都会带来好处。

（2）运输环节

每增加一次运输，不仅会增加起运的运费和总运费，而且会要增加运输的附属活动，装卸、包装等各项经济技术指标会下降，减少运输环节，尤其同类运输工具的环节，对各项运输有促进作用。

（3）运输工具

各种运输工具都有各自的优势领域，对运输工具进行优化选择，按其特点进行装卸运输作业，最大限度地发挥所用运输工具的作用，是运输现代化的重要一环。

（4）运输时间

运输过程需要花费较多时间，尤其远程运输，全部物流时间中，运输时间占绝大部分。运输时间的缩短对整个流通时间缩短有决定性作用。此外，运输时间缩短，有利于运输工具的加速周转，充分发挥运力的作用；有利于货主资金的周转；有利于运输线路通过能力的提高，对运输合理化有很大贡献。

（5）运输费用

运费在全部物流费用中占很大比例，运费高低在很大程度决定整个物流系统的效力。

3. 运输合理化的有效措施

（1）分区产销平衡合理运输。这是指在组织物流活动中，对某种货物，使其在一定的生产区固定于一定的消费区。根据产销分布情况和交通运输条件，在产销平衡基础上，按就近产销原则，使货物运输线路最短，实现合理运输。适用范围：针对品种单一、规格简单、生产集中、消费分散或集中、生产分散以及调运量大的物质产品，如煤炭、木材、水泥、粮食、建材等。

（2）直达运输。这是一种追求运输合理化的重要形式。要点是通过减少过载、换载，从而提高运输速度，省却装载费用，降低中转货损。直达运输的优势，尤其是在一次运输批量和用户一次需求量达到了一整车时表现最为突出。其合理性在一定条件下会表现，我们不能认为直达绝对优于中转。

（3）"四就"直拨运输。"四就直拨"运输是指物流部门在组织商品发运和接收时，对当地生产或外地发来的商品，采取就厂直拨、就车站或码头直拨、就库直拨、就车或船过载的方法，直接分拨到本地销售单位、主要用户或直拨车站（码头）发运外地。"四就"直拨运输是减少中转运输环节，力求以最少中转次数完成运输任务的一种形式。

（4）合装整车运输，也称"零担拼整车中转分运"，它主要适用于杂货运输。合装整车运输是在组织铁路货运时，由同一发货人将不同品种发往统一车站、统一收货人的零担托运货物配组在一个车皮内，以整车运输方式托运到目的地，或把同一方向到站不同地零担货物集中组织在一个车皮内，运到一个适当的车站，再中转分运。这样可减少一部分运费，取得较好的经济效果，提高运输工具利用率。

（5）提高技术装载量

提高技术装载量，是组织合理运输提高运输效率的重要内容。它一方面是最大限度地利用车船载重吨位；另一方面，是充分使用车船装载容积。其主要做法有以下几种：组织轻重配装，即把实重货物和较轻货物组装在一起；实行解体运输，对一些大货物，可将其拆卸装车；提高堆码方法，根据车船的货位情况，和不同货物的包装形状，采取各种有效的堆码方法，如多层装载、骑缝装载、紧密装载等。当然，改进物品包装，逐步实行单元化、托盘化，是提高车船技术装载量的一个重要条件。

（6）采取减少动力投入、增加运输能力的有效措施

这种合理化的要点是：少投入、多产出，走高效益之路。运输的投入主要是能耗和基础设施的建设，在设施建设已定型和完成的情况下，尽量减少能源投入，是少投入的核心。国内外在这方面的有效措施主要包括：①在机车能力允许的情况下，加挂车皮，即甩挂运输。②水运拖排和拖带法。竹、木等物资的运输，利用竹、木本身的浮力，不用运输工具载运，采取拖带法运输；将无动力驳船编成一定队形，一般是"纵列"，用拖轮拖带行驶，可以实现比船舶载乘运输更大的运量，达到运输合理化。③顶推法。将内河驳运编成一定队形，由机动船顶推前进的航行方法。④汽车列车。汽车列车的原理和船舶拖带、火车加挂基本相同，都是在充分利用动力能力的基础上，增加运输能力。⑤选择大吨位汽车。在运量比较大的路线上，采用大吨位汽车进行运输比采用小吨位汽车能够有更大的节约。

（7）通过流通加工，使运输合理化

有不少产品，由于产品本身形态及特性，很难实现运输的合理化，如果进行适当加工，就能够有效解决合理运输问题。例如，将造纸材料在产地预先加工成干纸浆，然后压缩体积运输，就能解决造纸材料运输不满载的问题；轻泡产品预先捆紧包装成规定尺寸，装车时就容易提高装载量；水产品及肉类预先冷冻，就可提高车辆装载率并降低运输

损耗。

11.1.4　运输管理方法

运输设备需要巨大的固定资本投入，运营成本也很高，因此，企业应在不降低客户服务水平的前提下进行科学的运输规划，优化运输路线，提高车辆利用率，节省运输成本。

研究从 m 个资源点（简称源）向 n 个需求点（简称汇）运送物资，考虑各点资源量或需求量的限制，制定一组运输方案使运输总费用最省，这是运筹学中讨论的"运输问题"。物流中的一个普遍问题是如何以尽可能小的成本把货物从一系列起始地（sources）（如工厂、仓库）运输到一系列终点地（destinations）（如仓库、顾客）。一般使用的运输管理方法有线性规划法、网络分析方法、动态规划。由于在运筹学中，我们已学过这些方法，本节只对这些方法作简要介绍。

1. 线性规划运输法

自从 1947 年 G. B. Dantzig 提出求解线性规划的单纯形方法以来，线性规划在理论上趋向成熟，在实用中日益广泛与深入。特别是在计算机能处理成千上万个约束条件和决策变量的线性规划问题之后，线性规划的适用领域更为广泛了，已成为现代管理中经常采用的基本方法之一。线性规划运输法是物流企业进行运输计划时常用的一种定量方法。在约束和目标都既定的前提下，如何优化整个系统，以最小输入得到最大输出，是线性规划的主要研究内容。在总体计划中，用线性规划模型解决问题的思路是，在有限的资源和市场需求条件约束下，求利润最大的总计划。该方法的最大优点是可以处理多品种问题。

2. 网络分析方法

网络分析法又称为统筹方法、关键路线法或计划评审法，是 20 世纪 50 年代才发展起来的一种编制大型工程项目进度计划的有效方法。网络分析法是一种科学的组织管理技术，其基本原理就是将组成系统的各项任务的各个阶段和先后顺序通过网络形式，统筹规划。从任务的总进度着眼，分别轻重缓急，进行统一安排。以工作所需的工时为时间因素，作出工序之间相互联系的网络图，以反映整个工程或任务的全貌。通过计算，找出对全局有重大影响的关键工序和关键路线，对工程或任务的各个工序做出合理的安排，对整个系统进行控制和调整。

3. 动态规划

动态规划（dynamic programming）是运筹学的一个分支，是求解多阶段决策过程的最优化数学方法。20 世纪 50 年代初美国数学家 R. E. Bellman 等人在研究多阶段决策过程（multi-step decision process）的优化问题时，提出了著名的最优化原理（principle of optimality），把多阶段过程转化为一系列单阶段问题，逐个求解，创立了解决这类过程优化问题的新方法——动态规划。动态规划的实质是分治思想和解决冗余，因此，动态规划是一种将问题实例分解为更小的、相似的子问题，并存储子问题的解而避免计算重复的子问题，以解决最优化问题的算法策略。该方法主要应用于最优化问题，这类问题会有多种可能的解，每个解都有一个值，而动态规划找出其中最优（最大或最小）值的解。若存在若干个取最优值的解的话，它只取其中的一个。在求解过程中，该方法也是通过求解局部子问题的解达到全局最优解。

11.2　储存合理化及库存管理

储存活动是物资供销管理工作的重要组成部分。合理安排储存活动是加快资金周转、节约流通费用、降低物流成本、提高经济效益的有效途径。

11.2.1　不合理的储存

不合理储存主要表现在两个方面：一方面是由于储存技术不合理，造成物品的损失；另一方面是储存管理组织不合理。主要的不合理可以概括为以下几种形式：

1. 储存时间过长

储存时间从两方面影响储存这一功能要素的效果，对两者的权衡，可以形成一个最佳的时间区域。这两方面分别为：一是储存物资可以获得时间效应，二是储存物资占用资金且有形和无形的损耗加大。超过这一最佳的时间就会造成不合理。

2. 储存的数量过大

储存数量也是有两方面影响储存功能的效果，这两方面的利弊的消长，会形成一个合理的储存数量，超过这个数量可能会造成储存的不合理。这两方面的影响分别是：（1）储存数量大，保证能力就比较强；（2）储存数量大，所占用的资金就比较大。

3. 储存数量过低

从以上的分析可以看出，储存量低时储存所占用的资金比较少，储存费用比较低，但保证能力也比较低，会影响企业的生产正常进行和销售活动的开展，当储存量降到一定程度，不能满足生产和销售的需要所带来的损失，远远超过减少储存量带来资金的节约和费用的节约。所以，储存量过低，也会造成储存的不合理。

4. 储存的条件不足或过剩

储存条件也是从两方面影响储存功能的，这两方面利弊的权衡，也决定了储存条件的大概范围，这两方面的因素分别为储存效果和为储存条件所付出的成本。储存条件不足，指的就是储存条件不能为储存物资提供必要的储存环境和储存管理措施，由此造成的物资的损失远大于储存条件成本的节约；储存过剩，指的就是储存条件大大超出需要，从而使储存物资承担过高的储存成本。

5. 储存结构失衡

储存结构指的就是储存物资的比例关系，这种失衡一般表现在以下几个方面：储存物的品种、规格等失衡；储存物资不同品种、规格的储存时期、数量失衡。

11.2.2　储存合理化

储存合理化就是用最经济的方法实现储存的功能，换句话说，就是在保证储存功能实现的前提下，尽量少地投入。储存的功能在前面的章节种已经详细阐述，这里不再强调。怎样衡量储存是否合理呢？一般有以下几个指标：

1. 质量指标

保证储存物资的质量标准，是完成储存功能的根本功能之一。在储存中增加了多少时间价值或是得到了多少利润，都是以保证质量为前提的。衡量储存合理的第一个指标应该就是质量指标。

2. 数量指标

由于库存物资占用企业流动资金，数量过多还有成为呆滞库存的可能性，会影响到企业现金流和利润水平；数量过少又存在发生缺货的风险。在保证功能实现的前提下，应该有一个数量范围。储存数量不能过大或过小，以达到最经济的数量。

3. 时间指标

在保证功能实现的前提下，确定一个合理的储存时间，这和储存数量有一定的关系，当储存数量比较大且消耗慢时，物资的周转就比较慢，储存的时间就比较长。

4. 结构指标

结构指标是从库存物资的不同品种、不同规格、不同花色的数量比例关系来对储存物资结构的合理性进行判断，尤其是相关性很强的各种物资之间的比例关系更能反映储存结构是否合理。

5. 成本指标

应结合企业的财务实际情况，通过对仓租费、维护费、保管费、损失费、资金占用利息支出等费用指标的统计，判断储存是否合理。

6. 分布指标

为满足不同地域的消费者，仓库选址以及库存物资会分布在不同地域。通过核算不同地区储存数量与当地需求的比例关系，用以判断当地需求水平，以及对需求的保障程度，并判断对整个物流的影响。

11.2.3　储存合理化实施的方法

对于如何实现储存合理化，常见的方法有以下九种。

1. 进行储存物资的 ABC 分类管理

ABC 分类管理将储存物资按照资金占用额的不同比例划分成 ABC 三种类别。A 类占用的资金比例最大，是管理的重点，需要投入大量精力，一般要将库存水平降到最小；B 类物资为一般性物资，采取一般性管理；C 类物资为非重要的物资，不需花费大量精力，一般采取大量的订货，增加库存。在 ABC 分析基础上实施重点管理，分别决定各种物资的合理库存储备数量及经济地保有合理储备的方法，乃至实施零库存。

2. 适当集中储存

在形成了一定的社会总规模前提下，追求经济规模，适度集中储存可以利用储存规模优势来实现储存合理化。集中储存增强了对单个用户的保证能力；有利于仓库采用机械化、自动化方式；有利于形成一定量的干线运输，降低运输费用。同时，集中储存也要考虑两个方面因素的影响：一是储存费，二是运输费。过分分散，保证能力下降，储存费用较集中储存费用较高；过分集中储存，储存点与用户的距离拉长，储存量和储存费用较低，但运输成本较高。

3. 加速总的周转，提高单位产出

储存现代化的重要课题是将静态储存变为动态储存，周转速度加快，会带来一系列合理化好处：资金周转快，资本效益高，货损小，仓库吞吐能力增加，成本下降等。具体做法诸如采用单元集装存储，建立快速分拣系统。

4. 采用有效的"先进先出"法

保证每个储存物资的储存时期不至于过长，"先进先出法"是一种有效的管理方法。其主要方式有：贯通式货架系统；"双仓法"储存，给每种储存物资准备两个仓位，轮换进行存取；计算机存取系统，取货时就能按计算机所输出的顺序，以保证"先进先出"。

5. 提高储存密度，提高仓容利用率

主要目的是减少储存设备的投资，提高单位储存面积的利用率，以降低成本。主要的方法有：采取高垛的方法（采用高层货架仓库、采用集装箱等方法）；缩小库内通道宽度增加储存有效的面积，如采用窄巷道式通道，采用侧叉车；减少库内通道数量，如采用密集型货架，贯通式货架等方法。

6. 采用有效的储存定位系统

高效的储存定位，能大大节约寻找、存放、取出的时间，节约很多物化及活劳动，而且能有效防止差错，便于盘点及订货点的管理方式。行之有效的方式主要有两种："四号定位"方式，用库房号、货架号、货架层次号和货位号表明货物存储的位置；电子计算机定位系统。

7. 采用有效的监测清点方式

对储存物资的有效监测，不但可以掌握在库物资的基本情况，这也是科学管理库存物资的有效手段。所以，无论是人工管理还是计算机管理，经常监测是必不可少的工作。有效监测主要有以下几种方式：

（1）"五五化"堆码。这种方法是我国手工管理库存物资的科学方法，储存物资堆放时，以"五"为基本计数单位，堆成总量为"五"的倍数的垛形，大大加快了人工点数的速度，且减少了差错。

（2）光电识别系统。在货位上设置光电识别系统，该装置对储存物资进行扫描，并将准确数量自动显示出来。

（3）电子计算机监控系统。用电子计算机指示储存，可以避免人工储存时容易出差错的现象，计算机会对存取的物资做出实时的纪录，这样管理人员只要在计算机上查询就可以了解储存物资的库存状态。

8. 采用现代储存保养技术

主要的技术有以下几种：

（1）气幕隔潮。在潮湿地区或在雨季，室外的湿度较高且持续时间较长，仓库若想保持较低的湿度，就必须减少室内外空气之间的交换，但仓库门由于仓储作业频繁会成为空气交换的通道。在仓库门上方安装鼓风设施，使之在门口处形成一道高压热气流，在门口便形成一道气墙，可以有效防止仓库内外空气的交换，而又不影响仓储作业。

（2）气调储存。这是调节和改变环境空气成分，抑制储存物资的化学变化和生物变化，抑制害虫生存和微生物活动，从而到达保证储存物资的质量的目的。

（3）塑料薄膜封闭。塑料薄膜虽不能隔绝气体，但能隔水隔潮，用塑料薄膜封垛封袋或封箱，可以有效阻缓内外空气交换，隔绝水分，形成一个稳定的小环境。

9. 采用集装箱、集装袋、托盘等储运一体化的设备

集装箱的采用，给储存带来新的形式，其本身就是一个仓库，因而省去了很多不必要的物流环节作业，使储存合理化的一种十分有效的方式。

11.2.4 库存管理

库存是指处于储存状态的商品物资，是储存的表现形态。库存从物流管理的角度出发强调合理化和经济性。库存是企业必不可少的部分，但是在发挥库存功能的同时，也应尽量降低库存数量，否则库存过多，会占用大量的企业资金，影响企业的正常运转。

1. **库存管理的目标**

库存控制是仓储管理中最为复杂的内容，是仓储管理从传统的存货管理转向高级的存货系统动态控制发展的重要标志。库存控制要实现以下目标：

（1）保障生产供应。这是传统库存控制的主要目标之一。

（2）控制生产系统的工作状态，维持正常的库存数量。

（3）通过有效的库存控制方法，提高库存物资的周转率，降低生产成本和管理成本。

2. **库存管理中的几个关注点**

从库存控制的角度看，在库存过程的四个环节中，能影响库存量大小的有订货过程、进货过程和销售（供应）过程三个环节。订货过程和进货过程使库存量增加，销售（供应）过程使库存量减少。库存控制既要控制订货、进货过程，也要控制销售出库过程，方能达到库存控制的目的。两种库存控制的思路有不同的意义。相对而言，一般采取通过控制订货、进货过程来控制库存的方法较为常见，因此讨论库存控制问题，通常是从控制订货、进货过程的角度来谈的。因此，库存管理中的关注点如下：

（1）订购点

订购点是指库存量降至某一数量时，应即刻补充的点或界限。如果订购点定得过早，则将使库存增加；如果订购点定得过晚，则造成缺货，甚至造成顾客流失，影响信誉。

（2）订购量

所谓订购量是指库存量已达订购点时，决定订购补充的数量。订购过多，则库存成本增加；若订购量太少，货品可能有缺货的可能，且导致订购次数增加，增加订购成本。

（3）库存基准

①最高库存量和最低库存量。最高库存量是指为了防止库存过多而浪费资金，各种货品均应限定其可能的最高库存水平，也就是最高界限，作为内部警戒的一个指标。最低库存量是指管理者在衡量企业本身特性、需求后，所订购货品库存数量应维持的最低界限。

②订货方式的选择。订货方式分定量订货方式和定期订货方式。定量订货方式是指当库存量下降到预定的最低库存数量（订货点）时，按规定数量（一般以 EOQ 为标准）进行订货补充的一种库存管理方式。定期订货方式是指按预先确定的订货间隔期间进行订货补充库存的一种库存管理方式。

订货量＝最高库存量－现有库存量－订货未到量＋客户延迟购买量

3. **基本库存控制策略**

对库存控制而言决定何时补货，以及决定每次补货数量的策略称为库存策略。目前，

广泛采用的主要有以下几种补货策略。

（1）定量订货库存控制方法（(s, S) 策略）

所谓定量订货控制方法是指当库存量下降到预定的最低库存数量（我们称之为订货点）时，按确定数量（该数量的计算在此后各章节中将予以介绍）进行订货补充的一种库存管理方式。我们有时将定量订货库存控制方法称为 (s, S) 库存控制策略，即对库存进行连续盘点，每当剩余库存量 x 下降至 s 时，则立即进行订货，补货量 $Q = S - x$，使其库存水平达到 S，其中，s 称为订货点（或称为最低库存量），S 称为最大库存水平。

定量订货库存控制方法的再订货点和订货量都是事先确定的，而检查时刻是连续的，需求量是可变的。定量订货库存控制方法的主要缺点是它必须不断连续核查仓库的库存量，并且由于种货物的订货可能在任何时刻发生，这种情况就使之难以把若干种货物合并到同一次订货中，由同一供应商来供应从而产生一定的费用节省。定量订货库存控制方法的主要优点是库存控制的手段和方法相对清晰和简单，并且可对高价值货物的库存费用精确控制。

（2）定期订货库存控制方法（t 循环策略）

另一种常用的库存控制方法就是定期订货库存控制方法。在定量订货控制方法中，订货间隔期是变化的，而每次订货数量保持不变；在定期订货库存控制方法中，却正好相反，即每次订货数量变化而订货间隔期不变，即每隔 t 时间补充货物，使库存水平达到 S。

（3）定期定量订货库存控制方法

在多周期的订货模型中最常采用的就是 (t, s, S) 订货策略。所谓 (t, s, S) 订货策略就是每经过 t 时间检查剩余库存量 x，当剩余库存量 $x > s$ 时不补充，当剩余量 $x \leq s$ 时补充库存，补充量 $Q = S - x$，使其库存水平达到 S。其中，s 为最低库存量，S 为最高库存量。

我们注意到，无论采取以上哪种补货策略，都需要确定出各级仓库的最优期初库存水平 s 及 S，而根据当前的剩余库存量，即可容易确定出最优的具体补货量 Q。定量与定期库存控制是库存控制的主要问题，在后面的内容中将进行详细讨论。

4. 库存订货模型

库存数量和时间的合理化需要通过采用恰当的库存订货策略来实现，但对于不同的需求，需要采取不同的订货策略。需求随时间变化的特点在很大程度上决定了我们控制库存的方法。需求可以分为确定性需求和随机性需求。其中，确定性需求是指未来需求可看作确定的，或者需求速度为常数。在很多种情形下对产品的需求可看作近似满足该条件，如市场对日用品的需求，相对恒定的流水线对配件的需求等。随机性需求是指未来的需求是随机的、可变的。从绝对意义来讲，任一产品的未来的市场需求都是不确定的，若其需求的波动性不可忽视，则我们就需按随机性需求来处理。

（1）确定性需求的库存模型

所谓确定性需求是指需求量是确定的。在本节中为简便计算，假设需求速度为常量，对确定性需求的库存决策根据需求及供给的限制，以下分几个不同的模型进行讨论。

①经济订购批量（EOQ）模型

本模型采用 t 循环策略，并假设：

用户的需求是连续均匀的，需求速度 R 可看作常数；

单位时间单位货物的库存费用为 C_1；

不允许缺货，即缺货费用 C_2 为无穷大；

当存储量降至零时，一经订货，所订货可瞬间到货（即补货提前期很短，可忽略不计）；

每次的订货量 Q 不变；

订货费为常量 C_3。

该模型库存决策的核心问题是决定每次补货的最优数量 Q。库存量的变化情况见图 11.1。显然，需求速度 R 越大，每次的订货量应越大，同样订货费用越高，一次订货量越大越节省。但库存费用的存在却要求平均库存（期初库存或订货量）越低越好（见图 11.2）。所以，最优补货数量 Q 是根据需求速度求得的订货费用与库存费用之间的平衡。

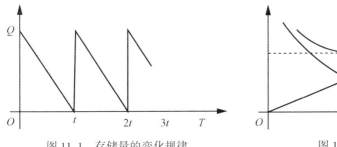

图 11.1　存储量的变化规律　　　　图 11.2　费用曲线

不难看出，该模型应每隔相同时间 t（定期）订购相同数量 Q（定量）的货物且有我们不妨取第一周期的库存费用来进行分析。在该模型中，因为不会出现缺货，故不必考虑缺货损失，设我们这里考虑的总费用由订货费、货物成本费（设单位货物成本为 K）与库存费所组成。

t 时间内的平均订货费 $C_1(t) = \dfrac{C_3}{t}$；

t 时间内的平均货物成本 $C_2(t) = \dfrac{KQ}{t} = KR$；

t 时间内的平均库存费 $C_3(t) = \dfrac{C_1 \cdot R_t \cdot t}{2t} = \dfrac{C_1 R_t}{2}$；

所以，在 t 时间内的平均总费用为：

$$C(t) = C_1(t) + C_2(t) + C_3(t) = \frac{C_3}{2} + KR + \frac{C_1 R_t}{2}$$

对上式求导得 $\dfrac{\mathrm{d}C(t)}{\mathrm{d}t}$，并令其等于 0，得到 $t^* = \sqrt{\dfrac{2C_3}{C_1 R}}$，即每隔 t^* 时间订货一次，可使平均总费用最为节省。t^* 称为最佳订货周期，而最佳订货批量为：

$$Q^8 = R_t^* = \sqrt{\frac{2C_3 R}{C_1}}$$

此式即为 1913 年由福特·哈里斯（F. W. harris）提出的众所周知的基本经济订货批量（economic ordering quantity，EOQ）公式。目前，在实践中广泛应用的许多库存控制决策方法都是以此公式为基础的。我们可注意到最佳订货周期 t 和最佳订货批量 Q^* 是与 k 无关的。所以，在以后的费用函数中我们一般不必考虑货物的成本。

②经济生产批量模型

在上述模型中，当存储量降至零时订货，所订所有货物非瞬间到货，而是开始生产，设生产速度 P 为常数（$P>R$），则最优生产批量为经济生产批量。

设到货时间为 T（见图 11.3），在 $[O,T]$ 时间区间内，库存以 $(P-R)$ 的速度增加，在 $[T,t]$ 时间区间内，库存以 R 的速度递减，直至库存减为零。显然有：

$$(P - R)T = R(t - T)$$

于是得到：

$$T = \frac{R}{P}t$$

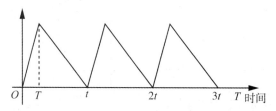

图 11.3　存储量的变化规律

本模型不再考虑货物成本费，而 t 时间内的平均订货费 $C_1(t) = \dfrac{C_3}{t}$，平均库存费为：

$$C_3(t) = \frac{C_1(P - R)T_t}{2t}$$

所以在 t 时间内的平均总费用为：

$$C(t) = C_1(t) + C_3(t) = \frac{C_3}{t} + \frac{C_1(P - R)T_t}{2t}$$

对上式求导，并令 $\dfrac{\mathrm{d}C(t)}{\mathrm{d}t} = -\dfrac{S}{t^2} + \dfrac{hD}{2}$，于是有：

$$t^8 = \sqrt{\frac{2C_3P}{C_1R(P - R)}}$$

t^8 为最佳订货周期，而最佳订货批量为：

$$Q^8 = Rt^8 = \sqrt{\frac{2C_3RP}{C_1(P - R)}}$$

③允许缺货模型

在上述模型中，若允许缺货，单位货物缺货费为 C_2，同样设生产速度 P 为常数（$P >$

$R)$，求最优订购周期及最优生产批量（见图 11.4）。

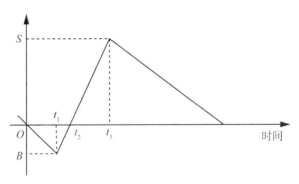

图 11.4　存储量的变化规律

在$[0,t_1]$时间区间内，最大缺货量$B = Rt_1$，而在$[t_1,t_2]$时间区间内，最大缺货量$B = (P-R)(t_2-t_1)$，故不难由此解得：

$$t_3 - t_2 = \frac{R}{P}(t - t_2)$$

故在一个周期$[0,t]$内，

t时间内的平均订货费为$C_1(t) = \dfrac{C_3}{t}$；

t时间内的平均货物成本$C_2(t) = \dfrac{C_2 R t_1 t_2}{2}$；

t时间内的平均库存费$C_3(t) = \dfrac{C_1(P-R)(t_3-t_2)(t-t_2)}{2t}$；

所以，在t时间内的平均总费用为：

$$C(t,t_2) = \frac{(P-R)R}{2P}\left[C_1 t - 2C_1 t_2 + (C_1 + C_2)\frac{t_2^2}{t}\right] + \frac{C_3}{t}$$

令

$$\begin{cases} \dfrac{\partial C(t,t_2)}{\partial t} = 0 \\[2mm] \dfrac{\partial C(t,t_2)}{\partial t_2} = 0 \end{cases}$$

由此可得：

$$\begin{cases} t^* = \sqrt{\dfrac{2C_3}{C_1 R}} \cdot \sqrt{\dfrac{P}{P-R}} \cdot \sqrt{\dfrac{C_1 + C_2}{C_2}} \\[4mm] t_2^* = \left(\dfrac{C_1}{C_1 + C_2}\right) t^* \end{cases}$$

所以最佳批量为：

$$Q^* = Rt^* = \sqrt{\frac{2C_3 R}{C_1}} \cdot \sqrt{\frac{P}{P-R}} \cdot \sqrt{\frac{C_1 + C_2}{C_2}}$$

（2）随机性需求的库存模型

在很多情况下对库存的实际需求并不是固定不变的常量，例如，某商场某型号冰箱一天的销售量可能是 10 台、5 台，也可能一台也卖不出去。显然，若准备的期初库存量正好等于需求量则最为理想，若期初库存量小于实际需求量则会造成失销费用，若期初库存量大于实际需求量则会造成商品价值损失或库存费用。虽然需求量是不确定的，但我们可以通过历史数据来统计分析其取值的分布规律，于是，可以借助随机变量来描述及分析这种模型。

所谓随机性需求就是指需求量是随机的，其概率分布已知。在该情况下，在确定性需求假设条件下得到的模型已不再适用。对随机性需求的库存决策模型主要讨论一次性订货模型。一次性订货的特点是货物在该次订货后，不管销售期末的剩余库存为多少，都要全部处理掉，而不留待后期作为起始库存。许多实际存在的库存问题往往涉及时鲜产品或者一次性需求产品，如报纸、时装、新鲜水果、蔬菜、鲜花等。因为这些商品在销售期内市场的需求量通常是无法准确预测的，若进货量太少，显然很可能会丧失销售机会，但进货量太多，这些商品过期就要销毁或降价处理。为满足此类订购需求，需要我们根据其需求规律事先确定一次性最优订购数量。

① 离散需求一次性订货模型

报童每天销售的报纸数量是一个随机变量，设销售量 r 的概率 $P(r)$ 根据以往的经验是已知的。另设报童每卖出一份报纸赚 k 元，如报纸未能售出，每份赔 h 元，问报童每天最好准备多少份报纸？

该问题即求报童的一次性订购报纸的最优数量，以使其一天的损失期望值最小（或求赢利的期望值最大）。

解：设报童订购的数量为 Q 份，根据市场的实际需求量情况，我们分别对以下两种情况进行讨论：

市场的实际需求量小于或等于 Q（供大于求），则当天不能售出的报纸只能处理掉，其损失的期望值为：

$$\sum_{r=0}^{Q} h(Q-r)P(r)$$

市场的实际需求量大于 Q（供不应求），这时会因缺货失去销售机会，造成缺货成本，其损失的期望值为：

$$\sum_{r=Q+1}^{\infty} k(r-Q)P(r)$$

综合以上两种情况，故当报童订购的数量为 Q 时，损失的期望值为：

$$C(Q) = \sum_{r=0}^{Q} h(Q-r)P(r) + \sum_{r=Q+1}^{\infty} k(r-Q)P(r)$$

要确定使上式取得最小值的最优订货量 Q^*，只需注意到 Q^* 的取值是离散的，且应使以下两式成立：

$$
\begin{cases}
C(Q^*) \leqslant C(Q^*+1) & (1) \\
C(Q^*) \leqslant C(Q^*-1) & (2)
\end{cases}
$$

由式(1)得:

$$
\sum_{r=0}^{Q^*} h(Q^*-r)P(r) + \sum_{r=Q^*+1}^{\infty} k(r-Q^*)P(r)
$$

$$
\leqslant \sum_{r=0}^{Q^*+1} h(Q^*+1-r)P(r) + \sum_{r=Q^*+2}^{\infty} k(r-Q^*-1)P(r)
$$

将不等式两段的相同项约去:

$$
kP(Q^*+1) \leqslant \sum_{r=0}^{Q^*} hP(r) - \sum_{r=Q^*+2}^{\infty} kP(r)
$$

由于 $\sum_{r=0}^{Q^*} P(r) + \sum_{r=Q^*+1}^{\infty} P(r) = 1$,所以:

$$
k\left(1 - \sum_{r=0}^{Q^*} P(r)\right) \leqslant h\sum_{r=0}^{Q^*} P(r)
$$

于是可以得到:

$$
\frac{k}{k+h} \leqslant \sum_{r=0}^{Q^*} P(r)
$$

同理,由式(2)得:

$$
\frac{k}{k+h} \geqslant \sum_{r=0}^{Q^*} P(r)
$$

最后我们得到应订购的最优数量 Q^* 可由以下不等式确定:

$$
\sum_{r=0}^{Q^*-1} P(r) \leqslant \frac{k}{k+h} \leqslant \sum_{r=0}^{Q^*} P(r)
$$

② 连续需求一次性订货模型

以上我们讨论的一次性订货模型假设需求数量是离散的,但若需求量可近似看作连续变化时,则我们可假设需求量服从连续型的分布,而连续型分布有较好的分析性质。

设某商品在某时期内的需求量 ξ 为连续性随机变量,其分布函数与分布密度函数分别为 $F(x)$ 和 $f(x)$,而销售该商品的单位利润为 k,未能售出商品的单位损失费为 h。若该商品的销售是一次性的,试求一次进货的最佳数量。

像求解离散需求订货模型一样,我们通过分析库存系统的总损失期望值来求最优的订货量。但对本模型,我们分析其总利润的期望值,同样可得出最优的订货量。设 Q 为实际进货量(库存量),则本模型即求最优的进货量 Q^* 使得本次销售的期望利润最大。显然由于实际需求量 ξ 的随机性,既有可能大于等于 Q,也有可能小于 Q。显然,当 $\xi \geqslant Q$ 时,商家的利润为 $Q \cdot k$,但当 $\xi < Q$ 时,商家的利润为 $\xi \cdot k - (Q-\xi) \cdot h$。设商家的利润记为 Y,则

$$
Y(Q) = \begin{cases}
kQ & \xi \geqslant Q \\
\xi \cdot k - (Q-\xi) \cdot h & \xi < Q
\end{cases}
$$

于是有:

$$EY(Q) = \int_0^Q [kx - h(Q - x)]f(x)\,\mathrm{d}x + \int_Q^\infty kQf(x)\,\mathrm{d}x$$

可以证明上式为凸函数，将上式对 Q 求导，并令其等于 0，则有：

$$(k + h)Qf(Q) - h\left[Qf(Q) + \int_0^Q f(x)\,\mathrm{d}x\right] + k\left[-Qf(Q) + \int_Q^\infty f(x)\,\mathrm{d}x\right] = 0$$

于是得到：

$$\int_0^Q f(x)\,\mathrm{d}x = \frac{k}{k + h}$$

上式的意义为，对计算得到的 $\dfrac{k}{k + h}$，我们通过查 $f(x)$ 的概率分布表可得到相应的 Q 值，记为 Q^*，Q^* 即为最优订货量。

11.3 包装管理

包装是生产过程的最后一道工序，是生产的终点，又是物流的起点。包装管理是企业发展的一个重要环节，包装质量的好坏对整个流通过程都会产生重要影响。

11.3.1 包装管理的概念及目标

一般企业的包装管理是指对产品的包装进行计划、组织、监督和协调工作。包装管理必须根据企业的实际情况，用最经济的方法来保证产品的包装质量，降低包装成本。

1. 基本概念

包装管理是为了使包装满足商品在流通领域有效、协调流转的需要，对包装的计划、组织、领导和控制活动，其目标是实现包装的合理化。从实施包装管理的主体来看，可以分为宏观包装管理和微观包装管理（也即工商企业包装管理）。

宏观包装管理是相关国际组织、一个国家（地区）、行业管理部门为了实现本地区包装的合理化，制定有关的方针、政策、法规和标准，指导和监督其管辖范围内工商企业的包装管理。

工商企业包装管理是为了实现本企业包装合理化，由相关职能部门进行的计划、组织、领导和控制活动。

2. 包装管理的目标

包装管理是为了实现包装合理化。包装合理化的三要素是：

（1）防止包装不足

包装不足指的是以下几个方面：包装强度不足；包装材料水平不足；包装容器的层次以及容积不足；包装成本过低；不能保证有效的包装。包装不足造成的主要问题是在流通过程中的损失及降低促销能力。

（2）防止包装过剩

包装过剩主要是以下几个方面：包装物强度设计过高；包装材料选择不当，选择过高；包装技术过高；包装成本过高。包装过剩的浪费不可忽视，对消费者而言，购买的主要目的是内装物的使用价值，包装物大多作废弃物扔掉，因而会形成浪费。此外过重过大的包装，有时反而会降低促销能力，所以也不可取。

（3）从物流的角度，用科学的办法确定最优包装

由于物流诸因素是可变的，因此，包装也是在不断变化的，确定包装形式，选择包装方法，都要与物流诸要素的变化相适应。关于装卸搬运、储存和运输等物流活动对包装的要求，本章已在包装设计一节做了具体的阐述，在此就不重复。

11.3.2　包装管理的主要内容

前面已经谈到，包装管理活动涉及的主体很多，有国际组织、政府部门、行业管理部门、工商企业等，不同的主体涉及的包装管理活动的目的、重点也有很大的差异。因此，包装管理活动涉及的具体内容很多，在此只介绍与物流活动密切相关的包装标准化管理、包装质量管理。

1. 包装标准化管理

包装标准化是指对产品包装的类型、规格、容量、使用的包装材料、包装容器的结构造型、印刷标志及产品的盛放、衬垫、封装方式、名字术语、检验要求等加以统一规定，并贯彻实施。包装标准可以分为三类：

一类是包装基础标准和方法标准。这是包装工业基础性的通用标准，如包装通用术语、包装的尺寸系列、运输包装件试验方法等。

二类是工农业产品的包装标准。这是指对产品包装的技术要求或规定。如 GB6388—86《运输包装收发货标志》和 GB5892《对辐射能敏感的光学材料图示标志》《洗衣粉包装箱》《针织内衣包装与标志》《铝及铝合金加工产品的包装、标志、运输和储存的规定》等。

三类是包装工业的产品标准。指包装工业产品的技术要求和规定，如《普通货物食品包装纸》《纸袋纸》《高压聚乙烯重包装袋》《塑料打包带》等。

2. 包装质量管理

所谓质量是指一组固有特性满足要求的程度（ISO9000—2000），对于包装质量而言，它是指满足产品流通条件和市场需要的程度。包装质量管理就是根据这种需要选用合适的包装材料、包装技术，保证产品在流通过程中包装能够起到保护商品、促进销售、方便物流等功能。

11.3.3　包装合理化的一般要求

所谓包装合理化，是指在包装过程中使用适当的材料和适当的技术，制成与物品相适应的容器，节约包装费用，降低包装成本，既满足包装保护商品、方便储运、有利销售的要求，又提高包装的经济效益的包装综合管理活动。

包装合理化一方面包括包装总体的合理化，这种合理化往往用整体物流效益与微观包装效益的统一来衡量；另一方面也包括包装材料、包装技术、包装方式的合理组合及运用。从多个角度来考察，合理包装应满足五个方面的要求。

（1）包装应妥善保护包装的商品，使其不受损伤。

（2）包装的容量要适当，包装的标志要清楚，以便于装卸和搬运。

（3）科学包装、减少浪费。

①包装标准化；

②包装轻薄化；

③包装单纯化；

④包装绿色化。

（4）采用无包装的物流形态。

（5）包装要考虑人格因素。

11.3.4　包装合理化发展的趋势

随着商品包装技术的发展以及对商品包装要求的提高，许多新思维和新科技开始应用于商品包装。这也促使我国包装行业进入高速发展阶段，包装行业逐渐向标准化、自动化、规模化和集约化发展。

1. 包装尺寸标准化

包装尺寸标准化就是将货物流通中的各种包装货物的尺寸用标准化手段简化、统一起来。包装尺寸标准主要有：《硬质直方体运输包装尺寸系列》《圆柱体运输包装尺寸系列》《袋装运输包装尺寸系列》《航空货运集装单元技术要求》《包装单元货物尺寸》《运输包装件尺寸界限》。

这些标准使得各种规格与品种的包装件可以相互组合、相互匹配，形成了集合包装单元货物。由于托盘是使用最广泛的集装化装载工具，所以托盘尺寸在货物流通领域中相关尺寸的调节上起到了主导作用。集装箱、汽车箱、火车车厢都可以托盘尺寸为基础，规定相应的尺寸体系。将包装单元尺寸作为基准，进行分割后就可以得到系列化的包装尺寸。

2. 包装作业机械化

实现包装作业的机械化是提高包装作业效率、减轻人工包装作业强度、实现省力的基础。包装机械化首先从逐个包装开始，然后向装箱、封口等外包装关联作业推进。目前出现了液体、颗粒、粉剂自动包装机，塑料带捆扎机，自动封箱机，超声波自动封口机，真空包装机，封口机，打码机，吸塑包装机，贴体包装机，电磁感应封盖机以及自动贴标机等。

3. 包装成本低廉化

包装成本中占比例最大的是包装材料费，对于包装材料的种类、材质的选择应该在保证功能的前提下，尽量选用低廉的材料，节约材料费用。

影响成本的第二个因素是劳务费，要合理选用人工包装与机械包装的方式，使劳务成本与设备购置费用总量最低。

在包装设计上要防止过剩包装，应根据内容商品的价值和商品的特点设计包装。对于低价值的商品，仅仅为保证不发生破损就采用高档次包装的做法，在经济上未必合理，应允许一定的破损率，这样会大大节约包装成本。

4. 包装单位大型化

包装材料中大量使用的纸箱、木箱等要消耗大量的自然资源，给环境带来损害。包装废弃物给环境带来的负面影响是不小的，这要求我们必须把节约资源作为包装合理化的重要衡量指标。

加大包装物的再利用程度，加强废弃包装物的回收，减少过剩包装。要开发和推广新型包装方式，减少对包装材料的使用。

11.3.5　绿色包装

绿色包装也被称为生态包装。绿色包装应是对生态环境和人体健康无害，能循环复用和再生利用，可促进国民经济持续发展的包装。也就是说包装产品从原材料选择、产品制造、使用、回收和废弃的整个过程均应符合生态环境保护的要求。

1. 绿色包装概述

绿色包装设计是以环境和资源为核心概念的包装设计过程，具体是指选用合适的绿色包装材料，运用绿色工艺手段，为包装商品进行结构造型和美化装饰设计。

2. 绿色包装设计中的材料选择应遵循的原则

（1）轻量化、薄型化、易分离、高性能的包装材料。

（2）可回收和可再生的包装材料。

（3）可食性包装材料。

（4）可降解包装材料。

（5）利用自然资源开发的天然生态的包装材料。

（6）尽量选用纸包装。

3. 绿色包装外形要素

包装的外形是包装设计的一个主要方面，外形要素包括包装展示面的大小和形状。如果外形设计合理，则可以节约包装材料，降低包装成本，减轻环保的压力。在考虑包装设计的外形要素时，应优先选择那些节省原材料的几何体。各种几何体中，若容积相同，则球形体的表面积最小；对于棱柱体来说，立方体的表面积要比长方体的表面积小；对于圆柱体来说当圆柱体的高等于底面圆的直径时，其表面积最小。

优秀的包装外形设计应遵循以下原则：

（1）结合产品自身特点，充分运用商品外形要素的形式美法则。

（2）适应市场需求，进行准确的市场定位，创造品牌个性。

（3）要以"轻、薄、短、小"杜绝过度包装、夸大包装和无用包装。

（4）从自然中吸取灵感，用模拟的手法进行包装外形的设计创新。

（5）充分考虑环境与人机工程学要素。

（6）积极运用新工艺、新材料进行现代包装外形设计。

（7）大力发展系列化包装外形设计。

4. 绿色包装技术要素

要想真正达到绿色包装的标准，仅仅依靠以上四点是不够的，还需要绿色包装技术作为补充。这里说的技术要素包括包装设计中设备、工艺、能源及采用的技术。所谓的绿色技术，是指能减少污染、降低消耗、治理污染或改善生态的技术体系。

绿色包装设计的技术要素包括以下几点：

（1）加工设备和所用能源等要有益于环保，不产生有损环境的气、液、光、热、味等污染。生产工艺和生产过程采用低耗能的设备，加工过程不产生有毒、有害的物质。

（2）增强可拆卸式包装设计的研究，以便消费者能轻易按照环保要求拆卸包装。

（3）加强绿色助剂、绿色油墨的研制开发。

11.4　流通加工管理及合理化

在流通过程中辅助性的加工活动称为流通加工，其既属于生产领域，又属于流通领域。流通加工管理从本质上来说和生产领域的生产管理一样，是在流通领域中的生产加工作业管理。

11.4.1　流通加工管理的主要内容

流通加工活动是在产需之间增加一个中间环节，既延长了商品的流通时间，也增加了商品的生产成本，存在着许多降低经营效益的因素，因此面临着是否设置加工业务、在哪设置加工点的决策。

此外，流通加工活动亦属于生产活动的范畴，因此它离不开生产管理与质量管理。

1. 流通加工投资决策

流通加工投资决策主要包括：必要性、技术性和经济性分析。但考虑到流通加工是简单的生产加工活动，技术上的问题不会有太大的问题，在此不做探讨。

流通加工是对生产加工的辅助和补充，是否需要，主要取决于两个方面：一是生产厂家的产品是否可以直接满足用户需要，二是用户对某种产品有无能力进一步加工。如果生产厂家的产品可以直接满足用户的消费需求，流通加工就没有必要；若生产厂家的产品虽然不能直接进入消费领域，但用户自己有加工的能力，那么流通加工也没有必要。反之亦然。此外，还需考虑进行投资建设是否经济。一方面，规模性的集中加工活动能否给顾客带来附加价值；另一方面，企业是否能取得效益。流通加工项目的投资决策主要使用净现值法、投资回收期法和投资收益率法。

2. 流通加工选址决策

主要的选址策略包括：靠近生产地选址策略和靠近消费地选址策略。

前者以实现高效率物流为主要目的。经过这种加工中心的货物能顺利地、低成本地进入运输、储存等物流环节，如肉类、鱼类的冷冻食品加工中心，木材的制浆加工中心等。

后者以实现销售、强化服务为主要目的。经过此类加工中心的货物能适应用户的具体要求，有利于销售，如平板玻璃的开片套裁加工中心等。

3. 流通加工生产管理

流通加工生产管理的内容及项目很多，如劳动力、设备、动力、财务、物资等方面的管理。在生产管理中，特别要加强生产的计划管理，提高生产的均衡性和连续性，充分发挥生产能力，提高生产效率，要制定科学的生产工艺流程和加工操作规程，实现加工过程的程序化和规范化。

4. 流通加工质量管理

流通加工的质量管理主要包括对产品质量和服务质量的管理。加工后的产品，一般是国家质量标准上没有的品种规格，因此要依据用户的要求进行质量控制。此外，还应满足用户对品种、规格、数量、包装、交货期、运输等方面的服务要求。

11.4.2　流通加工的合理化措施

流通加工合理化的含义是实现流通加工的最优配置，不仅做到避免各种不合理，使流通加工能够增加产品价值，而且做到最优的选择。

为避免各种不合理现象，对是否设置流通加工环节，在什么地点设置，选择什么类型的加工，采用什么样的技术装备等，需要做出正确抉择。目前，国内在进行这方面合理化的考虑中已积累了一些经验，取得了一定成果。实现流通加工合理化主要考虑以下几方面。

1. 加工和合理运输结合

前文已提到过流通加工能有效衔接干线运输与支线运输，促进两种运输形式的合理化。利用流通加工，在支线运输转干线运输或干线运输转支线运输这本来就必须停顿的环节，不进行一般的支转干或干转支，而是按干线或支线运输合理的要求进行适当加工，从而大大提高运输及运输转载水平。

2. 加工和配送结合

这是将流通加工设置在配送点中，一方面按配送的需要进行加工，另一方面加工又是配送业务流程中分货、拣货、配货之一环，加工后的产品直接投入配货作业。这就无需单独设置一个加工的中间环节，使流通加工有别于独立的生产，而使流通加工与中转流通巧妙结合在一起。同时，由于配送之前有加工，可使配送服务水平大大提高。这是当前对流通加工做合理选择的重要形式，在煤炭、水泥等产品的流通中已表现出较大的优势。

3. 加工和合理商流相结合

通过加工有效促进销售，使商流合理化，也是流通加工合理化的考虑方向之一。

加工和配送的结合，通过加工，提高了配送水平，强化了销售，是加工与合理商流相结合的一个成功的例证。此外，通过简单地改变包装加工，形成方便的购买量，通过组装加工解除用户使用前进行组装、调试的难处，都是有效促进商流的例子。

4. 加工和配套结合

在对配套要求较高的流通中，配套的主体来自各个生产单位，但是，完全配套有时无法全部依靠现有的生产单位。进行适当流通加工，可以有效促成配套，大大提高流通的桥梁与纽带的能力。

5. 加工和节约相结合

节约能源、节约设备、节约人力、节约耗费是流通加工合理化重要的考虑因素，也是目前我国设置流通加工，考虑其合理化的较普遍形式。

对于流通加工合理化的最终判断，是看其是否能实现社会和企业本身的两个效益。而且是否取得了最优效益，对流通加工企业而言，与一般生产企业，一个重要不同之处是，流通加工企业更应树立社会效益为第一观念，只有在以补充完善为己任的前提下才有生存的价值。如果只是追求企业的微观效益，不适当地进行加工，甚至与生产企业争利，这就有违于流通加工的初衷，或者其本身已不属于流通加工范畴了。

11.5　装卸搬运合理化

为了实现装卸搬运的合理化，在满足装卸搬运作业要求的前提下，装卸搬运要尽量实现装卸搬运距离短、时间少、质量高、费用省的目标。装卸搬运合理化的途径如下。

1. 防止无效的装卸搬运

无效的装卸搬运指消耗必要装卸搬运劳动之外的多余劳动，其不能增加货物的实用价值，反而会增大货物破损的可能性。主要包括：过多的装卸搬运次数；过大的包装装卸；无效物质的装卸等。

避免无效装卸搬运的措施有：增强包装的轻型化、简单化、实用化，避免过度包装，减少无效负荷；努力提高被装卸货物的纯度，只装卸搬运必要的货物，对有些货物先去除杂质再装卸搬运；充分发挥装卸搬运机械设备的能力和装载空间，中空的物件可以填装其他的物品后再进行搬运，以提高装载效率；采用集装方式，进行多式联运，避免对于单件货物的反复装卸搬运处理等。

2. 提高装卸搬运活性

物品放置的状态要有利于其多次搬运，为下一环节的物流活动提供方便，增强装卸搬运的灵活性，这种状态称作搬运活性。对于待运的物品，应使之尽可能处于易于移动的状态。提高物的装卸搬运活性的措施有：尽可能将货物装在容器内并有垫放物，而不是散于地面；在装上时要考虑便于卸下，在入库时要考虑出库；创造易于搬运的环境和使用易于搬运的包装等。

3. 利用重力作用，消除重力影响

装卸时充分利用货物本身的重量，进行有一定落差的装卸，以节省动力和投资，是合理化装卸的重要方式。如从卡车卸物时，利用卡车与地面或小搬运车之间的高度差，使用溜槽、溜板之类的简单工具；装货时采用重力式货架堆货等。

在装运时尽量消除或削弱重力的影响，可以减轻体力劳动以及其他劳动消耗。如在人力装卸搬运时，配合使用简单机具，做到"持物不步行"，可以节省体力消耗，大大减轻劳动量；装运时尽量使货物平移，从甲工具转到乙工具上，避免重力的影响。

4. 合理利用机械化设备，实现"规模装卸"

在装卸搬运作业中，同样存在规模效益问题，主要表现在一次装卸搬运量和连续装卸搬运量要充分发挥机械最优效率的水平。追求规模化装卸搬运的方法有：通过各种集装实现间断装卸搬运一次操作；通过散装实现连续装卸等。

【小资料】

提高装卸搬运效率的"六不改善法"

在日本，物流界为了改善装卸搬运和整个物流过程的效率，曾经提出了一种叫做"六不改善法"的物流原则。

1. 不让等：要求通过合理的安排使得作业人员和作业机械闲置的时间为零，实现连续作业，发挥最大的效用。

　　2. 不让碰：利用机械化、自动化设备，使得作业人员在进行各项物流作业的时候，不直接接触商品，减轻人员的劳动密度。

　　3. 不让动：优化仓库内的物品摆放位置和运用自动化工具，减少物品和作业人员移动的距离和次数。

　　4. 不让想：通过对于作业的分解和分析，实现作业的简单化、专业化和标准化，使得作业过程更为简化，减少作业人员的思考时间，提高作业效率。

　　5. 不让找：通过详细的规划，把作业现场的工具和物品摆放在最明显的地方，使作业人员在需要利用设备的时候，不用去寻找。

　　6. 不让写：通过信息技术及条形码技术的广泛运用，真正实现无纸化办公，降低作业成本，提高作业效率。

（资料来源：物流学导论. 汝宜红. 北京：清华大学出版社，北京交通大学出版社，2004：72）

　　5. 合理选择装卸搬运方式

　　在装卸时，对货物的处理大体有三种方式：第一种是分块处理，即按普通包装对货物逐个进行装卸；第二是散装处理，即对粉粒状货物不加小包装进行原样装卸；第三是单元组合处理，即将货物以托盘、集装箱为单位进行组合后的装卸，实现单元组合，能充分利用机械进行操作，提高作业效率。在装卸搬运过程中，要根据物品的种类、性质、形状、重量来确定合理的装卸搬运方式。

　　6. 保持物流的均衡顺畅

　　装卸搬运是整个物流过程中必不可少的重要环节。最为理想的情况是保持装卸搬运作业连续不断地进行，应尽量将前后的相关作业进行有机的组合，各工序要紧密衔接，作业路径尽量为直线，从而提高搬运效率；要控制好节奏，必须综合各方面因素妥善安排，使物流量尽量均衡，避免忙闲不均的现象；同时，还要将运输、存储、包装和流通加工等物流活动有序地连接起来，保持整个物流过程的均衡顺畅。然而，装卸搬运在某种意义上又是运输、存储活动的辅助活动，要受运输等其他环节的制约，其节奏不能完全自主决定，必须综合各方面因素妥善安排，才能使物流量尽量均衡．

　　7. 创建"复合终端"

　　近年来，工业发达的国家为了对运输线路的终端进行装卸搬运合理化的改造，创建了所谓的"复合终端"，即对不同运输方式的终端装卸场所，集中建设不同的装卸设施。例如，在复合终端内集中设置水运港、铁路站场、汽车站场等，这样就可以合理配置装卸搬运机械，使各种运输方式有机地连接起来。

11.6　配送的合理化

　　配送合理化是指在满足用户需求的条件下，以最低的成本及时完成配送任务。对于配送合理化与否的判断，是配送决策系统的重要内容。

实现配送合理化的途径主要有以下 8 个方面：

1. 实行共同配送

共同配送是指多个企业在物流运作中相互配合，共同进行理货、送货等活动的一种组织形式。共同配送有利于克服不同企业之间的重复配送或交错配送，提高车辆利用率，缓解城市交通拥堵和环境污染。通过共同配送可以最近的路程、最低的配送成本完成配送，从而追求合理化。

2. 推行准时配送

准时配送是配送合理化的重要内容。只有做到了准时配送，用户才可以放心地实施零库存管理，有效地安排接货的人力、物力，追求工作效率的提高。另外，保证供应能力，也取决于准时供应。从国外的经验看，准时供应配送系统是现在许多配送企业追求配送合理化的重要手段。

3. 实现配送信息化

配送信息化就是利用现代信息技术和电子化手段重新构筑配送系统，如建立计算机辅助送货系统、辅助配货系统、辅助分拣系统、辅助调度系统和辅助选址系统等配送信息化设施，可以使企业共享物流信息，便于更好地组织配送作业。

4. 实现多种配送方式的最优组合

每种配送方式都有其优点，将多种配送方式进行最优化组合，可以有效实现配送效益的最大化。

5. 推行一定综合程度的专业化配送

通过采用专业设备、设施及操作程序，取得较好的配送效果并降低配送过分综合化的复杂程度及难度，从而实现配送合理化。

6. 推行加工配送

通过加工和配送结合，充分利用本来应有的这次中转，而不增加新的中转使得配送合理化。同时，加工借助于配送，加工目的更明确和用户联系更紧密，又避免了盲目性。这两者有机结合，投入不增加太多却可追求两个优势、两个效益，是配送合理化的重要经验。

7. 实行送取结合

配送企业与用户建立稳定、密切的协作关系，配送企业不仅成了用户的供应代理人，而且承担用户储存据点的功能，甚至成为产品代销人。在配送时，将用户所需的物资送到，再将该用户生产的产品用同一车运回，这种产品也成了配送中心的配送产品之一，或者作为代存代储，免去了生产企业库存包袱。

8. 推行即时配送

作为计划配送的应急手段，即时配送是最终解决用户企业担心断供之忧、大幅度提高供应保证能力的重要手段。即时配送是配送企业快速反应能力的具体化，是配送企业能力的体现。即时配送成本较高，但它是整个配送合理化的重要保证手段。此外，用户实行零库存，即时配送也是重要手段保证。

小　结

本章介绍了运输管理、储存合理化、库存管理、包装管理、流通加工管理、装卸搬运管理和配送管理的内容。在此基础上，讨论了怎样组织合理的物流功能活动，并讨论了各项活动管理的方法。

思　考　题

1. 运输管理的原则、内容是什么？
2. 怎样组织合理运输？
3. 衡量储存合理的标准一般有哪些？有哪些具体的实施方法？
4. 包装管理的内容包括那些？如何做到包装的合理化？
5. 流通加工管理包括哪些内容？如何做到流通加工活动的合理化？
6. 说明如何做到装卸搬运的合理化。
7. 配送合理化包括哪些措施？

【案例分析】

戴尔的库存管理模式

卡伯特电器商店（Cabot Appliance）是一家零售连锁店，打算确定应向其供应商订购室内空调的数量。空调的销售具有很强的季节性，销售量与夏天的天气情况关系密切。卡伯特每年订货一次，销售旺季开始后订货是不现实的。虽然无法知道确切的实际销售水平，但卡伯特可以分析以往季节、长期天气预报和经济的一般形势，估计出不同销售水平的概率，如表11.1所示。

表 11. 1　　　　　　　　　　　　不同销售水平的概率

销售量 r/台	500	750	1000	1250	1500
概率 $P(r)$	0. 2	0. 2	0. 3	0. 2	0. 1

每台空调运到卡伯特的价格是 320 美元，卡伯特向客户出售的价格是 400 美元。旺季结束后，未能售出的空调要以 300 美元的折扣价清仓售出。最小采购批量是 500 台，以 250 台为单位递增。

案例思考题

1. 假设该企业不把库存保存到明年, 那么一次性订购量应是多少?

2. 如果卡伯特可以获得年利率为 20% 的贷款支持其库存, 你会如何调整上问题中的采购量, 使过剩库存可以保留到下一个销售旺季?

第三编　物流企业管理

第十二章　物流企业管理概述

加入世界贸易组织以来，中国物流业不断加速对外开放和与市场接轨，积极引入国外先进的物流技术和管理模式，为社会提供了巨大的经济效益和社会效益，其重要性已日益为人们所知。但由于各行各业大规模抢占物流业市场，物流业发展速度过快而忽略了物流企业的自身建设，使物流企业管理的诸多问题阻碍了物流业的发展。因此，在大力发展物流业的同时，我们应该深入物流企业之中，深刻剖析我国物流企业在管理层面出现的问题，积极借鉴国外物流企业的成功经验，加强物流企业自身建设。

本章主要从物流企业的性质、特征与目标、组织结构、活动的基本逻辑等方面来介绍什么类型的企业为物流企业，并从中了解物流企业从建设初期到不断壮大可能会面临的相关问题。

关键词：物流企业（logistics enterprise）　组织结构（organization structure）　基本框架（basic framework）　管理目标（management objectives）

12.1　物流企业概述

物流企业是指从事物流相关活动的经济组织，主要经营范围是根据客户需求对其提供运输、存储、装卸、包装、流通加工和配送等服务，具有与其自身功能相适应的信息管理系统，能够实行独立核算、独立承担民事责任。由此可以看出，物流企业是独立于生产领域之外，专门从事各种物流经营活动的自主经营、自负盈亏、自我发展、自我约束的具有法人资格的企业。

12.1.1　物流企业的性质与特征

任何企业的运营活动基本上都是围绕着投入—生产—产出进行。对于生产类型企业，货品原材料、人力、资本都是投入，经过一系列的生产加工，使之转换为特定的产品或者服务，从而形成了生产类型企业的整套运营活动；对于物流企业，整体的运营活动会发生很大改变，物流企业是将其他企业对外所供应的货品或者生产出来的货品作为自己的投入，通过企业内部的生产物流或转换物流进行转换，最终将货品进行销售或是运输至其他企业。物流企业的存储功能帮助生产企业解决了货品离开生产领域，尚未进入消费领域而产生的货品滞留在流通领域的困境；物流企业的运输功能将滞留在流通领域的货品借助运力完成空间分布的转移送到消费者手中从而产生价值。物流企业解决了社会生产与消费者之间在数量、质量、时间和空间上的矛盾，实现了生产和消费的供求结合，保证了社会运行的良性循环。所以，可以看出，物流企业已经渗透进各行各业的运营活动之中。

　　随着近些年电子商务时代的到来，物流企业在以往的传统物流上进行了转型升级，加入了网络化的计算机技术和现代化的硬件设备、软件系统以及现金管理方式，使商品在流通上更加信息化、自动化、现代化、社会化、智能化、合理化、简单化，从而减少生产企业积压库存，加速企业之间资金周转，提高物流配送效率，减少物流成本；同时，在客户关系管理上也得到了了巨大改善。传统的物流企业侧重于企业内部运营和组织的整合，与下游客户的关系取决于服务的质量。在现代物流企业的大背景下，物流企业逐渐重视企业之间的整合，逐渐重视客户关系的营销与管理，特别是增加了销售和售后服务等一系列活动来满足客户需求，将更多的企业中心放在了客户服务为导向的物流运营模式之中；此外，在高竞争力的驱动下，现代物流企业根据自身资源和职能进行整合，建立覆盖全球的庞大的物流网络，实行各成员之间资源配置优化、资源共享，形成了高集成供应链渠道体系，从而达到了市场稳定、供销平衡。因此，物流企业的发展可以刺激社会需求的增长，提高社会经济效益，有利于整个社会宏观调控，促进市场经济健康发展①。

12.1.2　物流企业的组织结构

　　组织结构是指公司为了达到既定的目标，按照公司各部门工作内容以及各层级之间的隶属关系而建立的一种关系结构，它将人、功能和设施系统结合起来。组织结构通过向公司各层级员工提供清晰的层级和责任信息来提高公司运营效率。完整有效的组织结构可以将公司内各部门、各层级人员统一起来，帮助员工将时间和精力集中在富有成效的任务上；同时，组织结构还能为员工提供一个清晰的内部晋升路线，提高员工的工作效率，激励员工工作热情。企业作为一个特定的社会经济组织，有一个完整的、可以根据自身发展情况不断更新的发展体系是其生存的前提，只有在大市场环境下不断根据外界因素的变化而调整公司的内部组织结构才能吸引更多外部人才，稳固更多的现有人才，使他们在公司现有平台上一同协商、一起努力，提高公司内部凝聚力。

　　一个优秀的物流企业必须存在一个合理的组织结构来明确责任制以及员工工作划分，这样可以有效地避免集权主义行为。为了避免领导职数过多导致机构臃肿，行政成本过高，行政效率下降等一系列问题，现如今很多物流企业都采用扁平化管理模式以得到较快的反馈速度和处置效率，这在如今信息化时代显得尤为重要②。

　　现代物流企业组织结构一般秉承四项基本原则，分别为精简原则、统一原则、自主原则、高效原则。精简原则是指物流企业需要设置精简的管理层次，减少管理人员编制，因事设职、因职用人以达到组织结构设置合理化，最大化管理人员工作效率，最小化人工成本。同时，物流企业还需要明确各级组织职责范围，加强各级之间相互协作，建立高效沟通渠道，制定合理奖惩制度，发挥各级人员的积极性、主动性。统一原则是指物流企业需要建立一条职责、权限分明的等级链，不得跨级指挥管理，自上而下逐级负责，保证运营任务顺利完成。自主原则是指物流企业需要各部门、各层级自主履行相关职能，充分发挥

————————

　　① Basenton Logistics（2020）. The characteristics of Modern logistics ［OL］. https：//www. basenton. com/NEWS/Company-News/the-characteristics-of-modern-logistics-enterprise. html ［Accessed in 2020］.

　　② 郭晓帅，卫欢乐，张倩. 我国物流企业组织结构设置的思考. 现代商业，2016（35）：92-93.

各级组织层级的主动性和积极性，在保证原则性的同时提升各层级的灵活性。高效原则是物流企业可持续发展的根本原则，《国务院关于积极推进"互联网+"行动的指导意见》就指出要大力推进"互联网+"高效物流发展，提高全社会物流质量、效率和安全水平，要在物流领域广泛应用先进信息技术用于提升仓储、运输、配送等环节智能化水平，不断优化创新物流组织方式，大力发展基于互联网的物流新技术、新模式、新业态，形成以互联网为依托，开放共享、合作共赢、高效便捷、绿色安全的智慧物流生态体系。上述各项原则是现代物流企业建立健全的组织结构时所应遵循的基本原则，但每个物流企业需要根据自身企业的情况特点有所侧重。图12.1为物流企业组织结构的基本框架。

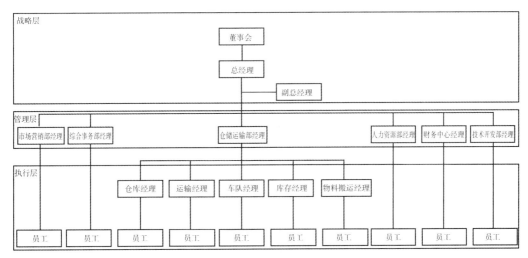

图 12.1　物流企业组织结构的基本框架

一般来说，物流企业内部的组织结构基本可以划分为三个层次，分别为战略层、管理层和执行层。物流公司的高层都由战略层主管组成，他们不仅需要制定预算确定公司的发展目标，还需要建立一系列制度体系帮助物流公司实行可持续长期发展的最终目标。因此，作为战略级别的主管人不仅需要具有一定的物流知识。还必须具有供应链等其他流程的运作知识，战略层一般包括首席执行官/董事长、执行董事、总经理、副总经理、首席财务、市场分析师、项目总监；物流企业的管理层可以被视为公司的中层级别，该级别可以查看所有管理方面的内容来确保所有任务得到妥善管理和顺利运行[1]。作为物流企业，仓储运输部是管理层的核心部门，在此级别上的主管人员需要制定仓储运输工作计划，完善各项工作任务的规范和流程，提高内部运作效率，降低运营成本，同时，主管人员还需要根据库存货物科学规划库存库位，合理利用仓库空间，保证仓库使用率最大化。管理层一般包括市场营销部经理、区块开发经理、综合事务部经理、人力资源部经理、财务中心经理以及技术开发部经理。随着信息技术的不断发展以及大数据时代的到来，技术开发部门也逐渐成为物流企业不可忽视的一个重要部门，尤其是在现代物流的仓储管理系统中，

① 陈媛媛. 大数据时代物流企业面临的机遇与挑战分析. 读书文摘，2017（11）：124.

大数据得到了广泛的运用，它可以帮助物流企业快速全面搜集企业内部数据和外部数据，并加以分析，为企业提供动态信息态势，帮助企业明确运营之中存在的问题，为后续可持续发展提供决策性帮助。物流企业的第三层和基础层是执行层，将公司高层的发展战略实施到公司日常运营上是执行层工作人员的主要责任，虽然此级别处于层次结构最底层，但丝毫没有降低其重要性，尤其是仓库、运输、车队、库存、物料运输等物流企业的核心部门①。随着《国务院办公厅关于推进线上线下互动加快商贸流通创新发展转型升级的意见》的出台，国家对于线下运输车辆、仓储等资源合理调配、物流资源使用效率等多方面提出了更高要求。物流企业仓储运输部门主管人员将面临更为严苛的工作要求。除了上述日常工作之外，主管人员还需实时监控仓库的安全、温湿度及清洁等工作，使其符合国家相关规定，确保物资存储、运输和防护符合相关规定。此外，还需及时上报库存情况，并对异常库存进行及时处理，避免存货超储、短缺、损坏等现象，以确保库存物资安全、有效。

物流企业拥有完善、健全的组织结构是保证物流活动有效运行的基石，同时对于企业建立核心竞争力有极大的促进作用。好的组织结构能够有效推动物流企业战略的实施与运行，同时，可以缩减物流活动运作成本，加强各部门之间的团结协作能力使其内部信息公开化、透明化，充分发挥各级组织层级的主动性和积极性，激发各层级工作人员的工作热情，增强整个企业在物流行业的核心竞争力。

12.1.3 物流企业的基本问题与物流企业活动的基本逻辑

任何一个物流企业或企业的物流系统，在企业的发展或服务企业的物流活动中都需要提前制定一套完整物流企业活动的发展体系，帮助企业明确未来的发展目标和发展路径。首先，在物流企业成立初期，物流企业需要考虑的是如何在竞争日益艰巨的背景中，成立一个可以充分满足客户需求、带给顾客好的服务质量且具有特殊的核心竞争力的物流企业，帮助自身在激烈物流行业竞争中脱颖而出；其次，物流企业需要考虑在企业发展中期如何利用前期收集到的运营反馈设计一套符合企业自身的物流服务系统流程在更大程度上满足客户需求从而帮助企业在物流领域站稳脚跟，实现企业的长期发展目标；最后，当物流企业发展到一定规模以后需要考虑如何将企业带向一个新的台阶，不断丰富相关配套设施，不断壮大经营范围，完善日常工作，使物流企业活动更加精细化，从而实现企业价值最大化。因此，任何物流企业都需要遵循上述物流企业活动基本逻辑，根据企业实际情况对发展体系进行调整，明确物流企业未来发展方向，开创一条属于自己的物流企业新道路。

从物流企业初期建立到后期不断发展壮大的同时都必须面对一系列的问题。然而，在这些问题中企业必须面临的基本问题主要有三个：

第一，向什么样的顾客提供什么样的物流服务？即：服务对象是谁？服务的内容是什么？

第二，以何种方式服务顾客？即怎样提供物流服务？

---

① 赵俊卿. 试论大数据时代下物流行业的发展. 商情, 2016, 000 (049)：84.

第三，如何适时、适量、适当成本、适当质量，向适当地点的顾客提供物流服务？

第一个基本问题涉及对物流需求市场和物流服务市场的基本分析，通过分析，明确物流服务的对象（即顾客）及顾客的物流服务要求，从而确定所提供的物流服务的内容、水平和物品的种类、性质、数量等，同时根据物流服务市场和竞争对手的分析来明确所提供的物流服务的竞争重点和策略。

第二个基本问题是物流服务系统的设计问题。在明确第一个基本问题后，为实现第一个问题进行物流服务系统的设计，内容包括：配送中心选址、分布与容量，运输能力的大小、方式、工具；搬运设备；分检、流通加工、包装等物流服务系统的设计。通常可以将物流服务系统设计分为两部分：一是物流服务系统的硬件设计，主要是仓储（配送中心）选址、分布与容量，以及搬运、分检、流通加工、包装设备等设施、设备的设计；二是，物流服务方案的设计，即规划设计满足顾客物流服务需求的物流服务方案，包括：运输工具的确定、运输路径的选择、仓储方案、搬运流程等。

第三个基本问题是物流系统运作问题。在明确了第二个问题之后，如何实施物流服务以确保顾客的物流服务要求。因此，物流路线确定、何时开始实施、何时结束的计划安排、调度，物流服务过程的控制即客户服务等，也是物流企业或企业物流服务所开展的日常性的具体工作。

12.2 物流企业管理

12.2.1 物流企业管理概述

物流企业管理是指在物流企业中，运用计划职能、组织职能、指挥职能、协调职能和控制职能对物流类型的企业实施全方位管理。计划职能是指物流企业根据自身资源情况和预期经营目标来编制计划，确定实现目标的措施和方法，然后协调企业资源来执行和检查计划，以实现企业的计划目标；组织职能是把物流企业经营活动的各要素和各环节，从劳动分工和协作上，从纵横交错的相互关系上，从时间和空间上进行紧密衔接，合理地组织起来，形成一个有机整体，从而使企业有效地进行生产经营活动；指挥职能是企业借助指示、命令等手段有效地指挥下属机构和人员履行自己职责，完成组织目标的一种活动，指挥的有效性可以保证企业正常经营和实现计划；协调职能是物流企业通过协调企业内部各职能部门之间的工作以及物流活动各环节，使其建立良好协作关系；控制职能是根据预定计划、目标和标准，对物流活动过程中各环节进行检查和监督，通过分析原因采取相应的对策从而保证计划目标的实现。

12.2.2 物流企业管理的特征与目标

物流管理是指在社会生产过程中，根据社会物质实体流动的一般规律，应用管理的基本原理和科学方法，对物流活动进行计划、组织、指挥、协调和控制的活动过程，管理的对象是物流活动。物流企业管理是指在物流企业中，运用计划职能、组织职能、指挥职能、协调职能和控制职能对物流类型的企业实施全方位管理，管理的对象是物流企业①。

物流管理的基本目的就是实现物流活动的优化与协调，以降低物流成本，提高物流效率和经济效益，满足顾客的需求。

物流企业管理的目标主要分为以下三点：

第一，提供高质量的服务，提升客户满意度。现代物流企业管理的最终目标是为客户提供高质量的服务，从而不断提升客户满意度。所以，现代物流企业管理需要以客户为本，将为客户提供优质的服务作为首要管理活动目标，积极引进国内外先进的物流管理技术，逐步提升国内整体物流管理技术。此外，现代物流企业在关注物流实际运作的同时，还要注重给客户提供周到、快速、多元化的服务，只有这样才能真正赢得客户的满意度，提升国际市场竞争力。

第二，降低客户经营成本，提升客户整体利益。为提升客户满意度，现代物流企业要注重加强物流中心的信息流建设，充分利用网络优势建立信息系统和网络平台，开展商品物流跟踪、客户响应模式，信息处理和传递系统，提供更加完善的配送和售后服务。信息流在现代物流过程中起到了事前测算流通路径、即时监控输送过程、事后反馈分析等作用。现代物流要求企业在实际操作中简化操作路径、减少失误和误差、各环节链接顺畅、停顿时间少。只有具有良好的信息处理和传输系统才能快速、准确地获取销售反馈信息和配送货物跟踪信息，有利于提高物流企业的服务水平，提高电子商务的效率，帮助客户降低经营成本，赢得客户信赖。

第三，最大化物流企业效率和效益。现代物流企业要积极运用信息化、自动化、机械化的方式，为客户提供更加满意的物流服务，不断突破传统物流服务的束缚，真正有效提升物流企业的效率；同时现代物流企业管理还应该从原本的作业层转向管理层，最终向着经营层发展，只有这样才能够真正降低成本，确保自身的运力能够切合物流市场的需求。现代物流企业管理只有真正实现效率的最大化，才能够真正有效提升现代物流企业的经济效益和社会效益。

12.2.3　物流企业管理的主要框架

物流企业管理主要分为物流企业战略管理、物流企业营销管理、物流企业信息管理、物流企业质量管理和物流企业财务管理这五个方面。物流企业战略管理主要指物流企业围绕客户的服务目标，对相应的物流活动进行战略决策和战略环境分析，并根据其分析结果和物流企业规模制定实施计划；物流企业营销管理是帮助企业在了解自身市场和目标市场的同时，不断加强营销管理创新，努力适应互联网时代的物流企业营销思维，准确定位，制定适合自身企业的营销组合，突出其个性化服务；物流企业信息管理是以拥有科技化、多功能化、智能化等特点的信息技术为依托，围绕企业的战略决策层、战术管理层和运作层三个层面，将运输、仓储、装卸等物流活动结合起来，形成协同效应，从而达到提高货物流通速度、降低货物流通成本等优势；物流企业质量管理是以满足客户对于物流服务的需求为前提，通过制定科学合理的质量标准体系，运用经济办法实施计划、组织、协调、

---

① 范碧霞，饶欣. 物流与供应链管理. 上海：上海财经大学出版社，2016.

控制物流过程，然后通过制定质量方针、质量策划、质量控制、质量保证等改进活动来保证物流企业以高质量服务的方式呈现给客户；物流企业财务管理是根据物流业务的运营实施的资金的筹集和投放，以及使用和分配等一系列的管理行为。

小　结

1. 物流企业是指从事物流相关活动的经济组织，主要经营范围是根据客户需求对其提供运输、存储、装卸、包装、流通加工和配送等基本功能，具有与其自身功能相适应的信息管理系统，能够实行独立核算，独立承担民事责任。

2. 物流企业是将其他企业对外所供应的货品或者生产出来的货品作为自己的投入，通过企业内部的生产物流或转换物流进行转换，最终将货品进行销售或是运输至其他企业。

3. 物流企业管理是指在物流企业中，运用计划职能、组织职能、指挥职能、协调职能和控制职能对物流类型的企业实施全方位管理。

4. 物流管理是指在社会生产过程中，根据社会物质实体流动的一般规律，应用管理的基本原理和科学方法，对物流活动进行计划、组织、指挥、协调和控制的活动过程，管理的对象是物流活动。物流企业管理是指在物流企业中，运用计划职能、组织职能、指挥职能、协调职能和控制职能对物流类型的企业实施全方位管理，管理的对象是物流企业。

思　考　题

1. 简述一般生产型企业与物流企业的区别。
2. 简述现代物流企业组织结构秉承的四项基本原则。
3. 简述物流企业管理和物流管理的区别。
4. 简述物流企业管理和企业物流管理的区别。

【案例分析】

德国铁老大的物流演义

收购伯灵顿，使一直隐于辛克、施廷内斯等知名物流企业身后的德国物流巨头德国铁路现于人前，这不仅是百年企业私有化改革的重要一步，而且是其日渐成形的全球网络的重要组成部分。

德国铁老大的物流演义

2005 年 10 月，当业界传出伯灵顿环球（Bax Global）被出售的消息，紧接着又传出其收购者来自德国的时候，人们纷纷猜测，莫非刚刚收购了英运（EXEL）的德国邮政再次出手了？一个多月后，当整个收购已尘埃落定，人们才惊讶地发现，这次事件的主角并非德国邮政，而是名不见经传的德国铁路。

改革受阻物流出击

有着 150 多年历史的德国铁路公司是德国政府的国有企业。1994 年，德国铁路开始从联邦政府中逐渐脱离出来，开始私有化改革。由于政府的不断干涉，企业内部意见不一，以及各种各样的历史原因，德国铁路的私有化道路走得并不顺畅，现在仍处于改革的最后阶段。

按照最早期的构想，德国铁路的上市时间原定为 2005 年。德国邮政在私有化改革 10 年后就实现了上市，但德国铁路由于连续几年的亏损和高额债务，让上市计划一拖再拖，最终成为泡影。

对于德国铁路来说，其客运业务的发展严重阻碍了它的改革进程。德国客运市场已连续 4 年萎缩，而且随着越来越多廉价航空公司的出现，德国铁路在长途客运方面的市场份额也在不断减少，这也是德国铁路连续 3 年总亏损超过 8 亿欧元的关键原因（2001 年亏损 2.04 亿欧元、2002 年 4.54 亿欧元、2003 年 1.72 亿欧元）。另外，作为国有企业，德国铁路的改革过程也受到政府的干涉，要完全脱离政府存在很大的困难。

当客运业务不断受挫，德国铁路把目光投向了物流市场。2003 年 10 月，德国邮政收购了德国物流巨头施廷内斯（Stinnes），并把原来旗下的货运公司（DB Cargo）整合到施廷内斯中。施廷内斯使德国铁路的货运量增加，在 2003 年就贡献了 2.88 亿欧元的营业收入，大大弥补了德国铁路的损失，及时扭转了德国铁路的亏损趋势。在此次收购伯灵顿事件以前，很多人对德国铁路都知之甚少，因为其物流业务都是通过辛克（Schenker）（也被称为"全球货运"）进行的。

辛克物流是世界知名的国际货代企业和第三方物流公司，曾在全球第三方物流收益榜上高居第二，其业务范围涵盖货代、物流整合服务、供应链管理方案，甚至奥运、展会等特殊的物流服务，更因其多次承接奥运物流而扬名国际物流界。

德国铁路与辛克物流之间渊源颇深。有着 130 年历史的辛克起源于奥地利维也纳，1928 年把总部搬到德国首都柏林，1931 年被德国铁路收购，直到 1991 年。在这 60 年里，辛克依靠德国铁路的支持和帮助，从一个立足欧洲的运输公司，发展成全球领先的物流巨头。

1991 年，由于业务的调整，德国铁路把辛克出售给了施廷内斯。12 年后，德国铁路又把整个施廷内斯买回来了。德国铁路公司高管哈特默特·梅登称："自从出售辛克以后，我们感到相当后悔，一直想把它买回来，现在我们终于实现了。"在收购施廷内斯后，德国铁路把所有的物流业务都整合到施廷内斯之下，当然也包括辛克。现在，施廷内斯已成为欧洲第一的铁路运输和陆上交通公司，国际海运排名第三，国际空运排名第五，国际展会物流更是高居第一。

施廷内斯旗下的业务主要分为四大块：辛克、货运物流部（Freight Logistics）、联合运输部（Intermodal）和铁路运输部（Railion）。辛克的业务量占施廷内斯总营业额超过 50%。

辛克内部又划分为四大部门：主营普货定时运送和特殊货物流通的喷气货运

（SCHENKERjet cargo）部门，负责与航空产业对接的物流设计和服务的航空系统（SCHENKER aero parts systems）部门，为船主、船公司和造船商提供专门的服务的海运（SCHENKER marine）部门，还有新开发的喷气快递（SCHENKER jetxpress）业务部门，进行门到门的快递配送。辛克还是国际奥委会的指定货代商。据统计，雅典奥运会期间，辛克为奥运处理的空运货物超过 2000 吨、海运集装箱 1000 个、欧洲各地往来的满载货车 1000 辆。至于货运物流部，主要经营大体积货品物流，如矿藏、化学肥料等，而联合运输则以合并交通运输为主要业务。另外值得一提的是铁路运输部（Railion），它前身是德国铁路的货运部（DB Cargo），在荷兰和丹麦都有分部，是欧洲最大的铁路运输公司，在海空联运上的发展也相当不错。

全球战略直指亚太

近年来，德国乃至整个欧洲的经济发展并不乐观，客运市场萎缩，物流市场的价格战愈演愈烈，燃油成本持续高涨，多重因素导致了德国铁路的经营业绩不佳，也直接影响了其私有化改革的推进。为此，德国铁路早已把眼光放在了全球市场，其焦点定位于经济、贸易、物流发展都最为迅速的亚太地区。作为德国铁路旗下最重要的子公司，辛克在亚太区的发展是与戴姆勒·克莱斯勒、大众等汽车生产商的扩张联系在一起的。1966 年，辛克在香港成立了其亚洲分部，目前已在亚洲 20 多个国家和地区建立了近 100 外办事处和营运点。

自 20 世纪 70 年代进入中国大陆市场，辛克就开始了对中国市场的布局，在沿海的大部分城市设有分部。在北京取得 2008 年奥运会主办权后，辛克更是加紧在中国的战略部署，由起初的一个单纯的货代公司向全方位物流提供商发展。

在北京，辛克在北京首都机场附近建立的物流中心于 2005 年 9 月正式落成。这个物流中心由辛克和北京国际技术合作中心成立的合资公司投资兴建，辛克在其中占有 70% 的股权。该物流中心设有一个达 13000 平方米的仓库，超过 10000 个货盘空位和 13 个起卸区，是北京 2008 年奥运会的主要物流基地。

继首都机场的物流中心之后，辛克也将在上海外高桥保税区设立面积达 15000 平方米的物流中心，该中心将沿袭辛克的传统优势，处理包括汽车、半导体、化学品和机械产品在内的大件货品。

辛克和施延内斯曾共同发表的一份报告表示，中国第三方物流市场每年总金额达 200 亿美元，并将以每年 30% 的增长速度递增。可见，辛克在中国野心不只在于北京上海两地。

在东南亚，辛克则以新加坡和泰国为据点辐射该地区。辛克在新加坡的物流中心于 2000 年启动，提供从采购、仓储到门到门运输的一站式供应链服务。另外，目前辛克在亚洲的网络也通过新加坡电讯铺设，可见新加坡市场在辛克眼里的重要性。在泰国，辛克在曼谷、兰恰邦（Laem Chabang）和科列（Korat）建立了三大基地。其中规模最大的兰恰邦物流中心，总占地面积 31200 平方米，能提供包括看板式仓储管理、自动补货系统在内所有的物流服务。

另外，自从 1996 进入印度市场后，辛克用它们著名的武器——SWORD

（Schenker Worldwide Online Real Time Data Network，即辛克全球在线实时数据网络，SWORD 意为"剑"）打造了优质的品牌，成为了印度国际货代的首选。

网络扩张

收购伯灵顿环球，是德国铁路全球战略下的重要计划。一直以来，虽然辛克在北美市场的发展良好，但与伯灵顿相比，辛克的品牌认知度仍有不足。事实上，在收购伯灵顿之前，德国铁路和亚太地区的各大航空公司都保持着良好的关系。2005 年 10 月，德国铁路与中华航空正式签订了参股合作协议，而在此之前，德国铁路与美洲航空、全日空航空也早有同盟协定。伯灵顿在北美和亚太地区庞大的网络，正是德国铁路最需要的。收购伯灵顿环球之后，德国铁路的铁路和陆路运输实力欧洲排名第一，空运实力全球第二，海运实力全球第三。此次兼并后，另一个引人关注的问题是：德国铁路现有辛克这一优势品牌，那么未来伯灵顿环球将何去何从呢？德国铁路的高级经理 Norbert Bensel 称："像辛克、施廷内斯这些已被大众所接受的品牌，我们会保证它们持续发展下去，伯灵顿环球也一样。"

2006 年，德国铁路将成立物流部（DB Logistics），将旗下的运输与物流业务以及伯灵顿和施廷内斯的所有业务，全部归于 DB Logistics 的旗帜之下。据业内人士分析，伯灵顿环球和辛克在短期内将仍然沿用其品牌，但从长远来看，DB Logistics 将逐步取代这些品牌，走同一品牌的全球扩张战略。

最近，德国铁路又宣布要把公司总部从柏林迁往汉堡，并收购汉堡港口和物流公司。长久以来，受制于柏林的内陆环境，德国铁路的物流立足点只能是陆上，这大大限制了它的发展。汉堡的天然港口条件和辛克、伯灵顿的陆路体系相结合，将弥补德国铁路发展受制的遗憾，使私有化改革进程加速。

（资料来源：徐冠杰，原前图．德国铁老大的物流演义．环球供应链，2006，000（003）：71-73）

案例思考题

1. 德国铁路是如何实现改革成为物流巨头的？
2. 德国铁路是用什么方式来实现全球战略布局的？

第十三章　物流企业战略管理

随着当前国际经济交流逐渐密切，尤其是交通条件不断提升，在网络的促进下，各种资本不断扩大，随之出现的是物流企业的竞争加剧。然而，在物流企业的经营活动中，如果管理者忽略企业的战略管理，则会浪费大量人力物力财力，降低物流企业整体运营效率，加重企业运营成本。在这种背景下，物流企业必然要朝着新的战略管理方向发展，适应现代社会发展形势，优化管理和经营模式，提升市场占有率，从而获得更强的竞争力。

本章会从物流企业的战略环境入手，详细描述物流企业在对物流活动进行决策时的三个层次：战略决策、战术决策、运作（实施）决策；最后根据物流企业规模的大小对其战略的制定与实施进行剖析。

关键词：战略决策（strategic decision-making）　　战术决策（tactical decision-making）运作（实施）决策（operating decision-making）　　战略环境（strategic environment）

13.1　物流企业决策

进入 21 世纪后，物流已日益受到了企业的重视，企业也亟须规划良好的物流系统以支持企业的发展战略。但并不是每一个企业自身都有资金和实力去构造和运营一套良好的物流体系，国外许多著名的企业都通过外包的形式来实施其物流活动。例如：上海通用汽车将零部件的采购外包给中远，中远按照通用汽车要求的时间准点将生产零部件直送到生产线，大大缩减了包装成本，同时将库存放在运输途中。随着全球化经济的形成，企业对物流的需求在数量和质量上都会有很大的提高，专业化的物流企业也就应运而生来满足这些需求。我国工商企业采用第三方物流的比例较低，远低于欧美，欧美第三方物流发展非常快，据有关资料介绍，中国第三方物流占物流市场的比重尚不足 30%（日本、欧洲和美国等已超过 70%）。这些数据说明中国第三方物流的发展较落后。但是，中国第三方物流业的发展空间很大，市场份额在逐年上升。

物流企业决策是指物流企业围绕其客户服务目标，对相应的物流活动进行决策的过程。物流企业决策包括三个层次，即战略决策、战术决策、运作（实施）决策。战略决策是指服务对象、服务目标、服务水平、服务内容和竞争重点的确定。战术决策是指针对战略决策进行科学的物流系统设计。运作决策是指企业采用何种服务运作方式，对物流过程进行计划、调度、控制，以实现物流战略目标。

13.1.1　战略决策

1. 物流企业的价值链定位

营销学里提出了市场细分的概念，即：企业经营者必须通过市场调研，根据消费者对物流服务的不同需求，把消费者整体市场划分为具有一定的类似性特征的若干子市场。一个物流企业首先应在充分调研的情况下，找准自己的价值点。目前国内约有 1638 亿美元的物流外包市场，现在的物流企业也有 24800 家左右，然而，物流市场的供需之间的矛盾依然存在。一方面，物流市场火热，可很多物流公司却抱怨说市场竞争太激烈，企业很难抓到客户，另一方面，需要物流服务的公司却埋怨找不到符合要求的物流供应商。这个供需矛盾反映了物流企业定位的重要性。所谓物流行业的价值链定位是指物流企业将自己定位于货代、运输、仓储配送等物流价值链中的一环，还是提供集成的供应链服务商。国际上一些著名的物流巨头大多有自己的核心业务，如 Kuehne& Nagel、DHL 等主要集中在货代；UPS、FedEx 等集中在运输业；Exel、XPO Logistics 则主要集中在仓储业。这些企业都取得了惊人的成就，其成功就在于他们始终清楚自己在物流价值链中的定位，并在这一定位上做到卓越。企业在寻求市场定位时，需要参考的指标主要有市场需求、宏观的环境和政策、自身的能力、企业的战略目标、现有物流企业竞争状况等。如图 13.1 所示。

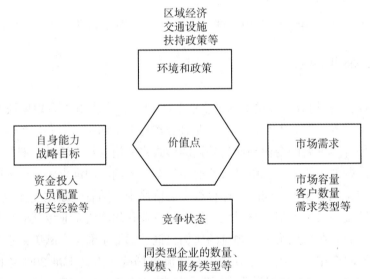

图 13.1　物流企业价值链定位因素图
(资料来源：AMT 研究院，周祖军，定位：物流企业的首要抉择①)

根据在价值链中的定位，物流企业提供的服务可以分为下面 4 个层次，即功能型物流服务、增值型物流服务、集成供应链服务和个性化供应链服务。

---

①　周祖军. 找准定位，做到卓越. 物流时代，2004，000（024）：30-30.

功能型物流服务——这类企业只提供诸如货代、运输、仓储或配送中的某一单项服务。他们的竞争力在于能够在充分有效利用自有资源的基础上提高功能物流服务的经营效率，达到比自营物流更高效、更低成本的运作。功能性物流服务是专业化物流服务的起步阶段。这类物流企业要想进一步发展，则可以在保证能够高效满足功能性物流服务的基础上，进一步提供增值型型物流服务，替客户分担更多的非核心业务，同时也为自己创造新的利润源。

增值型物流服务——增值功能没有固定的组成要素，目前对于增值功能的界定还很模糊，笼统地说，只要是需要在物流过程进行的，不属于基本功能的都算增值功能。例如货物跟踪、到货检验、简单加工、重新包装和组合、价格标签或条形码以及信息服务等。增值型物流服务一般依赖于科学技术的应用和发展，致力于提高服务水平，降低运作成本以及提高工作效率等，从而提高物流企业为客户提供的服务价值以及在市场中的竞争力。

集成供应链服务——提供此类服务的物流企业已经不再是货运或仓储公司，而是把仓储、运输、配送、包装和各种增值服务高度系统集成的一体化组织，他们为客户提供一种长期的、专业的、高效的物流服务，不断优化服务质量，提高客户满意度。

个性化供应链服务——这类物流企业将不再以占有物流资源成为在市场中取胜的关键，其不仅具备提供集成供应链服务的能力，而且能够利用专业、科学的物流知识为客户量身进行物流体系的规划、设计、整合和改进，全面提升运作效率和效益，提高客户服务水平，更好支持和服务于客户的可持续发展战略。

以上4个层级的服务在能力上是逐步提升的，其在市场上的竞争力也逐步增强。物流企业必须根据自己的实际能力进行自我定位，在做精做强自己的核心业务的基础上再寻求服务层级的提升。

2. 物流企业服务对象定位

除了在价值链上的定位之外，物流企业还需要从客户类型上进行定位。从全球的角度，没有一家物流公司能够在多个地区成为多种行业的物流提供商。从国外情况来看，各物流企业都有各自擅长的领域，如 TNT 物流精力主要集中在电子、快速消费品、汽车物流三大领域；三井物产则以钢铁物流而闻名；Ryder 是世界著名的汽车零配件物流服务商。像化工物流、家具物流、医药物流等因行业特征明显在国外也都是由专业物流公司来运作的。

从以上的价值链和服务对象定位可以看出，国内的物流企业也应该在充分调研和分析的基础上，找准自身的服务内容和服务对象，然后寻求进一步的发展。

3. 物流企业服务的竞争重点

企业在确定了服务对象及服务内容之后，企业应该针对不同的客户确定不同的物流服务水平。物流服务水平可以具体到订单履行率、订单履行周期、配送时间、配送次数、存货可得性等物流服务指标。例如：DHL 能在 24 到 48 个小时之内，提供门到门、代为清关的国际快递服务，消除了本地的中间商和货代；同时，公司可以向 220 多个国家及地区提供快速、可靠、及时的快递运输服务，货物最重可以达到 600 磅，且平均运输时间为 1~3 天。

4. 物流企业竞争重点的确定

迈克尔·波特曾在他的《竞争优势》① 一书中对企业的竞争力作了如下阐述：竞争优势归根结底产生于企业为客户所能创造的价值；或者在提供同等效益时采取相对的低价格；或者以其不同寻常的效益用于补偿高价格。

企业应该充分利用其有限的资源，将目标锁定在某一细分市场，合理打造企业所拥有的竞争重点。对于物流企业而言，其竞争重点主要体现在四个方面，即：时间、质量、成本、服务。

（1）时间

物流的基本要素之一便是时间。我国物流专家王之泰在《现代物流管理》② 一书中把物流定义为：物流是物质资料从供给者到需求者的物理性运动，主要是创造时间价值和场所价值，有时也创造一定加工价值的活动。物流活动通过创造时间和空间价值以满足最终客户的需求，由此我们也可以看出时间观念对于物流战略设计的重要性。同时，物流系统的成本和服务质量都跟时间因素有密切关系。缩短货物的在库时间则会降低库存成本，运用同样的运输工具使时间减少，则成本往往也会降低；如果顾客的订货提前期缩短，则会提高顾客满意度。

随着信息技术的发展，人们对于时间的认识也越来越深刻。企业可以通过先进快速的信息传递获得需求信息，并进行准时化生产，以达到降低库存的目的。

【专栏 13.1】

JIT 在物流中的作用③

JIT（just in time）是一种日本丰田汽车公司在 20 世纪 60 年代实行的一种生产方式，其核心在于消减库存，直至实现零库存，同时又能使生产顺利进行。这种观念本身就是物流功能的一种反应，而 JIT 应用于物流领域，就是指要将正确的商品以正确的数量在正确的时间送到正确地点，这里的"正确"就是"just"的意思，既不多也不少、既不早也不晚，刚好按需要送货。这当然是一种理想化的状况，在多品种、小批量、多批次、短周期的消费需求的压力下，生产者、供应商及物流配送中心、零售商者要调整自己的生产、供应、流通流程，按下游的需求时间、数量、结构及其他要求组织好均衡生产、供应和流通，在这些作业内部采用看板管理中的一系列手段来消减库存，合理规划物流作业。在此过程中，无论是生产者、供应商还是物流配送中心或零售商，均应对各自的下游客户的消费需要作精确的预测，否则就用不好 JIT，因为 JIT 的作业基础是假定下游需求是固定的，即使实际上是变化的，但通过准确的统计预测，也能把握下游需求的变化。

---

① 迈克尔·波特. 政府与国家竞争优势. 理论参考, 2002（7）：4-6.
② 王之泰. 现代物流管理. 中国工人出版社, 2001.
③ 李英杰, 苏薇. 准时生产模式下的物流体系研究. 中国市场, 2006, 000（025）：5, 54-56.

（2）质量

物流过程强调将恰当的商品在恰当的时间送到顾客手中。质量也是物流活动中的重要一环。物流质量管理是指以全面质量管理的思想，运用科学的管理方法和手段，对物流过程质量及其影响因素进行计划、实施、控制，使物流质量不断得以改善和提高的过程。物流质量主要包括：物品质量、物流服务质量、物流工作质量和物流系统质量四个方面。

物品质量：物品质量是指物品在储运过程中，对物品质量的保证，避免破损。

物流服务质量：物流服务质量指用户对物流企业提供服务的满意程度。如现在许多物流企业都采用强大的信息系统（如 GPS），使用户对货物的运送情况进行随时跟踪。随着信息技术和物流设施的不断改善，企业对用户的服务质量必然会不断提高，客户的满意程度也会随之上升。

物流工作质量：物流工作质量是指物流服务各步骤、各环节、各岗位具体的工作质量。企业可以使用量化的物流工作质量指标对此进行衡量和控制。比如：运输工作质量、仓库工作质量、配送工作质量、信息工作质量等。

物流系统质量：物流的目标是要实现物流系统整体目标最优，而不是系统内部要素目标最优，因此，我们要用系统论的观点和方法，针对物流系统质量进行全面的管理，对影响物流系统质量的因素进行分析和评估。这些主要因素有：人的因素、体制因素、网络因素等。

（3）成本

在企业经营活动中，物流是渗透到各项经营活动之中的活动。物流成本就是用金额评价物流活动的实际情况。现代物流成本是从原材料供应开始一直囊括到将商品送达消费者手上所发生的全部物流费用。企业物流成本是指企业进行采购、销售、生产等与物流相关活动的成本总和。物流总成本是企业管理物流运作的重要指标，如何在不降低服务水平的前提下，降低物流总成本是企业的一项经营目标。

物流成本包括运输成本、存货持有成本、仓储成本、批量成本、缺货损失、订单处理和信息成本、采购成本、其他管理费用。

运输成本：运输成本是指原材料在制品以及成品的所有运输活动所造成的费用，包括直接运输费用和管理费用。为降低物流总成本需要严格控制在运输方面的开支，加强对运输的经济核算。

存货持有成本：一般来说，存货可以占到制造商资产的 20% 以上。存货持有成本有些概念区分模糊，难以确定，所以，目前许多公司计算存货成本的公式是"当前的银行利率×存货价值+其他一些费用"。实际上，存货持有成本包括存货资金、占用成本、存货服务成本、存货风险成本和调价损失等。

仓储成本：大多数仓储成本不随存货水平变动而变动，而是随存储地点的多少而变。仓储成本包括仓库租金、仓库折旧、设备折旧、装卸费用、货物包装材料费用和管理费等。

批量成本：批量成本包括生产准备成本、物料搬运成本、计划安排和加速作业成本以及因转产导致生产能力的丧失等。

缺货损失：缺货成本是指由于不能满足客户订单或需求所造成的销售利润损失。

订单处理及信息成本：订单处理是指从客户下订单开始到客户收到货物为止，这一过程中所有单据处理活动，与订单处理相关活动的费用属于订单处理费用。信息成本指与物流管理运作有关的IT方面的成本，包括软件折旧、系统维护及管理费用等。

采购成本：采购成本指与采购原材料部件相关的物流费用，包括采购订单费用、采购计划制订人员的管理费用、采购人员管理费用等。

其他管理费用：其他管理费用包括与物流管理及运作相关人员的管理费用。

需要特别注意的是，单项物流活动成本降低必将导致其他部分成本增加，处理不当，甚至有可能导致总成本的上升。因此，物流总成本的分析是进行一体化物流管理的关键，运用总成本分析法可以有效管理和实现真正意义上地降低成本。另外，企业在进行企业物流成本分析时必须与客户服务水平结合起来，应该在物流成本和客户服务水平两者之间找到一个较优结合点。

（4）服务

衡量物流服务水平可从三个方面进行，即：存货可得性，物流的完成，服务的可靠性。

存货可得性指当顾客下订单（要货）时，物流企业所拥有库存的能力（库存物品的数量）。存货可得性反映了周转库存和安全库存的控制水平。我们常用缺货率、供应比例两个指标进行衡量。缺货率指缺货发生的概率，供应比例则是衡量需求满足的程度。

物流任务的完成情况是衡量服务水平的主要指标。它又由速度、一致性、灵活性、故障与修复来衡量。速度是指从顾客提出供货要求开始到货物抵达要求的地点的这段时间。一致性代表物流服务水平的一致，类似于制造业产品质量的稳定性。灵活性即柔性，指处理特殊服务的能力。故障与修复是指故障发生时的应急能力。

服务的可靠性是指物流企业所提供物流服务的可靠程度，服务的可靠性与物流服务质量密切相关。它通常可用服务水平，交货水平，商品完好率等指标来进行衡量。

5. 如何确定物流企业的竞争重点

服务业与制造业相比有以下特点：一是产品（服务）的保护性上，制造业的产品可申请相关专利进行保护，而服务业的知识产权不易保护，容易被竞争对手模仿。二是产品（服务）的标准方面，制造业的产品通常会按照相应的标准来进行生产，而服务业却很少有严格的标准用来遵照执行。物流企业应该如何确定自己的竞争重点，形成竞争对手难以模仿的竞争能力呢？关键是物流企业要根据市场、顾客对服务的要求，挖掘服务的内容，提供定制化的物流服务。在此基础上，改善服务、降低成本，寻求、培养并形成在某些竞争要素上竞争的优势。表13.1反映了国内外大型物流企业的竞争重点及其优势。

表13.1　　　　　国内外一些优秀的物流企业的竞争优势

	服务时间	服务质量	服务成本	服务水平	服务柔性	服务领域	物流优势
马士基		*	*			国际航运	资本、网络
UPS	*	*		*	*	国内、国际邮件、包裹	资本、网络
联邦快递	*	*		*	*	国内、国际邮件快递	资本、网络

续表

	服务时间	服务质量	服务成本	服务水平	服务柔性	服务领域	物流优势
日本运通			*	*	*	国际航运	资本、网络
沃尔玛	*		*	*	*	商业零售	资本、网络
中远集团		*		*	*	国内、国际运输	资本、网络
中外运	*	*		*	*	国内、国际运输	资本、网络
广州宝供	*		*			第三方物流	网络、信息
海尔物流		*		*	*	集团内物流及第三方物流	网络、品牌

13.1.2　战术决策

战术决策是指企业物流系统设计的决策。物流系统设计目标要以满足企业物流战略目标为前提，同时形成竞争优势。物流系统设计需要决策的问题主要有物流服务设施决策和物流服务能力决策。

物流服务设施决策主要包括确定配送中心以及其他节点的数量、规模、选址、分布等。企业应该以客户服务目标为中心，根据企业库存和运输决策，合理地进行服务设施的决策。

物流服务能力决策主要包括物流服务设备的选择等。高效率的物流作业需要现代化的物流机械设备作为支撑。在配送中心的运作流程中，物流服务能力决策包括货架的选择、装卸搬运机械的选择等。

【专栏 13.2】

浙江杭州联华华商集团有限公司建立的现代化物流配送中心①

配送中心是指按客户要求配备产品并发送到客户的一个中介组织，均衡、合理地分布在全国各地的多个配送中心就形成一个配送网络。浙江杭州联华华商集团有限公司投资建设了一座现代化物流配送中心，该配送中心使用了众多先进的现代化物流设备，包括物流管理系统（LHWMS）、输送分拣系统、垂直提升系统、仓储机器人系统等，致力于将该物流基地打造为一座集信息化、自动化和智能化于一体的综合型智慧物流基地。浙江联华智慧物流绍兴基地由南北两座楼库和办公区组成。两座楼库均为4层建筑（包括地下1层、地上3层），中间隔有一条消防通道，每座楼库单层建筑面积为2万平方米。目前投入使用的是南库（北库外租），其整体的物流动线为西进东出。南库一楼主要进行收发货，设有收发货区，以及部分大批量商品的暂存区。其中收货输送与出库输送线位于一楼西侧，主要用于通过型商品到达后，通过输送线

---

①　赵皎云．浙江联华：打造先进物流系统赋能新零售．物流技术与应用，2019，024（004）：98-102.

输送到分拣系统，一楼统配商品按箱拣选后投放到输送线，通过分拣系统完成按线路集货；二楼主要进行食品饮料等快消品，以及洗化纸品的存储和拆零作业，设有货架存储区、AGV 拣货区、人工拣货区，通过输送线完成出库的商品整箱从二层拣选输送出库，拆零商品在零拣区注册、输送出库，输送过程包含了对纸箱合流等功能及周转箱的扫描、移载、合流等操作；三楼主要进行异形商品和无法上输送线的易碎商品的拆零处理，设有 AGV 智能分拣区；地下一层目前主要进行退货处理。

常规物流模式是指供应商将货品送到物流中心后入库存放，物流中心再根据门店的要货订单进行商品拣选、配送工作。该物流模式主要用于处理民生商品、销售起伏大的商品和供应商易断货商品。在通过型物流模式中，供应商先登录供应商收货赋能平台系统进行门店要货订单查询，并根据采购订单按门店及配送中心生成拼箱单；商品到达月台后，根据到货通知单提示，投料商品有包装大小、包装材质和包装重量的要求，不符合上线条件的商品通过人工收货的方式，不投料，直接按门店收货到托盘上，然后配送到门店；符合上线条件的商品投放到伸缩皮带机上，直接通过输送线投料、扫码、收货。随后由输送线输送到一楼分拣区，通过分拣机自动分拣到相应的门店线路。在整个处理过程中，商品无需码盘入库，供应商投箱完成后直接前往单据室打印收货凭证即可。

项目亮点：

第一，因地制宜，充分利用物流自动化设备。

浙江联华智慧物流绍兴基地采用了一套功能强大的输送分拣系统，实现了从收货入库到发货出库的全流程自动化作业，提升物流系统效能，促进"机器换人"，提高物流保障服务水平。收货时，作业人员将入库商品投放到伸缩皮带机上，统配按箱出库的商品人工拣货后投放到一楼的输送线上线点，在输送线上完成称量，并进入分拣系统，完成商品的按线路分拣集货。出库时，整箱区、拆零区（包括仓储机器人拆零作业区）拣货出来的货箱直接进行输送线投箱，通过分拣线自动分配到每个门店，楼层与楼层之间的作业以及集货分拨不再人工干预，全自动分拣，集货员在滑道口进行集箱码盘即可。完成集货后，装有出库货品的托盘被送至出库区等待装车。

第二，软硬件与作业流程完美结合。

一个高效的物流企业必然离不开符合作业需要的信息系统作为支撑，这也是物流中心能够投入众多自动化、智能化设备的基础。比如在常规物流模式的收货环节，物流管理系统集成了提升机业务，作业人员直接通过手持终端将需要进入二、三楼存储区上架的托盘送到提升机入口，提升机便可按照系统指令进行扫码，自动将托盘送至相应的楼层。通过型物流模式更是如此，"供应商收货赋能平台+伸缩皮带机+分拣机"的组合实现了收发货作业的高效无缝对接。

第三，颠覆传统拣选模式。

位于三楼的 AGV 智能分拣区采用仓储机器人实现了"货到人"的拣选模式，其作业流程是：由 WMS 将任务下发给 AGV 区调度系统，系统通过货架与商品的位置信息，定位可接收指令的 AGV，并发出调度指令给适合的供应商，将目标货架自动搬运到操作工位，根据工位界面指示完成操作。AGV 拆零拣货的主要效果是提高了货位和场地的利用效率，由固定货位变成了移动货位；减少了员工走路，人均减少 15 公里左右；提高了拣货效率，其拣货效率是传统拣货的 2~3 倍。

13.1.3　运作（实施）决策

运作决策是指采用何种服务运作方式，对具体物流活动进行计划、调度、控制的过程，以实现物流战略目标。运作决策主要包括订单处理流程、库存控制水平、运输决策、信息系统建设、组织结构等。

订单处理流程包括客户发出订单、审核订单、履行订单这三个部分。企业可以借助强大的信息系统，采取更为科学的订单处理方法（如并行处理），以提高订单处理的效率，缩短订单处理的时间。

库存控制是根据外界对库存的要求、企业订购的特点，预测、计划和执行补充库存的行为，并对这种行为进行控制，重点在于如何订货，订购多少，何时订货。

库存控制基于两点考虑：一是客户服务水平，即在正确的时间和地点，将正确的商品送至正确的客户手中；另一个则是订货成本和库存持有成本。

库存控制的总目标是：在合理的库存成本范围内达到满意的客户服务水平。为了达到这个目标，应尽量使库存水平在两者间寻求平衡。因此，库存控制人员必须做出两项基本决策：订货时间和订货批量。通过合理决策，尽可能降低库存水平，提高物流系统的效率，以强化企业的竞争力。

运输决策是企业对运输方式、运输路线等实行计划、调度以及控制的过程。企业应遵循运输的规模经济和距离经济原则，合理采用运输方案，科学安排行车路线，在保证客户服务水平的基础上降低运输成本。

信息系统在现代物流中发挥着重要的作用，信息系统是现代物流的中心环节，企业必须建设先进的信息系统来提高物流水平、降低物流成本，最终达到物流、信息流、资金流的统一。

【专栏 13.3】

家乐福的运输决策[①]

成立于 1959 年的法国家乐福集团是大型超级市场概念的创始者，目前是欧洲第一、全球第二的跨国零售企业，也是全球国际化程度最高的零售企业。家乐福中国公司经营的商品 95% 来自本地，因此家乐福的供货很及时，这也是家乐福在中国经营很成功的原因之一。家乐福实行的是"店长责任制"，给各店长极大的权力，所以各个店之间并不受太多的制约，店长能灵活决定所管理的店内的货物来源和销售模式等。由于家乐福采用的是各生产商缴纳入场费，商品也主要由各零售商自己配送，家

---

① 百度文库．https：//wenku.baidu.com/view/eccfa754178884868762caaedd3383c4ba4cb455.html，2020-09-07．

乐福中国总公司本身调配干涉力度不大，所以各分店能根据具体情况灵活决定货物配送情况，事实证明这样做的效果目前很成功。

家乐福中国在网络方面主要体现为运输网络分散度高，一般流通企业都是自己建立仓库及其配送中心，而家乐福的供应商直送模式决定了它的大量仓库及配送中心事实上都是由供应商自己解决的，受家乐福集中配送的货物占极少数。这样的经营模式不但可以节省大量的建设仓库和管理费用，商品运送也较集中配送来说更方便，而且能及时供应商品或下架滞销商品，不仅对家乐福的销售，对供货商了解商品销售情况也是极有利的。在运输方式上，除了较少数需要进口或长途运送的货物使用集装箱挂车及大型货运卡车外，由于大量商品来自本地生产商，故较多采用送货车。这些送货车中有一部分是家乐福租的车，而绝大部分则是供应商自己长期为家乐福各店送货的车，家乐福自身需要车的数量不多，所以它并没有自己的运输车队，也省去了大量的运输费用，从另一方面提高了效益。在配送方面，供应商直送的模式下，商品来自多条线路，而无论各供应商还是家乐福自己的车辆都采用了"轻重配载"的策略，有效利用了车辆的各级空间，使单位货物的运输成本得以降低，进而在价格上取得主动地位。

13.2　物流企业战略环境分析

企业战略环境是指对企业战略可能产生影响的外部环境因素，企业战略环境分析有助于帮助企业找到制约企业发展的因素，最大程度避免因为外部变化而给企业带来威胁。同时，它还能帮助企业发现核心竞争力，然后来帮助企业制定未来的发展方向。战略环境分析不仅是企业制定战略的基础，它也在很大程度上促进了企业的发展目标与环境变化和企业能力的动态平衡。

PEST 框架是最常用的分析企业外部环境的工具，用于识别战略环境中变化的关键驱动因素。PEST 是首字母的缩写，它包括政治（political）、经济（economic）、社会（social）、技术（technological）。政治因素包括政治政策和稳定性以及贸易、财政和税收政策，这些都会对企业战略环境产生影响；经济因素包括利率、就业或失业率、原材料成本和汇率，这将很大程度上影响企业绩效及盈利能力；社会因素包括家庭人口、教育水平、文化趋势、态度变化和生活方式的变化，这将很大程度上影响企业分析未来发展趋势，同时也帮助企业进一步了解客户需求；技术因素包括数字或移动技术、自动化、研发方面的变化，这将很大程度影响企业的技术创新和发展速度。

1. 政治环境因素

近年来，随着物流产业对国民经济的重要性日益凸显，物流行业得到政府相关部门的重视，国务院及各部委等陆续出台物流行业政策，支持物流行业发展。在《物流业发展中长期规划》中，确定了 12 项重点工程，物流企业整体运营得到了大幅度提升。在"互联网+"高效物流、"智慧物流"的推动下，涌现出一大批新企业、新模式、新业态。通过兼并重组、联盟合作等方式，物流企业不断强化资源整合能力，加快跨界融合，服务范围逐渐向产业链、价值链高端延伸。在《国务院关于同意在北京等 22 个城市设立跨境电子商务综合试验区的批复》中，明确了在北京、呼和浩特、沈阳、长春、哈尔滨、南京、南昌、武汉、长沙、南宁、海口、贵阳、昆明、西安、兰州、厦门、唐山、无锡、威海、珠海、东莞、义乌等 22 个城市建立跨境电子商务综合试验区，更好地服务于"一带一路"建设。在物流、仓储、通关等方面进一步简化流程、精简审批，完善通关一体化、信息共享等配套政策，加速物流企业走出去。交通运输部、民航局、国家发改委等多单位针对智慧物流领域的智慧交通、航空物流信息化、智慧物流枢纽布局等多领域，先后出台了《关于加快推进新一代国家交通控制网和智慧公路试点的通知》《关于促进航空物流业发展的指导意见》《国家物流枢纽布局和建设规划》等多项政策，进一步优化物流资源配置、提升物流服务质量、降低全社会物流和交易成本。党的十九大提出加强"物流等基础设施网络建设"，进一步明确了物流的基础性和准公益性地位，为新时代物流业发展指明了方向。国务院常务会议审议通过《国家物流枢纽布局和建设规划》，在 127 个城市布局建设 212 个国家物流枢纽，打造"通道+枢纽+网络"的物流运行体系。随着中国物流管理体制逐渐完善，系列物流促进政策出台，为物流企业提供了公平、透明、统一的物流环境，为物流企业能够在市场中充分发挥实力提供良好的外部条件，这将对行业发展产生深远的影响。因此，我国的政治环境非常有利于物流企业的蓬勃发展。

2. 经济环境因素

经济环境是指影响消费者和企业购买习惯并因此影响公司业绩的所有外部经济因素，这些因素通常超出公司的控制范围。对于中国物流企业，企业的发展壮大与中国整体经济环境有着直接联系，尤其近十几年的物流企业快速发展主要得益于国内经济的快速增长，但与发达国家物流发展水平相比，我国物流尚处于发展期向成熟期过渡的阶段。物流企业的经济环境是一个多元、动态的系统。它是由多种元素构成的，如社会经济水平、产业结构、购买力、金融信贷、经济资源潜力及其配置，以及国家管理体制等。经济环境本身是一个开放的系统，政治的、文化的、社会的、自然的和各方面因素的变动，都会引起经济领域的相应变化；一种经济要素的变化，也会引起一系列连锁反应，造成诸多经济要素不同程度的变化，对物流企业的发展带来一定影响，物流企业也将面临新的机遇与挑战。

首先，挑战是中国加入 WTO（World Trade Organization），WTO 的所有原则都是市场经济原则、公平竞争原则、透明开放原则，这些对于我国旧的外贸、内贸、供销流通体制都提出了新的挑战。加入 WTO 之后，国外资本将大规模进入中国市场，外商投资企业对物流服务的需求迅速增长，这为我国物流企业提供了很多战略机遇，但同样会对我国物流企业的服务提出更高的要求。此外，很多资本雄厚、技术先进的跨国物流企业也将进驻中国，我国物流市场的竞争也会随之加剧，在商业、运输、仓储、快递、维修、信息技术、包装、技术服务等都会受到不同程度冲击，这无疑会对中国物流企业提出更为严峻的考验。其次，我国经济持续快速发展，为物流企业快速成长提供了重要机遇。根据《2018—2024 年中国供应链物流产业竞争现状及未来发展趋势报告》①，2018 年 1~5 月，全国社会物流总额 105.3 万亿元，按可比价格计算，同比增长 7.1%，增速与 1~4 月持

① 中国产业信息．http：//www.chyxx.com/industry/201807/655269.html，2018-07-04.

平，但比上年同期提高 0.2 个百分点。随着我国经济的发展，物流行业的需求将进一步增长，未来社会物流总额将进一步增长，预计到 2024 年，我国社会物流总额将超过 430 万亿元①。宏观经济环境提供的市场机会，将为物流企业发展提供更为广阔的空间，促使其发挥更大的市场潜力。最后，"一带一路"建设无疑为国内国际物流业带来了新的机遇，释放出物流国际化加速的新信号。加快设施联通是亚欧国家共建"一带一路"的关键领域和核心内容。物流运输和能源、通信都属于基础设施，是区域贸易经济高速发展的前提。据介绍，共建"一带一路"5 年多来，亚欧地区走廊和通道建设取得了明显进展。中蒙俄、中吉乌、中俄（大连—新西伯利亚）国际道路直达运输先后投入试运行。2018 年2 月，中吉乌国际道路运输已实现了常态化运行。这一切，意味着中国物流企业迎来了拓展国际业务的春天；得天独厚的地理优势，加上"一带一路"带来的国际性机遇，引发全球各国物流企业积极地向国内物流企业伸出"橄榄枝"，共同拓展跨境电商、国际货运业务发展的新路径。与此同时，跨国贸易量的增长，让海外建仓成为降低运营成本的必要手段。选择高利用率、接近关键贸易区的城市建设仓储设施，也成为中国企业新的投资方向。此类项目不仅成为"一带一路"上新的基础设施，也为当地国家提供新的就业机会，促进本地经济发展，助推区域经济联动。虽然，中国物流企业相较于发达国家物流发展水平还是相对落后，但现有的这些经济因素在很大程度上促进了中国物流企业的发展。

3. 社会环境因素

社会环境是指在一定时期内整个社会发展的情况，其中主要包括文化传统、人口增长率、年龄分布、职业态度等。随着经济社会的快速发展，中国已经进入了网络迅速发展的时代。因为生活和工作等多重压力，越来越多的人没有时间和精力走上街道，来到超市或商场等线下实体店购买生活物资，而是选择了通过网络进行线上购物。这种"互联网时代"已经在慢慢改变改变人们的日常消费观念，影响着电子商务迅速发展，也推动了物流企业的发展。此外，由于我国将举全国之力，全面建成小康社会，完成脱贫攻坚任务。这也将打开中国更多的消费市场，为物流企业的发展提供更为广阔的"舞台"。

然而，经济社会快速发展也改变产业结构，第一产业的比重在逐步下降，第二产业和第三产业的比重在不断提高。尤其是第二产业中的电子工业和加工组装工业，因为电子工业和加工组装业生产的产品属于高附加值商品，所以对物流服务质量和物流费用的承受能力提出了巨大挑战，货物由原来的"重厚长大"向现在的"轻薄短小"方向发展；同时，因为国民收入的增加，人们对于物质产品的需求表现出了多样化和个性化的特点，对商品的颜色、类型、品质、送达速度及售后服务要求越来越高，这在很大程度上对于物流企业的采购、进货方式、配送都提出了更高的要求。

4. 技术环境因素

技术环境是指与企业有关的科学技术水平、发展趋势和发展速度。我国物流企业发展水平滞后于发达国家物流企业，其中很重要的一个因素就是技术水平较低。很多物流企业由于缺乏资金，设施老化、物流作业方式落后，致使物流作业效率低下、费时费力、经营

---

① 前瞻产业研究院 . https：//www. qianzhan. com/analyst/detail/220/191106-bfe3f7be. html，2019-11-07.

成本居高不下，信息化建设滞后导致信息加工和处理落后，大大影响运营时效性。反观国际物流市场，全世界最先进的物流技术与装备主要集中在欧洲、日本、美国等发达国家或地区。国际先进的物流技术与设备采用了最新的红外探测技术、激光技术、无线通信技术、RFID 识别技术、PLC 控制技术、无接触式电控技术等光机电信息一体化新技术，大大提高了设备运行速度和定位精度，目前正朝着大型化、节能化、标准化、系统化、智能化和高效化等方向发展。①

但是，随着国家对物流行业科技的重视，在我国的交通运输、物流、信息、新能源、新材料等领域都加大了科研投入，在这些领域中孕育着新的技术突破。例如国产品牌"G7"是物流行业的物联网大数据平台，它凭借人工智能以及对商业模式的深度理解打开了国际智慧物流发展的新市场，成功吸引了泰国、新加坡等多个国家相关企业的高度兴趣，同时，他们利用在技术、管理上的创新和变革帮助他们利用更低的成本和更高的效率来构建共赢的全球物流与供应链生态体系，为"一带一路"提供了"中国式科学技术"。据前瞻产业研究院发布的《中国智能物流行业市场需求预测与投资战略规划分析报告》统计数据显示，2012 年我国智慧物流市场规模约为 1200 亿元，并呈现逐年快速增长态势。2015 年我国智慧物流市场规模突破 2000 亿元。截至 2017 年我国智慧物流市场规模增长至 3380 亿元，同比增长 21.1%。进入 2018 年我国智慧物流市场规模增长突破 4000亿元，达到 4070 亿元，同比增长 20.4%。预计到 2020 年我国智慧物流市场规模将超过5000 亿元，并预测到了 2025 年我国智慧物流市场规模将突破万亿元。综上所述，虽然我国物流企业技术水平与发达国家还是有差距，但随着国家对于物流科研的大力投入，我国人工智能、大数据、智慧物流等先进物流技术在行业的应用将会更加普遍，满足复杂多样的供应链物流需求，符合更多的物流运输模式。相信在不久的将来，中国的物流技术将在世界的物流市场脱颖而出。整体来看，我国国内的技术环境是非常有利于物流企业发展的。

13.3 物流企业战略制定与实施

企业战略制定需要根据企业的规模大小、内部优势和劣势、外部机会和威胁来制定长期的发展目标。中国物流企业可以分为大型物流企业和中小型物流企业，两种类型的企业在规模、服务方式和服务手段、需求量、资金、管理和信息化水平等方面有众多不同。对于大型物流企业，该类型物流企业一般规模比较大，经营比较集中；设备先进且更新换代速度快，在供应链上下游方向进行延伸的业务相对较多；大型物流企业拥有完善的服务网络，与各方企业联系较为紧密，所以需求量较大；同时，大型物流企业拥有充足的资金，对于企业的创新及技术的研发拥有较强的竞争力，也能吸引到更多人才。相反，对于中小型物流企业，其发展规模相对较小，但数量较多，经营分散，以致同类型大小的物流企业竞争激烈，也直接导致了服务覆盖范围较小，纵深延展性较差；中小型物流企业设备比较落后，导致服务方式也相对落后，与大型物流企业相差较远；此外，中小型物流企业资金

---

① 前瞻产业研究院 . https：//www.sohu.com/a/156506493_473133，2017-07-12.

比较紧张，无法做到创新，也无法吸纳更多物流人才，导致整个企业人力资源体系老化严重，无法适应新环境下的物流体系建设。因此，本节将物流企业划分为大型物流企业和中小型物流企业，并逐一分析其战略制定与实施。

13.3.1　大型物流企业战略制定与实施

大型物流企业是物流行业的龙头企业，在一定程度上，它已经度过了该行业的"培育期"，它有着中小型物流企业无法比拟的市场份额和资源，因此该类型的物流企业首要的任务是立足于现有的运营业务基础实现技术的创新战略。近几年，随着人工智能、物联网、区块链等智能物流研究的深入，中国物流发生了突飞猛进的地步，尤其是信息技术的广泛应用和物流全程信息化水平的提升，在很大程度上带动了物流管理工具、设施装备等一系列的创新研发，为物流企业提供了很多新兴的智能化设施，加速了企业信息管理系统、ERP 新型管理模式的研发和应用。因此，在这样的大环境下，大型物流企业更应该积极利用其自身优势和资源扩大在技术研发领域的投资，加大与新兴技术重点领域研发团队的深度合作，积极引入国际先进的物流技术，提升管理水平，大力发展技术创新提升企业业务效率和内部管理能力。技术的创新战略又可以分为以下两种：第一种是"领先型技术创新战略"，此类战略要求企业有成熟的研发团队，有自己的科技研发实验室，不需要依赖外部的科研力量，可以独立自主地完成技术从研发到投入应用的整个过程；此外，企业还需要有强大的资金实力来作支撑，如果想要在物流领域实现技术的垄断，就必须投入大额的资金来创造技术优势。当然，此时还需要企业有应对高风险、突发情况的能力，因为技术研发是一个"双刃剑"，如果技术研发成功，会引领企业走在物流行业的最前端，很大程度上缩减成本，使其利润最大化；但同时，技术研发也有可能失败，研发投入可能会因研发失败而宣告结束，此时就需要企业有足够应对高风险的能力，不会因此而宣告破产。第二种战略是"跟随、模仿型技术创新战略"，此类技术创新战略也是中国大部分物流企业所实施的战略，因为此类战略相较于"领先型技术创新战略"有更大容错率，且风险相对较小，中国目前的物流技术方面相较于发达国家还是相对落后的，所以实施此类战略可以立足于原有的技术研发结果，引入先进的技术然后在某些环节根据自身公司要求进行改进和创新，这将有助于企业少"走弯路"，减少技术研发的成本。

其次，大型物流企业之间需要通过并购或重组的方式实现强强联合，扩优势、补短板，实现人才、信息、技术共享，与制造业和零售业形成强力的联动，在物流企业供应链上下游进行延伸，从而实现物流企业业务多元化发展。在国家大力支持发展物流企业的政策下，大型物流企业之间的并购或重组有利于加大物流企业的网络布局，建立结构合理、布局优化、运作高效的现代物流网络体系，实现规模经济，同时又能实现资源的整合，为后续业务拓展打下坚实基础。随着经济的不断发展，单一的主营业务对于大型物流企业来说注定会是失败的，因此，大型物流企业之间需要通过并购或重组的方式实现强强联合，有效的整合双方或者多方的内部资源，使企业内部管理职能有机结合，企业的核心竞争力得到充分的发挥。只有在整合完内部资源以后，企业才能将企业发展核心转到企业外部——多元化发展上，对供应链上下游方向进行延伸，拓展公司运营业务。例如国际物流大品牌 UPS，快递是其核心业务，在核心业务领域稳定之后，实施了供应链延伸战略，将企业一部分重心放在了综合物流、第三方物流、供应链金融等领域，成为整体供应链的提供商。中国大型物流企业也应该效仿 UPS 的战略发展方向，立足于原有的核心业务，将一部分发展重心放在供应链整个链条上的一些潜在需求市场，打造"网络+系统+平台"一体化的供应链资源核心掌控者，这将有利于大型物流企业的整体发展。

13.3.2　中小型物流企业战略制定与实施

相较于大型物流企业，中小型物流企业存在自身资源有限性、服务内容单一性等劣势，所以一直处于物流低端市场徘徊，但它们也是中国物流企业发展的一支重要力量，因此，中小型物流企业也需要有属于自己的发展战略。企业规模和服务范围较小的中小型物流企业首先应该专注于"缝隙市场"，这些"缝隙市场"是指大中型物流企业经营的产品和服务项目的缝隙，小型物流企业应该针对此类市场详细分析客户的需求，在深入了解行业所需物流服务的基础上，根据企业自身特长为其提供差异化的产品或者服务。因为在大的社会背景下，中小型物流企业很难有足够的资金和资源支撑产业链延伸，相反，它们更应该聚焦某些主业进行发展，选择属地化的细分领域深耕，避免与大型物流企业正面交锋，力求企业精益化管理，解决大型物流企业"最后一公里"等问题，专注于某一行业的物流将其做精、做细从而形成品牌，真正站在顾客的立场上去想问题，为其解决问题，然后与主要客户通过签订长期战略合作协议来结成紧密合作关系，最终实现自身的发展。比如，小型物流企业可以帮助工业企业和商业企业完成市内配送、仓储保管等区域性较强的业务，满足代为报关等纯服务性业务需求。

其次，企业内部人员管理也是中小型物流企业发展的重要突破点。大中型物流企业因为涉及面较广，规模较大，又长期对市场处于垄断经营，因此在人员管理上都会存在一定问题，导致人员工作效率较低，服务意识淡薄等。中小型物流企业大多是从本地发展起来的，对当地客户需求和文化相对比较了解，所以在沟通时会比其他大型物流企业更顺畅，所以中小型物流企业可以针对本土化优势，加强员工服务意识和服务能力的学习，从而加强中小型物流企业特有的竞争优势。因此，中小型物流企业应该清晰地对市场需求和企业自身能力进行深层研判，选定属于自身发展的战略定位。

小　　结

1. 物流企业决策是指物流企业围绕其客户服务目标，对相应的物流活动进行决策的过程。物流企业决策包括三个层次，即：战略决策、战术决策、运作（实施）决策。战略决策是指服务对象、服务目标、服务水平、服务内容和竞争重点的确定。战术决策是指针对战略决策进行科学的物流系统设计。运作决策是指企业采用何种服务运作方式，对物流过程进行计划、调度、控制，以实现物流战略目标。

2. 企业战略环境的分析不仅有助于避免因为外部变化而给企业带来威胁，它还能帮助企业发现核心竞争力，然后来帮助企业确定未来的发展方向。战略环境分析不仅是企业制定战略的基础，它也在很大程度上促进了企业的发展目标与环境变化和企业能力的动态平衡。

3. 企业需要根据企业的规模大小、内部优势和劣势、外部机会和威胁来制定长期的发展目标。

思　考　题

什么是战略决策、战术决策、运作决策？分别包含哪些内容？

【案例分析】

从 UPS 的发展看物流战略管理①

James E. Casey，一位 19 岁的有志青年，从一位朋友那借了 100 美元，在华盛顿的西雅图建立了美国递送者公司。他与其他年轻人一起，在位于人行道边的简陋办事处里开始了他们的服务。尽管竞争相当激烈，但公司运营得还不错，这在很大程度上应归功于 Casey 的严格准则：礼貌待客、诚实可靠、全天候服务和低廉的价格。即使在今天，这些准则还是指导 UPS 的原则，他的口号可以总结为："最好的服务，最低的价格"。在收到基地总部的电话之后，作为响应，信使开始跑差使，递送包裹、便条、行李以及餐馆的食物。大部分递送为步行，稍远的行程则骑自行车。那时汽车很少见，百货公司仍然用马和四轮马车运输物品。6 年以后，美国邮政系统才得以建立。

零售时代

这家年轻的公司在开业后不久，便开始将重点集中在零售商店的包裹递送上，并于 1913 年兼并了竞争对手——Evert（"Mac"）McCabe，建立了"批发商包裹递送"。到 1918 年，三家西雅图最大的百货公司均成为了它的固定客户。与此同时，Charles W.（"Charlie"）Soderstrom 也加入了此公司，帮助管理公司飞速增长的递送交通工具。1913 年公司获得了它的第一辆递送汽车，一部 T 型福特车，车身两侧写着一个新名称：商家包裹递送（Merchants Parcel Delivery），公司还率先尝试合并递送理念——将目的地址注明为某个邻近地区的包裹合并装在同一个递送交通工具上。这种方法使得人力和机动化的交通工具得以有效利用。1919 年，公司首次扩展到西雅图以外，达到加利福尼亚州的奥克兰，并采用了它沿用到现在的名称"联合包裹运送服务公司"。词语"联合"提示公司在每个城市的运营都是同一机构的一部分，"包裹"则指定了业务的特性，而"服务"指出了它提供的内容。1924 年，UPS 首次推出其未来成形的另一项技术创新：第一个处理包裹的传送带系统。虽然普通承运人服务最初限制在洛杉矶附近的一小块地区，但是到了 1927 年，它已经扩展到距市中心方圆 125 英里的地区。同时，UPS 的零售递送服务也已扩展到包括美国太平洋

---

① 资料来源：华东理工大学 . https：//wenku. baidu. com/view/89c32e235ff7ba0d4a7302768e9951e79a89694c. html，2020-09-09.

海岸的所有主要城市。UPS 所有交通工具的颜色都是在美国很熟悉的火车卧铺车厢的颜色——棕色，这是 Charlie Soderstrom 选择的，因为这种颜色整洁、可靠并且具有专业性。1922 年，UPS 收购了洛杉矶的一家公司，其首创的业务被称为"普通承运人"服务。普通承运人服务结合了零售商店递送服务的许多特色和经营原则，并具有那时许多其他私人承运商甚至包裹邮政都不具备的特色。普通承运人服务的与众不同的特色包括每日自动取件电话、对货到付款的发货人接受支票、额外递送尝试、自动返还无法递送的包裹以及简化记录每周付款。也许 UPS 最重要的特色是 UPS 能以与包裹邮政相当的价格提供其广泛服务。

UPS 是当时美国少数几个提供普通承运人服务的公司之一。对一个小公司的收购和继续普通承运人服务的决策将影响 UPS 接下来数年的发展。

黄金连接

19 世纪 50 年代，UPS 在国内许多地区的经营都受到限制。一个包裹可能需要几个运送者间的传递，才能到达目的地。在所需穿越的每个州边界都需要联邦授权，并且每个州不得不为在其境内的包裹传送授予许可。经过连续 30 年的努力，UPS 系统得到了 48 个相邻州的授权，并在 1975 年缔造了"黄金连接"，实现了全国性的包裹递送服务。为了继续坚持"最好的服务，最低的价格"这个宗旨，即使业务仍在迅速增长，UPS 依然长期坚持这一规则：一个有效经营的系统要由高素质的人员来运作。UPS 的管理者和工程师们不断推出实现最快捷、最可靠和最高效运送包裹的方法和技术。同时，为一些在设计和装置上需要根本变化的广大地区提供服务，其中包括重新采用航空递送。

UPS 航空公司

20 世纪 80 年代，为了保证可靠性，UPS 开始组建自己的货运机队。随着对更快捷服务的需求日益增长，UPS 进入隔夜空运业务领域。到 1985 年，UPS 在所有 48 个州和波多黎各开展了隔天空运服务。随后阿拉斯加与夏威夷也加入进来。同年，UPS 进入了一个新的纪元，开展了国际空运包裹与文档服务，将美国与 6 个欧洲国家连接起来。1988 年，联邦航空管理局（FAA）授权 UPS 运营自己的飞机，这样 UPS 成了一家正式的航空公司。

UPS 航空公司是 FAA 历史上发展最快的航空公司，在几乎不到一年的时间内就形成了所有必要的技术与支持系统。如今，UPS 航空公司是全美十大航空公司之一。UPS 航空公司的特色是拥有一些世界上最先进的信息系统，比如能为航班的计划、调度与装载处理提供信息的计算机化运作监控、计划与调度系统（COMPASS）。该系统可用来提前多达 6 年来安排最佳航班时间表。

国际性增长

19 世纪 80 年代，UPS 正式地加入了国际性运输市场，并不断与美国、东西欧、中东、非洲和泛太平洋国家和地区建立了联系。今天，UPS 在多达 185 多个国家和地区进行国际性小包裹和文件业务经营，范围跨越大西洋和太平洋。UPS 通过国际性的服务，为 40 亿人提供服务，这个数字是通过电话网络服务人数的双倍。

UPS 如何运作

1. 取件

每天，全世界的客户依靠 UPS 来运输 1150 万件包裹和文件。无论是送到城市的另一端，还是地球的另一端，每个通过 UPS 网络的包裹均会得到快速、可靠、有效且非常仔细的处理。处理的第一步是取件。UPS 递送员沿着指定的特定路线行进，并在这条线路上固定安排好停车。通常，驾驶员在早上递送包裹，下午提取包裹。大宗客户，或许每天要运输成千上万的包裹，UPS 的拖车可以在现场完成。有次日递送信或包裹等紧急货件的客户可以打电话给 UPS，要求电话取件。使用顶尖的通讯技术，电话航空分派员寻找到最近的包裹车并电子化地将它派遣到客户所在处来进行"适时"取件。临时客户可在便利的 UPS 信件中心和服务柜台处投递包裹。

2. 集散中心

为了更有效地运送包裹，UPS 开发了一个精心制作的"集散中心"电子网络或遍布全世界的中央分拣设备。每个集散中心由本地操作中心"喂养"，它作为 UPS 取件和递送工具的基地。每天下午，来自本地操作中心的包裹通常是由拖车运进集散中心。在集散中心内，同时来自许多拖车的成千上万的包裹被仔细地卸载，包裹按 ZIP 码排序并集中到各条传送带上。到某一个特定地区的所有包裹都集中到同一条传送带上。在集散中心的另一端，包裹经过仔细排序，或发送到要出行的拖车，或是装入用于邻近地区的包裹车，进行本地递送。装载前，最后一次检查每个包裹，以确保它们是正确排序的。

3. 支流网络

为了在集散中心间运输包裹，UPS 使用地面支流网络。每天，进料器或拖车从包裹来源地的集散中心将成千上万的包裹运送到离包裹目的地最近的集散中心。依赖于典型的装载，许多类型的拖车可同时作业。它们的长度从 24 到 45 英尺都有，可装载多达 1800 个包裹。一个熟练的 UPS 装运工仅需一小时就可把一个 24 英尺的拖车装满包裹。

4. 递送

每个 UPS 驾驶员一天递送多达 500 个包裹，包括必须在上午 10：30 前递送的特快包裹。为了统一处理如此大的数量，处理过程需要仔细地计划和协同工作。在集散中心内，当将包裹装到用于本地递送的包裹车时，包裹按要运送到的地区以同样的顺序被装载。这个过程称为"预装"。按顺序递送包裹，从一个地址到下一个最近的地址，驾驶员尽可能地最快、最有效地完成他们的路线任务。每个驾驶员分配一条特定的路线，或"环路"。

为了优化驾驶员的效力，UPS 的工业工程师一直在研究和分析每条路线的递送趋势和交通模式。当递送包裹时，技术确保了包裹准确到达，并向客户提供有用的信息。使用称为 DIAD（递送信息获取设备）的手持电脑设备，驾驶员电子化地捕捉关于每个包裹的信息，包括递送时间甚至是接受包裹者的签名。这种信息通过蜂窝电话从包裹车传送到 UPS 计算机，那里可以为客户货物追踪或进行递送签收的验证。

5. UPS 航空

伴随着地面货件的运送，UPS 每天平均处理 130 万件航空包裹，包括隔日和次日递送包裹和文件。为适应如此大的数量，UPS 使用了一个位于全球的"空中集散中心"系统。在肯塔基州的路易斯维尔市，UPS 的主要航空中心，每晚有超过 60 架次的飞机着陆、起飞。在下午 10 点钟到次日上午 2：20 间，成千上万的包裹必须从飞机上卸载、分拣，然后发送到正确的地面或空中进料器。午夜时分，处理正常进行，UPS 飞机开始以每两秒的频率快速起飞。

6. 国际性递送

由于全球市场中各行业进行着日益激烈的竞争，于是 UPS 就承担起帮助提供递送和信息服务的角色来加速国际运输并简化管理海外业务的过程。例如，有了 UPS 全球信息网络和 UPS 警报系统，美国和许多其他国家的海关官员能知道仍在途中将要入关的货件。并且，很多情况下，包裹在到达时已获得通关授权。另一项 UPS 服务，合并通关，允许国际货件由海关成批合并、通关，然后发送给单个收件人。UPS 客户可以从多种国际服务中挑选，包括两日国际特快、三到五日加速服务和昼夜快送服务。并且，UPS 国际客户服务代表一天 24 小时帮助追踪全球的货件并确认递送。

案例思考题

UPS 是如何在战略、战术、运作层面发展企业的战略管理的？

第十四章　物流企业营销管理

　　随着信息技术在物流领域的广泛应用，物流市场竞争不断加剧，物流企业不断涌现，市场也对物流企业提出了更高的要求。因此，在如今竞争白热化的物流行业，物流企业需要重视企业的发展战略规划，尤其需要加强营销管理创新，努力适应目前互联网时代的物流企业营销思维，准确定位，在满足客户需求的同时突出其个性化服务，提升服务质量，赢得客户信赖。

　　本章主要从物流企业营销管理的理论入手，然后根据中国市场特点对物流市场进行细分，最后依托 4Ps 营销组合中的产品、价格、促销和分销渠道这四方面的策略组合来实现物流企业服务差异化，从而帮助企业获取核心竞争力。

　　关键词：细分市场（market segment）　　目标市场（target market）　　营销策略（marketing strategy）　　营销组合（marketing mix）

14.1　物流企业营销管理概述

　　物流代表了一个企业巨大的战略潜力，它是企业获得持续竞争优势的一个关键因素。日本庆应义大学的充辉氏在其"战略性营销理论"中认为：营销实现调整需求的功能，所依靠的另一个极其重要的因素是物流。物流所涉及的活动中很多都与营销策略有关，这些活动构成了营销和物流两个系统的相互联系，物流企业只有首先了解客户企业的物流活动与营销活动的关系，才能在接揽客户外包的物流业务时，明确客户需求，切实为客户提供相应的物流服务以支持客户的营销活动，也就是说物流企业为客户所提供的物流服务最终还是以满足客户营销活动为目标的。[①]

14.2　物流企业市场细分与目标市场选择

　　市场细分概念由美国市场营销学家 Smith[②] 提出，他认为"细分是基于需求一方的发展，并且代表着对产品和为满足消费者和用户的需求而做的营销努力的一个合理并且更为

---

　　① 第 e 物流，https：//www. sohu. com/a/150850000_505913，2017-06-21.

　　② Smith W R（1956）. Product differentiation and market segmentation as alternative marketing strategies. Journal of marketing, 21（1），3-8.

精准的调整。"之后许多学者对市场细分进行了深入研究，Long 和 Schiffman[1] 把目前所用的细分标准和细分变量按照地理、人口、心理、社会文化、使用情境、利益及混合细分变量进行了归纳。Wilkie 和 Cohen[2] 将细分变量按照不同层次分为五种：个人总体特征描述变量、心理图示、需要的价值、品牌感知和购买行为。Allenby[3] 等学者提出人-情境细分，指的是环境细分和行为细分的混合。Haley[4] 提出"利益细分"理论，采用比其他细分方法更具经济价值的描述性变量（地理、人文）和因果关系变量（使用率、利率），并用案例解释了这一观点。再发展到后来基于企业的价值细分以 Sellers 和 Hughes[5] 提出的RFM 顾客细分方法为代表。国内学者汪涛以顾客价值为导向将目标顾客分为四类。赵宝国按顾客细分模型建立顾客忠诚和顾客价值模型，对通信市场进行具体的细分等。

物流企业市场的细分应该基于中国物流市场的分类，这样有助于了解物流企业所处的市场定位，然后根据其市场定位再来分析目标市场的选择。物流市场细分是指物流企业根据一定的标准，将市场上的客户分为若干个客户群体，然后针对这些客户群体分别采取不同的营销策略来满足他们的需求，从而帮助物流企业扩大市场占有率，提高市场竞争力。

物流市场的细分对于物流企业有以下几个优势。首先，物流市场的细分有助于物流企业减少盲目的投资而造成资源和资金的浪费。在当今社会中，如何有效地对资源和资金分类是物流企业的头等大事，即使物流企业拥有再雄厚的资金和丰富的资源，也无法实现对物流市场的全覆盖，因此，物流企业需要对自身企业特点和能力进行详细的分析，然后集中人力、物力、财力进入某一个或几个物流市场开展物流服务，满足市场中消费者的需求，达到企业预期的收益回报，从而减少盲目投资造成的资源和资金的浪费。其次，物流市场的细分可以帮助物流企业找到合适自己的目标市场。如今，在政府的扶持下，大量的新兴物流企业正在崛起，占据了大量的市场份额，导致很多物流市场已经趋于饱和，这在很大程度上加剧了物流企业的激烈竞争。在这种大背景下，物流企业更应该找准自身的市场定位，选择适合自己的目标市场进行竞争，从而最大化物流企业自身利益。最后，物流市场的细分有助于企业实现差异化战略。虽然，近几年物流行业在政府的扶持下有了突飞猛进的进步，然而相较于发达国家，我国物流企业依然还存在较多的问题，最主要的问题就是大多数物流活动是模仿国外先进国家的物流运作模式。这时候，如何实现产品、服务差异化将成为物流企业亟待解决的问题。物流市场的细分可以帮助物流企业找到那些尚未满足的物流客户群体，根据客户的需求以及自身企业的能力为这些客户群体提供特色化的

[1] Long M M, Schiffman L G (2000). Consumption values and relationships：segmenting the market for frequency programs. Journal of consumer marketing.

[2] Wilkie W L, Cohen J B (1977). An overview of market segmentation：behavioral concepts and research approaches. na.

[3] Allenby G, Fennell G, Bemmaor A, Bhargava V, Christen F, et al. (2002). Market segmentation research：beyond within and across group differences. Marketing Letters, 13 (3), 233-243.

[4] Haley R I (1968). Benefit segmentation：A decision-oriented research tool. Journal of marketing, 32 (3), 30-35.

[5] Sellers J, Hughes A M (2004). RFM migration analysis：A new approach to a proven technique. Database Marketing Institute.

物流服务，通过差异化来提升竞争优势从而实现企业长期发展的战略目标。

根据中国市场的特点，物流市场大体可以按四大类划分。

1. 客户行业

根据客户行业来对物流市场进行分类是最具代表性的分类方式。不同的行业经营着不同的产品，自然对物流企业的需求也不同，根据物流市场需求，客户行业可以被分为农业、工业和商贸业三种行业。

农业物流市场的特点是物流量大、物流难度大、物流时间与空间要求高和双向物流系统实现难度大。首先是物流量大。我国地大物博，农产品资源丰富，以2009年的农产品生产为例，粮食53082万吨，蔬菜618238万吨，水果203955万吨，肉类76499万吨，奶类37346万吨，棉花6377万吨，油料31543万吨，糖料122766万吨，形成了巨大的农产品物流。2012年中国农产品物流总额已达3.03万亿元，到了2017年中国农产品物流总额增长至3.7万亿元，同比增长2.78%。截至2018年底中国农产品物流总额达到了3.9万亿元，增长3.5%。其次是物流难度大。农产品易损耗腐烂，而且是有生命周期的，在物流过程中包装难、装卸难、运输难、仓储难，有相当一部分需要冷链处理，欧美等发达国家能够保证自己的冷链运输达到80%以上，而中国只有10%左右。再次是物流时间与空间要求高。农产品是季节性生产，但全年都需要消费；有些农产品是地域性生产，但是要求全国消费，而且需求量很大，所以农产品对于物流时间与空间要求很高。最后是双向物流系统实现难度大。在理想状态下，物流最好的方式是实现双向物流，促进"农产品进程和工业品下乡"而达到运输车辆不返空，但是，前提是需要建立完善的农业物流供应链、价值链、服务链的体系，以中国目前的物流情况来说，很难做到所有地区全覆盖，所以实现双向物流系统难度很大。①

2015年，中国工业品物流总额达到了204万亿元，占社会物流总额的93.1%，所以可以看出工业品物流市场是中国社会物流市场的重要组成部分。工业物流主要分为原材料和成品物流，原材料包括硫黄、煤炭、建筑材料等，成品包括电视机、冰箱等。对于工业物流来说，大部分的物流环节集中在仓储、运输和配送之中，因此，对于物流运转效率提出了很高的要求，因为物流运转效率越高，工业企业的效率就越高，则利润会更高。在目前工业物流市场中，大部分工业企业会采用集装箱多式联运方式进行运输，通常由一个多式联运经营者完成全程联运任务，联运方式有铁路、公路、水路和航空等。多式联运经营者需要对全程运输负责，采用一次托运、一次付费、一单到底、统一理赔、全程负责，最大限度发挥现有设备作用，选择最优运输路线把产品送到客户手中。②

商贸业是指商品流通及其服务的产业，主要包括批发和零售贸易业、餐饮业、仓储业，商贸业是城市物流配送的主体。商贸业的物流配送采用了以电子商务为基础的广泛应用信息化和网络技术的现代商业物流配送，这种配送方式代表了现代市场营销的主方向。它的特点如下：首先，现代物流配送流程由信息网络系统连接，大大缩短了配送时间；其次，现代物流配送简化了配送过程，使物流配送更快捷、更方便；再次，现代物流配送将

---

① 前瞻产业研究院．https：//www.sohu.com/a/315980107_99922905，2019-05-23．

② 嘉诚国际物流，http：//field.10jqka.com.cn/20190215/c609718141.shtml，2019-02-15．

物流与供应链的其他环节进行集成，按客户的要求（包括品种搭配、数量、时间）进行配送，将"配"和"送"有机结合了起来；最后，现代物流配送是由专职的物流企业对产品进行送货，而且可以直接送到客户手中，省去了生产企业从生产到配送的环节，同时给客户提供"门对门"的服务来最大化客户满意度。

2. 客户规模

根据物流市场调查发现，物流企业中80%的销售额来源于20%的客户，则这20%的客户是物流市场的"大客户"，这些大客户对物流企业的长期可持续发展起着重要的影响。这些大客户通常会采用集中采购模式和透明化采购模式，大多数物流企业会将大客户作为操作基准点。大客户一般采购金额会比较大、采购范围比较广、采购局限比较小，所以在采购期间可能会出现比较严重的明显采购现象且采购时间较长，这对物流企业的运营提出了很高的要求，但同时，大客户是物流企业的新型的、可持续性、低风险高收益的利润增长点。相较于大客户，小客户的采购金额比较小，采购范围也比较窄，但依然不能忽视这些"小客户"，虽然它们在销售额中占比较小，只有20%，但它们的基数大，分布广，是物流企业扩大市场份额的重要因素。同时，大客户也是从小客户成长起来的，随着"小众集群"的现象越来越普遍，小客户群体在物流市场的占比将会随着时间的增长越来越高。

3. 地理区域

根据地理区域，物流市场可以被分为区域物流市场和跨区域物流市场。随着国家提出一带一路、长江经济带、京津冀协同发展的区域经济建设规划，中国物流市场也随之被区域化，大体分为长三角与珠三角地区、东北地区、中部地区和西部地区。长三角与珠三角地区近两年的经济有着突飞猛进的增长，物流业的增加值也随之上涨。

珠三角区域一直是中国比较大型的制造中心，因为制造业对物流市场需求较高，所以制造业也带动了物流业的发展，加上珠三角地区有着很多港口，不仅可以服务国内物流市场，还能服务国外市场，这在很大程度上促进了物流企业的发展。然而，实际情况并不像想象的那么乐观，长三角与珠三角地区有个共同的问题，就是都面临管理的条块分割、物流技术水平不足的问题。此外，对于长三角地区物流业在基础设施方面占有优势，但在物流设备与物流周转量方面却显得不足；而珠三角地区却恰好相反，拥有较高的物流周转量和较为先进的物流设备，但是却面临基础设施建设不足的问题。

东北地区坐拥中国最大的平原，资源丰富，经济实力雄厚，不仅能生产重要的粮食、能源和装备制造业，同时也拥有粮食、木材、钢铁等大宗商品集散地，再加上当地各级政府大力加强物流基础设施的建设，东北地区物流业近年来取得了快速的发展。然而，东北是中国工业核心地带，所以国有企业分布较多，因为国企特有的特征是将物流作为企业内部的职能部门，所以导致东北地区第三方物流企业严重不足、物流效率低下、物流社会化程度不足等问题，再加上东北地区的物流管理模式条块化分割严重，且各地区之间缺乏统一的规划和协调联动，这些问题也大大制约了东北地区物流市场的发展。

中部地区交通设施相对完善，公路铁路运输网络相互联通，以京广线、京九线和沪渝线为主的公路铁路主干线在此交汇，长江贯穿整个中部，还有即将建成的顺丰国际货运机场，水陆空交通动脉带动了整个地区的经济，也为物流业的蓬勃发展打下了坚实基础。然而，现代物流发展体制不健全大大抑制了中部地区物流企业的发展，首要原因是中部地区物流管理模式和体制与东北部相似，物流管理模式条块化分割严重，管理机构冗杂，导致物流体系分割。其次是中部地区地处内陆，对外发展不足，对内物流和对外物流出现分离，两者独立发展，不能形成内外联合的强有力竞争局面。此外，物流信息化滞后也是制约中部地区物流发展的重要因素之一，中部地区物流业起步较晚、规模较小，物流企业对信息化理解不够深入，缺乏信息系统的规划，很多物流企业无法实现物流信息全程信息化。

西部地区是我国发展物流业最为落后的区域。首先在自然环境方面，西部地区生态环境本身就比较脆弱，加上近年来经济的发展，人类对自然环境的过度消耗导致西部地区环境进一步恶化，直接造成西部地区物流业的投资大打折扣；而且，西部地区长时间经济发展缓慢，造成基础设施比较落后，这对西部地区物流企业的发展提出了严峻的考验；再加上西部地区经济活力不足，商业市场不发达直接导致当地物流需求无法支撑物流企业的生存，因此投资就更少，还有制度约束等软条件的限制，西部地区物流业的发展难上加难。

4. 服务方式

根据客户对物流服务的需求，可以将物流根据服务模式分为三类：单功能物流服务模式、多功能物流服务模式和一体化服务模式①。

单功能物流服务模式是指物流企业为顾客提供单一的功能的物流服务，这些物流服务包括运输、仓储和配送。根据这些服务，单功能物流服务模式一般可以把物流企业的运作模式分为运输主导型物流服务模式和仓储主导型物流服务模式。运输主导型物流服务模式是指物流企业只为顾客提供单一的运输服务，此类物流企业一般致力于为顾客提供个性化运输服务来最大限度满足客户的各种需求。这类物流企业在运输中，会根据客户不同需求为其制定并提供最经济的运输方式，并且利用科学高效的管理方法来降低物流成本。这类物流企业一般拥有完善的运输网络，完善的运输网络可以帮助企业避免"返空"，提高运输效率、降低运输成本。在现代信息技术的背景下，此类企业开始广泛使用 EDI、GPS 等现代信息技术实时监控运输过程，为顾客提供实时反馈，最大化顾客满意度。仓储主导型物流服务模式一般是对客户的货物进行集中保管和包装等活动。此类物流企业一般致力于为顾客提供个性化仓储服务，这就要求企业拥有完善的基础设施作支撑，尤其是在存储保管农副产品时，因为大多农副产品有固定的生命周期以及较为严苛的保鲜存储条件，所以此类物流企业必须有冷藏、冷冻库以及危险品仓库等与客户需求相配套的基础设施；此外，该类企业还需要有科学和现代化的仓储管理办法与信息化的"入库出库"系统，这有助于企业最大化利用仓储空间，最大化分拣作业的效率，最小化人工成本。

多功能物流服务模式是指物流企业为客户提供两种甚至是两种以上的物流服务。根据物流市场供需状况调查报告显示，工业企业使用的第三方物流服务中，希望提供三种以上物流服务的企业需求比例高达 73%。此类企业对于自身物流服务种类和规模较前面的单功能物流服务模式物流企业提出了更高的要求，尤其是在基础配套设施和信息化程度上。此类模式要求物流企业将物流服务的管理、组织、协调有机结合起来，并实现物流系统的

---

① 杨树乾，吴群琪. 物流服务模式分类新探. 综合运输，2007（02）：45-47.

局部优化，提高物流运作效率降低物流成本。

　　一体化服务模式是目前大型物流企业运用最多的物流服务模式，随着中国社会的发展、我国经济与世界经济同步接轨，单一或者多功能服务模式已经无法满足现代物流市场的需求，很多大型制造企业、零售业企业期望物流企业为其提供更加全面、更加一体化的物流服务，这不仅仅是将运输、仓储、配送等物流服务简单结合起来，而需要物流企业对多个物流服务或功能进行整合，为客户提供完成的物流运作方案的设计和管理，并对每个物流环节进行实时监控和宏观把控，从而确保物流整体活动在有序、可控的环境下进行。从产销关系来看，一体化服务模式可以把生产与流通聚集成同一个经济利益共同体，嵌入自觉合作的利益机制，从经济利益角度激发流通部门与生产部门合作的积极性，通过组织规模化流通来促进规模化生产，重建经济利益共同体的产销关系。其次，任何一家物流企业，无论规模大小，都无法利用资源整合将物流市场所有业务全覆盖，它们只能将大部分的资源集中在核心业务上，重点强化核心业务能力，因为自我调整的速度始终无法改变市场变化的速度，因此这些物流企业只能通过外包、合作或者同盟等方式将不是自身核心业务的板块分出去，然后通过共享信息、共担风险、共享收益的方式将各方核心能力加以整合，从而形成供应链整体的竞争优势，有利于物流企业之间形成协同竞争、共同发展的价值观。最后，一体化服务模式有利于物流企业优化社会资源配置，提升物流市场整体经济运行环境，使市场内的宏观调控更有效、更畅通。

14.3　物流企业市场营销组合策略

　　营销是企业为提高产品或服务的营业额而采取的行动。无论企业规模大小，每个企业都必须了解并实施正确的营销组合策略，这可以帮助他们营造企业形象，也能帮助企业提升销售业绩。4Ps营销组合是最常见的用于分析企业营销组合的工具，它包括了"产品 product""价格 price""促销 promotion""地点 place"。4Ps营销组合是通过制定和实施有效的营销策略来帮助企业确定哪种营销策略更适合，这是企业创建业务和营销计划之前的第一步。同时，它还可以帮助企业在市场上发挥自己的优势、规避自己的劣势、强化自身市场竞争力和市场适应性，同时还能维持企业与合作伙伴之间的良性合作关系。

　　在中国市场上，有成千上万的物流企业提供相类似的物流服务，然而，更多的企业愿意选择与有良好品牌声誉和形象的物流企业合作，这在很大程度上强调了市场营销对于物流企业的重要性。物流企业要想进入物流市场，不仅仅需要依靠先进的物流基础配套设施、完善的物流运输网络、优秀的物流人才，还要求企业必须在不断迅速发展的社会中能快速识别市场需求，结合自身优势将物流与市场营销有效结合起来，使其产品或服务得到广大客户的认可，保持长久的合作关系，这样才能保证物流企业在竞争日益激烈的物流市场存活下来。与一般企业的市场营销相比，物流企业的市场营销有其特殊性，例如物流企业不像一般企业大部分为顾客提供有形的产品，然后针对这些有形产品进行营销，物流企业更多的是为客户提供服务，这些服务是无形的、不可分割的和不稳定的；其次是市场对于物流服务的需求多样化，从企业到事业单位和个人，每个客户群体对于物流的需求都不同，造成了物流市场差异程度较大。因此，物流企业需要根据物流市场特殊的需求制定出相对应的营销策略组合，最大限度上帮助物流企业将物流服务和市场营销有机结合在一起，发挥出最大效用。

1. 产品

物流企业的产品大多数是向客户提供无形的物流服务，包括运输、仓储、搬运、包装、配送、信息处理等。一般物流企业的产品可以分为两类，一类是物流企业的核心产品，主要指的是为客户提供运输、仓储、搬运、包装、配送等服务功能的一种或多种组合；另一类是物流企业的附加产品，主要指的是在物流配送途中利用现代化信息技术对物流配送进行实时监控并把信息及时反馈给客户，同时还包括企业内部在存储货物时进行分类编码、条形码入库出库等技术。所以，对于物流企业来说，最重要的"产品"就是满足客户对货物在时间和空间上的效益，重点强调在服务过程中满足安全、快速、准时等必要条件，这些也成为客户辨别物流企业好坏的重要衡量标准。因此，在物流企业提供物流服务时，客户的"感觉"与物流企业的"品牌形象"有着直接的关系，只有保证高质量、高满意度的品牌才能在客户心中留下深刻的印象。然而，在如今的中国物流市场，资金缺乏、物流配套设施不够完善等问题，导致物流市场发展受阻，所以物流企业更多地把发展重心放在建设运输网络和配送设施上，忽略了为客户提供个性化服务、通过电视和网络广告传播等方式加强客户心中物流企业的"品牌形象"。

因此，物流企业在建设运输网络和配送设施的同时，还应该根据不同的客户类型和需求，为其量身打造相对应的物流方案，这是双方合作的有利条件，也是品牌建设的有力保证；此外，现代信息科技技术的合理应用也是必不可少的，随着信息科技日益进步，物流企业应该积极推行物流科学技术的普及，这有利于企业减少延迟交货、货损、货失等现象的发生，提高物流企业的美誉度；最后，物流企业应该一直秉持"诚实守信"的发展原则，保证按合同实现对客户的承诺，只有不断提升物流服务水平，让客户提高满意度，才能保证物流企业在市场竞争中立于不败之地。

2. 价格

物流企业的成本主要在于帮助客户实现对货物在时间和空间上移动过程中的消耗。数据显示，2017 年，社会物流总费用与 GDP 的比率比上年同期下降 0.3 个百分点，仍然达到 14.6%，较美国的 7%、英国的 9% 有着较大差距。其主要原因在于中国物流企业的一体化物流体系并不完善，有的货物需要分几个批次进行运送，中间环节多，运转周期长，所以导致整体成本较高，这也直接影响了物流企业的定价。

因此，要想降低物流企业的定价，只能首先考虑降低其成本。采取适合于市场的价格策略，有助于企业提高生存能力和竞争能力，还有助于企业提升品牌形象。降低成本最有效的方式就是在物流企业核心业务——运输上降低成本。在运输上，物流企业应该力求每次运输量最大化，如运输量无法满足最大化的要求，则要缩短运输距离，最大程度上节省运输成本。最好的方式是将各种零散货物集中起来，然后统一实时调度分配，根据货物配送地址、配送时间的要求在运输途中设立一些货物集散地，将货物分批进行分拣、组配，以小批量货物的近距离运输和大批量货物长距离运输相结合的方式，最大化运输收益。这种方式不仅能实现运输过程不返空，还能提高货物运输密度，最大化利用运输空间；此外，从库存中降低成本也是成本控制的重要环节。货物在流通领域，很多时候需要物流企业提供仓库来进行货物的存储，这不仅会占用大量资金去租赁仓库和仓储成本，还会增加经营风险。因此，物流企业需要建立仓储信息系统来加快货物流动，降低库存，尽量将货物的存储安排在运输途中，从而减少库存积压而导致的成本上升。

在控制了成本以后，物流企业还需要根据企业自身情况来制定相应的定价策略。当物流市场供求关系正常时，最适合物流企业的定价策略是成本加成定价法，此方法就是物流服务的单位成本加上预期的利润而制定的价格，它可以帮助物流企业获得稳定的预期利润，因而维持物流企业正常运作和发展。如果市场供求关系发生改变，物流企业则需要实施竞争定价策略，并设定最终价格与竞争对手进行比较。当然，由于不同的运输目的地定价不同，所提供的运输服务的价格也应该有所调整。对于定制化增值物流服务，物流企业对特别设计的服务活动可以实施溢价定价策略来提升价格。对于长期的忠实客户，物流市场可以与其签订特殊的合同，为其提供特殊的价格从而实现双方利益最大化。

3. 促销

物流企业除了根据市场需求，为客户提供个性化产品和服务以外，还需要通过一些促销策略来向客户传递产品和服务信息，吸引客户购买服务，以达到扩大销售量的目的。常用的促销手段有广告宣传、网络营销、营业推广等。但国内物流企业很少会用到这些促销策略对其客户进行宣传。反观国外，国外物流企业不仅在当地充分利用了电视、网络等社交媒体对其自身进行宣传，还将促销策略带到了中国市场，那些国外物流企业的身影在国内现有资讯媒体中已越来越多，国外物流企业已经开始了广告营销战略，优质的宣传通道已经被外资物流企业占领。例如，FedEx 与中国羽毛球国家队签订协议，成为羽毛球国家队指定的速递及物流服务公司。合作协议的内容包括 FedEx 将通过不同的平台参与中国羽毛球国家队的不同项目，其中包含了电视、数字媒体等。FedEx 表示，体育营销是公司营销策略之一，从传统媒体到网络时代的跨越，品牌影响力和营销能力一直为 FedEx 所看重。与中国羽毛球国家队达成的合作协议，无疑会给 FedEx 带来很好的宣传效应。德邦物流利用网络与线下活动相结合的方式开展了"我的网点 你做主"的互动营销活动，收到了很好的效果。客户只要填写了建议德邦物流新增网点地址等相关信息，就能参与德邦物流的抽奖活动，参与方式可以有两种：通过企业网站填写或者通过营业网点现场填写建议表。这种方式很好地将线下活动和网络结合起来，能收集到很多有用的新增网点建议信息和客户资料，使客户和企业之间产生了互动，拉近了客户和企业之间的距离。①

因此，中国本土的物流企业也应该学习国外物流企业的促销策略，利用本土优势进行线上和线下的推广，提升国内物流企业的品牌知名度。首先，物流企业需要在线上线下同时宣传企业的资料、相关发展战略、服务宗旨等，来扩大物流企业的影响力、吸引力，招揽一般客户和潜在客户；其次，物流企业需要多站在客户的角度去考虑问题，对待每一单业务都需要做好售前、售后服务，确保每一单都能让客户满意，并在业务结束后积极向客户寻求反馈，针对客户的反馈对业务进行完善；最后，物流企业需要大力开展文明作业，在社会中树立良好的企业形象，因为公共关系促销是物流企业发展中不可缺少的一个重要环节，它可以帮助物流企业扎根在消费者的潜意识中，极大地促进物流企业在物流市场的

---

① 鲸贝传媒．https：//www.sohu.com/a/391638466_120086456，2020-04-27.

销售和客户维护。

4. 地点

在物流行业中，物流企业的"地点"营销策略分析可以称为物流企业的"分销渠道"营销策略分析，它主要研究物流企业将产品转移到消费者领域所需要经过的路线、环节、方式，然后对企业的营销机构的运作情况进行评估，从而提高企业市场占有率，实现企业预期经营目标。对于一般企业的产品而言，营销渠道策略主要是研究企业与代理商、批发商、零售商、客户之间的关系和管理模式；对于物流企业而言，物流企业的产品大多是提供无形的服务，其分销渠道相较于一般企业也会有所不同。因此，本部分会针对物流企业的物流网络的规划和与合作伙伴的合作模式两个方面来进行研究分析。

首先是物流企业的物流网络的规划。中国物流企业首先要做的就是加强物流服务网络的建设，提高物流网络覆盖面，当客户需要物流企业提供物流服务时，物流企业网络节点越多，相应而来的就是业务量的上升。当然，仅有实体网络节点是不够的，随着现在网络技术和电子商务的迅速发展，很多消费者选择足不出户进行网上下单，经济贸易和市场营销进入了崭新的领域，物流企业也应该充分把握信息时代提供的信息、技术和网络资源，实现分销渠道的创新和发展，大力推进分销资源计划，开展更多的电商直销、电商代销等营销渠道，加强物流服务产品的可获得性，极大增强物流企业与客户之间的信息沟通。

其次是物流企业需要加强与合作伙伴的合作模式，通过与其他物流企业的合作，有利于物流企业之间资源互补，从而扩大物流业务的运作能力，争取更多的市场份额。在与合作伙伴进行运营合作的同时，其实也是对于物流企业营销的合作，自身企业在实施物流营销的时候，会为合作伙伴带来业务。反之，当合作伙伴实施物流营销的时候，也是在为自身物流企业带来业务，这是一个互惠互利的过程，不仅为合作双方带来了业务量，同时也共同推进了中国物流企业的共同发展。

最后，开展特许经营加盟业务也是物流企业比较好的合作模式。品牌知名度较高、业务量大的大型物流企业可以通过特许经营的方式来带动区域内一些中小型的物流企业的发展，此经营方式不仅可以带动同区域内物流行业的良性竞争，同时大型物流企业也可以利用这些中小型物流企业拓展自身的营销渠道，中小型物流企业也可以运用大型物流企业的品牌效应来建立分销中心，改善自身有限的营销网络。

5. 整合物流企业营销策略

针对上述分析，可以看出物流市场的客户需求非常广泛，且存在着巨大的差别，这使得面向客户的营销活动非常困难。一个物流企业如果试图以单一服务形式和营销法则来对待所有物流市场客户需求是不可能的，想要进入物流市场并在物流市场中站稳脚跟，物流企业必须进行有效的自我营销，确定自身企业优势后针对核心业务板块进行有组织、有计划、有针对性的营销和投入，才能在广大的物流市场脱颖而出。

第一，物流企业需要对所处的物流市场进行详细的市场调研，根据市场调研结果将物流市场分成若干个细分市场，着重需要了解的是细分市场的市场特点、客户特点、客户需求偏好等，然后根据企业自身资源储备、资金筹备等方面来确定各个细分市场的营销策略。准确的市场细分有助于物流企业清晰地了解所处物流市场特点、客户对物流服务的需求特点，从而帮助企业制定营销目标，更好地分配企业的物流资源，为客户提供更好的物流服务，将企业的效益和客户满意度紧密联系起来。

第二，物流企业需要结合自身资源配置以及客户的需求，为客户提供物流服务组合，这种服务可能是运输、仓储、搬运、包装、配送等物流活动中的一种或多种组合。同时，还应该对客户进行分层管理，按照客户不同层次对其进行不同的服务和不同水平的服务。然后站在客户的角度去考虑哪些"附加服务"是客户最需要的、最能提升客户满意度的，然后借助信息技术和供应链整合来帮助客户在实现货物在时间和空间上的效益的同时，还能根据不同层次客户的不同需求，为其量身打造相对应的物流方案，从而最大化客户满意度，提升自身物流企业品牌知名度。此外，物流企业还应该响应政府"绿色物流"的号召，尽可能多地考虑环保、节能、节约资源等问题，将物流服务放在社会系统的大范围内来考虑。

第三，物流企业需要结合符合企业自身的价格竞争策略和非价格竞争策略来提升企业的核心竞争力。价格竞争策略是指企业为了推销产品、获取市场份额、达到企业预期收益而采取的定价策略。对于很多企业，最好的定价策略就是以低价的方式来吸引客户，然而对于物流企业并不是完全适用，因为物流企业属于服务型行业，所提供的产品更多的是无形的产品，客户对于服务的多样化和价格以外的很多因素的需求会随着科技的进步而逐渐增大。因此，物流企业首要考虑的是降低其成本，在降低成本的同时考虑运用合理化的定价策略来维护与客户长期的合作关系，确保最终能达到双方的预期收益。最好的定价方式是产品附加价值定价策略和品牌差异定价策略，产品附加价值定价策略是根据产品增加的服务利益，对其制定不同的价格；品牌差异定价策略是当物流企业的规模、形象达到一定程度，定价会高于其他一般物流企业的服务的策略。

非价格竞争策略是指在如今快速发展的社会中，随着消费者对产品的要求越来越高，价格因素在竞争中的影响降低，消费者更多地开始关注产品的差异化等其他因素。对于物流企业而言，非价格竞争策略一般是指物流企业在促销、销售渠道等方面采取竞争策略而赢得顾客和市场，往往这些非价格竞争策略比价格竞争策略更加深入消费者的心中。物流企业在降低成本之后，最重要的就是实施促销策略。因此，企业需要先明确物流市场客户的需求是什么，然后根据自身的资源情况和优势，在力所能及的情况下为客户提供个性化、差异化的服务。然而，仅仅提供差异化的服务是不够的，促销策略的核心是利用本土优势进行线上和线下的推广，提升国内物流企业的品牌知名度，此方面是国内物流企业的短板，也是需要向国外物流巨头学习的重要环节。例如 UPS、FeDEx 这些国外物流巨头都很善于利用线上和线下的推广，将自身企业形象、企业理念传达到消费者心中，从而形成品牌效应。即使消费者没有体验过这些物流企业的服务，也能从它们的理念和市场口碑来感受到它们专业化的服务，当品牌形象扎根于客户心中，物流企业就更容易获得市场份额，更快地获得成功。此外，物流企业需要对每年的促销策略进行合理的规划，对哪些服务进行促销、何时促销、如何促销、促销的目标，从而确保促销活动的多样性和协同效应。而且，物流企业的营销人员应该对每次促销活动所产生的影响和客户反馈结果进行分析，来确定促销策略对于业务量的冲击，从而更好地为未来促销策略打下基础。除此之外，分销渠道的营销策略也是物流企业不能忽视的一个重要非价格竞争策略。无论是加强物流现有实体服务网络的建设，还是开展更多的电商直销、电商代销等营销渠道，或者是加强合作模式建立更多的分销网络，物流企业都需要制定本公司物流网络规划和物流业务发展规划方案，在制定与实施中应与国家和地方政府物流网规划相匹配，充分利用政府提供的物流资源，用好用足国家和地方促进物流发展的政策和优惠条件。同时，物流企业还应该在建设初期尽快占据企业发展有效的资源，以低成本盘活社会资产，从而缩短建设期，短时间内实现资本扩张，形成规模效益。

在当今社会中，不同行业的客户的需求差异日益明显，客户的控制力越来越强，物流企业想要利用大众化营销来获取市场份额的方式已经不可行。因此，物流企业想要实现可持续性长期发展目标就必须根据企业自身资源对所在的物流市场进行细分和定位，然后通过产品、价格、促销和分销渠道这四方面的策略组合来寻求服务差异化以获取核心竞争力。

小　　结

1. 物流市场细分是指物流企业根据一定的标准，将市场上的客户分为若干个客户群体，然后针对这些客户群体分别采取不同的营销策略来满足他们的需求，从而帮助物流企业扩大市场占有率，提高市场竞争力。

2. 物流市场的细分对于物流企业有以下几个优势：首先，物流市场的细分有助于物流企业减少盲目的投资而造成资源和资金的浪费；第二，物流市场的细分可以帮助物流企业找到合适自己的目标市场；第三，物流市场的细分有助于企业实现差异化战略。

3. 与一般企业的市场营销相比，物流企业的市场营销有其特殊性，物流企业不像一般企业大部分为顾客提供有形的产品，然后针对于这些有形产品进行营销，物流企业更多的是为客户提供服务，这些服务是无形的、不可分割的和不稳定的；其次是市场对于物流服务的需求多样化，从企业到事业单位和个人，每个客户群体对于物流的需求都不同，造成了物流市场差异程度较大。

4. 一个物流企业试图以单一服务形式和营销法则来对待所有物流市场客户需求是不可能的，想要进入物流市场并在物流市场中站稳脚跟，物流企业必须进行有效的自我营销，确定自身企业优势后针对核心业务板块进行有组织、有计划、有针对性的营销和投入，才能在广大的物流市场脱颖而出。

思　考　题

1. 简述物流与营销的关系，与其他的市场营销要素相比，物流营销有何突出特点？
2. 现代物流企业应从哪些方面着手优化自身营销活动？
3. 在物流企业的营销中如何体现"以客户为中心"的经营理念？

【案例分析】

新疆阿凡提物流有限公司营销战略①

新疆阿凡提物流有限公司（简称"阿凡提物流"）是一家国家 AAAAA 级综合服务型物流企业，专业从事国内外公路运输，2000 年创办至今，在全国 32 个省、自治区、直辖市建立货运网点 120 多家，现已组建阿凡提物流集团公司，下设新疆股份、西北股份、西南股份、华南股份、中南股份、华东股份、华北股份、东北股份 8 大股份公司，拥有各类运营配送货车 76 辆，会员制车辆 5400 余台，员工 1000 余人，仓库 130 多个，总面积达 6 万多平方米，成为新疆乃至全国知名的物流企业。

一、准确的市场定位

从成立的第一天起，公司就树立起了强烈的品牌意识。公司定名为"阿凡提物流"，就是要借区域知名文化品牌，以名扬名，迅速获得市场的认可。"阿凡提"是智慧、勇敢和美德的象征，这一象征有利于企业品牌价值的形成，迅速提升企业的美誉度。事实证明，以"阿凡提智者形象"作为企业"形象代言人"，极大地促进了企业的发展。最初的 3 年，一年一个新台阶，企业由当初的主要以疆内托运为主，到主打乌鲁木齐与天津、北京、石家庄三条往返专线，再到 2004 年发展成为在全国拥有 28 家分公司、在业内小有名气的网络化零担货运公司。2002 年初，企业领导向全体员工明确提出了"一个敢为天下先，领跑西部物流并独具特色的阿凡提物流品牌，成为您身边最值得信赖的物流合作伙伴"的品牌发展思路。这一品牌定位既是针对新疆零担货运业内缺乏主导者的现状，也是基于企业区内外业务的快速发展，同时也使企业一贯坚持的"一流品质、一流服务"团队建设使命感和理念有了新的和更确切的追求方向、追求空间和追求目标。起到了凝聚力量、鼓舞斗志的强大精神作用。

2005 年初"两个阿凡提之争"，从一个侧面反映了阿凡提物流所拥有的强势品牌价值。"阿凡提之争"不仅是一场品牌之争，也是一场品牌宣传之战，诉讼战也使阿凡提物流"因祸得福"，在全国叫得更响。

二、强烈的服务意识

真诚服务是赢得顾客满意与忠诚的不二法则。为此，企业不断强化思想精神、管理制度、服务意识等文化，加强"一流品质，一流服务"物流团队建设，不断规范企业各项操作流程，积极完善企业服务质量评价指标体系，狠抓诚信体系建设，始终把诚信建设作为企业的头等重要大事来抓，要求员工真诚待人、真诚待客、真诚对待自己，使诚信服务成为立人之本、立业之本。通过各种方式，不断加强与客户的互动与沟通，积极创新服务产品，坚持为客户打造多样化和个性化的服务，积极拓展市内"门到站（D-S）""站到门（S-D）"、城际间"门到门（D-D）"上门取货、到站配送业务，赢得了客户的好评。目前阿凡提物流企业的战略联盟客户几十家，散户客

---

① 参考资料：道客巴巴．http：//www.doc88.com/p-7708434950295.html，2020-09-07.

户回头率达 80% 以上。

三、独具魅力的文化营销

零担货运物流是典型的网络型经济，服务点面多，服务半径不一，加上零担货运服务的客户庞杂，信息的传递量大，因而使得企业很难找到一种合适的媒体进行针对性的营销宣传。传统媒体如报纸、电视等很难精确地把企业服务能力等信息有效地传递给目标客户，广告投入往往得不到应有的回报。2003 年经过多方调研，公司果断决定采取期刊营销方式。为此投巨资创办了新疆物流行业内第一份高质量杂志《物流商界》，一年 4 期，每期 5 万册，年投入资金近 70 万元，在全国各地免费派送。《物流商界》现在已经成为人们了解阿凡提物流、了解新疆以及新疆社会经济发展的重要窗口，受到了社会各界高度好评和广泛赞誉。到 2008 年年底该刊已出版 27 期，发行百万册，起到了其他媒体无法达到的宣传效果，极大地提升了企业的社会形象，也为企业赢得了巨大商机。

2005 年公司投身"天山湘女回故乡"大型公益活动；2008 年公司作为唯一的配送商，参与"中国 2008 环塔拉力赛"。这些，也另一个侧面，反映了阿凡提物流独特的文化营销理念。

四、健全的物流服务网络

物流网络是零担货运企业物流服务的基本通道。为此，公司特别注重运营网点的开发。根据货流的特点以及各地的实际情况，有重点地、有层次地开发潜在用户，规划建设运营网点。目前公司运营网点除哈尔滨、长春、福州等外，全国各省级城市已全部覆盖，地级城市覆盖率已达到 17%。2009 年企业实现了发展进程中战略突破，充分利用自身优势，拓展了中亚商贸物流市场，先后在吉尔吉斯斯坦的比什凯克、奥什建起了阿凡提物流分公司，在哈萨克斯坦、土库曼斯坦、乌兹别克斯坦建立联营合作单位，实现了阿凡提物流走出国门、抢占中亚市场的第一步。

五、完善的营销战略保障措施

公司的主要做法是：一是把发展零担快运作为今后的重点战略目标和战略追求方向，不断提升企业的发展层次，逐步使企业的整个系统驶入零担快运的轨道。目前，企业正在利用现有的高速公路系统，积极探索乌鲁木齐至奎屯段的零担快运运作管理模式。二是自主开发零担货运物流软件系统，以强化企业业务、财务、人事及客户关系管理，并为客户提供更好的订单处理、货物跟踪等服务。三是优化服务组织，提高管理的效率，实施三级管理。2010 年企业对全国各地的网点管理，进行调整优化，在原来"网点—总部"两级管理结构中，增设了东北、华北、东南、华南等 8 大区，实施新的"网点—八大区—总部"三级管理体制。四是不断完善《阿凡提物流管理执行大纲》，加强作业管理。为此，公司从收货、出入库、货物装车、卸车、配载、发运、分流中转、中途卸车、提送货、代收货款、保价货物及货损货差赔付、客户与合同到车辆/货物全程跟踪管理的各环节都做了具体规定，以确保货运安全、货物安全及货物的快捷准时到达，真正做到让客户满意。

案例思考题

1. 新疆阿凡提物流有限公司采取的营销战略的基本特色是什么？
2. 新疆阿凡提物流有限公司的营销策略组合是什么？
3. 结合本案例谈谈物流企业应如何根据客户消费心理从事市场营销活动？
4. 你对该公司的营销战略发展还有哪些建议？

第十五章　物流企业信息管理

　　在信息化技术不断普及和电子商务日益发展的今天，信息化技术为物流企业的发展提供了有力的支持和难得的机遇。现代物流企业信息化程度的高低是衡量物流企业实力的重要标志，物流企业信息化建设将会直接影响到企业的生存和发展，同时，信息化的建设有助于企业提高物流运营效率、降低物流成本、满足客户多样化需求、提高企业的核心竞争力。

　　本章首先会对物流企业信息系统进行概述，然后具体介绍物流企业信息系统设计所需要遵循的四大原则，最后根据战略决策层、战术管理层和运作层三个层面来分析物流企业信息管理系统所需要具备的功能。

　　关键词：信息系统（information system）　　信息跟踪系统（information tracking system）订单管理系统（order management system）　　决策系统（decision making system）　　仓储管理系统（warehouse management system）

15.1　物流企业信息系统概述

　　随着世界经济不断发展与信息化时代的到来，现代物流企业的发展不仅仅只是依靠基础物流活动，更多地要依靠"物流、资金流、信息流"的协同发展，这也对物流企业提出了更高的要求。物流企业的信息管理系统就是信息流中重要的组成部分，它把物流活动和物流信息有机结合起来。信息管理系统是采用多种方式把物流计划、业务、统计和业务控制等数据按特定要求输入进计算机，通过计算机加以处理，将其结果信息转换出来，这些结果信息有助于物流企业对企业管理和物流活动情况进行深入的了解，同时也能预测未来发展方向。

　　最初，物流信息的收集和信息传输主要依靠手工记录和小部分计算机处理，那时计算机技术的局限性，导致计算机只能代替人工对局部数据量大、操作简单的业务进行处理，更多的适用于企业内部的工资结算和业务汇总，这些数据只能实现单机处理，无法在企业与企业之间进行共享；然后，随着计算机技术的发展，物流企业开始注重物流管理系统化和整体化的发展，企业的信息管理系统逐步走向规范化和系统化，越来越多的信息管理可以用计算机进行处理，同时，互联网把不同企业、不同地区的计算机远程连接起来，使企业的供应商和客户建立了数据联系。随着计算机技术的不断开发和电子商务的逐步发展，信息管理系统的更多应用被发掘，物流企业的应用模块功能得到了大幅度提升，先进的信息管理技术得到了广泛的应用，例如数据仓库技术、商业智能等应用模块实现了辅助决策和预测功能，这预示着物流企业的信息管理系统进入了高级阶段。

由于社会竞争日益激烈，各行各业都开始关注如何提升企业工作效率、降低管理成本、提高服务水平和企业竞争能力，尤其是作为服务型行业的物流企业更是如此。物流企业操作过程复杂，信息量大，要想企业保持高效的运作就要求企业有很强的信息处理水平，所以越来越多的物流企业开始注重信息管理系统的重要性。

物流信息系统是人类在信息技术上的创新和突破，也是企业管理模式和市场竞争战略上的一种最优选择，它不仅可以降低企业运营成本、提高运作效率、提高服务水平，同时还能使物流企业在运用信息系统中不断积累物流管理知识，提高物流企业的整体管理和运营水平，具体表现在以下几个方面：首先，物流信息管理系统可以及时反馈上下游企业的需求波动，并第一时间实现信息共享，物流企业可以根据需求波动及时安排进出库、运输等物流决策，使供应链中各个物流企业链接在一起，即使不在同一区域也能实现统一安排、统一部署，从而建立了规范化的信息管理体制。其次，物流信息管理系统可以帮助企业对物流在流通环节中对于时间、地点、数量进行实时监控，增加物流环节的透明度，避免因为流通环节出现问题而导致不良的供应链控制，同时，物流信息实时查询可以提高企业管理者做决策的准确性，增加企业收益。最后，因为物流企业需要最大程度上连接市场供需双方，其中的每一个决策环节都会影响整个供应链系统的运作，因此，想要保证整个供应链中所有的利益组织都能正常运作，就需要一个统一的物流信息系统来规范每个利益相关组织的行为，从而确保物流环节最大收益。

15.2 物流企业信息系统的设计与开发

15.2.1 物流企业信息系统设计的基本原则

1. 准确性原则

好的物流企业的信息管理系统必须要达到系统设计的预期精度要求，无论输入的数据如何复杂多样，只要在系统设计范围之内，输出的结果的精确性最好在99%以上，且物流系统反映的当前物流服务状况应与实际状况相吻合。实际数据与物流信息系统报告出现误差时，就应该采取相应的措施来减少不确定性。

2. 稳定性原则

稳定性原则是指物流企业的信息管理系统在遇到系统环境出现变化时依然能正常运行，且精确度不会受到影响。例如当物流企业信息管理系统遇到病毒侵袭时，系统必须有相应的应急处理方式，避免因为病毒入侵导致整个信息管理系统呈现瘫痪状态。

3. 及时性原则

物流企业的信息管理系统最重要的环节，也是客户最看重的因素就是反馈的及时性，所以信息管理系统必须可以提供实时的管理信息反馈。根据邮政局最新统计，2018年前4月，全国物流业务量累计完成136.7亿件，同比增长29.3%，所以对于物流企业而言，日均订单量都超过了1亿件，每小时订单量都超过了400多万件，如果物流企业的信息管理系统是按每天或是每小时进行更新，则完全无法保证信息系统的及时性，更加无法保证企业计划的有效性，从而导致物流企业库存量增加，直接提高运营成本。

4. 集成性原则

物流企业的信息管理系统需要将各个物流环节连接起来，为物流企业进行集成化的信息处理提供平台，而且信息管理系统中各个子系统的设计也需要遵循统一的规范和标准，便于系统内部实行信息共享。

15.2.2　物流企业信息系统总体设计

物流企业的信息管理系统需要涉及物流企业的基本物流活动，包括运输、仓储、配送信息等，这些功能需要有效结合起来，形成协同效应，以达到降低企业成本、提高运作效率的目标。物流企业的信息管理系统可以根据物流运营体系建立在三个层次上：战略决策层、战术管理层、运作层。物流企业的运作模式主要是起始于其他企业的订单，然后根据客户的订单需求来进行运输、仓储和配送等物流活动，因此，订单是物流企业信息管理系统中的重要环节，它将信息系统中的各功能板块连接起来。所有外来订单由战术管理层的"订单管理系统"统一接收，然后分配到运作层的各个具体功能板块系统，对客户企业要求的货物种类、货物数量、到货和出货时间进行统一分配。运作层的各个具体功能板块系统在接收到"订单管理系统"的订单后会针对订单要求进行前期准备工作。货物流通时由运作层的"信息跟踪系统"进行全程实时监控，以确保货物顺利抵达收货地址。如货物在运输途中出现意外情况，"信息跟踪系统"会将实时信息及时传达到战略决策层中的"决策系统"，当"决策系统"下达决策指令之后，由战术管理层的"订单管理系统"根据决策指令进行重新分配。物流企业的信息管理系统总体功能图如图 15.1 所示。

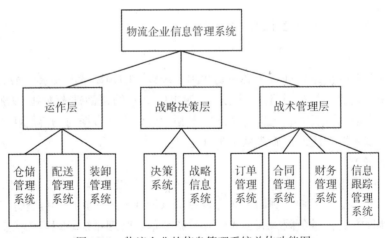

图 15.1　物流企业的信息管理系统总体功能图

15.2.3　物流企业信息系统功能设计

1. 战略决策层

决策系统是依靠管理层人员的决策和计算机的辅助推算来提高决策的准确性、可实施性，它能通过历史交易情况来客观分析企业的人力、物力、财力、市场等信息，为后续的企业管理、客户管理、市场管理、资金管理提供科学的决策依据，同时，它还能将物流企业相关资源进行整合，然后通过数据、模型和知识以交互方式进行半结构化决策，为决策者提供分析问题、建立模型、模拟决策过程和方案的环境，调用各种分析工具来提高决策的水平和质量。

战略信息系统是用来帮助公司分配、存储、处理接收的数据和信息，它能通过分析来帮助企业制定战略方法，并通过模拟不同的竞争环境来确保每个战略实施都能最大化公司资源利用效率、最大化公司预期收益。它可以根据公司现有的资源、资金、市场占有率等情况为公司在营销、生产、促销、创新等方面进行优化，从而帮助企业更好、更快地提高市场份额。此外，它会将以往的交易信息及数据情况进行整合存储，有利于企业后期提取数据间存在的联系来针对不同时期的经营情况进行详细的分析，找出公司的竞争优势和经营管理上存在的问题，进行修正确保企业未来可以更好地发展。

2. 战术管理层

在当今社会，物流企业仅仅为客户提供基础的物流服务已无法满足现有物流市场的需求，它要求物流企业在提供基础的物流服务的同时，还必须为客户提供更多增值化服务来最大化客户的满意度。对于物流行业最典型的例子就是客户需要物流企业实行信息共享，方便客户实施监控货物在物流领域的实时动态信息，并根据这些动态信息来制定企业后续的生产和营销策略。因此，在战术管理层，物流企业需要在物流信息系统中针对客户的需求，创建订单管理系统、合同管理系统、财务管理系统和信息跟踪管理系统来维护和客户之间的良好合作关系。物流企业信息管理系统的应用有助于企业整合各环节相关资源、最大化资源利用效率、提高企业整体运营效率、优化物流流程。

（1）订单管理系统

订单管理系统是战术管理层的核心板块，随着物流企业业务量的不断上升，其订单量也会呈现上升趋势，加上客户对物流企业所提供的服务的个性化需求越来越高，原来的手工记录方式已无法满足现代物流领域对于订单的多方位要求，因为它不仅仅是物流企业接收外来业务的重要途径，也是企业内部信息流通的重要凭证，所以要求企业在处理订单的时候不仅要保证订单及时分配到运作层的相关运作系统实行统一分配任务，同时还需要针对订单信息进行企业内部的信息整合，将订单管理与合同管理、财务管理以及后续运输途中的信息跟踪管理实行有效的连接。

在物流企业的具体运营中，当客户下单后，订单管理系统会对客户所填写的订单实施审核，整个审核会与合同管理系统作比对，在确保订单内容正规、合法、有效后会批准订单录入系统，并会创建一个订单编号。对外，订单编号将告知顾客，顾客可以根据订单编号实时查看货物的运输进展情况；对内，订单编号会根据已录入的订单收录规则将订单进行分解，分别分配到战术管理层的合同管理系统、财务管理系统和信息跟踪管理系统，以及运作层的仓储管理系统。订单管理系统不仅可以确保客户订单是有效的，还能将业务在运作过程中产生的成本进行归纳收集，一起发给财务管理系统，从而帮助财务管理系统按订单、按客户、按业务成本进行核算，提高战术管理层的整体运营效率。

（2）合同管理系统

现代企业之间的经济往来主要是通过合同形式进行的，所以合同管理是现代企业管理制度的重要内容之一，合同的有效管理将直接决定企业经营成败。随着物流企业的订单量正在逐年提升，传统的手工合同管理已经不再适用于现代物流企业，因此，企业必须在信息管理系统中引入合同管理系统。首先，它能有效改变企业信息分布散乱、汇总难等现象，同时，还能实现管理权限分配，确保企业的数据管理标准化和规范化。其次，合同管理系统可以有效减少人力成本并且提高合同管理效率。合同管理中有很多子版块，例如合同起草审批、合同签署、归档分类、合同检索等，如采用传统的手工合同管理，将花费大量的人力、物力、财力，不仅耗时耗力，而且效率低下。当引入了合同管理系统，所有合同管理子版块都能在线操作，系统可以罗列出待办事宜用以提醒相关人员，最大限度提高合同管理效率。再次，合同管理系统可以辅助企业领导做决策，例如领导层可以随时翻看企业的合作协议，快速准确了解合作企业的发展效益等信息，然后通过深入的分析来决定是否合作，这种做法更加有利企业的稳固发展。最后一条也是最重要的，就是提供法律服务，为企业控制法律风险。如今随着客户的需求逐渐向多元化、差异化方向发展，很多时候作为服务型行业的物流企业很难百分之百满足所有客户的需求，如果客户企业过于刁难，找到合同管理上的漏洞进行攻击，物流企业将很难保障自身的合法权益。对此，合同管理系统可以实现合同签署全自动化存证，为证据链提供足够的支持，从而降低合同管理风险，为后续合同纠纷取证提供有效的支撑。

在物流企业中，当订单管理系统将订单编号及信息传输到合同管理系统后，由合同承办人将合同名称、编号、类别、经办部门、经办人及联系方式、交易类型、合同期限等信息录入合同管理系统，然后由审核环节的业务人员进行审核，如审核人员有异议可以直接在合同管理系统上进行修改。当审核完成后，合同会由授权和用印业务人员进行审核，当审核无误后会对合同进行签字和盖章然后交由归档人员对完整的合同进行纸质归档和电子版归档。在归档期间，如企业与客户协商达成一致，可以对合同进行变更，并生成相应的变更记录，变更记录需由双方签字，以确保合同变更具有法律效应。当合同归档后，物流企业和客户企业高层管理人员可随时登录合同管理系统对双方签订的合同进行查阅。

（3）财务管理系统

物流企业在帮助客户实现了物品流动的同时也产生了人力和物力成本的消耗，这种消耗就构成了物流资金的活动，这种物流资金的活动是以资金循环的方式存在的，并且根据物流活动不断进行，这些资金也在不断流动，物流企业的财务管理就是根据这些资金的活动而不断进行的。物流企业发展得比较迅速，但它的财务管理活动比较繁杂，处理起来相对棘手，所以物流企业必须在信息管理系统中引入财务管理系统，将处理比较棘手的财务管理活动规范化、系统化。财务管理系统可以有效解决财务管理繁杂的问题，建立有效的秩序和运行规则，同时，也能对财务管理的资本问题进行统一协调管理，减轻财务管理中资源浪费等情况，以更少的资源投入创造更多的经济利益，保障物流企业的资本运作和财务运行的质量和效率。

具体到物流企业财务管理系统中，企业需要对财务管理系统的各子模块功能进行完善，包括资产管理、出纳管理、报表管理、财务分析等。资产管理主要是对固定资产进行核算，查看其中增减、变动和折旧等情况；出纳管理指对现金以及银行存款方面具有一定收付职能；报表管理是指对企业的主要输出、编制等方面进行汇总；财务分析是分析和整理财务数据。对于物流企业来说，财务管理系统中最需要重视的是核算流程、对账流程和结算流程。对于核算流程，财务管理系统应该与订单管理系统实现无缝对接，当订单业务流程结束后，订单管理系统将需要核算数据的业务单据第一时间传输到财务管理系统中，然后财务管理系统按照规定的时间自动执行计费，实现应收应付物流相关费用的核算，在执行期间按约定流程实现系统处理，减少人工操作，保证数据的正确性；对于对账流程，整个业务账单数据的审核、发送、确认及修改都由操作人员在财务管理系统中完成，对账客户可直接在线审核确认，实现对账过程中全程数据化、自动化和信息化；对于结算流程，在业务流程完成后，财务管理系统可以自行对业务数据进行核算，对账、自动挂账等活动。

（4）信息跟踪管理系统

近些年，中国物流的基础设施建设相对于之前有了突飞猛进的进步，但是物流行业依然存在订单流失、货物丢失、货物损坏等问题。因此，物流企业除了对企业内部货物信息流通进行跟踪监控以外，还需要对货物在外部流通、运输途中实行实时货物跟踪监控，货物跟踪是指物流企业利用物流条形码和 EDI 等技术及时获取货物运输状态的信息，例如运输货物的种类、数量、货物运输途中的情况、发货地、到达地、送货车辆等信息。这有助于物流企业对物流过程中的各个环节进行管理监控，包括对客户的管理、仓储的管理、物流路线的规划管理等，使每个货物都能在系统中找到物流轨迹，当货物丢失等意外情况发生时，能迅速定位找回失物；也能对运输路线进行合理的规划，提高物流运输效率；还能实时记录运输车辆的行驶轨迹，有效降低事故发生率；物流企业还可以根据运输车辆位置以及车辆周边实际情况，实时向物流运输车辆发出调度指令，实现资源有效配置、减少空载率和绕路，从而降低成本、提高收益。

在信息跟踪管理系统中，物流企业最应该重视的是对货物在运输途中的跟踪监控，这是解决货物丢失、货物损坏等问题最有效的办法。当物流企业工作人员在向客户取货时，可以将小的传感器装置置于包装中，然后贴上物流条形码，物流条形码包含货物所有信息。当物流中心重新集装运输、向客户配送交货时，利用扫描仪自动扫描货物物流条形码来快速获取货物信息，然后这些信息将通过卫星通讯线路把货物信息传送到物流企业的信息管理系统中进行汇总。在货物流通期间，物流企业采用 GPS 卫星定位系统、条码管理系统和网络物流信息管理平台为客户提供实时仓储管理、货物跟踪、网上查询等业务，根据实时捕捉的数据为客户提供可视性快递追踪，让客户在货物运输途中能够实时监控货物的运输位置和货物完整情况，为客户提供经济、安全、快捷、高效的专业化物流服务。

3. 运作层

运作层包含了仓储管理系统、配送管理系统和装卸管理系统，这三个管理系统与物流企业具体物流活动有着直接的联系，因为物流企业最基本的业务包括货物的仓储、配送、装卸搬运等业务，是服务于顾客最基本的功能模块，也是客户衡量物流企业服务水平的重要依据。因此，运作层的三个管理系统是整个物流企业信息管理系统的核心部分。

（1）仓储管理系统

在现代供应链管理中，仓储部分起着至关重要的作用，如果不能保证高效的库存控制以及进货与发货，必然会导致物流企业管理成本急剧增加。传统的简单、静态、人工记忆和手工录入的仓储管理不仅耗时耗力，而且容易出错，已无法保证企业资源有效利用。伴随中国科学技术的不断发展，在管理模式中融入信息技术，赋予管理系统信息化、科学化、高效化已成为推动社会经济发展的重要战略部署，因此，物流企业也应该在科学、高效、资源共享的仓储管理系统下，提升企业物流仓储能力，提升仓储运作效率，并将仓储管理系统与战术管理层的订单管理系统、合同管理系统、财务管理系统和信息跟踪管理有效结合起来，保证整个物流企业信息管理系统的协同发展。仓储管理系统应该由入库管理系统、库存管理系统和出库管理系统三个子模块组成。

入库管理是指企业根据货物入库凭证，在接受入库货品时所进行的验收、办理入库手续等各项业务活动的计划和组织，并且要保证入库货物数量准确、质量符合要求、包装完整、手续完备。在物流企业实际运营中，当企业内部的订单管理系统收到客户订单并审核无误后，订单管理系统会将订单传输到仓储管理系统中，仓储管理系统收到订单后会根据订单要求将订单分配到配送管理系统和装卸管理系统，并根据订单需求制定入库计划和入库凭证。当客户货物到达后，携带有物流条形码的货物经过读写器时，会将货物信息自动传输到入库管理系统，完成信息自动化采集，经检查货物数量准确、质量符合要求、包装完整后，会自动生成入库凭证，并将需求发送到装卸管理系统，由装卸管理系统安排人工或机器进行卸货工作，并将货物按照入库计划存入仓库，并在信息跟踪系统中反馈入库数量、质量等情况。根据订单需求制定入库计划和入库凭证，货物在达到以后可以第一时间入库存储，避免堆积；同时，系统之间的信息传输可以减少人为手工记录和传输的不准确性和信息丢失等情况。入库信息的反馈有助于客户实时监控货物进展情况。

库存管理是仓库管理的核心管理点，涉及库位、库区、财务等多个业务操作。库存管理也会产生一定的成本，例如资金占有消耗、库存场地占用费用消耗、管理库存期间产生的管理费用消耗以及库存损耗所造成的损失费用。库存管理是根据对库存的要求、企业订购特点，预测、计划和执行一种补充库存的行为，并对行为进行控制，好的库存管理可以减少物流企业库存、降低库存成本、追求零库存而实现企业利益最大化。在物流企业实际运营中，当货物完成入库后，需要对货物进行仓库内的存储进行管理。首先，库存管理系统会对货物类型、数量、价值进行分类，然后根据货物的具体信息以及仓库内物品摆放要求对货物存储位置进行规划；其次，如果因为特殊原因，货物需要在仓库内进行移库，货物移库相关信息会上传到库存管理系统，库存管理系统会对货物移动情况和库位转移的情况进行实时跟踪监控，并将移库信息上传到信息跟踪系统，并进行留存备份；再次，如果货物在存储期间有效期快到了，库存管理系统会自动提出预警。最后，库存管理系统会以可视的方式帮助业务人员直观了解仓储存储情况和资源分布情况，有助于提高操作人员的运作效率，也能提高仓库的周转效率。

出库管理是按照客户需求进行订单处理、生成出库订单、提货等业务活动，然后将货物订单需求进行统计，传送到库存管理系统。出库管理系统有三个子模块系统，分别为出库分析信息系统、出库预测信息系统和货物管理信息系统。出库分析信息系统是针对出库货物进行分析，帮助仓库主管对现有出库信息进行全面了解，掌握仓库全面情况；出库预测信息系统是帮助企业高层主管根据现有出库资料来预测物流配送中心的发展趋势，预测未来库存需求量；货物管理信息系统是帮助仓库主管了解客户对货物的需求偏好。在物流企业实际运营中，当出库管理系统收到货物出库信息后，会根据货物情况制定出货计划以及后续准备工作，包括交货运输路线规划、分拣计划等工作，然后系统自动生成出库订单，并将出货计划发送到配送管理系统。当货物由配送人员接手后，出库管理系统会将客户订单信息分发到出库分析信息系统、出库预测信息系统和货物管理信息系统进行分析，并将分析结果反馈到战略决策层的决策系统，为后续物流企业高层做决策提供依据。

（2）配送管理系统

配送管理是物流企业运营的一个重要环节，随着物流在世界范围内需求量的增加，配送管理的优化成为了物流企业竞争的一个重要领域。物流配送不是单纯的物品运输或输送到某地，而是从用户下单到仓库配货、调度车辆、安排运输直至最后送至客户手中的闭环物流配送作业活动。配送在整个物流过程中极其重要，它不是单纯的运送、发放、投送，而是根据用户要求，对货品进行挑选、加工、包装、组配等作业，并按时送达指定地点。除以上提到的各种"运""送"外，配送过程中还会涉及确认货品、分货、拣货、配货、装货等工作。

在物流企业实际运营中，配送管理系统会事先对企业内部的车辆信息、驾驶员信息、城市道路信息进行详细统计，并记录存档。车辆信息包括车辆的车牌、车型、载重量、车辆行驶里程、车辆运行情况、车辆年审、保险等信息；驾驶员信息包括驾驶员的工龄、安全驾驶信息等情况；城市道路信息会对全国各个城市的交通道路及城市交通运送规定进行实时更新，确保运送路线不会存在封路等问题。当仓库管理系统完成出库活动后，会将出库订单发送至配送管理系统，并要求配送管理系统根据客户的数量、送货地址、时间等要求安排送货。配送管理系统接到仓库管理系统的任务订单后会根据配送要求调度装卸管理人员以及配送车辆，并将信息管理系统规划好的送货路线发送至配送车辆。车辆调配系统会根据运送货物的大小、重量和运送目的地在车辆和驾驶员档案库中进行筛选，同时也会考虑运送途中沿途货物装卸，力求最大化运输车辆的运载能力，降低运输成本。当货物装卸完成后，车辆会立即出库，配送管理系统会连接信息管理的跟踪系统，对车辆运送途中进行实时监控。当货物顺利送达之后，配送管理系统会收到签收信息，同时信息跟踪系统的状态也会更新为已签收。然后配送管理系统会根据收到的返程订单远程实施车辆调配，保证运送车辆返回时不"返空"。当运送车辆回到公司时，司机会将往返的签收单交与信息管理系统操作人员，并将订单进行记录与存档。

（3）装卸管理系统

装卸是在同一地域范围内改变物品的存放或改变物品空间位置的活动，在物流领域中常将装卸视为将货车上的物品搬运进仓库或将仓库的物品搬运到运输车辆上。装卸搬运活动的作业量大，方式复杂，对安全性要求较高，是物流活动中不可缺少的环节。装卸活动是不断出现和反复进行的，他的频率会高于其他物流活动，且装卸活动所耗时间较长，所以往往成为决定物流速递的关键。

在物流企业实际运营中，当企业需要执行货物入库或出库行动时，仓库管理系统会向装卸管理系统发出订单指令，装卸管理系统会根据货物的大小、重量安排人力和装卸搬运设备对货物实行空间上的移动。第一，要考虑减少无效的装卸搬运，避免增加成本、增加货物损坏可能性从而加快货物流通速度；第二，装卸管理系统会进行科学的引导装卸工作，在保证作业人员人身安全的前提下，还要注意装卸设备的负荷率，严禁超额使用；第三，装卸管理系统应对货物搬运作业的程序、设备、设施制定统一标准，方便装卸搬运作业；第四，装卸管理系统应该利用机械设备实现装卸搬运作业规模化，尽可能用机械设备代替人工作业，从而降低装卸搬运成本。当装卸搬运结束后，装卸管理系统会对装卸搬运量进行记录，并反馈到订单管理系统，使其对订单所有产生的费用进行汇总。

小　结

1. 物流企业信息管理系统可以及时反馈上下游企业的需求波动，并第一时间实现信息共享；物流信息管理系统可以帮助企业对物流在流通环节中的时间、地点、数量进行实时监控，增加物流环节的透明度；物流信息管理系统中的信息实时查询可以提高企业管理者作决策的准确性。

2. 物流企业信息系统设计需要遵循准确性原则、稳定性原则、及时性原则和集成性原则。

3. 物流企业信息系统需要包含战略决策层、战术管理层和运作层。战略决策层包括决策系统和战略信息系统；战术管理层包括订单管理系统、合同管理系统、财务系统和信息跟踪管理系统；运作层包括仓储管理系统、配送管理系统和装卸管理系统。

思　考　题

1. 什么是物流信息系统？
2. 简述物流过程管理信息系统对物流企业的作用。

【案例分析】

中远物流信息化与客户同步成长①

"由于历史和环境的原因，中远（即中国远洋物流公司，也简称为中远物流）的客户和合作伙伴在信息化建设领域都已取得了非凡的成就。如今，数据交换、网上信息查询、7×24 小时不间断服务以及信息化合作解决方案已经成为企业选择物流或代理服务提供商的前提条件。在这种条件下，没有良好的信息化系统支持，物流企业很难获得订单。"中远网络物流信息科技公司总经理张宇此时非常明白，要实现高效的物流管理，必须建立有效的信息化机制。

在美国的某家物流公司里，静悄悄的办公室里只有 5 名员工，他们正在通过电视屏幕了解国内每条道路的情况，通过 e-mail 接收订单并答复客户的要求，然后找到正在附近的运输司机，通过卫星把这些信息发给要承运相应业务的司机。然而，很多人

---

① 资料来源：物流网．https：//info. 10000link. com/newsdetail. aspx？doc = 2010072390068，2010-07-23.

想不到的是，这家貌不惊人的小公司却管理着两万多辆均为家庭所有的运输车辆，司机在办好有关手续后，安装上 GPS，就可以开始营运。如果这名司机由于某种原因打算不做这项业务，他只需发个 e-mail 通知这家公司即可。张宇在采访中先描绘了一家国外物流公司的经营状态。"这一看似简单的模式，在国内却无论如何也实现不了。虽然我们手中有这种管理系统，但面对国内的物流市场，该系统却不可能发挥作用。"对此，张宇很是感叹。

2004 年 12 月 1 日，我国放开外资进入分销领域的限制。这使得对分销有着直接影响作用的物流行业也随之备受重视。时至今日，一家尚未拥有先进 IT 信息化系统的物流企业很可能会没有业务可做。因此，物流领域的信息化成为重中之重。

舆论普遍认为，国内的物流业信息化水平普遍较低，这使得众多的国内物流企业面临巨大的挑战。张宇对此却有着自己的见解，"在物流领域，'狼来了'并不可怕。事实上，国外的物流企业虽然目前的确在向国内市场渗透，但面对国内复杂的物流市场，这些企业几乎无一例外地选择以合资形式来开展业务，这就为国内的物流企业带来了机会"张宇强调，"国内的物流企业最急需做的是让组织模式和行为规范达到理想化的状态。例如，国外的物流企业已经将高端人才用在了汽车进厂物流方面，相反，国内从事这方面工作的工人还多为初中生水平，而高层次的博士生却从事着相对成熟但技术含量却较低的家电物流领域的工作。"

如同前面所出现的例子一样，国外企业暂时可能对国内物流行业还有水土不服的可能，但是这段适应期不会太漫长。国内物流企业的信息化还有太多的路要走，物流行业的信息化究竟怎么搞，还存在着太多需要国内物流企业探索的问题。

随客户而动

中国远洋物流公司是在中国外轮代理公司和中远国际货运有限公司的基础上成立的一家全资子公司。今天，中远物流已经能够为其国内外客户提供现代物流、国际船舶代理、国际多式联运、公共货运代理、空运代理、集装箱场站管理、仓储、拼箱代理、项目开发与管理以及租船等多项服务；同时，中远物流公司在国内下设大连、北京、青岛、上海等 8 个分公司，建立了 300 多个业务网点，并与国外 40 多家货运代理企业签订了长期合作协议。

目前，中远物流的业务涉及国际船舶代理和货运代理的传统物流以及现代物流三块。其中，国际船舶代理业务的规模目前在国内排名第一，货运代理业务也名列前茅，而现代物流业务涵盖了汽车物流、家电物流、工程项目物流和展运物流等领域。上海别克、海尔、长江三峡水电站等知名企业也因此先后成为中远物流的客户。面对如此广泛的经营区域和如此巨大的业务规模，对中远物流而言，无疑是个不小的挑战。一个很简单的原因是，货主对物流的及时性要求越来越高，特别是随着企业客户大力引入信息技术、建立信息系统的进程加快，市场要求物流业者的信息技术应用水平也不断提高，与客户同步成长。

"更何况，船代与货代的业务界限越来越模糊，现代物流要求各个领域应用系统间都要有极高的数据关联程度。因此，对信息系统内部的运行管理而言，系统间的集成化压力空前紧迫。"讲到这里，张宇举了海信公司的例子：以前，海信公司采用的是 Oracle 的 ERP，随着业务的发展，他们又上了 SAP 的 ERP，这就需要我们进行不断跟进。信息系统必须和企业业务保持同步或稍微超前才能更好地匹配，这要求我们的 IT 人员要具备自主开发能力。

主宰自己

由于客户信息化系统的复杂性，中远物流公司的信息系统建设选择了走自主开发的道路，形成了船代、货代和现代物流三个主要的业务系统。国内物流企业面临的情况异常复杂，所以采用自主开发的方法十分必要。当国内的物流市场被规范之后，购买的现成系统才能发挥作用；另一方面，客户的信息化系统变得越来越先进，为了适应这些系统，物流企业的信息管理系统也必须进行某些改进。"而要做到这些，没有自主开发能力显然是不行的。"对此，张宇有着清楚的认识。

然而，对于物流企业的 IT 人员来说，具备自主开发能力实际上是个不小的挑战。在许多企业中，IT 人员的工作性质往往被人误解。"我们公司中绝大多数 IT 人员所做的核心工作是研究业务流程，然后制定出相应的解决方案，向业务人员讲解相关方案的使用方法；另一方面，厂商提供的往往只是设备，而其给出的解决方案也往往只是一些行业用户的经验或者是设备的'最优组合'。因此，这种解决方案只能在技术架构方面满足企业的要求，但对企业来说，最重要的却是应用。"张宇对中远物流公司 IT 部门的定位很清楚，"事实上，企业中的 IT 人员往往并不只是在从事技术工作，而是需要从事很多的技术管理工作。"

"如 EAI（数据交换）技术，"张宇解释说，"在一般人看来，用户只需将厂商提供的产品调试一下就可以直接使用了，而事实上，这中间还有着大量的工作有待完成。把这些因素汇总在一起，就无形中就提高了对 IT 人员的要求。因此，一个不具备咨询能力的 IT 部门所起的作用将是非常有限的。"

开发能力和系统集成能力是搞好系统的基础。对于中远物流公司来说，传统业务领域对其应用系统提出了很高的可靠性、稳定性和高效性要求。这使他们在选择系统时异常谨慎。经过一番权衡，张宇他们将船代系统和货代系统架构在了 IBM eServer i 系列平台上。

"从我出任中国远洋物流公司信息技术部总经理到现在，中远物流系统内部从未出现过因为 i 系列自身性能问题而致使业务应用停掉。其稳定和安全的特性被我们的 IT 队伍和公司领导层所认可。"张宇很庆幸公司的选择没有错。对于中远集团 IT 部门的员工来说，经济、好用才是最大的好处。IBM eServer i 系列以应用集成为核心的特性，最大程度地整合了基于 UNIX、Linux，Windows 等不同操作系统开发的多种应用，帮助他们简化了系统基础架构，实现了简单的统一管理，同时降低了企业从系统投资、管理到维护的成本。

"1" 不能代替 "N"

既然中远物流公司的现代物流业务也涵盖了汽车物流、家电物流、工程项目物流和展运物流等业务范畴，那么是不是这些物流业务共用一套系统就可以呢？"绝对不是！不同种类的物流业务必须要采用不同形式的信息系统。"张宇以家电物流和汽车物流为例，说明了其中的不同。

一个家电集团可能在西安、辽宁、天津设有制造工厂，分别生产空调、彩电和小家电。因此，这个家电集团需要专业的物流公司帮助它们将从生产线上下来的产品送到最终用户手中。这时，与之合作的物流企业不但需要考虑如何使自己的库存周转量最大、货物积压最小，还要想尽办法减少库存空间。如果某个城市同时需要空调、彩电和小家电时，还存在一个资源配置问题。这样，物流公司很可能需要在全国建立几个大型仓库，而且这些大型仓库的布局问题也将成为它们不得不考虑的问题之一。所有这些因素综合在一起，就要求物流企业要最大限度地降低物流成本。汽车物流的情况则与此完全不同。汽车的某些配件需要进口，在进口途中还存在储运问题，在进厂时还要实现 JIT，物流公司必须随时清楚哪些配件目前缺货，如何保证这些配件进库以及使它们在指定的时间到达工位。当新车从生产线上下来之后，如何将它们最经济地运到专卖店也是一个重要问题。由以上显然可见，家电物流和汽车物流不可能共用一套系统。而工程物流还可能会涉及面向多个国家的采购问题，这与家电物流和汽车物流更是有很大的不同。

"现在和未来都不太可能存在一套能满足所有类型物流需要的系统。"张宇这样认为。

目前货主对物流的及时性要求越来越高，特别是随着企业客户大力引入信息技术，建立信息系统的进程加快，市场要求物流业者的信息技术应用水平也要不断提高，且与客户同步成长。

案例思考题

简述中远物流公司信息管理系统有什么经验值得其他物流企业借鉴。

第十六章　物流企业质量管理

　　物流质量是物流企业服务管理的核心，运作质量的好坏将直接关系到物流企业整体绩效。我国物流企业虽然近些年发展迅速，但是和国际其他大型物流企业相比依然存在较大差距，物流企业技术装备落后、缺乏完善的管理和基础设备是制约我国物流企业高质量发展的重要因素。物流企业如何结合客户的实际需求，为客户提供相应的服务，让自身服务质量和客户期望值更接近，最终超出客户期望值是物流企业质量管理的关键。

　　本章结合物流企业质量管理的主要特点和主要内容深入分析物流企业服务质量管理体系建立的关键因素，并结合以往物流企业成功的管理经验来推敲出物流企业质量管理的常用方法。

　　关键词：质量体系（quality system）　　评价体系（evaluation system）　　PCCA 模型（perron cluster cluster analysis model）

16.1　物流企业质量管理的主要特点与主要内容

　　近年来，随着物流产业的迅猛发展，物流流通及管理方式也在发生着巨大变化，物流活动从传统的提供仓储、运输和配送等活动逐渐转变为以信息技术为支撑、融合先进管理理念为客户提供高质量服务、提高客户满意度的现代物流阶段，这也预示着质量管理已经从早期的职能管理提升到企业管理的高度。物流企业质量管理需要根据物流系统运动的客观规律并且以满足客户对于物流服务的需求为前提，通过制定科学合理的质量标准体系，运用经济办法实施计划、组织、协调、控制物流过程，然后通过制定质量方针、质量策划、质量控制、质量保证等改进活动来保证物流企业以高质量服务的方式去获取竞争优势。

　　物流企业质量管理的主要内容可以根据企业内部和外部来区分，外部是指物流企业的服务质量，物流企业的质量管理标准就是其物流服务质量，物流企业的客户种类较多，且需求不同，所以物流企业的服务要有很强的适应性。但是，物流企业也不能盲目地满足所有客户的需求，虽然物流服务质量的提升会提升业务量和效益，但同样也会增加物流企业成本，所以物流企业需要酌情考虑客户需求，积极地、适量地推进服务质量。内部指的是物流企业内部的工作质量，工作质量又可以理解为物流企业内各环节、各岗位具体的工作质量。为实现物流企业总体服务要求，企业的服务目标必须被细分到各岗位、各环节，然后以质量指标的形式来确定每个岗位、每个环节的目标完成情况。

　　物流企业质量管理通常包含以下几个特征：第一是系统性，科学的质量管理目标对于企业来说是一项系统工程，需要企业各部门人员共同努力完成。由于物流企业的业务涉及面较广、中间环节较多、资源成本投入较大，要加强物流企业整体质量管理就必须要求物流企业各环节、各资源、各业务流程相互配合协调，只有整个物流系统的质量管理水平提高了，物流企业质量管理水平才能相应提高。第二是全员参与性，物流企业的员工是物流管理活动的主题，任何企业内的物流活动都必须组织内各职能部门、各层次员工共同参与，只有所有员工的才能得到了发挥，才能提升整个企业的质量管理水平。第三是目的性，客户是物流企业的服务对象，也是企业赖以生存的基础，只有企业将满足客户需求作为企业发展的重要目标时，才能更好地为客户提供优良的物流服务，才能帮助企业提升质量管理水平。第四是科学性，质量管理水平的提升在很大程度上需要遵循科学的管理方法，以大量的数据作参考，以先进的管理理念作指导，以先进的科学技术作支撑，在企业内部形成一套严格的质量管理体系，培养出有高素质高才能的员工，从而培养出高效率团队。

16.2 物流企业的质量保证体系

现代质量管理体系的基本思想指出任何组织首先关心的是产品的质量，但影响产品质量的因素很多，单纯依靠检验只能挑出合格的产品或服务，不可能以最佳成本持续稳定生产合格商品或提供好的服务。因此，一个组织所建立和实施的质量管理体系应满足规定的质量目标，确保产品质量或服务的技术、管理等因素处于可控的状态。根据 ISO 9000 质量管理体系要求，企业质量管理体系应具体体现在控制所有过程质量、从过程控制阶段开始预防不合格、质量管理的中心任务是建立并实施文件化的质量体系、持续质量改进、有效的质量体系应满足客户和组织内部双方的需要和利益、定期评价质量体系和提高质量管理的关键在于领导等七个方面。对于物流企业来说，要想建立物流企业的质量管理（保证）体系，首要的就是根据 ISO 9000 质量管理体系要求，建立属于物流行业特殊的质量管理体系；然后在此基础上结合物流企业所提供的物流服务，针对其中重要的物流活动环节建立特有的质量指标体系来持续改进物流服务质量；最后，企业需要推行全面质量管理的思想，将质量管理思想贯穿到企业日常流程管理中，保证质量管理体系良性运行。

16.2.1 根据 ISO 9000 质量管理体系要求和思路建立物流企业的服务质量管理体系

物流企业的质量管理体系是由物流企业服务质量过程有关的重要物流活动所构成的，要建立物流企业特殊的质量管理体系就必须按照 ISO 9000 质量管理体系要求和思路，然后结合物流行业的大背景和物流企业的具体实际情况，系统地识别与质量管理相关联的物流关键活动，并对这些关键活动实施有效控制和改进，力求最大化满足客户需求、增强客户的满意度。

16.2.2 物流企业中关键物流服务质量指标体系建立

物流企业所提供的物流活动的服务质量很大程度上影响了质量管理体系的建立，因此，企业要想控制物流服务质量，就必须深入物流企业关键物流活动中，剖析各要素对物流服务质量的影响，然后通过对物流服务质量指标要素的比较和优化，确定未来改进目标，提高物流企业整体服务质量。

　　首先要考虑的是订单处理质量指标体系的建立。订单处理是物流活动的开头，也是物流活动中最频繁的一个环节。订单处理的速度、准确性和稳定性将直接影响客户的库存量，也会提升自身企业的业务量，然而现在很多企业趋于选择一个稳定的订货周期，因此，订货周期应该作为一个衡量订单处理质量的指标。其次，订单处理的时间也会影响物流服务的质量。在企业运营中，订单准备、订单传输、订单录入这些环节是订单处理的核心环节，也是影响订单处理的关键因素，然而这些环节速度的快慢在很大程度上取决于物流企业内信息系统的运作效率，因此，信息系统的运作效率也应作为一个衡量订单处理质量的指标。所以，订单处理质量指标体系应该立足于客户企业的订货周期和物流企业内信息系统的运作效率。

　　其次要考虑的是仓库管理质量指标体系的建立。对于物流企业的客户来说，库存存货是大部分企业最昂贵的资产，所以，物流企业仓库管理质量好坏将直接影响物流企业服务质量。当客户下单后，物流企业会对客户的货物进行统一存储，然后统一分配，物流企业仓库的货物存储量就预示着客户对于物流企业服务的信赖程度，也直接体现出物流企业服务质量情况，因此，货物的存储量是衡量仓库管理质量的重要指标。第二个指标是货物的质量，这点不仅是指物流企业在对货物实行统一存储时，衡量货物存储时的完好程度，也是衡量货物在配货时发货的正确率。因为物流企业的业务范围较广，且业务量比较大，所以能否按客户需求正确提取货物并装配运输车辆，是衡量货物质量的一个重要指标，也是衡量仓库管理规范性的一个重要指标。

　　再次要考虑的是配送管理质量指标体系。对于整个物流系统而言，运输配送是整个系统的核心区域，能否安全、准确并以低成本的运输方式将货物运送到客户手中是所有物流企业最关心的。然而，运输的效率、准确性、安全性往往与物流企业的经济性形成了相互制约的关系。如果物流企业更加重视运输的效率、准确性、安全性，则企业整体运输成本会上升；相反，如果物流企业更加重视企业的运输成本，则运输的效率、准确性、安全性将会大打折扣，如何根据客户需求平衡两者的关系将是物流企业需要考虑的重要问题。因此，在对物流企业的配送管理建立质量指标体系时，需要站在不同的角度去看待配送质量，从企业的角度主要关注的是配送服务质量和配送工作的质量，从客户角度主要关注的是配送的功能性、经济性、时间性和舒适性。因此，只有基于双方的角度去建立配送服务质量指标体系才能体现当前配送的多功能化、系统化、规模化、自动化和信息化，才能使物流企业的配送活动和客户取得双赢的局面。配送质量指标首要考虑的是客户需求的满足率，这反映了当前配送系统的多功能化，面对客户不断更新的配送需求，需求的满足率可以判断配送系统是否适应竞争激烈、不断变化的市场需求，同时也能衡量客户对于个性化配送服务需求的满足程度。其次是交货水平，准时制配送已经成为了物流配送体系中的核心要求，因为这不仅仅可以帮助物流企业减少库存，同时也能为客户企业开展后续生产提供保障，这项指标有助于督促物流企业按期交货，以适应不断变化的市场环境。再次是商品收发正确率，由于物流企业配送品种多、涉及面广、频次高，这就对于企业配送的精细化管理提出了很高的要求，不仅要保证时效性、还需要保证配送的正确性，这个指标有助于企业对配送服务进行自省，发现配送系统中存在的不足，后续有针对性地进行改变和提升。最后是运输信息及时跟踪率，因为物流配送信息系统动态性强、信息量大、分布范围广，极大增强了物流信息跟踪系统的难度，但同时，这也是当今物流市场中客户最看重的，因此，此标准有助于物流企业不断完善物流信息跟踪系统，把配送活动中各个环节综合起来，加强企业整体的综合能力。

第四要考虑的是装卸管理质量指标体系。很多物流企业忽视了装卸管理的重要性，虽然装卸活动不会产生新的效用和价值，但在整个物流活动中频繁程度占比较高，装卸搬运作用和仓储、配送等紧密衔接，作业内容较为复杂，而且，在流通领域时，货流具有波动性、不均衡性等特点，装卸也会出现波动性，这就要求装卸活动有较强的适应性。因此，第一个服务质量指标是货物损毁率，因为物流企业涉及业务较广，其中不乏一些外包装碰撞挤压中容易变形的货物，因此，野蛮的装卸搬运方式和货物装载不科学性都将直接提升货物的损毁率，降低客户的满意度，甚至物流企业可能需要为损毁的货物买单，从而提升企业整体运营成本。所以，货物损毁率的指标不仅可以帮助企业建立健全操作规程，实现规范化作业，还能通过货物损毁率的增减对企业内部装卸管理进行自查自纠，以最规范、最标准的装卸方式给客户带来好的服务体验。第二是装卸搬运的智能化程度，随着中国人口红利的逐渐消失，企业用工成本不断上涨，越来越多的物流企业选择工业机器人来代替人力进行搬运，解放了企业和行业的生产力，促进行业从传统模式向现代化、智能化升级。智能机器人的加入在很大程度上缓解了人力装卸搬运的不安全性，同时很好地解除了人员、成本及效率的因素的限制，帮助物流企业最大化装卸搬运的效率。

最后是物流服务质量的评价指标体系。顾客是物流企业生存的基础，只有以客户为导向，合理评价物流服务质量，物流企业才能准确判断自己提供的物流服务在客户心中的水平，从中找出不足，才能有针对性地对物流服务质量进行改善，赢得客户满意度，从而使物流企业在竞争中立于不败之地。在众多服务质量研究中，Paeasuraman、Zeithaml 和 Berry[1] 三位学者在 1985 年提出的服务质量评估量表最具代表性，被广泛运用在企业实际操作中。三位学者认为消费者的感知"服务质量"由"期望服务"与"认知服务"之间缺口的大小和方向共同决定，提出了由 5 个服务缺口构成的服务质量评估一般模型，然后根据这个模型，三位学者从有形性、可靠性、响应性、保证性和关怀性 5 个构面提出了服务质量评估量表，即 SERVQUAL 量表，量表中每个构面由若干度量项目构成，比如有形性包括具有先进的服务设备、服务设施具有吸引力、公司整体设施外观与服务性质相协调和服务人员穿着得体四个度量项目。然后，学者 Mentzes、Gomes 和 Krapfe[2] 三位学者针对物流服务中客户的因素，将物流服务质量的评价指标体系进行了细化，他们认为物流服务应包括客户营销服务和物理配送服务两层含义，并指出物流服务质量是客户感知的结果，及时性、可得性和订单状态是客户对物流服务质量感知的关键因素，物流服务包含订单接收人员、货物运输人员、订单处理人员的误差处理等一系列过程，顾客与这些人员和

①　Zeithaml V A，Parasuraman A，Berry L L（1985）. Problems and strategies in services marketing. Journal of Marketing，49（2）：33-46.

②　Mentzer J T，Gomes R，Krapfel R E（1989）. Physical distribution service：a fundamental marketing concept？. Journal of the Academy of Marketing Science，17（1）：53-62.

服务过程交互作用会影响他们对物流服务质量的感知。最后美国 Tenessee 大学对物流企业与客户之间的关系展开深入调查，最后得出度量物流服务质量的 9 个指标，分别是人员沟通质量、订单释放数量、信息质量、订购过程、货品精确率、货品完好程度、货品质量、误差处理和时间性。上述国外的这些物流服务质量评价指标体系对于中国物流企业的发展有着很好的指导作用，中国的物流企业可以学习研究这些物流服务质量评价指标体系，然后结合自身企业发展情况，来建立一套具有中国本土特色和富含企业文化的物流服务质量评价指标体系，帮助物流企业从客户的反馈中了解自身的优点和不足，并进行有效的改善，这将推动中国物流企业更好更快地发展①。

16.2.3　强化物流企业服务质量管理

当物流企业建立了关键物流服务质量指标体系之后，就需要着手加强企业内质量管理的宣传，将质量管理的思想渗入企业员工心中，帮助他们真正形成物流整体质量管理的认识。一般而言，企业的物流活动主要是为生产经营提供服务，这些服务主要是由核心服务、辅助服务构成的基本服务组合、企业物流服务过程以及服务形象。不同类型的物流企业有着不同的服务功能，但其服务质量都会成为客户满意度的重要凭证。因此，物流企业需要从发展战略的角度出发，在企业内树立整体质量管理思想，强调企业员工必须深入了解物流服务全过程，然后根据客户的不同程度的需求，认真设计好物流服务网络体系，创造物流价值，提升客户满意度。在如今激烈的物流市场竞争中，物流企业只有不断提高物流服务质量和效率，才能保证不会被市场淘汰。所以当物流服务质量指标体系建立完成后，企业必须做好相应环节的质量管理审查和监督工作，真正将质量指标体系落到实处，使服务能满足客户的期望，甚至是超过客户的期望。然后积极学习国外的先进的物流服务模式，引用高新技术加强服务质量关系，提升企业服务质量。只有企业内的服务质量提升了，才能在企业外部为客户提供优质的服务，员工的服务知识、服务技能、服务意识、服务行为对顾客的服务感受都有很大的影响。

然后就是加强物流企业质量管理的文化建设。中国有句古话："铁打的营盘流水的兵"，对于企业而言，公司与人才只是一个简单的雇用关系，这种关系只是短暂的利益联盟，所以任何企业都会面临大规模的人员变动，但物流企业不能因为人员变动、业务重组等问题就忽视企业质量管理。企业质量管理是一个长期的过程，它需要深入企业内部的组织方式中，形成一种强有力的制度保障，这就需要企业把企业质量管理上升到企业的文化建设中，为了文化建设长久传承下去，就必须结合企业员工和客户的利益。因此，企业质量管理的文化建设不仅仅是做宣传、喊口号这些表面行为，而是需要企业内全体员工相互学习、相互交流，渗透到物流企业的每个环节，让每位员工将自身工作与企业的质量管理联系起来，从而形成企业和员工绑在一起的一种凝聚力。让员工从心底接受这份质量管理的企业文化，并将这份企业文化传播出去，这会为企业未来的品牌建设、市场开拓提供无穷的力量。

---

① 高艳芳．物流服务质量评价指标体系的研究．决策咨询通讯，2010.

16.3 物流企业质量管理的常用方法

质量管理方法是指企业以保证产品质量为核心而采取的一系列经营管理方法的总称。它一般分为三个阶段：第一个阶段是质量检验阶段，主要是对产品进行抽样检验，所以不能控制产品质量；第二个阶段是统计质量阶段，此阶段是运用管理的统计方法，从产品质量波动中找出规律性，然后采取一定的措施保证生产过程中各个环节在正常状态下运行从而保证质量；第三个阶段是全面质量管理阶段，以向服务对象提供满意的产品或服务为目的，组织企业内所有主体综合运用现代科学和管理技术控制影响质量的因素，以最经济的方法实现高质量、高效益的科学管理。质量管理方法的主要特点是：第一，管理内容的全面性，它将产品质量及其产品形成的工作质量结合起来；第二，可以实现全过程质量管理从而突出管理范围的全面性；第三是管理方法的全面性和科学性；第四是管理工作的全员性，它能调动员工的工作热情、对产品质量负责的积极性。

质量管理中，最常见的基本方法是 PDCA 循环法。PDCA 是英文字母 plan（计划）、do（执行）、check（检查）和 act（行动）的首字母组合。PDCA 循环模型是帮助企业提高产品生命周期管理、项目管理、人力资源管理、供应链管理和许多其他业务领域中流程的质量和有效性。"计划"是用来分析问题或机会，对可能存在的问题提出假设。"执行"是在确定了潜在的解决方案后，用小规模的实验来测试方案，帮助企业评估潜在的解决方法是否达到了预期的结果。"检查"是用来根据"计划"的预期来分析试验项目的结果，来评估想法是否有效，如果有效就到下一步，如果无效就回到"计划"阶段重新分析问题和机会。"行动"就是根据评估有效的结果在企业中实施。PDCA 是一个循环，它没有开始也没有结束，因为每当一个假设投入实施阶段，则会出现新的问题或者新的机会，促使企业不断重复这个循环过程，不断寻找更好地为组织或客户服务的方式。PDCA 循环模型是解决行业、部门或流程中新问题重复出现最简单和最有效的办法，它的循环重复可以帮助企业或者企业团队在测试问题和评估结果期间减少循环的浪费，同时，这个模型可以帮助企业进行不断循环的小规模流程改进，提高企业工作效率和生产率，避免对流程进行大规模、未经测试而进行更改所引起的高风险。

PDCA 循环模型可以很好地适用于物流企业的质量管理，因为物流服务质量的优化改进同样不是一次就结束了，而是需要在反复的循环中进行，每一次的循环结束仅能解决某些服务质量相关问题，但是还是存在大量其他的问题尚待解决，同时，也有可能在解决某些问题时滋生新的问题，因此 PDCA 循环有助于物流企业不断的循环，不断地运转，持续地改进服务质量。

计划阶段，物流企业作为物流服务提供者，主要任务是收集物流服务质量信息，可以根据座谈、调查问卷等形式加强企业与客户之间的沟通，了解不同客户的需求以及定制化服务的需求，搜集物流服务质量的相关信息。了解客户需求是为了对服务质量进行自查，并以此为依据找出企业自身存在的服务质量问题，找出问题以后需要针对这些问题进行详细的分析，分析为什么会出现这些问题，影响的因素有哪些。比如物流速度不够快，影响因素有可能是物流企业基础设施配备不足、物流企业信息化技术不够完善、物流企业网络布局不够全面、配送路线不够优化等，然后尽可能对问题进行量化分析。找到影响服务质量的主要因素和问题后，物流企业需要根据这些制定措施，提出完善的改进计划，设置预期改进结果。

执行阶段，物流企业主要根据科学的管理方法将计划阶段的内容进行执行或实施。在企业内部，企业应该通过例会等形式向员工传达服务质量的重要性，使服务质量深入员工心中；此外，企业还需要给予充足的资金和技术支撑，并由企业高层牵头，积极鼓励各部门密切配合。在企业外部，物流企业需要派专人对于长期客户进行定期专访，及时从中了解物流服务的质量，及时解决存在的问题，并用调查问卷等形式对服务质量进行调查，以数据为支撑对客户的满意度进行科学的分析，并在物流服务开展的同时对其物流全过程进行实时监控，确保物流过程在科学、有序的情况下进行。如果执行阶段有突发情况发生，应及时修改、改进计划，在执行时做好相应调整。

检查阶段，物流企业需要要求各部门对工作内容进行详细的记录，记录的结果必须实事求是，务求检查真实情况。然后，企业需要根据检查结果进行分类和分析，评估哪些方面达到了预期目标，如果没有达到预期目标还有多少差距。同时，物流企业还应该设立奖罚机制，对效率低下、态度较差的员工进行惩罚和批评教育，对效率较高、表现较好的员工进行物质和精神上的奖励，这有助于员工明确自身发展目标，积极主动地提升工作热情和服务水平，同时也有助于企业进行内部管理把控，打造优秀的物流服务团队，更好地为客户服务。

处理阶段，企业需要将检查结果进行统计和总结，并把成功的经验和失败的教训纳入企业的标准、制度之中。物流企业多年来所积累的服务质量问题无法通过一次 PDCA 就能解决，服务质量的改善是一个循序渐进、持续的过程，物流企业需要在实践中不断吸取教训、不断反思、不断摸索才能实现物流企业整体服务质量的提升。因此，处理阶段需要物流企业对每一次循环结果进行总结，根据每轮循环的结果有针对性地修改物流服务质量标准和日常工作计划，以科学的管理方式对物流企业的服务质量进行完善，同时也需要对本轮循环中所没有解决的问题或是新出现的问题进行归纳和汇总，以便下一个循环的合理规划。伴随着这样科学的循环方式，物流企业的服务质量水平必将得到很大的提升。

小　　结

1. 物流企业质量管理需要根据物流系统运动的客观规律并且以满足客户对于物流服务的需求为前提，通过制定科学合理的质量标准体系，运用经济办法实施计划、组织、协调、控制物流过程，然后通过制定质量方针、质量策划、质量控制、质量保证等改进活动来保证物流企业以高质量服务的方式去获取竞争优势。

2. 物流企业质量管理通常包含以下几个特征：第一是系统性；第二是全员参与性；第三是目的性；第四是科学性。

3. 对于物流企业来说，要想建立物流企业的质量管理（保证）体系，首要的就是根据 ISO 9000 质量管理体系要求，建立属于物流行业特殊的质量管理体系；然后在此基础上结合物流企业所提供的物流服务，针对其中重要的物流活动环节建立特有的质量指标体系来持续改进物流服务质量；最后，企业需要推行全面质量管理的思想，将质量管理思想贯穿到企业日常流程管理中，保证质量管理体系良性运行。

4.PDCA 循环模型可以很好地适用于物流企业的质量管理，因为物流服务质量的优化改进同样不是一次就结束了，而是需要在反复的循环中进行，每一次的循环结束仅能解决某些服务质量相关问题，但是还是存在大量其他的问题尚待解决，同时，也有可能在解决某些问题时滋生新的问题，因此 PDCA 循环有助于物流企业不断循环，不断地运转，持续地改进服务质量。

思　考　题

1. 物流服务质量指标体系需要包括哪些模块？
2. PDCA 循环模型包括哪些阶段？为什么适用于物流企业质量管理？

第十七章　物流企业财务管理

财务管理是现代物流企业管理的核心，它将自始至终贯穿物流企业的管理之中，同时，财务管理的好坏也将直接影响企业的健康和发展。但是，从目前我国物流企业财务管理现状来看，财务管理依然存在很多问题亟待解决，其中包括资金使用效率不高、融资难、财务监管不严等问题，这些问题和不足不利于物流企业竞争能力的提高，也不能保证物流企业长远发展。在复杂和激烈的市场竞争环境下，物流企业的财务管理必然是一项系统的过程，企业相关负责人应该不断积累工作经验，重视财务管理日常工作，进行全方面预算管理，完善企业财务信息化管理，加强监督力度，从而保证物流企业有足够的生存、发展空间和利润回报。

本章会对物流企业中财务活动与财务关系、筹资与投资管理和利润分配管理与财务分析进行详细描述。

关键词：财务管理目标（financial management objective）　财务监管（financial regulation）　融资渠道（financing channels）　财务分析（financial analysis）

17.1　物流企业的财务活动与财务关系

长期以来，一方面受计划经济的影响，很多物流企业盲目追求"产供销一体化，仓储运输一条龙"等服务，大肆兴建物流园区、仓储设施，而兴建后许多园区或者设施因为种种原因闲置不用，或使用效率低下，因而造成了很多不必要的浪费。二是各部门之间利益冲突和信息不对称等原因，造成物资无法及时调配，资金占用严重，周转不畅。三是企业内部责任分工不明，没有对企业资金进行合理的规划，对各部门成本核算监控不到位。四是企业没有总体财务预算，各部门各自为政，缺乏总体协调与分工。这些问题都与物流企业的财务管理活动息息相关，因此，要解决物流企业中的财务活动问题，就需要对物流企业财务管理进行严格把控，找到财务活动中问题所在，然后结合企业的战略目标对财务活动进行针对性的改进，从而帮助企业的财务管理活动推动整个企业的发展。

首先需要考虑的是现代物流企业的财务管理及目标。因为财务管理是基于企业再生产过程中客观存在的财务活动和财务关系而产生的，是组织企业资金活动、处理企业同各方面的财务关系的一项经济管理工作。近年来，物流企业的数量正在逐年增加，这无形中给整个物流行业带来了很大的压力。在物流企业中，财务管理是指物流企业根据财经法规制度的规定，依照财务管理的原则，组织本企业财务活动，处理本企业财务关系的一项经济管理工作。财务管理的工作主要是以物流企业的管理目标为中心，对物流各环节的经济活动进行管理，运用先进科学的方式来降低服务成本并实现利润最大化，同时尽量降低客户产品进入市场的成本，保证客户利润最大化，使客户和自身企业达到双赢；另外，财务管理需要对企业的资金收入和支出进行合理分配，根据企业自身性质，减少财务风险，增加企业经济效益；最后，当物流企业颇具规模之后，就要充分利用物流企业的现有资金，合理选择物流企业投资方向，考虑货币资金的时间价值，确保资金的增值获利。

然后需要考虑的是现代物流企业财务管理中存在的问题以及解决方案。第一个问题就是物流企业资金使用效率低下。我国物流企业中普遍存在资金闲置或资金不足等情况，导致资金无法有效流转，大大降低了资金使用效率。这个问题的原因是因为资金管理方式和手段较为落后，企业资金随意投资，得不到有效的统筹使用，从而增加了企业整体运作风险和经营风险。然后还有一个原因是物流企业管理层无法仅仅通过财务人员所提供的资金收入、支出、结余情况来对企业资金使用方向和使用情况进行很好的掌控，导致管理层无法做出及时准确的决策。针对物流企业资金使用效率低下的问题，物流企业首先应该建立财务价值体系，以往，物流企业受计划经济影响较深，财务管理理念缺乏创新和竞争意识，企业发展观念不足。但随着物流市场竞争加剧，物流企业应该树立正确的财务价值理念，建立财务价值体系，大力在员工之间宣传财务工作对于企业发展的重要影响。同时，公司要有明确的企业愿景和使命，为企业发展指明方向，让员工看到企业的未来，建立鼓励创新和激励机制，促使他们履行社会责任，塑造企业形象，树立奉献意识和全局观念。然后，物流企业需要完善财务信息系统，信息技术的广泛使用使企业的管理方式发生改变，使以往的分散管理模式集中起来，财务管理范围也逐渐增大。因此，物流企业应该不断加大对财务管理工作的投入，推进财务信息化软件的发展，财务管理系统不仅可以应对外部财务环境的不断变化，还能利于本企业的资源进行科学合理的优化分配，帮助企业建立符合长远利益的财务管理系统。物流企业的财务管理系统是按照系统工程的原理，将现代物流企业日益繁杂的财务管理活动系统化和规范化，把物流企业资本运作全过程有效结合起来，建立和制定协调统一的资本管理规则，这种方式可以减少企业财务资源投入，得到更多经济效益。第二个影响现代物流企业财务管理的问题是物流企业财务监管不力。由于物流企业大多跨地区经营，下属分支机构庞大，组织结构复杂，所以物流企业经常出现大量会计基础工作薄弱、财务核算不规范、违纪违规等情况。而且，我国对物流企业的财务监管大多采用事后监控的方法，缺乏事前和事中的监管，导致无法及时纠正财务问题。另外，物流企业的内控体系存在很多不足，缺乏财务管理的风险意识，从而使下属机构缺乏有效的财务控制。针对于这类问题，物流企业首先应该根据国家相关财经法规，建立起圆满的财务规章制度，凭借制度着重建立业务处置流程，做好业务流程图，进一步提高物流企业的运作效率和对财务人员的管制力度。然后，物流企业需要重点完善企业内部控制制度，这有利于物流企业各项管理活动的顺利进行，还能提高物流企业的运作效率。另外，物流企业应实施科学预算管理，这有助于企业明确物流企业经营管理目标，还需要对预算目标的实现进行评价，评价结果可以有效反应预算执行的效果，一旦预算执行出现问题，就应该采取相应的措施进行解决，从而提高资金利用率，这也有助于物流企业进行自我控制、自我评价和自我调整。加强物流企业财务监管力度的另一个用意是提高物流企业财务人员的素质水平，物流企业管理者需要重视企业财务人员专业素质的培训，给他们提供学习、培训的机会，也要设置诱人的岗位条件吸引优秀财务专业人员的加入，打造一支高素质的财务管理团队。

17.2　物流企业的筹资与投资管理

目前，我国物流企业筹资难度非常大，因为物流企业如果不以传统融资方式进行融资，就有可能面临破产。但如果想要发展，就必须投入大量人力、物力、财力，大多数物流企业起步阶段规模普遍较小，短时间内很难筹措大量资金，如果仅靠物流公司，很难满足大量资金需求。首先物流企业数量较多，地域分散，规模相对较小，导致物流企业融资需求总量大，所以金融机构需要花费更多的人力、物力、财力对物流企业的贷款进行审核、发放，这为物流企业融资造成了一定的阻碍。其次，银行等金融机构贷款门槛高、限制条件多、审批时间长、融资费用高，导致物流企业融资困难。再次，由于物流企业投资回收期较长，银行等金融机构出于降低风险的考虑和自身利益出发，不愿意对前期投资巨大、回收期较长的物流企业借款。最后，物流企业进行直接融资难度也很高，因为企业债券融资和股票融资有十分严格的审批程序，证监会对通过证券市场进行融资的企业有严格硬性规定，规模较小的物流企业没有任何优势。

对于此类问题，物流企业需要积极拓宽融资渠道，随着我国经济对外开放程度逐步加深，物流企业应该积极加强与世界先进物流企业的合作与交流，通过引进国外资金、制定一些优惠政策，积极吸引国外投资者对我国物流企业进行投资，缓解我国物流企业资金不足的情况；还有就是国家和政府出面，国家和政府应该关停那些长期亏损、不思上进的物流企业，给发展前景较好、资金状况良好的物流企业一定的财政补贴，并在税收政策方面进行一定的减免，然后对银行等金融机构进行政策性引导，保证金融机构能给物流企业带来资金支持。

随着国际物流服务市场竞争加剧，物流企业的竞争内容从传统的运输、仓储等基本服务项目发展为向顾客提供技术含量高的信息系统等增值服务业务领域，高端物流服务业务往往要求物流企业加大对物流基础设施的投入，因为技术设施的建设将直接影响物流企业进入高端物流服务市场。目前，发展势头较强、规模较大的物流企业已经开始对物流设施的项目进行开发与建设，大型物流基础设施建设一般规模较大、种类较多、周期较长，所以要求物流企业有良好的投资管理以保证项目投资成功。第一，投资管理首要考虑的是建立完善项目投资决策体系，项目投资决策体系一般是一个研究逐步深化的过程，其中包括投资机会研究、初步可行性研究、投资可行性研究和项目实施准备。对于小型项目的投资建设相对比较简单，可将投资机会研究和可行性研究一起进行，对于大型的投资项目，物流企业必须逐条进行细化研究，投资机会研究一般由基层部门提出，初步可行性研究一般由物流企业管理层提出，可行性研究一般由企业领导层和董事会通过，这样才能让物流企业做到分工明确、决策科学。第二，物流企业应该加强对市场需求进行分析，因为物流企业涉及面广且环节众多，如果可行性研究出现问题，后期项目建成以后弥补难度较大。随着物流服务需求从低值基础性服务到高附加值服务的转变，物流企业需要对市场客户需求进行细致化分析，确保保证成本的同时能最大化满足客户高附加值物流服务需求，为物流基础设施建设打下坚实的基础。第三，物流企业在投资物流基础设施建设的同时，还需要加强建设成本的控制。整个投资的总体目标是在满足需求功能的前提下，企业需要尽一切可能降低工程成本，针对不同的需求，可选择不同的结构形式。确定了结构形式后就应该根据最经济的模式进行"标准化"施工，将建造以及节点都进行标准化设计和施工，这样有助于物流企业严格控制建设成本，避免资金浪费。第四，物流投资的大型物流项目一般建设周期较长，资金消耗较多，很多物流企业为了快速通过审核，或多或少会在可行性分析中夸大产生的经济效益和投资回报率，因此，物流企业在项目投产后，需要密切追踪效益，了解项目真实盈利情况，并将这些情况收集整理，为后续投资决策提供数据支撑。第五，物流企业需要相应建立内部市场化投资方式。大部分物流企业的投资方案都是来源于下属子公司提出的项目建议书，然后由母公司进行审核和审批，这种管理方式在实际投资中往往会造成子公司为了争取母公司的投资，忽略详细的市场调研，且忽视市场风险的研究，最后导致母公司投了钱，可是收益往往达不到预期，最后还把风险转移到了母公司。对于这种情况，物流企业的母公司可以从企业内部将投资部门分离出来，成立内部投资公司，并根据项目的投资回报对内部投资公司进行效益考核。这样的方式减少了项目投资的盲目性，同时也多了一个审核的环节，因为项目投资回报率与内部投资公司绩效有关，所以内部投资公司会加大审核力度，确保每个项目的投资都是真实有效且收益较高的①。

17.3 物流企业的利润分配管理与财务分析

17.3.1 物流企业的财务分析

财务分析是评价企业财务状况和经营状况的重要途径，它根据公司提供的会计核算和报告资料以及相关信息为依据，在此基础上按照一定财务分析方法对企业财务情况进行分析。不同的使用者进行财务分析的目的也不相同，企业投资者进行财务分析是为了分析企业的盈利能力，能力较强的企业才能实现企业资本保值和增值；企业债权人通过财务分析看到企业偿还债务的能力；企业经营者进行财务分析既要看企业盈利能力、偿还债务能力，还需要看企业运营期间的综合性指标。财务分析的意义主要表现在以下三个方面：其一，通过年度财务报表，财务分析可以正确评价企业过去的生产经营情况，并根据分析结果找出企业存在的经营问题，对企业投资者起到正面的影响；其二，根据企业不同的财务分析主体、财务分析目的以及不同的财务分析技术，可以得出企业的盈利能力、偿还债务能力、营运能力以及发展能力等情况，为企业领导层后续做决策提供实质性依据；其三，财务分析可以预测企业未来发展趋势，财务分析的主要目的不仅仅是评价企业过去的发展和现在的发展，更多的是需要推测企业未来的发展状况和趋势，通过预测和评估结果可以正确做出财务决策，同时，还能准确评估企业的价值以及创造价值的能力，这对企业进行经营者绩效的评价和考核、资本经营和产权交易都有重要意义。此外，财务分析可以帮助企业预测财务风险，应对财务危机。

---

① 许克年. 关于物流企业如何加强项目投资管理的研讨. 中国储运，2007（11）：115-116.

一般物流企业的财务分析主要分为 6 大块。

第一块是<u>企业经营分析</u>。物流企业通过财务分析可以看出主营物流业务在营业收入中的占比情况，从中分析各业务板块的经营情况，看盈利情况和亏损情况是否达到预期，然后根据主营业务下的分支财务指标具体分析各项业务运营情况，从中找出问题，为后续发展改进提供参考。

第二块是<u>公司资产分析</u>。从公司资产分析中可以看出物流企业流动资产和非流动资产占比情况，资产流动性的增长意味着物流企业经营环境有所改善，经营发展态势良好。

第三块是<u>公司现金流量分析</u>。现金流量分析可以提供一定时期内现金流入和流出的动态财务信息，表明物流企业一定时期内由经营活动、投资活动和筹资活动获得了多少现金，是如何运用的，能够快速说明资产、负债、净资产的增减变动原因。此外，通过现金流量分析可以了解物流企业现金流入流出的构成，分析物流企业的偿债和支付股利能力，提供财务风险预警。目前很多物流企业的兴衰存亡是由于很多物流企业的现金流量管理不善，对于服务为主的传统物流企业，在面临物流行业重新洗牌的严峻形势下，更需要高度关注经营活动现金流量变化的情况，及时调整信用政策，保持合理的自有资金额度，确保主营业务健康运行。

第四块是<u>利润分析</u>。利润分析反映了物流企业的盈利能力，这种盈利能力指企业利用各种经济资源赚取利润的能力，它是企业营销能力、获取现金能力、降低成本能力和规避风险能力的综合体现，也是物流企业各环节经营结果的具体表现。对于利润不能仅仅从销售情况来看，因为影响物流企业销售利润的因素还有产品成本、产品结构、产品质量等因素，影响企业整体盈利能力的因素还有对外投资情况、资金来源构成等，所以仅从销售额来评价企业的盈利能力是不够的，并不能客观评价企业盈利能力。此外，税收政策也是不能忽略的，税收政策对于企业的发展有很重要的影响，符合国家税收政策能帮助企业享受税收优惠，增强盈利能力，相反，则企业需要交纳高额税收。因此，评价企业的盈利能力，离不开对其面临的税收政策环境进行分析。然后就是利润结构对企业盈利能力的影响，对于物流企业来说，企业的利润总额很多，从总量上看企业的盈利能力可能很好，但如果深入利润结构，会发现很多非经常性项目不由企业主营业务活动创造，这样的利润结构往往存在较大风险，不能反映出企业真实盈利能力，所以物流企业在分析企业利润的时候需要将非经常性损益对企业盈利能力的影响进行专项研究。最后，物流企业的利润分析还需要结合物流企业的商业信誉、企业文化、管理能力、专有技术以及宏观环境等一些非物质性因素对企业盈利能力影响进行分析，例如企业有良好的商业信誉、经营管理能力和企业文化，将会在企业实现销售市场的控制、成本控制和获取超额利润等方面有所帮助，这些都会影响企业盈利。因此，对于物流企业的利润分析需要以资产负债表、利润表、利润分配表为基础，通过表内各项目之间的逻辑关系构成一套指标体系，然后对企业利润进行全面细致的分析和评价。

第五块是<u>企业偿债能力分析</u>。即分析企业用其资产偿还长期债务与短期债务的能力、企业有无支付现金的能力和偿还债务能力。这种分析可以揭示企业过去生产经营过程中的利弊得失、财务状况及预测未来发展趋势，更好地帮助企业规划未来，优化投资决策，促进企业改善经营管理，提高经济效益。

第六块是企业财务风险分析。此板块是财务分析的最后一块，也是企业应对财务风险的核心板块，因为随着规模的不断扩大，企业进行的经营活动所承担的财务风险也会随之升高，所以企业必须针对经营活动所带来的财务分析进行分析，及时调整策略避免因财务风险造成一系列不可挽回的严重后果。物流企业财务风险一般有四种。首先是筹资风险。物流企业规模的扩大意味着企业需要筹集更多的运营资本，企业因为内源性融资较难，所以多依靠外源性融资，外源性融资主要源于债权债务性融资、风投机构、传统金融机构、物流金融融资等。据统计，物流企业仅运费垫资每年就存在 6000 亿元的融资需求。债权债务性融资成本较大，权益性融资稀释股权；债务性融资加大企业到期偿还本息压力，如有突发情况会极大影响企业正常运营。大量融资需求需要企业进行合理规划筹资方式以及数额，给出相应对策用以预防可能出现的风险。其次是投资风险。物流企业的投资主要为对内投资，物流企业为了适应企业自身发展和满足客户需求，大多数会拥有自己的完整的配送链条以及相应基础设施，因此，物流企业需要大量投入资金购置固定资产，如果规划不合理会导致投资成本不能按时收回从而影响正常经营。再次就是资金回收风险。由于物流企业流动资产多以应收账款形式存在，大量累积应收账款会增加应收账款管理成本，占用企业流动资金，使企业资金利用率低，一旦资金流断裂更有可能导致破产。最后是运营风险。运营风险包括运输风险、存货管理风险、管理人员风险。运输风险是因为物流企业经营活动大多为运输，需要帮助客户实现物体在时间和空间上的移动，但运输过程中受人为、不可抗力等因素的制约，致使企业蒙受赔偿损失的风险，还有可能会使物流企业丢失信誉造成名誉受损等多重风险。存货管理风险会随着企业业务量的增加而提高，恶劣天气、货物装卸环节操作不当等一些自然和人为原因会导致货物在存储过程中损坏，增加存货管理成本。管理人员风险是随着企业不断扩大，人力资源管理系统存在不足，企业财务风险防范意识不足而会引起的财务风险。

17.3.2　物流企业的利润分配管理

利润分配是公司财务管理活动的核心内容之一，它与公司的融资行为、公司的后续发展，以及股东财富最大化的财务管理目标有着密切的关系。一方面，由于留存利润是公司内部融资的主要来源，而公司的利润分配政策直接决定了公司利润的留存状况，进而决定了公司的发展后劲；另一方面，公司的收益水平和利润分配方案决定着投资人的实际收益状况，如果公司的利润状况和股利分配政策不能使投资人满意，那么对公司价值的体现和公司的再融资都有着重大影响。因此，公司应当对其利润分配予以高度的重视。

根据我国公司法的规定，公司利润分配的项目如下：

1. 盈余公积金。盈余公积金是从净利润中提取形成的，用于弥补公司亏损、扩大生产经营规模或转增公司资本金。盈余公积金分为法定盈余公积金和任意盈余公积金。根据公司法和财务制度的有关规定，企业应从当年税后可分配利润（税后利润扣除弥补亏损后的净利润）中按 10% 比例提取法定盈余公积金。当盈余公积金累计达到公司注册资本的 50% 时，可不再继续提取。任意盈余公积金的提取及其比例由股东大会根据需要决定。

2. 股利。公司当年实现的净利润在提取盈余公积金和公益金之后，将向股东支付股利。公司以股东持有总股份（资本总额）为依据，按照股东大会决定来分配股利，每个股东以其持有的股份数取得相应的股利，分得股利与其持有的股份数成正比。出于稳定投资者信心和防止股价波动幅度过大，经股东大会决定，公司可用弥补亏损后的盈余公积金来支付股利，但支付股利后留存的法定盈余公积金不得低于注册资本的25%。

3. 未分配利润。公司当年实现的净利润在提取盈余公积金和向投资者分配股利后的余额，就是未分配利润。公司保留一定量的未分配利润，是企业实行内部筹资的重要措施，其特点是筹资手续简便。

根据公司法和《公司财务通则》的有关规定，企业缴纳所得税后的税后净利，一般按以下顺序进行分配：

1. 弥补被查没收的财物损失，支付违反税法规定的滞纳金和罚款。企业因违反法律法规而被没收的财物损失，因违反税收征管法规而被税务部门处以的滞纳金和罚款，只能在企业的税后利润中列支，不能在税前列支。

2. 弥补企业以前年度亏损。企业以前的年度亏损，如果不能在5年内用税前利润弥补完，要用税后利润继续弥补。以前年度亏损弥补前，企业不能提取盈余公积金，通常也不影响投资者分配利润。

3. 提取法定盈余公积金。企业的税后利润在扣除第一、第二项支出后，可按其余的10%提取法定盈余公积金。但积累提取的法定盈余公积金达到公司注册资本的50%时，可不再提取。提取法定盈余公积金的目的在于保障企业的后续发展能力。因此，该项目资金提取后的用途主要用于弥补亏损和转增股本，此外，在特殊情况下法定盈余公积金可用于股利的分配。该特殊情况为：如果企业当年无利润，或累计未分配利润不足以派发股利，公司为了维护企业的市场信誉或稳定股票价格，经股东大会特别决议，也可以用盈余公积金派发股利，但最高限额不得超过股票面值的6%，而且派发完股利后的盈余公积金应不少于注册资本的25%。

4. 支付优先股利。

5. 提取任意盈余公积金。任意盈余公积金是企业为了平衡利润和满足企业生产经营的需要，在提取了法定盈余公积金后，按照公司章程或股东大会决议提取的公积金，如果公司有优先股，则应在分派优先股股利后提取。任意盈余公积金的提取比例由股东大会确定。

6. 向股东（投资者）支付普通股股利（未分配利润）。投资者投资的最终目的是获取收益，因此公司应当合理制定利润分配方案。如果公司当年无利润一般不分配，但是前面第三项中提到的特殊情况例外。公司在进行了上述分配程序后的剩余利润为公司的未分配利润，可转入以后年度中进行分配。

小　结

1. 财务管理是基于企业再生产过程中客观存在的财务活动和财务关系而产生的，是组织企业资金活动、处理企业同各方面的财务关系的一项经济管理工作。

2. 物流企业应该不断加大对财务管理工作的投入，推进财务信息化软件的发展，财务管理系统不仅可以应对外部财务环境的不断变化，还有利于本企业的资源进行科学合理的优化分配，帮助企业建立符合长远利益的财务管理系统。

3. 物流企业需要积极拓宽融资渠道，积极加强与世界先进物流企业的合作与交流，通过引进国外资金、制定一些优惠政策，积极吸引国外投资者对我国物流企业进行投资，缓解我国物流企业资金不足的情况；还有就是国家和政府应该关停那些长期亏损、不思上进的物流企业，给发展前景较好、资金状况良好的物流企业一定的财政补贴，并在税收政策方面进行一定的减免，然后对银行等金融机构进行政策性引导，保证金融机构能给物流企业提供资金支持。

4. 一般物流企业的财务分析主要分为 6 大块：第一块是企业经营分析；第二块是公司资产分析；第三块是公司现金流量分析；第四块是利润分析；第五块是企业偿债能力分析；第六块是企业财务风险分析。

思 考 题

1. 我国现代物流企业财务管理中出现的较为常见的问题是什么？
2. 物流企业如何拓宽融资渠道？
3. 一般物流企业的财务分析主要分为哪几个板块？并简要叙述。

第四编　物流产业

第十八章　物流产业概述

　　物流业是融合运输、仓储、货代、信息等产业的复合型服务业，是支撑国民经济发展的基础性、战略性、先导性产业。加快发展现代物流业，对于促进产业结构调整、转变发展方式、提高国民经济竞争力和建设生态文明具有重要意义。在理解物流产业内涵及其在国民经济中的地位的基础上，我们应该清楚且充分地认识到我国物流产业发展的现状，分析其存在的问题，借鉴国外物流产业发展的先进经验，从而探索出解决问题的具体对策。

　　本章主要介绍五个方面的内容：物流产业的内涵及其在国民经济中的地位，物流产业的分类，物流产业的特征，国外现代物流产业发展现状及先进经验总结，我国物流产业发展的现状、存在的问题及对策。

　　关键词：物流产业（logistics industry）　分类（classification）　物流资源（logistics resources）　增值服务（value-added services）　供应链管理（supply chain management）　物流需求（logistics demand）　物流运行效率（logistics operational efficiency）　物流网络（logistics network）　第三方物流（the third party logistics）　国际化（internationalization）　应急响应能力（capability of emergency response）

18.1　物流产业的内涵及其在国民经济中的地位

18.1.1　物流产业的内涵

　　我国 2001 年 4 月 17 日颁布的《物流术语》国家标准定义为：物流是"物品从供应地向接收地的实体流动过程。根据实际需要，将运输、储存、搬运、包装、流通加工、配送、信息处理等基本功能实施有机结合"。可见，物流活动提供的是一种以运输、储存为主的，多种功能相结合的服务活动。因此，物流产业属于广义的服务业范畴。根据三次产业分类法，可以将物流产业（Logistics industry）归为第三产业范围。

　　就目前我国物流产业研究的现状来看，各界对于物流产业属于服务业或"第三产业"范畴的这一产业性质不存在争议，但是对于物流产业的概念却是众说纷纭，尚无统一界定。例如国家计委综合运输研究所的汪鸣先生（2020）提出物流产业是"复合产业"的概念，认为物流产业是"专门从事物流活动的企业集成"。韩丹丹、赵召华、梁海军（2018）则强调物流产业是指以物流活动或各种物流支援活动为经营内容的营利性事业。

　　尽管目前学术界对物流产业的解释不一，但就物流产业的实质内涵而言，它应该包含以下几个主要方面：

（1）是社会分工的产物；

（2）由物流资源的产业化而形成；

（3）是一种复合型产业；

（4）是一组物流企业群；

（5）是一个宏观概念。

18.1.2 物流产业在国民经济中的地位

"十一五"规划实施以来，物流业得到了国家层面、各级政府层面的大力支持，全国性的物流战略规划以及重大物流工程、重点物流基础设施建设等纷纷出台和上马，尤其值得重点关注的是 2009 年国务院印发的《物流业调整和振兴规划》，明确了物流业在国民经济中的重要作用：物流业是融合运输业、仓储业、货代业和信息业等的复合型服务产业，是国民经济的重要组成部分，涉及领域广，吸纳就业人数多，促进生产、拉动消费作用大，在促进产业结构调整、转变经济发展方式和增强国民经济竞争力等方面发挥着重要作用。

为促进物流业健康发展，根据党的十八大、十八届三中全会精神和《中华人民共和国国民经济和社会发展第十二个五年规划纲要》《服务业发展"十二五"规划》等，国务院于 2014 年编制了《物流业发展中长期规划（2014—2020）》，规划启动多项重点物流工程，并明确了物业产业在国民经济中的地位：物流业是融合运输、仓储、货代、信息等产业的复合型服务业，是支撑国民经济发展的基础性、战略性、先导性产业。加快发展现代物流业，对于促进产业结构调整、转变发展方式、提高国民经济竞争力和建设生态文明具有重要意义。

从经济社会的矛盾焦点看物流产业在国民经济中的地位。由于生产力大发展，商品数量和品种极大丰富，发展生产、扩大数量已不再是经济社会要解决的主要矛盾，如何让产品以最快的速度、最短的距离和最低的费用进入消费领域已然成为经济社会的矛盾焦点之一，通过物流现代化使社会资本最优化、社会商品价值最大化已经成为影响国民经济发展的重要引擎。近年来，我国物流产业保持了快速增长的态势，对经济发展的贡献日益明显，其在国民经济中的地位也随之提升。物流产业对经济发展的作用主要表现在宏观和微观两个方面。宏观层面上的作用主要表现在：（1）对国民经济的持续、稳定、健康发展的保障作用；（2）对国民经济各行业资源配置的促进作用；（3）对经济增长方式转变的推动作用；（4）对区域经济发展的促进作用；（5）对物流业相关产业快速发展的推动作用。微观层面上的作用主要表现在：（1）降低企业物流成本；（2）实现企业竞争战略；（3）满足消费者多样化需求和增加消费者剩余。

18.2 物流产业的分类

根据 18.1 节中对于物流产业的内涵描述，物流产业是物流资源产业化的一种复合型产业，而物流资源包括运输、仓储、装卸、搬运、包装、流通加工、配送、信息平台运营等物流功能活动以及相关的支援型资源。这些物流资源分散在多个不同的领域，与原有领域的产业性质融合在一起，形成物流产业的不同类型。以下按照不同的标准对物流产业进行分类。

18. 2. 1　按物流资源的类型分类

不同类型的物流功能活动及相关的支援型资源产业化后可以形成不同类型的、具备不同功能的物流产业，如运输业、装卸搬运与仓储业、流通加工业、多式联运与运输代理业等，运输业又可以细分为铁路运输业、公路运输业、水路运输业、航空运输业及管道运输业五种类型。

18. 2. 2　按物流资源分布的领域分类

物流资源因其他产业的需要而分散在多个不同的产业领域，与原有领域的产业性质融合在一起，形成物流产业的不同类型，如农业物流产业、制造业物流产业、流通业物流产业等。农业既需要农业生产资料从加工地向田间地头的运输、仓储与配送，又需要农产品从田间地头到餐桌的逆向流动，这些物流资源结合农业而充分产业化后就形成了农业物流产业。在制造业中，无时无刻不在进行原材料、在制品、产成品的流动、储存、包装、运输、配送及相关物流信息系统的更新与维护，这些物流资源与制造业紧密结合而形成了制造业物流产业。

18. 2. 3　按物流资源集聚的形态分类

物流资源的主要载体是物流企业，多个物流企业与其相关的需求企业在某一区域内为实现物流功能整合和资源的优化配置而集聚在一起，呈现出物流资源在空间地理上的高度聚集。按照物流资源集聚的不同形态，可在形态上将物流产业区分为物流园区、物流中心、配送中心、单个物流企业等。物流园区、物流中心、配送中心是区域、城市物流网络中的重要节点，均能提供规模化、集约化的物流服务，但是三者在功能、服务范围、规模等方面具有明显差异，从而区分为不同的物流资源集聚形态。三者的具体区分将在第十九章进行详细阐述。

18.3　物流产业的特征

随着经济全球化的发展和我国融入世界经济的步伐加快，全球采购、全球生产和全球销售的发展模式要求加快发展现代物流产业，优化资源配置，提高市场响应速度和产品供给时效，降低企业物流成本，增强国民经济的竞争力。我国的物流产业在经历了探索与起步阶段、快速发展阶段后，目前已进入转型升级的关键阶段。在此阶段，只有充分了解和掌握物流产业相较其他产业的基本特征，才能对其在转型升级中出现的问题进行科学的分析。物流产业的主要的基本特征总结为以下几个方面。

1. 服务对象多样性

物流业本身就是一个服务性产业，为其他产业提供功能辅助性服务，对其他产业或行业具有较高的渗透性，渗透的对象即服务对象可以是不同产业、不同行业的不同阶层，可以是第一产业、第二产业和第三产业的其他行业。只要需要物流服务及相关增值性服务的地方，就会有物流资源的集聚，就会可能出现物流资源社会化、专业化的趋势，就会可能出现不同类型、不同形态的物流产业载体。所以，物流产业的服务对象具有充分的多样性。

2. 服务区域广泛性

物流产业的一大功能就是实现物品的流通，那么其服务范围就不能只在某一个或是某几个区域内，再则，要实现物品的流通，往往需要跨区域的物流网络节点的相互合作与配合，以达到实现资源整合和成本优化的目的。所以，物流产业的服务区域具有极大的广泛性、可以是同区域，可以是跨区域，甚至是全球。

3. 与其他产业的高度交融

物流资源包括运输、仓储、装卸、搬运、包装、流通加工、配送、信息平台运营等物流功能活动以及相关的支援型资源，这些资源恰恰是各行各业需要的资源。不管是制造业、农业，还是商贸流通业、信息服务业、基础设施建设等相关行业，都需要各种产业化、专业化的物流资源，物流资源的高度渗透决定了物流产业与原有产业的高度融合。

【专栏 18.1】

山西推动快递业与制造业深度融合①

近日，山西省邮政管理局与省工业和信息化厅联合印发《山西省促进快递业与制造业深度融合发展的意见》（简称《意见》）。到 2025 年，山西快递业服务制造业的范围将持续拓展，深度融入汽车、消费品、电子信息、生物医药等制造领域，形成仓配一体化、入厂物流、国际供应链、海外协同等融合发展的成熟模式，培育出 3 个深度融合典型项目和 1 个深度融合发展先行区。

《意见》结合实际提出五项举措，即：支持制造企业与快递企业签订中长期合同，建立互利共赢、长期稳定的战略合作关系；做好快递业与制造业规划布局衔接，重点聚焦半导体、大数据融合创新、现代生物医药和大健康等山西省 14 大标志性、引领性、牵引性产业集群，以及"一带一路"（祁县）中小企业特色产业合作区建设工作；鼓励快递企业与制造企业联合培育一体化供应链服务能力，围绕太原—忻州半导体产业集群、长治—晋城光电产业集群等重点集群发展，打造电子信息产品关键材料、核心零部件、整机制造一体化供应链服务能力；支持制造企业联合快递企业加快推进制造业物流技术装备智慧化；鼓励快递企业围绕山西省现代医药和大健康产业及产业基地建设规划，打造定制化、嵌入式快递服务项目等。

《意见》还明确了深化产业合作、协同产业布局、提升服务能力、丰富服务产品、打造智慧物流、发展绿色物流、实施海外协同、推动重点突破 8 项重点任务，以

---

① 资料来源：山西省人民政府 . 山西推动快递业与制造业深度融合 . http：// www. shanxi. gov. cn/ yw/ sxyw/202008/t20200805_837702. shtml，2020-08-05.

及完善工作机制、强化政策支持、加强示范推广、强化交流对接、完善标准体系、加强人才培养6项保障措施。

4. 趋集聚性

为追求更大的经济效益或服务能力，物流产业会逐步趋向集聚。从范围经济性来看，协同性效应可以为物流产业集聚带来"1+1>2"的效果。由于地理位置的临近和组织性质的相似，物流企业在交换信息、技术、知识、服务的过程中，将会获得更高效的协同运作，而这种协同运作的效益是单一的物流企业，或者是单一的物流综合体无法获取到的，可以为物流产业集聚带来极大的经济效益。另外，集聚还会带来一定程度的隔离性，群外的企业无法获取群内产生的利益。①

5. 区域经济发展水平决定区域物流产业的集聚程度

区域经济是物流产业集聚形成的助推器。区域经济的发展一方面产生和拉动对物流服务的需求，扩大物流产业的市场发展空间，推动物流产业的发展；另一方面，区域经济的快速发展，势必要求物流产业高效运作，从而推动物流产业集聚的形成，促使物流产业向集约化、高效化的集聚方向发展。正是因为区域经济促成了物流产业的集聚，而物流产业又必须依赖区域经济创造的物流需求，区域经济的发展水平就直接决定了区域内物流产业的集聚程度的高低。一般而言，经济水平越高的区域对物流的需求就会更多，对物流运作效率的要求就会更高，这就意味着该区域需要更多的物流资源，需要更专业化的物流分工，也就意味着该区域内的物流产业集聚程度会更高。

18.4 国外现代物流产业发展现状及经验总结

18.4.1 国外现代物流产业发展现状

1. 美国现代物流产业发展现状

美国是世界上物流业起步最早、技术最为领先的国家，在物流业的发展上美国物流具有绝对的优势。世界10大物流企业中，美国企业有5家，收入总和占10大物流企业总收入的2/3。美国物流业发展迅速，归功于政府的有效管理、密集而先进的交通网络、较低的仓储费用、鼓励市场竞争和重视人才培训等方面。目前美国的社会物流总费用与GDP的比率约为8%，近几年来一直稳中趋降。

美国的物流管理体制具有特色，没有集中统一管理物流的专职部门，政府机构按其职能对物流的基本环节进行分块管理。如运输部下属有国家公路交通安全管理局、联邦航空局、联邦铁路管理局、海运管理局等政府机构，各管理局依运输方式不同而各司其职。物流企业只要依法登记即可自主经营、自负盈亏，政府极少干预。美国的物流管理体制，倾向于通过法律和市场对物流企业实施调控，以此推动物流业的发展。美国从企业、行业协

---

① 韩丹丹，赵召华，梁海军. 物流产业集聚及其产业发展研究. 北京：中国纺织出版社，2018 (7)：20-21.

会到学校、政府，都十分注重对物流人才的培训，已经形成了一种多层次、多渠道、适应市场需求的物流人才培训机制，当然最直接的物流人才培训来自企业本身。大型物流企业如 UPS、FedEx，以及一些普通规模的物流企业，都有自己的培训机构。美国的水陆空立体交通网络十分发达，美国物流的发达很大程度上要归功于其密集而先进的综合交通网络。

2. 日本现代物流产业发展现状

日本物流产业的运行效率持续改善，据统计，日本社会物流总费用与 GDP 的比率一直处于下降态势，目前约为 7%，大大低于发展中国家 20% 左右的平均水平和我国 14% 左右的水平，且该比率的下降仍在持续。究其原因，主要在于日本物流企业管理、仓储与运输三大功能的物流费用成本长期保持在较低水平。日本的第三方物流十分发达，日本企业普遍专注于价值链中核心环节，积极推进企业内部物流活动的社会化，仓储、运输和配送等环节已成为日本物流的外包重点，而物流外包促进了第三方物流的迅速增长和强大，并成为日本物流产业中一个新兴领域。日本物流组织模式向供应链管理组织转型已成为主流。自 20 世纪 90 年代以来，日本物流企业就开始实施基于供应链管理的组织改进，即利用信息技术全面规划上下游企业之间的物流、信息流、资金流等，并进行供应链全过程的计划、组织、协调与控制，这种改变完全突破了单一企业的局限。日本物流基地、物流园区发展已十分成熟，物流基地、物流园区和配送中心等已成为日本物流产业发展的一种重要标志性特征，因为早在 20 世纪 60 年代，日本就开始规划发展和政策扶持物流园区。

3. 欧洲现代物流产业发展现状

欧洲各国在物流基础设施规划与建设、物流组织与管理、物流技术创新与应用等方面的经验，使欧洲物流企业出现了运作规范、管理严格、讲究效率，以及集约化、规模化、现代化程度高的新状态。随着国际物流的迅猛发展，欧洲物流企业趋向更高程度的集约化与协同化，主要体现在两个方面：一个方面是物流园区的大发展。按照专业化、规模化的原则组织物流活动，园区内各经营主体通过共享相关基础设施和配套服务设施，发挥整体优势和互补优势，进而实现物流集聚的集约化、规模化和促进载体城市的可持续发展。荷兰统计的 14 个物流园区平均占地 4.5 平方公里，德国不来梅物流园区占地 503 公顷，仅供物流、生产与批发用的库房面积就达 100 万平方米，纽伦堡物流园区占地达 3.37 平方公里。物流园区的大发展实现了欧洲物流的专业化与规模化，发挥了整体优势和互补优势。第二个方面是物流企业的兼并与合作。随着国际贸易的发展，欧洲的一些大型物流企业跨越国境开展并购，并购中的一个特点是国营企业并购民营企业，例如法国邮政收购了德国的民营敦克豪斯公司，德国国营邮政出资 11.4 亿美元收购了美国大型陆上运输企业 AEI，德国邮政公司近几年并购欧洲地区物流企业十几家，现已发展成为欧洲巨型物流企业。欧洲物流协会的专家表示，世界上各行各业的国际联合与并购，必然带动物流业加速全球化发展，而物流全球化的发展走势，又必然推动和促进各国物流企业的联合和并购活动。

18.4.2 国外现代物流产业的先进经验总结

在世界各国物流产业的发展上，欧洲、美国和日本处于世界先进行列。总结国外物流产业的先进经验，对我国发展物流产业有着积极的借鉴与启示作用。

1. 政府对物流产业的形成和发展给予极大支持

欧洲各国政府首先为物流产业的发展创造了良好的制度环境，通过大力实施打破垄断、放松管制的政策措施，给物流企业创造出充分自由、公平竞争的市场环境。其次欧洲各国政府以租赁或无偿出资形式，不断加强物流基础设施的投资建设，特别是大力进行大型货运枢纽、物流基地、配送中心等新型物流技术设施的建设。以西班牙马德里物流中心为例，政府通过协议方式，将土地入股，交由物流中心经营。最后欧洲各国先后制定了物流设施、装备的通用性标准，物流安全和环境的强制性标准及物流作业和服务的行业性标准，通过建设物流产业的标准化体系，大大加速了物流产业在欧洲的一体化进程。

在日本物流产业的发展进程中，日本政府发挥了不可替代的作用，为各个发展时期的物流产业营造了良好的环境。日本政府推进物流产业的发展主要是积极加快物流基地的建设，由政府牵头确定市政规划，在城市的市郊结合部、内环线之外（或城市之间的主干道附近）选择合适的地块作为建设物流基地的选址。政府对已确定的物流基地积极进行交通设施的配套，在促进物流企业发展的同时，促进物流基地地价的升值，使投资者能得到回报。

2. 物流产业提供不断完善的增值服务

随着商业环境的不断改变，对欧洲而言，新的市场需求和产品特点意味着集中式物流配送方式不再是唯一有效的方法，区域性仓储、交叉配送、合并运送等其他方式也正在被运用，以加强供应链的及时响应能力，满足大量产品定制的要求。传统供应链正在向复杂、集中管理、需求驱动的结构演变，传统的欧洲配送中心在供应链中开始发挥另一种作用，那就是除了作为存货地点，还成为整个供应链的服务中心，创造着不断增加的附加价值。目前欧洲的物流业不仅能够提供仓储、订货出库、配送等基本物流服务，而且还能够提供以抵押方式采购物料、库存拥有权、电话客服中心、金融管理服务、电子商务以及各种管理解决方案等，为企业提供各种增值服务。其中 SanDisk 和 Modus Media 公司的合作是比较成功的案例。

SanDisk 是一家美国闪存产品生产商，由其设在美国加州的 Sunnyvale 总公司提供全球市场的产品和服务，但是 SanDisk 认为应在欧洲当地建立一个运营中心以支持其零售渠道，于是 SanDisk 找到了合作伙伴 Modus Media 公司。Modus Media 公司不但为其提供仓储、订单出货、配送和点对点的运作等物流基本服务，而且还为其提供各种管理解决方案，例如以抵押方式采购物料、报关服务等。近年来，得益于合作伙伴提供的基本服务和不断完善的增值服务，SanDisk 在欧洲的销售量增长迅猛。

3. 有力践行供应链管理理论

从 20 世纪 90 年代开始，美国物流业开始着重于其在物流业务上的整合，这种整合不仅仅是一个企业物流的整合，而是商品流通过程中所有链条企业的物流整合。供应链上的各个企业不再是传统交易中的竞争对手，而是形成了长期互惠互利的共生关系。供应链中的各个企业共同拥有需求信息、销售信息、库存信息、出货信息等。依照供应链管理的基本思想，很多行业做出了有力的实践与探索，并产生了适合本行业的供应链管理原则，在食品杂货业产生了 ECR（efficient consumer response），在纺织业产生了 QR（quick response），积极推进了物流的合理化与效率化。日本也是自 20 世纪 90 年代以来，大力实施基于供应链管理的组织改进，即利用信息技术全面规划上下游企业之间的物流、信息流、资金流等，并进行供应链全过程的计划、组织、协调与控制，完全突破了单一企业的局限。这种改进使得日本的物流效率得到持续改善。

4. 物流园区、物流基地的大发展

物流基地、物流园区是现代物流产业发展的一个重要的标志性特征。早在 20 世纪 60 年代，日本就开始规划发展和政策扶持物流园区，根据经济特性将全国分为 8 大物流区域，在各区域内建设和整顿物流设施，形成物流园区，区域间通过干线运输（高铁、高速和近海运输）形成跨地区的物流系统。德国是物流园区发展较为成熟和成功的国家，其在物流园区的规划和建设上与日本存在一定的差别，一般采取联邦政府统筹规划，州政府、市政府扶持建设，公司化经营管理，入驻企业组织经营的发展模式。联邦政府在统筹考虑交通干线、运输枢纽规划的基础上，通过对经济布局、物流现状进行调查，根据各种运输方式衔接的可能性，在全国范围内对物流园区的布局、用地规模与未来发展进行合理科学的规划。德国政府扶持园区建设，并非不考虑园区效益和效率。他们认为，企业化的管理方式比行政化的管理方式更为有效，在物流园区内实行企业化的管理方式，负责管理物流园区的企业受投资人的共同委托，负责园区的新土地购买、基础设施及配套设施建设以及园区建成后地产出售、租赁、物业管理和信息服务等。

18.5　我国物流产业发展的现状、存在的问题及对策

18.5.1　我国物流产业发展的现状

1. 国内现代物流产业发展现状

"十一五"特别是国务院印发《物流业调整和振兴规划》以来，我国物流业保持较快增长，服务能力显著提升，基础设施条件和政策环境明显改善，现代产业体系初步形成，物流产业已成为国民经济的重要组成部分，支撑国民经济发展的基础性、战略性地位日渐凸显。

物流产业规模迅速扩大。自 2014 年以来，全国社会物流总额整体呈现出快速增长的趋势，产业规模迅速扩大。2017 年全国社会物流总额为 252.8 万亿元，2018 年总额为 283.1 万亿元，2019 年全国社会物流总额已达到 298 万亿元，按可比价格计算，同比增长 5.9%。从社会物流总额的构成看，各个部分的规模均呈稳步增长趋势，2019 年工业品物流总额为 269.6 万亿元，按可比价格计算，同比增长 5.7%；2019 年进口货物物流总额为 14.3 万亿元，增长 4.7%；2019 年农产品物流总额为 4.2 万亿元，增长 3.1%；2019 年单位与居民物品物流总额为 8.4 万亿元，增长 16.1%；2019 年再生资源物流总额为 1.4 万亿元，增长 13.3%。2017 年物流业总收入 8.8 万亿元，比上年增长 11.5%，增速比上年同期提高 6.9 个百分点。2018 年物流业总收入 10.1 万亿元，比上年增长 14.5%，增速比上年同期提高 3 个百分点。2019 年物流业总收入 10.3 万亿元，同比增长 9.0%。物流业

吸纳就业人数也呈快速增加趋势。①②③

物流需求结构不断优化。从物流需求结构来看，消费与民生领域高速增长对物流需求的贡献率持续提高。2017 年单位与居民物品物流总额为 1.0 万亿元，同比增长 29.9%，2018 年单位与居民物品物流总额已飞速增长至 7.0 万亿元，2019 年单位与居民物品物流总额 8.4 万亿元，2017 年单位与居民物品物流总额同比增长 29.9%，比社会物流总额高出 23.2 个百分点，快递服务企业业务收入比上年增长 24.7%，增速高于物流业平均水平。可见，消费与民生领域的需求成为物流需求增长的重要驱动力，物流需求的结构不断优化。

物流产业服务能力显著提升。物流企业资产重组和资源整合步伐进一步加快，形成了一批所有制多元化、服务网络化和管理现代化的物流企业。传统运输业、仓储业加速向现代物流业转型，制造业物流、商贸物流、电子商务物流和国际物流等领域专业化、社会化服务能力显著增强，服务水平不断提升，现代物流服务体系初步建立。

物流基础设施和技术装备条件明显改善与提高。截至 2019 年末，全国铁路营业里程达到 13.9 万公里，其中高速铁路 3.5 万公里，京张高铁、京雄城际北京大兴机场段、昌赣高铁、成贵高铁等 51 条新线建成投产。基本形成了布局合理、覆盖广泛、层次分明、安全高效的铁路网络。到 2019 年底，全国公路总里程超过 500 万公里，其中高速公路 14.96 万公里，具备条件的乡镇和建制村实现了通硬化路，村村实现了通邮。全国港口拥有生产用码头泊位 22893 个，其中万吨级以上泊位 2520 个。民用运输机场 238 个，年旅客吞吐量超过 1000 万人次的机场有 39 个。内地城市轨道交通运营里程 6172.2 公里。各种类型的物流园区不断涌现，物流基础设施的大发展为物流能力的提升奠定了坚实的基础。另一方面，信息技术在物流产业得到了广泛应用，如物联网、云计算等现代信息技术开始应用，装卸搬运、分拣包装、加工配送等专用物流装备和智能标签、跟踪追溯、路径优化等技术迅速推广。大多数物流企业已经建立了管理信息系统，正在快速推进物流信息平台的建设。

物业产业发展环境不断优化。国务院印发《物流业调整和振兴规划》，并制定出台了促进物流业健康发展的政策措施。"十二五"规划纲要明确提出"大力发展现代物流业"。《物流业发展中长期规划（2014—2020 年）》明确要求，以提高物流效率、降低物流成本、减轻资源和环境压力为重点，以市场为导向，以改革开放为动力，以先进技术为支撑，积极营造有利于现代物流业发展的政策环境，着力建立和完善现代物流服务体系。有关部门和地方政府出台了一系列专项规划和配套措施。社会物流统计制度日趋完善，标准化工作有序推进，人才培养工作进一步加强，物流科技、学术理论研究及产学研合作不断

---

① 国家发展改革委，中国物流与采购联合会 . 2017 年全国物流运行情况通报 . http：//www. chinawuliu. com. cn/xsyj/201802/06/328614. shtml，2018-02-06.

② 国家发展改革委，中国物流与采购联合会 . 2018 年全国物流运行情况通报 . http：//www. chinawuliu. com. cn/lhhzq/201903/23/339377. shtml，2019-03-23.

③ 国家发展改革委，中国物流与采购联合会 . 2019 年全国物流运行情况通报 . http：//www. chinawuliu. com. cn/lhhzq/202004/20/499790. shtml，2020-04-20.

深入。

总体上看，我国物流产业已步入转型升级的新阶段，基础设施条件和政策环境明显改善，服务能力显著提升，物流发展空间也越来越广阔，但是，在新的经济形势下，我国的机遇与挑战并存的环境中，我国物流产业凸显出来的问题也是不容忽视的。

2. 我国物流产业面临的新形势

在当前经济全球化趋势深入发展，网络信息技术革命带动新技术、新业态不断涌现的新形势下，伴随全面深化改革，工业化、信息化、新型城镇化和农业现代化进程持续推进，产业结构调整和居民消费升级步伐不断加快，我国物流产业面临的机遇与挑战并存，其发展规模将会越来越大，发展空间将会越来越广阔。

物流需求快速增长。习近平总书记（2020 年 5 月 23 日）在参加全国政协十三届三次会议的经济界委员联组会时首次指出，面向未来，我们要把满足国内需求作为发展的出发点和落脚点，加快构建完整的内需体系，着力打通生产、分配、流通、消费各个环节，逐步形成以国内大循环为主体、国内国际双循环相互促进的新发展格局，培育新形势下我国参与国际合作和竞争的新优势。完整的内需体系构建的形势下，物流需求将会持续快速增长。农业现代化对大宗农产品物流和鲜活农产品冷链物流的需求不断增长。新型工业化要求加快建立规模化、现代化的制造业物流服务体系。居民消费升级以及新型城镇化步伐加快，迫切需要建立更加完善、便捷、高效、安全的消费品物流配送体系。此外，电子商务、网络消费等新兴业态快速发展，快递物流等需求也将继续快速增长。

新技术、新管理不断出现。信息技术和供应链管理不断发展并在物流产业得到广泛运用，为广大生产流通企业提供了越来越低成本、高效率、多样化、精益化的物流服务，推动制造业专注核心业务和商贸业优化内部分工，以新技术、新管理为核心的现代物流体系日益形成。随着城乡居民消费能力的增强和消费方式的逐步转变，全社会物流服务能力和效率持续提升，物流成本进一步降低、流通效率明显提高，物流业市场竞争加剧。

资源环境约束日益加强。随着社会物流规模的快速扩大、能源消耗和环境污染形势的加重、城市交通压力的加大，传统的物流运作模式已难以为继。按照建设生态文明的要求，必须加快运用先进运营管理理念，不断提高信息化、标准化和自动化水平，促进一体化运作和网络化经营，大力发展绿色物流，推动节能减排，切实降低能耗、减少排放、缓解交通压力。

国际竞争日趋激烈。随着国际产业转移步伐不断加快和服务贸易快速发展，全球采购、全球生产和全球销售的物流发展模式正在日益形成，迫切要求我国形成一批深入参与国际分工、具有国际竞争力的跨国物流企业，畅通与主要贸易伙伴、周边国家便捷高效的国际物流大通道，形成具有全球影响力的国际物流中心，以应对日益激烈的全球物流企业竞争。①

---

① 中华人民共和国中央人民政府 . 国务院关于印发物流业发展中长期规划（2014—2020 年）的通知 . https：//www.gov.cn/，2014-10-04.

18.5.2 我国物流产业发展存在的问题

改革开放以来 40 多年的持续快速发展使中国成为了有全球影响力的物流大国和全球最大的物流市场。中国物流产业规模虽大，但物流运行效率偏低、供应链管理薄弱、物流网络不健全、第三方服务能力不足、整体创新能力较弱、国际化水平较低、物流的应急响应能力亟待提升等问题还比较突出。

1. 物流运行效率偏低

近年来，全国社会物流总费用占 GDP 比重有所下降，但仍然较高。据国家发展和改革委员会、国家统计局等部门联合发布的数据显示，2017 年社会物流总费用为 12.1 万亿元，与 GDP 的比率为 14.6%，2018 年社会物流总费用为 13.3 万亿元，与 GDP 的比率为 14.8%，2019 年社会物流总费用为 14.6 万亿元，与 GDP 的比率为 14.7%。虽然相较于 2014—2016 年的社会物流总费用与 GDP 的比率（分别是 16.6%、16.0%、14.9%）有明显的下降，物流产业 "降成本" 措施取得明显成效，但仍然远高于发达国家 8%～9% 的水平。

2. 供应链管理薄弱

由于物流是供应链的重要组成部分，物流对象是沿着整个供应链链条进行流动的，所以物流的管理过程与供应链的管理过程难以截然分开。随着物流的发展，供应链的重要性日渐显露，供应链管理水平直接影响物流成本的高低。现阶段，我国建立的较为完整的供应链还不多见，加工企业和一些新成立的农业合作经济组织本身实力薄弱，很难成为供应链的核心主体。当前大部分的流通和交易活动都由批发市场承担，从理论上讲，这些批发市场算是供应链的核心主体。然而多数市场还处于较为原始的状态，在市场经济日益发展的今天，虽然有一部分早已实行了改制，但仍在相当程度上保持着本色，大量的原材料供应到生产、再到销售，整个链条还基本被分割为两段：一是 "生产—流通" 环节，即从农户到批发市场或集贸市场；二是 "流通—消费" 环节，即从批发市场到消费者。在这两个环节的结合处，由于各个交易主体只注重和追求个人利益，诱发了诸多问题，从而导致供应链是一条断裂的链。①

3. 物流网络不健全

"干、支、末" 与 "物流枢纽、物流园区、物流中心、配送中心、终端网点" 等构成的物流网络很不完善，干线之间，干线支线之间，干线、支线与配送之间，支线与末端之间均存在许多薄弱环节，物流基础设施之间不配套，难以有效衔接，末端网络的配置更是薄弱。现代化仓储、多式联运转运等设施不足，高效便捷、能力充分、衔接顺畅、结构优化、布局合理的综合交通运输体系尚未形成，且综合交通运输枢纽建设滞后，难以实现合理分工和有效衔接。

4. 第三方物流服务能力不足

第三方物流作为物流产业中重要的物流主体，它的服务水平与服务能力的高低直接决

---

① 韩丹丹，赵召华，梁海军．物流产业集聚及其产业发展研究．北京：中国纺织出版社，2018 (7)：26-27.

定了物流产业发展速度的快慢。我国第三方物流企业大多是由功能单一的运输企业、仓储企业转型而来，经营规模较小，综合化程度较低，在管理、技术及服务范围上整体水平不高，不能为企业提供完整的供应链服务，不能满足客户多方位服务需求，很难适应现代物流追求动态运作、快速响应的要求。

5. 整体创新能力较弱

物流产业整体创新相比于创新活跃的生产制造环节和交易环节严重滞后。物流企业缺乏创新动力，研发投入低，商业模式创新、组织创新、技术创新、管理创新等滞后，尚未进入"创新驱动"的发展新阶段。国内物流企业的组织惯性现象普遍，对已有的物流服务体系优化升级意愿不强。此外，国内物流企业的创新面临来自跨国公司的技术壁垒、资金壁垒、外部资源壁垒、管理壁垒，来自国内环境对企业进入的限制壁垒，以及企业自身对创新的阻碍，如技术依赖等。这些壁垒严重阻碍了物流企业的创新发展[1]。

6. 国际化水平较低

中国全球连接能力不强，国际资源整合能力弱，国际竞争力弱，缺乏国际战略通道和战略支点，缺乏全球物流治理能力，滞后于全球化发展进程，物流的国际化能力亟待提升。与中国高速增长的国际贸易相比，物流业尚未形成与之匹配的全球物流和供应链体系，国际市场份额很低，进出口所需的物流服务很大程度上需要依赖国外跨国物流企业。中国的国际物流企业规模偏小，不仅缺乏规模优势，难以承担大型业务项目，而且附加值低，业务面单一，难以形成齐全的物流产业链。[2]

7. 物流的应急响应能力亟待提升

随着经济社会的快速发展，城市人口迅速增加，公共卫生系统面临越来越大的挑战，突发性公共卫生事件往往有可能成为新的社会灾害，并严重影响经济社会发展和人民生命安全。面对这种新的挑战，以往的物流系统的应对能力显得不足，难以适应新形势的需要。其主要表现为：一是应急响应不够迅速。原有的储备节点布局及设置难以适应交通基础设施高速发展和布局的变化，当公共卫生事件及自然灾害突发时，无法快速响应。二是物资供求出现失衡与结构性矛盾。当突发公共卫生事件持续时间较长时，医疗卫生类、人民生活必需品类与农业生产资料类等物资储备在品种与数量上均难以满足需求；三是应急采购分拨机制不够健全，尤其当全球范围的大量救援物资蜂拥而至时，物资的及时收储、分拨、配送等能力更显薄弱，运营管理难以避免呈现混乱现象。

中国物流产业的形成和发展是一个长期而复杂的过程。首先必须明确中国物流产业的发展现状与问题，然后从这些实际出发，逐步解决问题，为物流产业的持续健康高效发展打下良好基础。

---

[1]　魏继刚. 中国物流业发展的现状、问题与趋势. 北京交通大学学报（社会科学版），2019，18（01）.

[2]　魏继刚. 中国物流业发展的现状、问题与趋势. 北京交通大学学报（社会科学版），2019，18（01）.

18.5.3 解决问题的对策

1. 着力加强物流基础设施网络建设

推进综合交通运输体系建设，合理规划布局物流基础设施，完善综合运输通道和交通枢纽节点布局，构建便捷、高效的物流基础设施网络，促进多种运输方式顺畅衔接和高效中转，提升物流体系综合能力。优化航空货运网络布局，加快国内航空货运转运中心、连接国际重要航空货运中心的大型货运枢纽建设。推进"港站一体化"，实现铁路货运站与港口码头无缝衔接。完善物流转运设施，提高货物换装的便捷性和兼容性。加快煤炭外运、"北粮南运"、粮食仓储等重要基础设施建设，解决突出的运输"卡脖子"问题。加强物流园区规划布局，进一步明确功能定位，整合和规范现有园区，节约、集约用地，提高资源利用效率和管理水平。在大中城市和制造业基地周边加强现代化配送中心规划，在城市社区和村镇布局建设共同配送末端网点，优化城市商业区和大型社区物流基础设施的布局建设，形成层级合理、规模适当、需求匹配的物流仓储配送网络。

2. 大力发展供应链服务，推动物流流程优化

物流是供应链的重要组成部分，物流管理的过程与供应链管理过程难以截然分开，大力发展供应链服务，提升供应链管理水平，可以极大地推动物流系统各环节的无缝连接，提升物流运行效率，推动物流产业的顺利运行。供应链服务将供应链上下游有效协同并进行各环节管理和流程优化，促进供应链整体降本增效。在我国刚加入世界贸易组织时，企业供应链管理水平普遍较低，第三方平台通过供应链服务赋能，大大提高了中小企业效率，推动了相关行业的协同整合以及标准化、信息化建设，为我国经济发展做出了重要贡献。怡亚通就是其中的代表企业之一。

供应链服务聚焦于企业和行业降本增效，针对客户和行业需求，提供定制化、专业化及全程的供应链服务。具体来讲，让企业专注于研发、生产核心业务，将非核心业务采购、销售、营销、分销、物流等"非核心业务"外包，由供应链平台整合资源，优化全程供应链各环节管理，提供一体化整体解决方案，最大限度降低成本、提升效率，构建企业竞争力。在采购、销售、物流服务各个环节，怡亚通都形成了独有的模式，比如在物流环节，构建 B2B、B2C 一站式物流服务平台，为客户提供国际和国内物流、保税物流等全方位服务；在 VMI 库存管理上，聚焦产业链上生产链和销售链的核心企业，共享核心企业和供应商的库存变化和实际消耗数据，灵活制定库存补货策略，降低因预测不确定导致的商流、物流和信息流的浪费。

3. 着力降低物流成本

物流成本控制的目的在于加强物流管理，促进物流合理化，提升物流产业的运行效率。从宏观层面，应打破条块分割和地区封锁，减少行政干预，清理和废除妨碍全国统一市场和公平竞争的各种规定和做法，建立统一开放、竞争有序的全国物流服务市场。应进一步优化通行环境，加强和规范收费公路管理，保障车辆便捷高效通行，积极采取有力措施，切实加大对公路乱收费、乱罚款的清理整顿力度，减少不必要的收费点，全面推进全国主要高速公路不停车收费系统建设。应加快推进联通国内、国际主要经济区域的物流通道建设，大力发展多式联运，努力形成京沪、京广、欧亚大陆桥、中欧铁路大通道、长江

黄金水道等若干条货畅其流、经济便捷的跨区域物流大通道。

着力降低物流成本，从微观层面，要做到三个结合：成本控制和服务质量控制相结合，局部控制和整体控制相结合，全面控制和重点控制相结合。在物流系统中存在着"效益背反"原则，提高服务质量水平与降低物流成本之间存在着这样的矛盾关系。物流运行是否合理，取决于两个方面：一是对客户的服务质量水平，另一个是物流费用的水平。想要降低物流成本，物流服务质量水平就有可能会下降，反之，如果提高服务质量水平，物流成本又有可能会上升。因此，在进行物流成本控制时，必须搞好服务质量控制与物流成本控制的结合。要正确处理降低成本和提高质量的关系，从二者最佳的组合上，谋求物流效益的提高。局部控制与整体控制相结合，局部控制是指对某一物流功能或环节所耗成本的控制，而系统控制是指对全部物流成本的整体控制。物流成本控制最重要的原则，是对总成本控制。物流是以整个系统作为本质的，这就要求将整个系统及各个辅助系统有机地结合起来进行整体控制。从总成本的角度看，不应单看运输费用的削减与否。从一定意义上说，采用总成本控制比局部物流功能的成本控制更为合适。总成本的系统控制是决定物流现代化成败的决定性因素，物流成本控制应以降低物流总成本为目标。全面控制和重点控制相结合。物流系统是一个多环节、多领域、多功能的全方位开放系统。这一特点从根本上要求我们进行成本控制时，必须遵循全面控制的原则。首先，无论产品设计、工艺准备、采购供应，还是生产制造、产品销售、售后服务各项工作都会直接或间接地引起物流成本的升降变化。为此，要求对整个生产经营活动实施全过程的控制。强调物流成本的全面控制，并非要将影响成本升降的所有因素事无巨细、一律平等地控制起来，而应按照例外管理的原则，对物流活动及其经济效果有重要影响的项目或因素作为重点严加控制。

4. 做大做强国际物流产业，积极提升物流产业的国际化水平

紧紧依托我国国际贸易的巨大规模，充分借鉴国际上发展现代物流的经验，加大对现有的国际物流产业和物流系统的调整和改革，支持优势物流企业通过收购兼并、改造重组、股权置换、合资合作的方式，或者通过组成联盟的形式进行资源的有效整合，构建国际物流服务网络，打造和培育具有国际竞争力的大型跨国物流企业。加强枢纽港口、机场、铁路、公路等各类口岸物流基础设施建设。以重点开发开放试验区为先导，结合发展边境贸易，加强与周边国家和地区的跨境物流体系和走廊建设，加快物流基础设施互联互通，形成一批国际货运枢纽，增强进出口货物集散能力。加强境内外口岸、内陆与沿海、沿边口岸的战略合作，推动海关特殊监管区域、国际陆港、口岸等协调发展，提高国际物流便利化水平。

5. 积极发展第三方物流，提升服务能力

近年来，现代物流作为国家重点发展的战略性产业得到了社会各界的广泛关注与支持。大力发展以第三方物流为特征的现代物流服务既是推动我国经济质量升级、物流产业质量升级的一条重要渠道，也是我国传统运输物流企业转型的必然要求。着力发展第三方物流，必须要着手提升物流业务的运作能力、物流服务的创新能力、物流信息技术的应用能力，积极引导传统仓储、运输、国际货代、快递等企业采用现代物流管理理念和先进技术装备，提高信息技术的应用能力；支持从制造企业内部剥离出来的物流企业发挥专业

化、精益化服务优势，积极为社会提供公共物流服务，提升物流业务运作能力；鼓励物流企业功能整合和业务创新，不断提升专业化服务水平，积极发展定制化物流服务，满足日益增长的个性化物流需求，提升物流服务的创新能力。着力发展第三方物流，还必须提升物流品牌的塑造能力、物流市场的营销能力。目前，第三方物流进一步加快了发展进程，在服务内涵、经营模式、功能建设等方面发生了深远的变革，呈现出良好发展趋势，服务链不断延伸，专业化不断加强，但面临的国际竞争日趋激烈，物流全球化趋势日益明显，如果不尽快提升自身的品牌塑造能力与市场营销能力，我国的第三方物流将无法走长远走稳健。20世纪90年代以来，发达国家的物流与运输企业加强了彼此之间的联合，物流市场的兼并重组变得十分活跃，并一直延续至今。发达国家的物流企业实施兼并重组，主要着眼于在全球化背景下通过优势互补或网络扩张，实现物流服务的一体化、规模化、集约化和高效化，其结果便是产生了世界级的"物流巨头"，例如美国联合包裹速递服务公司（UPS）。这些"物流巨头"使得发达国家物流活动范围和影响力从一国物流向全球物流延伸，顺应了跨国投资、异地采购、异地生产、异地销售的经济全球化浪潮，物流全球化趋势十分明显。我国的第三方物流应该充分意识到这一点。

6. 着力提升物流应急响应能力，健全国家"平急时"物资储备体系

从战略层面出发，以层级联动为经，以节点布局为纬，加快完善国家"平急时"（平时服务、急时应急）物资储备体系的结构要素设计，构建与完善经纬交织的国家物资储备体系结构，并使其成为全国物流节点网络体系中的"一点多能"型骨干节点网络，平时服务经济发展，急时快速响应，与社会化物流节点互为补充。第一，科学设置层级，强调层级联动、系统集成。在省级层面，31个省区市及新疆建设兵团可在省会或相应城市建立省级物资储备节点；在市级及县级层面，全国各市县分别设立相应的物资储备节点。层级设置应着力强调层际联动、系统集成，以期达到快速响应的效果。第二，科学配置新建的物资储备节点。以区位优势保速度，各级节点选址强调区位优势，如新建物资储备节点类型为公路型节点，应布局在该城市外环入口处的高速公路两侧区域。省会城市可将省级节点与市级节点合并，至少需将2~3个节点选址在东西外环线和南北外环线上；区域型物流节点城市或国家物流枢纽城市可将1~2个节点选址在东西外环线和南北外环线上；一般城市和县级市可将1个公路节点设置在城市高速的外环线上。以适度规模与应需功能保效果，节点的规模及功能强调适度与应需，省、市级所有节点用地规模应不少于1平方公里，县级节点则以不少于200亩为宜。按公路型物流园区的功能需求，节点应至少具备仓储功能（配备常温库、食品类冷库、药品类冷库等设施设备）、流通加工功能、搬运装卸功能、快件处理分拨功能、交易展示功能、商务办公功能、信息服务功能、运输服务及生产与生活服务等功能。

小　结

本章主要阐述了五个方面的内容：物流产业的内涵及其在国民经济中的地位，物流产业的分类，物流产业的特征，国外现代物流产业发展现状及先进经验总结，我国物流产业发展的现状、存在的问题及对策。需理解物流产业的内涵及其在国民经济中的地位，掌握

物流产业的分类、特征以及国外现代物流业的经验总结，重点掌握我国物流产业发展存在的问题及解决对策。

思　考　题

1. 物流产业的实质内涵应该包含哪几个方面？
2. 物流产业在国民经济中具有什么地位？
3. 按物流资源的类型、物流资源分布的领域、物流资源集聚的形态，可以将物流产业分别分成什么类型？
4. 物流产业的主要基本特征有哪些？
5. 国外现代物流产业有什么先进经验值得我们借鉴？
6. 我国物流产业发展存在什么问题，有什么解决对策？

【案例分析】

联想成就高效、敏捷、智能供应链①

今年新冠肺炎疫情发生以来，多国将确保供应链安全提升到了国家战略高度。为降低供应链风险，日美等主要发达国家做出一系列重大调整，对全球供应链的参与程度有所下降。我国多次提到要全面布局、精准发力、内外协同、加强国际合作，全力稳定供应链、产业链。面对全球供应链的巨大变化和不确定性，企业如何灵活布局并积极打造智能化的供应链成为亟须解决的问题。

2020 年 9 月 17 日，对外经济贸易大学全球价值链研究院发布《后疫情时代的全球供应链革命——迈向智能、韧性的转型之路》研究报告，指出自然灾害、同类企业在地理位置上高度集聚的供应链体系、贸易保护主义、地缘政治变动以及经济结构变化都可能对全球供应链带来冲击。优化全球供应链建设需要坚持全球化的发展方向，坚持多边、开放的全球贸易治理体系，完善全球投资治理体系。报告特别建议，针对全球供应链面临的深度调整，要坚持底线思维，稳定我国在全球供应链的"基本盘"，加大开放力度，高质量"引进来"，优化企业对外投资支持政策体系，大规模"走出去"，对关系我国重点战略物资供给的供应链核心节点项目提供政策支持。

高效、敏捷、智能供应链的最佳实践

全球供应链是随着全球分工逐步发展起来的，是跨国制造业企业在全球范围内优化配置资源的结果。当前，美国、中国、德国已经形成了全球供应链体系的三个地区中心。以大数据、人工智能、物联网等新技术融合发展为代表的工业 4.0 快速发展，对全球供应链的发展提供了新的动力。

---

① 资料来源：中国物流产业网．联想"五大能力"＋"两大模式"，成就高效、敏捷、智能供应链．https：//www.xd56b.com/media/detail/FJqT，2020-09-17.

报告以联想集团等大型跨国公司的全球供应链管理理念和实践为例，指出这些全球化发展水平领先的跨国企业，也是构建全球供应链体系、实现全球化运行和全球化资源配置的先行者。其中特别指出，联想集团供应链通过在全球范围内提供无与伦比的产品及客户体验，打造出了一个以韧性、智能化和共赢为特征的全球化网络，成为公司可持续发展与智能化成长的引擎。

事实上联想集团供应链的三大特征处处体现在其实践中。外部的高效、敏捷、智能性以联宝科技为例，其与全球数百家供应商互联互通，以信息透明打破种种数字壁垒，建立端到端的运作体系和物流体系，构建高效供应链，特别设立大客户绿色通道，实现了订单精细化高效管理，产品供应全球五大洲、126个国家、270多个重点城市。本土供应链生态体系建设逐步完善，近60%的直接物料实现本地化及时供应，4小时内可以到达，形成了产业上下游集聚效应，推动了当地经济的发展。

内部的高效、敏捷、智能性以联想武汉产业基地为例。与PC、服务器等产品不同，手机平均每隔4到6个月就会被更新的产品取代。这对联想在较短的制造周期内，生产出低成本、高质量、多样化产品的柔性制造能力提出了更高的要求。联想自主开发的自动化"量子线"项目已于2020年6月中旬在武汉基地投入使用。作为业界首条5G IoT自动化组装线，量子线包含手机组装/测试/检验产出工艺，通过设备与设备、人与设备的灵活互换，可快速调整产线的工艺流程以及参数，实现生产不同型号产品间的自如切换。目前，在武汉基地，每秒就有一部手机或平板下线。每天超10万部手机从这里下线，九成出口，从武汉运往世界各地，用户遍布160多个国家。

内有"五大能力"，外有"两大模式"

作为科技制造的龙头企业，联想集团以技术创新和模式创新为疫情下供应链的可持续发展提供了有力支撑。2020年5月，联想再次入围Gartner供应链25强，位列第15强。Gartner官方认为，联想先进的供应链体系以预测分析、人工智能、区块链等方面的创新为基础，能够有效地从数据中获得信息，并根据信息采取行动，以实现价值，联想供应链具备可持续性、多样性和包容性。

大数据、人工智能、物联网等新技术融合发展为代表的工业4.0快速发展，对全球供应链的发展提供了新的动力。联想集团供应链积极把握新技术，基于对行业变革、技术演进深入的研究和理解，再结合自身的实践，总结出五大智能制造核心能力"互联互通、柔性制造、虚实结合、闭环质量、智能决策"。

互联互通是指从生产到运算，从工厂到最终用户的全链路的互联互通。柔性制造是指高度自动化的混线柔性生产，其主要是应对少量、多样化的订单需求。虚实结合是指物理与虚拟数字的映射和闭环控制。闭环质量是指端到端的质量追溯、监控、分析和管理。智能决策是指通过大数据和人工智能驱动预测性分析决策。

除了五大核心能力外，联想采用了科技行业少有的混合制造模式，即自有工厂、OEM和ODM的混合制造模式，这种混合制造让联想的产品质量、交付能力，以及成本，拥有综合竞争力。推动了产品质量、运作效率和生产成本的优化与革新，保证了供应链的快速决策和高效运转。此外，联想集团秉持"全球资源+本地交付"的发展模式，利用全球优势供给生产，销售和服务等环节则采用本地化运营。基于"五大能力"及"两大模式"，联想集团构建了高效、敏捷、智能的全球供应链，而这些特征正符合美国、欧盟、日本、中国等经济体对供应链的重要关注点。

2020年誓师大会上，联想集团董事长兼CEO杨元庆说："联想作为从中国走出去的全球化制造型企业，我们清楚看到全球布局的供应链体系和智能化转型在提升企业抗风险方面，具有重要的价值。"如今这些价值得以体现，未来，中国企业供应链发展还应顺应时代，并充分借助数字化和智能化技术，加速产业链、供应链的智能化转型。

案例思考题

1. 全球供应链面临着哪些挑战与风险？

2. 联想武汉产业基地和联宝科技是如何分别打造内外部高效、敏捷、智能性供应链的？

3. 为什么说联想打造的全球供应链在提升企业抗风险能力上具有重要价值？

第十九章　物　流　园　区

物流园区是城市和区域物流网络中的重要节点，是物流组织活动的集聚地。由于物流园区在城市和区域物流业的发展中具有极为重要的作用和战略地位，因此，物流园区的规划和建设是我国政府和物流企业关心的热点。发达国家在物流园区的规划和建设方面取得了许多经验，可供借鉴。近年来，我国的沿海地区及内陆地区的中心城市纷纷开展物流园区的规划与建设。物流园区的规划与建设已成为我国经济发展中的一个"热点"。

本章介绍物流园区的概念、类型、功能及物流园区规划的原则、建设模式与赢利模式等。

关键词：物流园区（logistics Park）　　物流中心（logistics center）　　配送中心（distribution center）　　建设模式（construction pattern）　　赢利模式（payoff pattern）

19.1　物流园区的发展历程

19.1.1　物流园区的发展历程

1. 物流园区的形成机理与发展历程

物流园区是区域经济和现代物流产业发展到一定阶段的必然产物，既是区域经济产业集群的派生产物，也是产业集群空间集聚的一种表现。作为物流企业的载体，物流园区的产生、形成和发展有着其深刻的内在规律性，是市场需求、产业关联、外部经济和比较优势等多种驱动力作用下的新兴物流业态。从系统论的角度来看，物流园区的演化、发展规律就是物流结点体系作为一个整体的系统而具有的演变和发展规律，主要包括物流节点数量演变规律和物流网络发展水平演变规律两个相互关联的内容。从一般演化规律来看，物流园区的发展大致可以分为如下四个阶段：

（1）初始发展阶段，物流节点（配送中心）均衡布局。此时区域经济、交通状况、科技发展等外部环境处于较低水平，区域经济、商业贸易、物流密度不高，物流节点的所在腹地狭小，仅限于城市周边地区。

（2）地方性物流中心形成阶段。随着科技水平的提高，包括自然资源和劳动力资源在内的生产领域可挖潜力越来越少，而物流资源以其巨大的潜力成为企业关注的焦点，地方性物流中心逐渐发展起来。此阶段，地方性物流中心主要为本地区社会经济发展服务或是依托本地的制造企业、商贸企业，起配送中心的作用，而地区之间的物流联系较少。

（3）区域竞争阶段，综合物流中心（物流园区）形成。随着经济的发展，区域间的商品交换日益增强，伴随而来的物流、信息流和资金流强度加大。同时，供需双方对货物的及时供货要求不断提高，专业化物流服务商不断涌现并开始在区域聚集，综合物流园区应运而生。作为联系产业上下游的纽带，物流园区采用供应链一体化管理模式以满足区域物流发展、高效物流服务的需要。在空间上，物流中心（园区）腹地不再局限于本地区，而逐渐拓展到整个区域空间，物流中心（园区）之间的物流交换与联系不断增强。与此同时，伴随着与区域外部的物流企业联系，在功能上，物流园区也由单一化服务发展到多样化、一体化的全程服务；在物流市场竞争中，具有经济、交通、政策等优势的物流中心（园区）逐渐发展壮大，而处于劣势的物流中心则逐渐萎缩。

（4）"轴-辐"系统形成阶段，区域物流枢纽城市形成。随着经济全球化和区域经济一体化的发展，区域表现出旺盛的物流需求。区域物流已经成熟，物流政策、物流基础设施、物流信息平台不断完善，物流市场运作趋于规范，区域性物流园区在空间上科学布局，基本形成了覆盖本区域、辐射周边地域的开放式区域物流园区。此阶段，区域范围内已经形成了市场导向的物流龙头企业，进而带动了整个区域的物流服务能力、增强了区域辐射范围以及经济拉动能力。物流服务模式、物流运营模式以及赢利模式等园区基本要素已经逐步从传统型向现代型转变。物流园区呈现出显著的社会、经济效益，并为社会各界广泛认可。①

2. 物流园区的诞生

随着物流产业的兴起，原来相互分割、独立运作的仓储、运输、批发等传统企业逐渐走向联合，专业性的物流配送经营实体——货物配送转运中心应运而生。配送转运中心分为自用型和社会化两种类型。其中，自用型配送转运中心是由生产商或零售商经营的，服务于本企业货物配送、转运业务的实体；社会化的配送转运中心，也称为"第三方物流"，是由独立于生产商和零售商之外的经营者经营，服务于一个或多个用户的实体。

在配送转运中心的发展初期，由于缺乏政府的统一规划和政策引导，各个物流企业对配送转运中心的区位选择表现出较大的分散性，往往是一个基地内只有一个企业的配送转运中心，这样必然带来了交通、水电、通讯等基础设施重复建设，导致基建和运营成本过高的种种弊端。

伴随着物流业的进一步发展，各个企业都逐渐意识到配送转运中心分散建设、各自为政带来的资源浪费，各级政府也发现这种方式不利于充分发挥城市的总体规划功能。所以，政府从城市整体利益出发，为解决城市功能紊乱，缓解城市交通拥挤，减轻环境压力，顺应物流业发展趋势，实现"货畅其流"，在郊区或城乡边缘带主要交通干道附近专辟用地，通过逐步配套完善各项基础设施、服务设施，提供各种优惠政策，吸引大型物流（配送）中心在此聚集，使其获得规模效益，降低物流成本，同时，减轻大型配送中心在市中心分布所带来的种种不利影响。由此，物流园区应运而生。

物流园区最早出现在日本东京，又称"物流团地"。"物流团地"对于整合市场、实现降低物流成本经营起到了重大作用，同时减轻了大型配送中心在市中心分布所带来的种种不利影响，成为支撑日本现代经济的基础产业。在欧洲，物流园区被称为货运村（freight village）。货运村是指在一定区域范围内，所有有关商品运输、物流和配送的活

①　中国物流学会. 中国物流园区发展：历史、现状和未来. 2012-12-17.

动，包括国际和国内运输，通过各种经营者（OPERATOR）实现。这些经营者可能是建在那里的建筑和设施（仓库、拆货中心、存货区，办公场所、停车场，等等）的拥有者或租赁者。为了遵守自由竞争的规则，一个货运村必须允许所有与上面陈述的业务活动关系密切的企业进入。

在我国，第一个物流园区是深圳平湖物流基地，始建于1998年12月1日，第一次提出物流基地这个概念，叫作"建设物流事业基础的一个特定区域"。它的特征有三：一是综合集约性；二是独立专业性；三是公共公益性。物流基地即从事专业物流产业、具有公共公益特性的相对集中的独立区域。

19.1.2 物流园区的概念

1. 物流园区的概念

物流园区在日本被称为"物流团地"（distribution park），在德国被称为"货运村"（freight village），在中国物流园区最初被称为"物流基地"。在发展初期，我国一些学者通过研究国外物流园区或与物流园区功能相当的物流节点，从不同角度对物流园区进行了描述，以下是文献中较具代表性的表述：

（1）物流园区是由多家专业从事物流服务、拥有多种物流设施的不同类型物流企业在空间上相对集中分布而形成的场所，是具有一定规模和综合服务功能的物流节点[1]。

（2）物流基地是集约了多种物流设施，起到综合功能和指挥、基础作用的特大型物流节点，是集约化、大规模物流设施集中地和多种物流线路的交汇地[2]。

（3）物流园区是对物流组织管理节点进行相对集中建设与发展的具有经济开发性质的城市物流功能区域；同时，也是依托相关物流服务设施进行与降低物流成本、提高物流运作效率和改善企业服务有关的流通加工、原材料采购和便于与消费地直接联系的生产等活动的具有产业发展性质的经济功能区域[3]。

（4）物流基地是位于大城市周边，靠近交通干线的具有一定规模和综合服务功能的特定地区，在这里从事国内、国际物流、运输或货物分发、转运业务的各类企业集中在一起，为客户提供各种相关服务。这些企业可以购买或租赁基地内的地产及各类房产（如仓库、堆场、办公室、停车场等），而同时共同使用基地所提供的交通、水电、通讯、餐饮、住宿等配套基础和服务设施[4]。

以上的定义分别从位置、规模、功能等方面对物流园区进行了描述，综合来看，物流园区内涵应该包括以下几点：

（1）物流园区应该作为区域物流网络的节点而存在，除具有物流节点的一般功能外，物流园区对区域物流系统的正常运转起着重要的支撑作用，并且推动区域物流系统总体目标的实现和区域经济的发展。

---

[1] 通创物流咨询有限公司课题组. 中国物流园区发展模式. 北京：中国物资出版社，2004.

[2] 王之泰. 现代物流管理. 北京：中国工人出版社，2001：128.

[3] 汪鸣. 关于我国物流园区的发展问题思考. 中国物流联盟网，2004-02-27.

[4] 范振宇. 建设物流基地发展物流产业. 国外公路，2001（4）：54.

（2）物流园区一般布局在大城市周边，靠近交通枢纽，是多种运输方式的集结地，因而在物流网络的节点中处于枢纽点的地位。

（3）物流园区必须具备一定的规模性，包括用地规模、投资规模、物流流量、辐射区域等。

（4）物流园区是集约化、大规模的物流设施集中地，以从事物流服务为主，是多个物流企业集中布局的场所，通过园区内企业提供的物流服务实现物流综合功能。

（5）从功能上讲，物流园区应该提供较高水平的综合物流服务，除了基本的物流服务之外，还可以提供物流系统设计、职业培训等增值服务。

（6）物流园区具有经济开发性和产业发展性质，物流园区同布置在其中的不同功能的物流企业之间的关系可以是租赁、资产入股、合作开发与经营等。物流园区为各入驻企业提供交通、水电、通讯、餐饮、住宿等配套的基础和服务设施。

2006 年新修订的中华人民共和国国家标准《物流术语（GB/T18354—2006）》中，对物流园区的概念做了较全面的解释：物流园区是指为了实现物流设施集约化和物流运作共同化，或者出于城市物流设施空间布局合理化的目的而在城市周边等各区域，集中建设的物流设施群与众多物流业者在地域上的物理集结地。

2. 物流园区与物流中心、配送中心的区别

物流园区与物流中心、配送中心是区域、城市物流网络中的重要节点，然而三者之间在功能、服务的范围、规模等方面的差异是明显的。

物流园区是由多家专业从事物流服务、拥有多种物流设施的不同类型物流企业在空间上相对集中分布而形成的物流产业集群的场所，是服务领域广泛，物流辐射的范围广阔（涵盖城市范围、区域范围、国际范围），能够提供规模化、集约化的大规模物流服务和综合服务功能的物流节点和具有两种或两种以上交通运输方式（公路、铁路、水路、航空）相交会的区域。

物流中心与物流园区的含义基本相同，主要区别在于物流中心的规模小于物流园区，物流服务领域的专业化特点突出，相对于物流园区的地理位置要靠近城市。

配送中心是接受并处理末端用户的订货信息，对上游运来的多品种货物进行分拣，根据用户订货要求进行拣选、加工、组配等作业，并进行送货的设施和机构；是以小批量、多批次物品配送物流活动为特点的专业化物流活动节点。

物流园区、物流中心、配送中心的区别如表 19.1 所示。

表 19.1 **三种类型物流节点的区别**

	物流园区	物流中心	配送中心
功能	功能全面	较为全面	可单可全
规模	超大	大或中等	一般较小
服务范围	全社会	局部区域	特定用户和市场
物流特点	少品种、大批量、少供应商	少品种、大批量、少供应商	多品种、小批量、多供应商

续表

	物流园区	物流中心	配送中心
综合程度	综合性强	有一定的综合性	专业化
运作方式	国家为主体，企业运作		企业为主体并运作

19.1.3 物流园区的类型

在划分物流园区类型的问题上，各国和地区的具体类型和分类标准不尽相同，没有统一的模式和标准，从不同的角度来划分就会有不同的类型。表 19.2 是从不同的角度对物流园区类型的划分。

表 19.2 物流园区类型划分

功能	仓储配送型物流园区
	转运型物流园区
	流通加工型物流园区
	综合型物流园区
辐射范围	市域型物流园区
	区域型物流园区
	国际性物流园区
服务对象	工业物流园区
	商贸业物流园区
	综合型物流园区
行业导向	专业型物流园区
	综合型物流园区
位置构成	集中型物流园区
	非集中型物流园区
交通枢纽	依托航空港
	依托港口
	依托铁路枢纽
	依托高速公路

以物流园区的功能类型为例，来看我国目前规划建设和物流园区，如表 19.3 所示。

表 19.3　　　　　　　　　　　　按功能分类的物流园区①

园区类型	概念	园区代表
转运型物流园区	可实现运输方式转换（海—陆、空—陆、公路—铁路）的物流园区	上海国际航空物流园区、深圳华南国际物流中心、北京空港物流园区
存储配送型物流园区	以大规模的仓库群为基础，形成以存储和配送功能为主的物流园区	深圳笋港-清水河物流园区、北京华通物流园区
流通加工型物流园区	承担了一部分生产加工功能，实现了从厂商生产的标准新产品部件到客户所需个性化新产品转换衔接的物流园区	宁波物资物流中心
综合型物流园区	同时具有以上几种功能，规模庞大、功能齐全的物流园区	深圳平湖物流基地，上海西南，西北综合物流园区，北京通州物流园区

19.1.4　物流园区的功能

在总结国内外物流园区发展经验的基础上，现代物流园区主要具有物流组织与管理以及经济开发两大功能。

1. 物流组织与管理

（1）物流基本功能

物流园区的物流基本功能包括：货物运输、集疏中转、仓储保管、货物配载、信息处理、分拣包装、流通加工、货物配送等。

（2）集约互补功能

物流园区首先要有量上的集约，即要有一批物流企业在此集中经营。从这个意义上讲，物流园区应该可以被视作一个物流业的开发区。当然，量上的集约并不意味着经营项目上的趋同，而要注重业内的分工细化。在这方面，可以借鉴日本物流团地的经验：从事仓储业的不经营运输；做长途运输的不做市内配送，强调将本企业的专业特色显示出来，把本企业的专业运作成本降下来，把规范服务搞上去，以此来增强企业的市场竞争能力。非本企业专长的业务，其运作成本肯定比专业公司高，应该转让给专业公司去经营，以实现优势互补，形成集合优势。此外，它在技术、设备、规模管理上也应该有非常强的集约功能。

（3）转运衔接功能

物流园区作为综合性非常强的高级物流节点，一般都建在交通便利的远城区，是各种不同物流线路的公共交汇点，通过有效的组织和管理，可以实现公路、铁路、水运、航空等多种运输形式的有效衔接。

（4）综合运作功能

---

① 通创物流咨询有限公司课题组. 中国物流园区发展模式. 北京：中国物资出版社，2004.

物流园区的综合运作功能不仅体现在物流基本功能的综合运用上，还体现在商流和物流的统一上，即在建设物流园区的同时，应该增加其中的商业设施、会展中心等，将物流与市场结合起来，为园区中的企业打造市场平台，拉动对物流的需求，带动物流业的发展。

（5）指挥功能

综合性、大规模的物流园区，同时也是指挥、管理和信息的中心，通过园区的信息平台将相关信息进行集中，达到统一指挥调度、资源互补的功能。

（6）物流增值功能

从一些发达国家的物流园区建设、经营的具体实际来看，物流园区还具有配套结算、需求预测、物流系统设计咨询、软件开发、产业政策研究制定等增值性功能。

2. 物流园区的经济开发功能

（1）新建物流基础设施项目的经济开发功能

新建设施的开发功能是指物流园区一般是政府从城市和区域经济发展的角度进行规划建设的，具有较大的规模（国内目前较大的物流园区一般占地均在千亩之上，在经济发达国家更有占地数平方公里之多的），物流园区的开发和建设，将因在局部地区的大量基本建设投入，而带动所在地区的经济增长。

此外，加快物流园区大量、大规模基础设施的建设，对改善物流发展环境及基础条件，培育物流产业将具有重要意义和作用，以物流业在国民经济中的地位，物流园区将因带动物流业发展而产生新的经济增长点，从而开发出新的经济发展领域。

（2）已有物流设施及资源的整合功能

已有设施及资源的整合功能是指开发和建设物流园区的同时，将会建设更多更先进的物流设施，会对既有物流设施在功能上产生替代效应。物流园区内的物流设施并非简单的重复建设，而是在功能设计和布局上考虑到对当前和未来园区入驻企业以及未来物流组织管理的适应，并通过规模化和组织化经营，实现对既有设施的合理整合。这也就意味着将加速对不适应当前物流发展的物流设施的淘汰。物流设施的集中和现代化，必将吸引物流量的聚集，从而带来城市中心地区土地使用价值的增值，带来较好的经济开发效应。

19.1.5 物流园区的功能定位

物流园区所能提供的服务与园区内的物流企业的性质密不可分，其主要功能包括存储、装卸、包装、配载、流通加工、运输方式的转换及信息服务。依据所处地区的地理位置及物流特性的不同，物流园区在功能定位上有着不同的要求。物流园区一般分为国际货运枢纽型、时效性区域运送型、市域配送型和综合型 4 种类型。国际货运枢纽型主要是指与机场、港口相结合，以集装箱运输为主的，设有海关通关通道的大型中转枢纽。时效性区域运送型主要是指满足跨区域的长途运输和城市配送的转换枢纽和多式联运转运枢纽。市域配送型主要是指满足多品种、多批次、少批量的配送运输要求，提供快速、准时、高速服务的货运枢纽。综合型则兼有上述 3 种类型特征。不同的类型服务功能具有不同的侧重点，见表 19.4。对物流园区进行功能定位是物流园区规划的首要步骤。

表 19.4　　　　　　　　　　　不同类型物流园区的服务功能①

类型号	存储	配载	运输方式转换	包装	拼装	组装加工	信息服务	报关三检	保险金额
国际货运枢纽型	■	■	■	□	■	□	■	■	☆
时效性区域运送型	■	■	□	□	■	□	■	○	☆
市域配送型	■	■	□	■	■	■	■	○	☆

注：■基本服务功能　□可选服务功能　☆增强服务功能　○不需要

　　近十几年来"物流热"在我国不断升温，现代物流的发展得到了我国政府、企业和科研机构以及社会各界的广泛关注和重视。虽然如此，我国物流业由于种种原因，与发达国家的发展程度相比，还处在一个起步阶段。加入 WTO 以后，我国正逐步放开物流市场，各国大型的物流企业纷纷进驻中国，我国物流业面临着十分严峻的挑战。仅凭我国物流现阶段的发展水平是无法满足高水平的物流需求的。一个国家和地区的物流运行是靠物流体系来支撑的，而物流体系的基础就是物流网络的构建，物流网络包括物流线路和物流节点，而我国物流基础设施落后、物流节点布局不合理、缺乏大型综合性物流节点、物流网络效率低下的现状严重阻碍现代物流业的发展，成为制约物流业发展的瓶颈，因此如何构筑高效的物流运行平台问题摆在我们面前。

　　物流园区自 20 世纪 90 年代传入我国以来，受到了广泛的关注和重视，我国政府及企业不约而同地将其作为推动地区、区域和城市物流发展的重点工程，给予大力的支持。目前基本形成了全国从南到北、从东到西的物流园区建设发展局面。中国物流与采购联合会、中国物流学会编制的《第五次全国物流园区（基地）调查报告（2018）》（以下简称《报告》）显示，全国符合本次调查基本条件的各类物流园区共计 1638 家，比 2015 年第四次调查数据 1210 家增长 35.37%。3 年间，我国物流园区个数年均增长 10.7%。在列入本报告的 1638 家园区中，处于运营状态的 1113 家，占 67.9%；处于在建状态的 325 家，占 19.8%；处于规划状态的 200 家，占 12.2%。物流园区作为产业集群空间集聚的外在表现，其规划布局与经济发展程度密切相关。东部地区率先改革开放，推动经济持续快速增长，物流园区规划建设起步早，目前 75.7% 的园区已进入运营状态。西部地区随着近年来经济增速加快，物流园区进入规划建设快速发展期，规划和在建园区占比分别为 15.9% 和 22.8%，高于其他地区。《上海市现代物流业发展"十三五"规划》着重对五大重点物流园区功能布局进行优化：一是东部沿海三大物流园区（外高桥物流园区、深水港物流园区、浦东空港物流园区）对接国际，以自贸试验区保税区域为引领，强化临港、临空产业与现代物流联动效应，进一步优化国际物流环境，构建开放型经济新体制。二是西部陆路两大物流园区（西北综合物流园区、西南综合物流园区）联结长三角，突出物流发展与交通区位、产业优势、城市功能的协调融合，着力推动传统物流的转型升级。《深圳市现代物流业"十三五"规划》结合城市片区功能规划，重点布局消费型物流园

---

① 周骞，杨涛，刘鹏飞. 物流园区规划的若干问题探讨. 长沙交通学院学报，2003（1）.

区、汽车物流园、保税物流中心等，其中布局投资建设的朗华国际智慧物流产业园，是全国首家以"工业供应链"为核心模式的智能央仓，通过 B2B 和 O2O 模式创新即时消费体验，打造创新物流生态圈，全面带动制造设备、医疗设备、环保设备、高端设备、平行汽车等一系列行业联动发展，服务于中国制造 2025。《陕西省物流业发展中长期规划（2015—2020）》明确提出，出台物流园区建设和认定标准，实施"一市一园区"示范工程，扶持创建 10 个左右国家级示范物流园区。

19.2　物流园区的相关理论

19.2.1　物流园区与物流系统理论

1. 物流要素集成化原理

物流要素集成化是指通过一定的制度安排，对物流系统功能、资源、信息、网络要素及流动要素等进行统一规划、管理和评价，通过要素之间的协调和配合使所有要素能够像一个整体在运作，从而实现要素之间的联系，达到物流系统整体优化的目的的过程[1]。

物流园区作为大规模物流实施的集中地和物流企业的聚集地，通过园区的统一管理和协调，将园区内各种物流要素（人员、技术、信息、管理、服务等）进行集成，实现园区内物流企业的优势互补，达到物流园区这个大的物流系统的整体优化。

2. 物流组织网络化原理

物流组织网络化是指物流经营管理机构、物流业务、物流资源和物流信息等要素的组织按照网络方式在一定市场区域内进行规划、设计和实施，以实现物流系统快速反应和最优总成本等要求的过程[2]。

物流园区正是政府从城市或区域的整体利益和实现城市功能的角度，合理规划、设计和实施，通过逐步配套完善各项物流设施、服务设施，提供各种优惠政策，吸引各种物流企业在此聚集，使其实现物流要素的优势互补和规模效益，实现物流系统的快速反应和最优的物流成本。

3. 物流接口无缝化原理

物流接口无缝化是指对构成物流网络的流体、载体、流向、流量、流程五个流动要素，信息、资金、机构、人员等生产要素，技术标准、运作规范、管理制度等机制要素进行内部和外部连接，使系统要素之间、系统与系统之间成为无缝连接的整体的过程[3]。

物流接口无缝是一个相对的概念，接口无缝只是一个最高的要求，从两个或者多个要素连接的联系来看，它们有从相互独立存在到形成不可分割的整体这样一个完整的渐变系统，而严格无缝只是这个系统的最末端状态。

---

[1]　何明珂 . 物流系统论 . 北京：中国审计出版社，2001：319.
[2]　何明珂 . 物流系统论 . 北京：中国审计出版社，2001：319.
[3]　何明珂 . 物流系统论 . 北京：中国审计出版社，2001：319.

物流接口无缝化是物流系统或者系统要素之间通过相同的接口进行对接，形成更大的系统平台，扩展系统的边界，放大系统的功能。这是实现物流系统目标和物流系统要素集成的保证。物流接口无缝化的目的是消除系统内和系统外在边界上的差异，提高系统集成度，使物流系统要素集成为一个完整的系统，以实现整体目标。

正如上文所述，物流园区的目的是实现园区内各种物流要素的集成和物流企业的优势互补，在这个集成的过程中，必然会对各种管理要素和物流要素进行连接。这种连接过程就包括两个方面：一是本级系统内部下级系统之间的对接；二是本级系统与上级系统及同级系统的连接。这种连接必然会在无缝化这种最高要求的指导下来进行，从而实现物流园区整个物流系统的优化。

19.2.2　物流园区与区域经济理论

1. 增长极理论

增长极的概念是由法国经济学家弗朗索瓦·佩鲁最先提出。根据佩鲁的思想，增长极是经济空间中在一定时期起支配和推动作用的经济部门，凭借其具有的规模经济及较强的创新能力和增长能力，通过外部经济和产业间关联的乘数扩张效应，推动其他产业的增长。后来由另一位经济学家布德维尔继承研究了佩鲁的理论，并扩展具有空间地理概念的增长极理论：增长极是主导推动型产业的空间聚集体，这些产业聚集在一起形成具有规模经济效益、高创新能力、高增长率，并能促进周围区域经济增长的中心区位。

根据"增长极"概念，物流园区可以看作一种"推进型产业"。物流园区集市场信息、现代仓储、专业配送、多式联运和市场交易于一体，面对的客户更广泛、服务辐射的半径更长、规模更大、配套服务的综合性更强。同时，物流园区将众多物流企业聚集在一起，实行专业化分工，既避免重复投资，有效地提高物流服务的专业化水平，提高物流行业的资源利用效率，又是可以实现产业运作的配套化和系统化，实现物流功能及集约化。作为第三产业的物流园区，可以带动城市经济和第三产业的发展，可以视为一种"推进型产业"。

2. 物流园区对区域经济的辐射和涓滴效应

区域经济学理论认为，任何一个国家在经济发展的初期阶段，由于经济实力的限制，都会要求优先发展基础较好的地区，使之成为区域经济的"增长极"，同时不可避免地导致不均衡，但当这种不均衡所产生的增长极达到经济高度发展阶段时，就会产生"涓滴效应"，生产力的分布就会趋于分散和均衡化，导致区际的经济成长差距逐渐缩小，达到相对平衡发展。

物流园区作为商品集散和加工的中心，以其基础设施先进、技术和资金力量雄厚、交通信息发达等区位优势，与周边地区存在着不均衡。这种不均衡吸引和拉动着周边地区经济要素和经济活动向物流园区城市聚集，从而形成城市经济累积性集中成长，形成城市经济"增长极"。从长远看，物流园区的经济效应会向周边地区辐射，从而达成其所在城市与周边区域的经济均衡化，这就是物流园区发挥的"涓滴效应"。

19.3 物流园区规划思路及基本原则

19.3.1 物流园区的规划思路

目前，我国物流产业的发展正处在起步阶段，积极培育第三方物流企业和规划建设现代物流园区是推进我国现代物流发展的两大主题，也是先进发达国家发展现代物流产业的成功经验。科学的规划建设物流园区有利于营建现代物流的环境，发挥整体效益，有利于改善城市的交通、生态环境、城市景观和优化城市的功能布局，增强城市的综合竞争力。王大明认为：物流园区的规划建设是一项"前期投入大，政府因素多，社会效益好，发展后劲强"的系统工程，既要按市场经济的原则运作，又要坚持政府的协调引导。

物流园区是现代物流业发展到一定阶段的必然产物。在我国物流发展刚刚起步的阶段，关于物流园区的规划思路，一般认为要按照建设有中国特色的社会主义理论，一切从本地区的实际出发，从市场需要出发。按照这一原则，首先要注意抓好园区的功能定位。是建自用型、定向型、陆路交通枢纽型、产业聚集型、功能提升型还是综合服务型，一定要依据自身的特点而定，有个明确的建设目标；其次是建设规模，也不能一概而论。既不能盲目斥资建大的、建全的，也不能不顾市场的需求和发展，而建小的，造成资源浪费。

物流园区规划首先应与城市总体规划和用地布局保持一致，符合城市产业空间布局和产业结构调整需要，满足地域合理分工与协作的要求。对外交通迅速、便捷是物流园区选址的基本条件，物流园区至少应有两条以上的交通运输方式。道路货运是物流园区接送货物的主要方式，因此，物流园区应分布在交通枢纽附近，靠近交通主干道出入口，交通区位优势明显。物流园区周边的工业区和市中心密集的商业区是物流园区的主要受货、供货和配货对象。靠近市场、缩短距离、供货迅速是物流园区，特别是配送中心布局的主要考虑因素。由于物流园区占地规模较大，以货运运营为主存在一定的噪声污染和环境污染，因此物流园区应设置在地价较低、交通便捷的市区边缘地带，与市区有一定的隔离。经济合理性物流园区的选址和用地规模的确定，必须以物流现状分析和预测为依据，尽量利用已有的批发用地、仓储用地及交通设施，综合考虑影响物流企业布局的各种因素，选择最佳的物流园区场地和用地规模。物流园区运营的成败与否是以最终能否吸引物流企业的入驻及发展来衡量的。因此，在选址时就应从区位条件和物流企业的区位要求出发，合理确定物流园区的功能定位，吸引同类型物流企业的进驻和运营。

物流园区规划应综合考虑宏观布局设计、基本战略定位、组织网络架构和营运策略设计等几个不同的方面。除物流中心平面分区及功能规划外，还应从如下几个层次进行设计：（1）作业层次，如储运作业的整合与标准化（托盘、储运箱与容器共同化）、配送运输作业整合（车辆共同化）、作业信息输入整合（条码化）、采购作业与订单信息传递（EDI、EOS）等。（2）作业管理层次，如库存管理、存货管理（MRP、ABC分级）、营销信息反馈（POS）与分析、出货订单排程、拣货工作指派等作业的规划管理。（3）决策支援层次，如配派车系统、配送区域规划、物流成本分析与计费定价策略等。（4）经营管理层次，如策略联盟、联合采购、共同配送等业者间的资源整合，可由产业垂直整合、水平整合，或不同行业间的整合方向进行。

19.3.2 物流园区规划的基本原则

物流园区的规划建设既要按市场经济的原则运作，又要坚持政府的协调引导，在规划建设物流园区过程中，应该坚持原则的很多，不同学者都有各自独到的看法，归结起来，主要有以下几点值得注意：

1. 科学选址原则

物流园区如何选址，一般来说取决于出于哪种考虑建立物流园区，比如，如果以解决市内交通拥挤、缓解城市压力为重点考虑建立物流园区，则将其建在城乡联结处。如果以经济效益为重点考虑建设物流园区，则可以将其建在交通枢纽地区或产品生产与销售的集散地区。我国如果根据物流园区在城市物流产业发展及物流体系中的地位和作用而对其进行分类的话，可分为综合物流园区和专业物流园区。前者以现代化、多功能、社会化、大规模为主要特征，后者则以专业化、现代化为主要特征，如港口集装箱、保税、空港、钢铁基地、汽车生产基地等专业物流园区。专业物流园区选址只要符合它自身的专业要求就行，这个容易确定。对于综合物流园区的选址主要按照以下原则来确定：（1）位于城市中心区的边缘地区，一般在城市道路网的外环线附近；（2）位于内外交通枢纽中心地带，至少有两种以上运输方式连接，特别是铁路和公路；（3）位于土地开发资源较好的地区，用地充足，成本较低；（4）位于城市物流的节点附近，现有物流资源基础较好，一般有较大物流量产生，如工业园区，大型卖场等，可利用和整合现有的物流资源；（5）有利于整个地区物流网络的优化和信息资源利用。

2. 统一规划原则

物流园区功能的发挥，需要很多政策、社会设施等宏观因素和条件的指导和支持，这些职能都必须由政府出面积极推动甚至实施。政府在物流园区的规划建设中应当扮演好基础条件的创造者和运作秩序的维护者的角色。特别在全国运输大通道的格局下，建设物流园区需从宏观经济出发，对国内外市场的发展和货物流通量等情况进行认真的调查分析和预测，根据长远和近期的货物流通量，确定物流园区长远和近期的建设规模。同时对物流企业、交通运输设施等的分布和发展现状也要做好调查。在充分掌握第一手材料的基础上，搞好物流园区的规划。这要求政府具体问题具体分析，按照区域经济的功能、布局和发展趋势，依据物流需求量和不同特点进行统一规划，尤其要打破地区、行业的界限，按照科学布局、资源整合、优势互补、良性循环的思路进行规划，防止各自为政、盲目布点、恶性竞争、贪大求洋，避免走弯路、误时间、费钱财。

3. 市场化运作原则

规划建设物流园区，既要由政府牵头统一规划和指导协调，又要坚持市场化运作的原则。应该按照"政府搭台，企业唱戏，统一规划，分步实施，完善配套，搞好服务，市场运作"的企业主导型市场化运作模式进行规划，政府要按照市场经济要求转变职能，强化服务。逐步建立起与国际接轨的物流服务及管理体系。物流园区的运作以市场为导向，以企业为主体，在物流园区的功能开发建设、企业的进驻和资源整合等方面，都要靠园区优良的基础设施、先进的物流功能、健康的生活环境和周到有效的企业服务来吸引物流企业和投资者共同参与，真正使物流园区成为物流企业公平、公开和公正地竞争经营的舞台。

4. 高起点现代化原则

现代物流园区是一个具有关联性、整合性、集聚性和规模性的总体，其规划应该是一个高起点、高重心的中长期规划，并具有先进性和综合性。因此规划现代物流园区必须瞄准世界物流发展的先进水平，以现代化物流技术为指导，坚持高起点现代化。物流园区必须以市场为导向，以物流信息管理系统的建设为重点，以第三方物流企业为主体，成为现代物流技术的研发、应用或转化的孵化基地。

5. 柔性化原则

针对我国目前现代物流产业发展还不够完善、人们的认识还不够深入的情况，现代物流园区的规划应采取柔性规划，突出规划中持续改进的机制，确立规划的阶段性目标，建立规划实施过程中的阶段性评估检查制度，以保证规划的最终实现。

6. 风险预防原则

由于现代物流园区的建设投资大、周期长、效应长、建设风险大，因而必须有合理的"风险评估报告"，通过定性、定量结合的风险评估，真正建立一套科学的投资决策机制和项目风险评估机制，提高规划的科学性和可行性，并起到风险预防的作用。

7. 人才优先原则

物流园区的建设规划是非常复杂、非常庞大的工程，涉及的专业领域也很广泛，必须有众多的各种类型的专家型人才参与才能妥善地完成。所谓专家型人才，是在某个领域积聚了多年经验、在理论上有一定造诣、有一定技术专长的人员。他们各有专长，但都不是万能的。如按专业划分，有土建专家、机械专家、计算机专家等。在项目进行的不同阶段，应该让不同类型的专家发挥作用。比如，在决策阶段，可以更多发挥进行宏观研究的经济学家的作用；在规划设计阶段，可以更多发挥技术专家的作用；在施工阶段则应该由工程专家唱主角。如何将众多的专家有效组织起来，是领导部门的艺术。

随着我国经济的持续发展以及全球经济一体化进程的推进，现代物流业正成为推动我国国民经济发展的支柱产业，成为经济高起点发展的新的增长点。物流园区是现代物流系统中的重要节点。目前，物流产业发展规划正在全国各地展开，规划和建设时还要注意充分利用和整合现有的物流资源，深入系统地探讨我国物流业发展中的各种问题，要按照经济合理、环境合理、功能突出、适度超前的原则，规划建设物流园区，实现物流在货运枢纽的合理组织和高效集散，形成高效、快捷的物流配送、转运体系。要总体规划、有序推进、分步展开，防止物流园区建设中的重复布点、重复建设和一哄而上的现象。要根据实际情况，按照政府规划先行、基础设施配套、企业为投资主体的原则，积极探索政府型、企业型及政企合作型的多种物流园区开发模式。

19.4　国外物流园区的建设与运营模式

在各国物流园区的建设模式上，与各国经济发展的特色有很大的关系。如崇尚"自由经济"的美国，倾向于依靠市场的力量，物流业的发展基本上是靠企业在市场上运作，尤其在 20 世纪 80 年代以前，对物流业基本没有干预，80 年代后期也只限于成立管理机构与放宽管理政策等间接手段，对物流设施的建设没有过多的干预和引导。后起的市场经济国家，如日本、德国则更倾向于政府的适度干预和对物流业发展的规划和引导。对于我国来说，还处在社会主义市场经济的初级阶段，所以日本和德国物流园区的建设和运作模式对我国来说更有借鉴意义。

19.4.1　日本物流园区的建设与运营模式

日本政府十分重视物流园区的建设，将物流园区视作日本物流业发展的"切入点"和提高综合国力的重要途径。日本政府是日本物流园区的建设主要推动力量，日本物流园区大多由政府以很低的价格将土地卖给开发集团，并由若干私营集团、株式会社向银行贷款建造。日本物流园区的建设运营模式一般如下：

（1）日本政府（包括通产省、运输省、农林水产省、建设省、经济企划厅）对物流团地进行统一规划，制定全国性的物流政策，并确定对象城市，然后对有关流通业务的城市进行设施配备。

（2）对象城市里的物流团地规划由府县的知事等从省市的整体利益出发，制定物流园区的数量、位置、规模、功能等。

（3）对象城市的市政府在确定市政规划时，就注意在城市的边缘地带、城乡结合部附近，预先保留一块空地，作为未来配套建设物流团地的基地。

（4）将物流团地内的地块分别以生地的价格出售给各个不同类型的物流行业协会。协会以股份制形式在协会内部招募资金，用于土地的购买和物流设施的建设，不足的部分政府可提供低息贷款，同时成立专业的公司来负责此事。

（5）政府加快对规划的物流园区的交通配套建设，为物流团地提供一个良好的交通环境，同时，物流团地周边交通环境的改善，可以帮助物流团地提升地价，从而使投资者获得丰厚的回报。

（6）物流团地建成后，将成立专业的公司负责物流团地的管理。协会中的出资会员也可以按照自己的业务水平向专业公司承租物流设施，并可享受低于市场价的优惠价格。这样一方面保护了协会中投资者的利益，另一方面又避免了协会成员的相互竞争，使物流设施得到充分利用。

19.4.2　德国物流园区的建设与运营模式

1. 联邦政府统一规划

德国联邦政府在广泛调查生产力布局、物流分布特点、物流需求特点的基础上结合全国的基础设施规划，对全国的物流园区的建设进行统一布局，确定其规模及未来发展。同时为引导地方各州、市按照联邦政府的统一规划进行物流园区的建设，德国的交通主管部门还给予规划的物流园区以资助或贷款担保。

2. 州政府、市政府负责物流园区的扶持

德国物流园区的建设并非单纯以赢利为目标，充分实现园区的公共服务职能才是首要的考虑因素。所以，在物流园区的建设中，地方州、市政府扮演了重要投资人的角色。以

德国中部图林根州，ERFURT 图林根物流园区为例，其建设投资比例为：市政府占42.5%，州经济开发部占35.5%，联邦铁路占14.7%，行业协会占7.3%。

3. 企业化经营管理

虽然德国政府认为物流园区的建设更多的是公益性质，但是并非不考虑园区的效益和运作效率。所以，德国物流园区运营管理经历了公益组织管理到企业管理两个阶段。投资者会委托专业的物流园区企业来负责园区的建设（如生地购买、基础设施及配套设施建设）及建成后的地产出售、租赁、物业管理和信息服务等。以德国不来梅物流园区为例，在进行物流园区的建设时，由不来梅州政府的经济部、交通部、海关、工商部等部门的人员组成"经济促进公司"，经济促进公司是私营的事业单位，进入公司的人员失去公务员身份。经济促进公司负责物流园区的基建工作，主要负责物流园区的"三通一平"和与物流园区相连的公路、铁路的基础设施的建设工作；还代表州政府负责物流园区的招商工作，进入物流园区的企业承担地面以上的建筑、设施的建设。

同样入驻园区的企业也实行自主经营，照章纳税，依据企业的业务需要建设相应的物流场所（如仓库、堆场、转运中心、流通加工中心），配备相关的机械设备和辅助设施。

【专栏 19.1】

日本、德国物流园区建设运营模式比较

	日本	德国
建设模式	政府统一规划集资，行业协会组织投融资，企业自主经营	联邦政府统筹规划，州政府扶植建设，企业自主经营
融资模式	政府低息贷款，生地买卖差价	各级政府出资扶持为主，信用借贷和企业投资为辅
园区管理机构	园区企业组成的联合会	有限公司与公益组织进行管理
代表园区	东京和平岛、葛西、板桥和足立四大物流园区	不来梅物流园区

19.4.3　国外物流园区的赢利模式分析

在日本和德国，建设物流园区主要是为了提供公共服务，减轻城市环境压力。但是在物流园区的运营时，并非不考虑物流园区的效益，在充分发挥其公共服务的基础上，尽量实现资金的平衡甚至盈余。总结日本和德国物流园区的赢利方式主要是以下几个方面：

1. 地价的升值

物流园区建设的初期，主要是由政府投资，其他物流行业协会机构或企业参股，政府以生地的价格卖给其他投资者，并完善园区周边的交通环境，与投资者一起委托专业的开发公司来进行物流园区基础设施的建设，物流园区周边环境的改善、物流园区基础设施的建设以及政府优惠扶持政策，必然会提升物流园区的地价，投资方也就可以从中获取

利润。

如德国 1985 年开始建设的不来梅物流园区，由不来梅州政府通过直接投资和土地置换的方式对物流园区投资。物流园区的原址是一片盐碱地，州政府从当地农、牧民手中以每平方米 6~8 马克的价格征用土地 200 公顷，由"经济促进公司"负责物流中心的基建和招商工作，将土地变卖或租用给物流园区的企业。第一阶段，每平方米卖 30 马克，每平方米土地租金为 4.29 马克（租用 30 年后再签协议）；第二阶段，只卖不租，每平方米土地卖 50 马克；第三阶段，每平方米土地卖 70 马克；现有的 200 公顷土地全部卖出或租出。

2. 租金

物流园区的租金是物流园区的另一利润来源，物流园区将园区内的场地向物流企业出租，承租企业按照自身需要进行相应的库房、堆场、车间配备相关的机械设备和附属设施，并交纳相关费用。在日本，如果是集资企业的物流企业，物流园区将以低于市场价的优惠价格进行出租，对其他企业一律按照市场价进行出租。

3. 服务费用

物流园区除了为物流企业提供物流设施和场地的出租外，还可以为物流企业提供市场信息、市场展示、物流咨询等服务，并从中收取一定的服务费用。

19.4.4 物流行业协会的协助作用

在国际上，物流行业协会组织主要有三个层次：一是区域性物流行业联合会，如由欧洲物流协会（ELA），它是由 36 个欧洲国家物流行业协会组成的，目前已有 5 万多个会员[①]；二是各国的物流行业组织，如意大利物流协会（Ailog）；三是地区性或专业性物流协会（HIDC）等。虽然物流协会的名称和组织形式各不相同，但物流协会的职能一般主要有以下几个方面：

1. 引导促进

物流协会通过各种各样的调查形式，对物流行业的相关状况进行分析，掌握整个行业的发展状况，从而对整个物流行业的发展起一个引导作用。如欧洲物流协会组织物流企业调查问卷，跟踪和分析欧洲物流产业的发展状况，结合世界物流产业发展趋势，引导和促进整个行业的发展。

2. 咨询服务

物流协会可以利用其具有的专业人才优势，为从事物流行业的人员提供相关咨询服务。如荷兰国际物流配送协会，专门提供配送中心选址、规划、经营等方面的咨询和信息，帮助成员企业降低物流成本、提高效率，促进本企业的发展。

3. 教育培训

物流协会利用其人才和科教优势，为成员或有需要的企业及人员提供相关物流教育培训，教育培训是各国物流协会最重要的职能之一。欧洲各国物流协会的主要教育培训活动

---

① 国务院发展研究中心物流产业发展政策赴欧考察团. 政府与行业协会在物流产业发展中的作用. 中国物资流通，2001（10）：10.

包括：组织和提供初、中、高级物流管理，应企业要求组织相关培训活动，为各大学相关专业的学生提供奖学金计划等。目前，欧洲各物流协会的物流课程设置、教学大纲基本上采用的是欧洲物流协会开发和制定的物流教育培训标准，并形成了相应的物流从业资格制度，受到欧洲物流行业的欢迎和认可。

4. 行业规范的制订

物流行业协会通过与相关科研机构和政府部门的合作，参与制定多种物流行业标准。如欧洲物流协会与欧洲标准化委员会（CEN）及各种标准化研究机构合作，参与制定了多种物流行业标准；并与 CEN 合作，编写物流词典，规范物流用语。

5. 联络交流

一是建立与政府的对话机制和交流渠道，反映行业的呼声和利益要求，积极寻求政府对物流产业发展的支持；二是利用研讨会、组织专项研究活动等，促进物流产业内部的交流与合作。

19.4.5 国外物流园区发展的启示

1. 政府的主导作用

纵观国外物流园区的发展历程，尤其是后起市场经济国家的德国和日本，无论是在物流园区的规划还是建设运营上面，无不体现着政府的大力支持。基本上遵循中央政府进行全国的物流园区统一规划，然后由地方政府和其他投资方委托专业公司进行物流园区的建设和招商，最后由专业企业进行市场化运作。

政府对物流园区的统一规划，有利于从整体的角度发挥区域的整体效益，形成分工合理、优势互补、层次分明的物流体系，同时减轻环境的压力；政府对于物流园区资金和政策的支持，有利于减轻民间投资方的负担，吸引物流企业在物流园区的入驻，加速物流园区的建设和发展。由此可见，在物流园区的建设中政府的主导作用是不容忽视的，是物流园区发展的重要条件。

【专栏 19.2】

美国、德国、日本园区建设管理机构职能

国家	政府管理机构	民间物流组织
美国	美国政府依旧按照原来职能对物流各基本环节进行分块管理，不存在对物流实行集中统一管理的专职政府部门	美国的民间物流组织不带管理性质，而是由对物流管理有兴趣的人士组成的学术组织。如倾向于物流学术研究的美国物流管理协会（CLM）
德国	以德国为代表的大多数的欧洲国家没有成立专职的政府机构对物流进行管理	1993 年成立的德国物流中心协会，是由不莱梅物流园区牵头组建的，负责物流方面的经验交流、业务咨询、寻求合作伙伴等

国家	政府管理机构	民间物流组织
日本	为了实现对物流的集中统一规划和管理，成立了专门的中央综合物流施政促进会和相应地方机构	日本物流系统协会（JILS），除了进行物流的学术研究外，还在政府的引导和授权下参与物流管理工作

2. 政府前期推动，企业为主体开发运作

从国外物流园区发展经验来看，政府在做好物流园区的前期规划和投入的基础上，下一步的园区开发建设应该以企业为主体。以有实力的投资开发企业为主体，考虑园区中、长期目标的不同阶段的战略规划，进行分期开发。园区内企业应该坚持以市场为导向来进行运作，当整个物流园区的试运营进入正常发展轨道后，政府可以有步骤地从一个物流园区统筹者、规划者的角色推出，最终实现物流园区的市场化运作。

3. 园区企业优势资源整合

从整个物流园区发展的角度来看，可以借鉴美国建立战略合作伙伴关系实现园区内企业强强联合和优势互补，使园区内物流业务在时间、空间上达到最佳状态，从而形成"快速、优质、高效"的物流配送体系。园区间亦可进行分工协作，发挥行业和地区物流特长，形成物流园区间的优势互补和资源整合。

4. 民间协会的协助作用

纵观国际上的物流协会组织，对本国的物流行业的发展都起着重要的推动和促进作用，是物流行业发展的加速器和推动器，物流协会在制定和推广物流行业标准、物流教育规范、物流从业人员资格认证等方面发挥着重要作用。我国政府也可借鉴欧洲物流协会的发展经验，尽快培育中国的物流行业协会。一是促进商业、物资、运输、外贸等行业协会中各物流专业委员之间的合作，鼓励它们之间的联合，以尽快形成全国性的物流行业组织；二是参考欧盟的做法，赋予协会一些职责和权力。

19.5　我国物流园区发展模式分析

19.5.1　我国物流园区发展概况

2014 年 9 月国务院印发的《物流业发展中长期规划（2014—2020）》明确将物流园区工程列为五大工程之一，要求在严格符合土地利用总体规划、城市总体规划的前提下，按照节约、集约用地的原则，在重要的物流节点城市加快整合与合理布局物流园区，推进物流园区水、电、路、通讯设施和多式联运设施建设，加快现代化立体仓库和信息平台建设，完善周边公路、铁路配套，推广使用甩挂运输等先进运输方式和智能化管理技术，完善物流园区管理体制，提升管理和服务水平。结合区位特点和物流需求，发展货运枢纽型、生产服务型、商贸服务型、口岸服务型和综合服务型物流园区，以及农产品、农资、钢铁、煤炭、汽车、医药、出版物、冷链、危险货物运输、快递等专业类物流园区，发挥物流园区的示范带动作用。海南省在"十三五"规划期间重点打造和发展六大物流园区：海口美安物流园区（综合服务型）、澄迈金马物流中心（货运枢纽型）、洋浦物流园区（生产服务型）、三亚综合物流园区（综合服务型）、东方物流园区（生产服务型）和海南湾岭热带农产品物流园区（生产服务型）。《深圳市现代物流业"十三五"规划》明确提出，依托海港、机场、铁路、高速公路四类重要的物流通道，服务物流的干线运输、仓储、中转及分拨，布局"2+2+4"的物流枢纽节点体系，重点建设东部港区物流园区、西部港区物流园区两个依托集装箱枢纽港的物流功能节点，建设机场南综合货运枢纽、平湖综合物流枢纽两个依托空港及铁路的物流功能节点。《湖南省"十三五"物流业发展规划》，明确"十三五"期间的"一核三区多园六通道"物流发展布局，"多园"布局要求服务国家级新区、国家级经济技术开发区、高新技术开发区、综合保税区和特色产业园区，配套建设一批物流园区，重点建设2~3家国家级示范物流工程，支持建设20家省级示范物流园区。《江苏省"十三五"物流业发展规划》提出重点建设园区示范工程，着力培育一批辐射带动能力强、技术水平先进、集散能力突出、公共服务完善的示范物流园区，推动园区在多业融合、多式联运、共同配送、智慧物流、公共平台等领域开展试点示范，形成物流产业发展的创新试验区。在南京、苏州、连云港、徐州等枢纽城市，重点培育一批物流组织化和集约化程度高、集聚辐射能力突出、对"一带一路"建设和长江经济带战略实施具有重要支撑作用的综合物流园区，并努力打造成在全国具有影响力的国家级示范物流园区。在大宗商品、汽车、电商快递、农产品等领域，重点培育一批产业特色明显、专业物流能力强、行业配套功能全、对产业转型升级具有重要推动作用的专业物流园区。

中国物流与采购联合会、中国物流学会编制的《第五次全国物流园区（基地）调查报告（2018）》（以下简称《报告》）显示，全国符合本次调查基本条件的各类物流园区共计1638家，比2015年第四次调查数据1210家增长35.37%。3年间，我国物流园区个数年均增长10.7%。分省区来看，物流园区总数最多的前三名分别为山东（117个）、江苏（102个）和河南（97个）；运营园区数量最多的前三名分别为江苏（91个）、山东（86个）和浙江（70个），目前基本形成了全国从南到北、从东到西的物流园区建设发展局面，特别是以深圳、广州为代表的珠江三角洲地区、上海、北京、青岛、武汉、长沙等经济发达地区和城市的物流园区建设步伐加快。

各地在物流园区建设上的"大手笔"，已部分显现成效。2019年4月《中国城市发展潜力排名：2019》研究报告根据"基本面+市场面"两个层面27个指标分析，长三角、珠三角、京津冀发展潜力居前，产业创新实力领先，2018年长三角GDP达17.9万亿元，是中国经济最具活力、城市层级结构最合理的城市群，2018年珠三角人均GDP达12.9万元，居中国五大城市群首位。这些成绩的取得和物流的发展，与物流园区的崛起密切相关。据统计，这两个地区的传统运输、仓储、货运代理、商贸和邮政等与物流相关的产业，增长速度普遍超过了GDP的增长。

19.5.2 我国物流园区的战略定位

物流园区的战略定位是关系到园区的成长和发展的关键环节。我国大多数物流园区的建设存在着较大的盲目性，缺乏明确的定位，我国一批物流园区出现了无企业入驻、无业务经营的局面。据统计，我国现阶段物流园区的空置率达到了60%，出现这种现象的一个重要原因就是园区的战略定位不明确或者不合理。

根据对我国物流园区的资料的搜集总结，可以发现，影响我国物流园区战略定位的因素很多，一般是由区域或城市的经济发展现状、城市的规划布局、园区所处的地理位置、交通发达程度、园区辐射区域的物流需求和物流量、服务对象企业的空间布局等因素决定的。

在当前物流园区建设高潮中，物流园区的战略定位尤其重要，在进行物流园区的建设中，应首先考虑区域经济的特点是否适合发展物流园区。从宏观经济的角度来看，物流园区应建设在经济中心城市、交通枢纽和工商业组织的中心地区。而且，从区域经济关系及经济组织特点、物流发展趋势和物流园区的总体功能考虑，中心城市应需要相应的物流组织功能区，即规模化的物流园区。

从微观的角度来考虑，园区的投资者和规划者在园区建设开工之前，还应当进行必要的、细致的调研工作，例如可以参照国外物流园区的发展经验，展开区位选择和空间布局设计，详细调研区域的市场特点、货物的输入输出总量、货物的进出种类、当地的物流企业和商贸及制造企业情况等因素，这些因素的有效把握都有利于未来园区的正确定位。

以浙江传化物流园区的建设为例，浙江传化物流园区位于浙江萧山经济开发区沪杭甬高速公路出口处，占地560亩，总投资3亿元人民币，于2003年4月18日开业运营。传化物流园区按照现代物流园的要求进行规划与建设，定位于服务周边制造业和商贸业，它集交易中心、信息中心、运输中心、仓储中心、配送中心、转运中心及配套服务功能于一体，是杭州湾、长江三角洲地区一个重要的公共物流运营基地。它的建成与投入运行为该区域内工商企业和物流企业提供了一个优质的综合性的物流服务平台，通过两年多时间的运营，已经有效地提升了当地的物流效率，优化了区域投资环境，并将继续对该区域的经济发展起到重要的推动作用。

19.5.3 我国物流园区功能分析

物流园区的功能归结起来，也就是物流园区在我国、区域、城市等范围内发挥什么作用的问题。物流园区是物流设施的集中地和物流企业的聚集地，由于物流设施本身的功能差异和物流园区战略定位的不同，物流园区的功能也就不同；而物流园区服务对象和区域物流组织的特点不同，物流园区的功能也不尽相同。例如，就深圳市规划的六个物流园区来说，其功能定位就各不相同。

【专栏 19.3】

深圳市物流园区功能定位①

园区名称	类型	功　　能
笋岗-清水河物流园区	市域配送中心型	充分发挥深圳与香港一水之隔的地理优势和广九铁路直通园区的交通优势，建成中心城区配送、专业市场、第三方物流等综合物流园区功能。重点培育家居超市、汽车零配件交易市场、轻工产品市场、医药港、冷冻食品配送中心、生鲜农产品加工配送中心、文化传播市场等七大专业市场
盐田物流园区	枢纽型	具有存储、配载、运输方式的转换以及物流信息服务等多种功能，园内的企业以制造商、仓储公司和货运公司为主。主要具备国际集装箱中转、仓储、拆拼、加工、海关查验等功能
航空物流园区	航空枢纽型	该园区以拓展国内货运为基础，重点突破国际货运。通过吸引众多航空公司、货运代理、物流企业及相关经营者的共同参与，形成依托华南，连接东南亚、欧美等国家和地区，辐射内地的区域性货运枢纽港
平湖物流园区	陆路转运枢纽型	不仅是依托铁路作为发展公铁联运、海铁联运的中转物流基地，同时也是作为珠江三角洲及京九铁路沿线货物的产品配送、货物集散、集装箱转运中心
前海湾物流园区	综合型	主要依托未来的大铲湾港区、深港西部通道以及平南铁路，加快西部港区资源整合，重点发展港口及陆路散杂货集散、集装箱中转、加工、转运和配送等服务
龙华物流园区	综合型	为服务口岸、连接香港和深圳并辐射珠三角和内陆地区的国际集装箱多式联运中心。其主要功能为出入境集装箱接驳、物流中心和配送、进出口货物代理、集装箱还箱点、信息管理以及相应的支持系统服务等

物流园区的功能也大致涉及两大方面：

1. 宏观物流服务与管理功能

宏观的物流服务与管理功能主要是从区域或者城市整体功能发挥的角度来阐述的，主要包括两个方面：

（1）区域或者经济中心城市的物流组织与管理基础功能

物流园区一般布局在物流量需求较大、交通设施比较发达的地方，也就是我们所说的经济中心区域或者中心城市。经济中心区域或者中心城市可以是工业生产为主的，可以是

---

① 通创物流咨询有限公司课题组．中国物流园区发展模式．北京：中国物资出版社，2004：35-36.

商贸流通为主的，也可以是港口枢纽类型的，通过建设物流园区，将物流中心、配送中心、运输枢纽设施、运营组织及管理中心和物流信息管理中心等在内的适应区域或城市物流组织与管理需要的物流基础设施和物流企业进行集中规划建设，对物流组织与物流设施实施集中的布局与管理，有利于城市整体功能的发挥，更好地服务于城市物流活动。

（2）依托基础功能的物流服务功能

物流园区是提供物流服务的地方，物流园区通过物流设施的集中建设和物流企业的聚集，为辐射区域内的城市居民消费、企业的生产、运输以及销售、区域生产组织的各种物流活动提供物流服务。

2. 微观的物流服务功能

物流园区的微观物流服务功能是指，物流园区内物流企业提供的基础物流服务功能，即货物运输、分拣包装、储存保管、集疏中转、货物配载、信息服务、业务受理、商业展示、通关保税等功能。这些都属于园区的具体服务功能，是组成物流园区功能的重要基础。

19.5.4　我国物流园区的类型分析

通过对物流园区的功能分析，从满足区域或城市物流需求的角度，我们可以将我国的物流园区归纳为以下几个类型：

1. 区域物流组织型园区

这种类型的物流园区是为了满足所在区域的物流组织与物流管理的需要，同时也是为大多数人接受的物流园区。如深圳市积极建设的港口物流园区、陆路口岸物流园区、综合物流园区，上海正在建设的三大物流园区，青岛市规划建设的国际物流园区，广州规划建设的五大物流园区，京港合作开发的北京物流基地，以及厦门、南昌、泰兴、长春等城市规划或正在建设的物流园区等，均属于这种类型。

2. 商贸型物流园区

商贸物流园区一般布局在以商贸业为主的中心城市或者区域，在功能上主要是为所在区域或城市的特定商品贸易活动创造集中交易的平台，并为其提供区域运输、城市配送服务。具备商贸流通功能的物流园区主要有中欧商贸物流合作园区、佛山城北商贸物流园区、湖南浏阳医药物流园区、深圳 IT 产品物流基地、深圳笋岗物流园区、广东西樵纺织品物流基地、广东韶关亿华商贸物流园、广东高州物流基地、武汉商贸物流基地、浙江传化物流基地、成都中汽西南汽配物流基地等。总体上分析，商贸流通物流园区基本位于传统、优势商品集散地，对扩大交易规模和降低交易成本具有重要作用。

3. 运输枢纽型物流园区

顾名思义，这种类型的物流园区一般布局在交通条件较好的地点，是依托交通枢纽为客户提供物流服务的园区。物流园区作为物流企业相对集中的区域，从运输组织与服务的角度，通过园区的信息管理和有效调度，可以实现规模化运输，反过来，规模化进行运输组织也就为物流组织与管理活动的集中创造了基础条件。因此，建设专门的运输枢纽型的物流园区，形成区域运输组织功能也是物流园区的重要类型之一。对物流园区的功能进行分析，属于运输枢纽型的物流园区包括双流空港物流园区、海南澄迈金马物流中心、重庆国际物流枢纽园区、普洛斯空港国际航空物流枢纽航港基地、甘肃（兰州）国际陆港多式联运物流园、深圳航空物流园区、大连鑫码头物流基地、大连国际物流园区、北京空港物流园区、广东南海三山国际物流园区、上海洋山深水港物流园区、温州港物流园区、徐州香山物流园、南昌进出口物流园区等。这些物流园区的主要功能是提供港口服务、水运、空运、铁路运输和公路运输的组织与服务。

4. 综合型物流园区

所谓综合物流园区是物流园区兼具以上几种物流园区的功能，即区域物流组织、商贸流通、运输枢纽和为工业生产企业进行配套等多种功能，但这种综合不一定是所有功能的综合，往往是上述诸多功能的不同组合。例如海口美安物流园区、三亚综合物流园区、甘肃酒泉智慧综合物流产业园、天津航空物流区、陕西润海综合物流园区、苏州现代综合物流园区、长沙新港物流园区、南京龙潭物流园区、合肥新站开发区物流园区、铜陵工业商贸物流园区、沈阳沈海物流园区、江阴港口综合物流园区、旅顺羊头洼综合物流园区、广州汽车物流基地、厦门同安物流基地、万州物流园区、丹徒港口物流园区、东莞常平物流园区、顺德保税物流基地、大连甘井子综合物流园区、哈尔滨龙运物流园区等都属于综合型物流园区，此外，南京王家湾物流中心在功能上也属于综合型物流园区。

19.5.5 我国物流园区规划布局分析

1. 布局原则

由对国外物流园区的分析可以得知，物流园区建设的目的起初主要是为了解决城市的交通问题，减轻城市的交通压力，同时物流园区也要考虑经济效益的因素，如物流量、地价、运输距离、成本、交通条件等。通过对我国现有物流园区的分析，可以看出我国物流园区的布局一般遵循以下几个原则：

（1）靠近交通枢纽

由于物流园区一般都有多式联运的功能，所以物流园区一般都紧邻高速公路、港口、机场、铁路编组站，最好有两种或两种以上运输方式衔接。

（2）物流通道网络

物流园区给客户提供的一个基本服务就是运输，而物流园区周边的交通网络直接影响到物流运输的效率，能否实现及时运送是物流系统服务质量的重要指标。因此，在物流园区的选址时，要综合考虑道路网分布、通行能力和交通管制情况。

（3）靠近交通主要干道出入口

在我国，公路运输是物流运送的主要运输方式，所以，靠近交通主要干道出入口，能够更便捷更迅速地完成物流运输活动，提高物流系统的运作效率。

（4）紧邻大型工业、商贸企业

物流园区是为物流客户提供物流服务的，而大型的工业和商贸企业正是物流园区的大客户，布局在大型工业、商贸企业的周边具有缩短运输距离、降低运费、迅速供货等优点。可以降低物流成本，提高物流效率。

（5）利用现有基础设施

物流园区是物流设施的集中地，为了节省成本，避免重复建设，应该优先考虑将现有的仓储区、货场改建来适应物流园区建设的需要。

（6）考虑地价因素

物流园区一般占地面积较大，为了尽量减少成本，也就不得不考虑地价的因素，地价的高低对于物流园区的选址有着重要的影响。

（7）环境因素

物流园区建设的目的之一就是减轻城市的交通压力、改善城市的居住环境，所以物流园区一般建设在远离中心城区的地方，使得大城市的流通机能、道路交通状况能够得到改善，城市机能得以维持和增进。

（8）发展空间

物流业的发展与当地的产业结构、工业布局密切相关，物流园区的选址要为相关的工业企业发展留有余地。

2. 布局特点

物流园区是对物流组织管理节点进行相对集中建设与发展的具有经济开发性质的城市物流功能区域，同时，也是依托相关物流服务设施进行与降低物流成本、提高物流运作效率和改善企业服务有关的流通加工、原材料采购和便于与消费地直接联系的生产等活动的具有产业发展性质的经济功能区。因此，我国物流园区在空间布局上主要具有以下特点：

（1）依托运输组织枢纽进行布局

物流园区往往伴随着枢纽港口、机场、铁路货站（场）、公路运输主枢纽进行布局，或直接与运输枢纽合而为一，最大限度地利用运输组织枢纽在货源集中和运输便利上的优势，以便减少装卸和搬运作业环节和降低相关关节的费用，提高物流作业效率。以交通运输方式直接冠名的物流园区均属于此种布局。

（2）依托交通枢纽进行布局

此类物流园区在空间布局上的突出特点是位于两种运输方式的线路交叉点，或不同方向的同一种运输方式的干线网络节点上，目的是在物流组织时具有各个方向上的干线大运量、快捷运输组织条件，也便于降低运输成本和减少迂回运输。区域型的物流园区和商贸流通型物流园区多采用此种空间布局方式。

（3）依托制造业或商贸业基地进行布局

经过近20年的发展，我国相当数量的经济开发、工业开发、产业园区、保税区等形成了规模，逐步成为自身具有配套生产能力，或者成为进出口加工工业的制造中心，对规模化的物流服务与组织需求较大。因此，许多物流园区依托这些产业集中地进行布局，以便为制造业的原材料采购、产品生产、产成品销售等的物流组织与管理提供便捷的服务。如苏州现代综合物流园区、顺德保税物流基地、南昌进出口物流园区、浙江传化物流基地等。

19.5.6 我国物流园区占地与投资规模分析

1. 物流园区规模确定原则

为了实现园区的功能定位，并且为园区内的企业营造一个良好的盈利环境，在确定物流园区的占地面积时，要考虑诸多因素。参见图19.1。

（1）经济合理性

物流园区在确定用地规模时，应该以客观分析物流现状和未来发展趋势为依据，同城市和区域经济发展相适应。利用社会各行业的科学统计数据，对物流现状和未来发展进行定量、定性分析和预测，按服务空间范围的大小，综合考虑影响物流企业布局的各种因素，确定最佳规模。

（2）辐射范围内物流市场需求

物流园区辐射范围内的物流市场需求是决定物流园区能否赢利的关键因素，同时市场需求的大小也决定了物流园区的规模，通过对物流市场需求的预测分析，来确定相应类别的功能设施及规模，物流园区物流供给能力要与物流市场需求相适应。

（3）内部系统性

物流园区规模的确定要坚持对内部的功能区进行合理的系统优化布局，在物流流程合理的前提下结构紧凑，尽量减少对土地的占用。

（4）适度超前

物流园区作为中心城市或区域的基础设施，占地面积较大，物流企业分布比较集中，一旦建成，难以变动。因此在确定物流园区的规模时，应该有适度的超前性。但是适度超前并不等于用地浪费，物流园区的适度超前，主要是为了引导物流节点的合理布局并提供其发展的用地保障，从而杜绝任何盲目的、与实际脱节的超前带来的浪费；同时也杜绝过于保守所造成的用地不足，无法实现预期资源整合的目的。

2．物流园区规模确定程序

物流园区规模的确定不仅要考虑多方面的因素，而且应该遵循一定的科学程序，定性定量结合，经过不断的信息反馈与修正，科学确定物流园区的规模。一般来说，物流园区规模的确定要经过以下几个步骤：

（1）区域经济分析与物流发展趋势预测

在广泛搜集区域内物流相关行业的基础资料的基础上，结合社会经济发展总体规划（城市、商业、流通等），分析现阶段物流各相关行业的经济特点，预测各物流功能要素未来发展状况，从不同角度把握物流的发展趋势和分布特点。

（2）功能设计和战略定位

在第一步分析的基础上，结合具体园区进驻企业及服务对象对物流服务的客观需求，设计物流园区的功能，划分物流园区内部不同功能分区；根据功能设计的内容和要求，研究物流园区发展战略定位、园区业务经营定位，从而明确园区经营模式、平台建设要求。

（3）规模初算

通过对未来发展中不同特性物流量分解，结合相关区域交通、基础设施规划，根据有关国家和行业标准采用定量方法，按照功能设计要求，初步计算各主要功能区的使用面积和建筑面积。

（4）方案设计

在初步计算结果基础上，合理设计物流园区运转的工艺流程；根据流程设计的结果，合理布局各功能区域的基本位置、建筑工程及作业空间布置等。

（5）方案确定

根据方案设计结果的反馈信息重新修正规模初算结果，进行方案设计的完善，对各功能区域空间布局结构进行最后调整，并将各功能区的建筑面积转化为占地面积，从而确定物流园区的总规模。

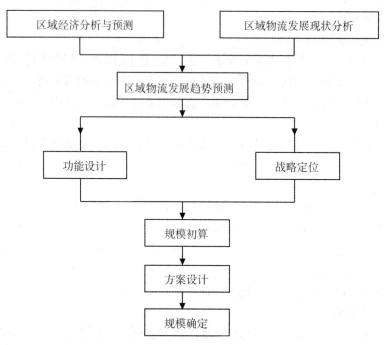

图 19.1　物流园区规模确定基本程序图

3. 物流园区占地规模确定方法

若物流园区每年的作业天数以 365 天记，则物流园区的建设总规模为：

$$S = T\alpha_1\alpha_2\beta/365$$

上式中，S 为物流园区总面积（$10^4 m^2$）；T 为预测规划目标年份全社会物流总量（$10^4 t$）；α_1 为规划目标年份第三方物流市场占全社会物流市场的比例；α_2 为规划目标年份第三方物流通过物流园区发生的作业量占全社会第三方物流作业量的比例；β 为单位生产能力用地参数（m^2/t）。

（1）T——规划目标年份全社会物流量的取值

目前，在我国全社会物流量还没有列入统计范围，缺乏统计数据，也无法从其他统计资料当中提取；并且在物流各项作业中，最为重要的环节之一就是运输。据统计，运输的成本占整个物流成本的 1/3~2/3，不论是生产企业的物流，还是流通企业的销售物流，都必须依靠运输来实现时间和空间的价值转移。运输是物流活动过程中的核心环节，所以，公式中将以目前业界最常用的指标——全社会货运量来表征规划目标年份全社会物流量。

全社会货运量的预测方法可在采用定量的方法（如一元线性回归、多元线性回归、弹性系数法）进行预测的基础上，借助专家的知识和经验进行定性的权衡，是近期、远期预测结果合理统一。

（2）α_1——规划目标年份第三方物流市场占全社会物流市场的比例

对园区辐射半径内的大量、大型和典型工业企业和商业企业进行问卷或走访调查，取得规划目标年份内这些企业规划和计划使用第三方物流比例的数据，并参照国家第三方物流市场相关统计和预测以及国际市场上第三方物流使用的比例进行权衡比较，确定 α_1 即规划目标年份第三方物流市场占全社会物流市场的比例。

（3）α_2——规划目标年份第三方物流通过物流园区发生的作业量占全社会第三方物流作业量的比例

物流园区作为多种物流设施的集结地，具有优越的地理优势，并且随着物流观念的深入和市场竞争的发展，物流园区必然会吸引大量的第三方物流企业的入驻，因此可以认为，在规划目标年份内各类第三方物流企业的业务量大都在园区内完成。同时考虑到目前和今后较长一段时间内，还存在着一定数量的货运配载市场，交易中心将会承担部分第三方物流量；未进入园区的第三方物流企业也将分流一部分，因此不是所有的第三方物流量都会进入园区。所以 α_2 应取 60%~80%，当地经济总量大，市场化程度高，物流市场需求就大，则 α_2 取值就大，如珠江三角洲；反之则取值小。

（4）β——单位生产能力用地参数

由于中国物流园区的建设还缺乏经验积累，因此单位生产能力用地参数的取值可以参照国外物流园区的建设经验。日本东京物流园区的单位生产能力用地参数取值约为 40~60 m²/t①。考虑到中国城市现今的经济发展水平及总量还比不上东京，但是按照中国经济发展的趋势来看，再过十几年有的城市可能会接近东京目前的实力，因此中国物流园区规划建设时 β 的取值要小于 40~60 m²/t。

物流园区的建设也可参考公路货运枢纽站场的布局，在公路货运枢纽站场的规划中，β 的取值为 20~40 m²/t，考虑到物流园区比货运枢纽站功能更为全面更为强大，因此物流园区 β 的取值应大一些。

综合上述两方面，物流园区规划中 β 的取值可以为 30~50 m²/t，当地的经济总量大、辐射能力强，则 β 的取值大，反之则小。

4. 我国物流园区占地规模概况

物流园区的功能和空间布局决定了物流园区的规模一般较大，否则就无法承载设施集中和服务企业集中的重荷。此外，由于物流园区的功能和服务对象、区域的物流服务需求存在较大差异，物流园区在规模上也相差较大。

目前，我国物流园区面积都比较大，一般物流园区少则几万平方米，多则几十、几百万平方米。从对国内目前已建、在建和筹建的物流园区面积来看，面积都在 100 万平方米以上，其中占地面积最大深圳的平湖物流园区就达到了 1600 万平方米，最小也在 10 万平方米以上，比方说成都中汽西南汽配物流园区（占地 195 亩），规模较大者如丹徒港口物流园区（占地 28 平方公里）、大连甘井子综合物流园区（19 平方公里）和上海洋山深水港物流园区（13 平方公里）。国内物流园区的占地面积情况见专栏 19.4。

---

① 卢川. 国外物流中心建设的一些经验和做法. 湖南大学学报（社会科学版），2002，16（3）：45-48.

5. 投资规模分析

物流园区作为大型物流节点，一般投资较大，我国物流园区的投资额一般都在亿元以上，有的园区甚至达到了几十亿元以上，但是物流园区的占地规模与投资规模并不成正比例关系。如前述的几个大型的港口物流园区，其公布的投资数量并不靠前，规划或实际的投资规模居前的分别是武汉商贸物流基地（预计投资 100 亿元）、万州物流园区（计划投资 25 亿元）、深圳航空物流园区（投资规模为 15 亿元）和哈尔滨龙运物流园区（规划投资为 15 亿元）。这种非正比例投资规模的出现，主要原因在于，占地规模较大者往往出于远期考虑和占地并非完全是物流园区实际用地，或占地用途尚不明朗。占地少投资大的物流园区，往往又包括了商贸、制造等项目的投资，或对物流园区的功能不很明确，过高估计了投资额。

总的来看，部分物流园区在占地用途上的模糊性和投资规模的不明确，的确造成了盲目发展的印象，是未来物流园区规划和建设中需要注意和解决的问题，同时，也需要国家和地方政府在相关政策上予以明确。

【专栏 19.4】

我国物流园区占地面积、物流运营面积、投资规模[1]

从调查数据看，物流园区占地面积趋于理性，总体可控。在已投入运营的园区中，实际占地面积 0.3 平方公里及以下的占 50.4%，占地 0.5 平方公里及以下的为 64%，占地 1 平方公里及以下的为 74.9%，占地 10 平方公里及以上的大型园区并不多见。通过走访调查，发现部分园区实际占地面积与规划宣传面积形成较大反差，规划中的超大型物流园区并未真正落地运营。

物流运营面积占比是指物流园区中物流运营面积占物流园区实际占地总面积的比例，包括码头、铁路装卸线、道路、仓库、堆场、雨棚、流通加工场所、货车停车场、装卸搬运场地、信息服务用地等，不包括生活配套和商务配套用地。《物流园区服务规范及评估指标》（GB/T 30334—2013）（以下简称《规范》）要求物流园区的物流运营面积占比不得低于 50%。调查结果显示，62.7% 的园区物流运营面积占比在 50% 以上。

调查结果显示，在建和运营的物流园区平均每个实际投资总额为 14.5 亿元。其中，46.9% 的园区投资总额在 1~5 亿元之间，投资在 5~10 亿元的园区占 20.5%。分经济区域来看，东部、中部、西部地区园区投资规模分布与上述整体投资分布相差不大，而东北地区园区投资规模在 5 亿元以下的占比为 72%，10 亿元的占比达 93.7%。

园区信息化及设备投资占园区投资总额的比例，可以在一定程度上反映出园区信息化和智能化发展水平。调查显示，该指标的平均值仅为 8.2%，其中 51% 的园区信息化及设备投资占园区投资总额在 5% 以下。2017 年 12 月，国家发展改革委、商务

① 资料来源：中国物流与采购联合会，中国物流学会. 第五次全国物流园区（基地）调查报告（2018）. 2018-07-27.

部联合发布的京东、顺丰、菜鸟、苏宁等 10 家"国家智能化仓储物流示范基地"中，信息化及设备投资占比均值在 25% 以上。可见我国物流园区信息化、智能化水平还有很大发展空间。

19.6 我国物流园区的开发建设模式分析

19.6.1 我国现阶段物流园区开发建设模式

物流园区的开发建设是物流园区发展的关键环节，通过对我国现阶段物流园区相关资料的分析，我国现阶段物流园区的开发建设模式主要分为自上而下模式和自下而上模式两种：

1. 自上而下模式

在自上而下的开发建设模式下，政府在物流园区的开发建设过程中扮演着重要的角色。这是因为物流园区是重要的基础设施项目，它作为一种以降低社会总成本为终极目的的基础产业，投资规模一般较大。这就需要政府给予必需的资金支持和政策支持，同时还需要建立合理的物流园区的运作秩序，政府在物流园区的开发建设中既是基础条件的创造者，又是运作秩序的维护者。政府在园区建设中始终起着关键的作用。在自上而下的开发建设模式中，由政府牵头成立专门的公司或委托专业的物流公司进行运作。

深圳平湖物流基地，就是以政府为主体自上而下开发建设模式的典型。在平湖物流基地的开发建设过程中，深圳市、深圳市龙岗区两级政府都成立了专门的领导小组，分别由市区两级的主要领导任组长，成员单位包括了市区两级的国土、规划、建设、经贸和计划统计、交通运输、海关商检等，由龙岗区平湖物流基地建设领导小组办公室代行市领导小组办公室职能，全面负责具体的开发建设工作。

在此种开发建设模式下，通过政府的资金和政策支持，可以拉动相关产业发展，降低社会总成本；解决城市功能紊乱，缓解城市交通问题，合理规划产业布局；增强城市的集聚功能，为园区辐射半径地区创造更好的投资环境。

2. 自下而上模式

随着我国经济的不断发展，生产制造企业、商贸企业和传统的运输、包装、配送等企业已日臻成熟，一些地区的物流市场需求已达到成熟的阶段，在这种情况下，在行业内比较有影响力的生产制造企业、商贸企业或物流公司联合或者独立建设物流园区，通过积聚的形式把企业内部或者是社会众多的物流资源进行有效整合，充当第三方物流的角色。这种模式大多是企业自下而上，由市场自发形成，再由政府引导和支持，这类型的物流园区一般具有很强的市场操作经验，带有明显的营利性质。

浙江传化物流园区就是这类物流园区的典型。浙江传化物流园区是由传化集团投资建设。传化集团自 1986 年创建以来，已从一个家庭作坊发展成为拥有化工、农业、物流和投资四大业务板块的企业集团。传化集团从 1997 年开始探索物流，2000 年确立现有物流平台的基本模式，2002 年开始投资建设传化物流园区，占地 560 亩，总投资 3 亿元人民币。2003 年 4 月 18 日正式开始营业，浙江传化物流园区按现代物流园区的要求进行规划与建设，它集交易中心、信息中心、运输中心、仓储中心、配送中心、转运中心及配套服务功能于一体。它的建成与投入运行为该区域内工商企业和物流企业提供了一个优质的综合性的物流服务平台，通过三年的运营，已经有效提升了当地的物流效率，优化了区域投资环境，并将继续对该区域的经济发展起到重要的推动作用。

从目前来看，我国物流园区的运作模式大多是自上而下的方式，但从发展趋势来看，随着各地物流基础设施建设的不断完善、物流市场的日臻成熟以及企业自身力量的壮大，自下而上的模式会不断增加。

19.6.2　适合我国物流园区的开发建设模式

我国物流园区开发建设模式的制定，一定要符合我国现阶段的实际情况。首先，要切合我国企业改革的发展方向，我国一直以来企业遵循"大而全，小而全"的经营模式，所以，虽然我国物流业起步较晚，但是原有的物流仓储、运输等存量资源较多，但利用率不高，且大部分属于国有资产，所以物流园区的建设要尽量以原有的基础设施为基础，重点推进已经形成物流规模和物流企业聚集地区的物流园区建设，盘活已有存量，合理发展增量。其次，政府虽然在物流园区的建设中发挥着重要作用，但是我们应该看到，我国经济发展水平不如德国、日本等一些发达国家，因此，在进行物流园区的开发建设时，政府可以多从政策支持方面着手，争取吸引外资以及民营资本的进入，采用多渠道投资和融资进行物流园区的开发建设。再次，我国现有物流管理人才较为缺乏，在物流园区的管理过程中，应注意吸引发达国家物流专业运营商的加盟。最后，我国目前以政府为主体来进行招商引资的效果并不太好，因此，应该多注重采用商业模式来进行招商引资，即委托运营商来运作，通过优秀专业的管理团队来负责园区的招商引资、运作管理。

所以，在物流园区的开发建设中，应该将所有权和经营权分离，即以"物流园区管委会+园区专业运营商"的模式进行园区的开发建设。成立物流园区的管委会，由政府授权给物流园区管委会，由管委会组织国内外公开招标，引进物流园区专业运营商，或整合园区内企业资源联合成立物流园区运营公司。

政府通过给予园区开发者适宜的优惠政策，吸引投资者来进行园区基础设施如道路、仓库等物流基础设施及装备的建设和投资。

园区管委会是政府派出机构，职责是代表政府统一负责物流园区的规划、建设以及园区运营商引进等工作。

专业运营商或运营公司按照政府制定的规划具体组织实施，采取政府宏观管理和市场运作相结合的方式独立对园区进行开发建设，其职责是：利用政府给予的优惠政策进行物流园区的招商引资；按照国际通行办法建设、管理、运营物流园区；整合现有物流资源，提升园区内物流的组织化程度。

物流园区基础设施建设基本完成后，可将园区专业运营商与物流园区管委会合并履行开发建设与管理协调双重职能，代为履行政府管理职能。见图 19.2。

在实际运用中，"物流园区管委会+园区专业运营商"的这种模式具体可分为四种。

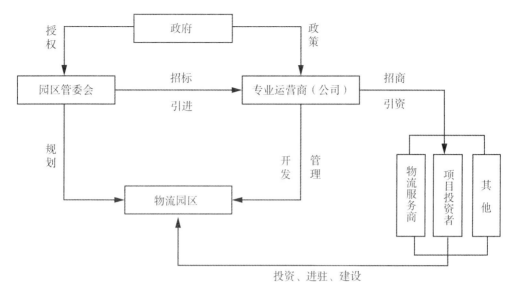

图 19.2　物流园区运作模式示意图

1. 经济开发区模式

自改革开放以来，在新技术革命浪潮的推动下，国家陆续创建了经济特区、经济技术开发区、高新技术开发区、边境经济合作区、保税区等不同类型和不同层次的开发区。它们广泛分布于沿海和内陆的中心城市，在现代化建设中发挥着重要的作用，逐渐成为当地的经济增长点。物流园区与工业园区、高新技术开发区类似，也具有"园区化"特点，包括产业一致性、物质空间相对独立性和形态完整性等，因此可以考虑将开发区模式应用于物流园区。

经济开发区模式就是将物流园区作为一个类似于目前的工业开发区、经济开发区或高新技术开发区的项目进行有组织的开发和建设，是在特定的开发规划、政策和设立专门的开发部门的组织下进行的经济开发项目。

由于物流园区具有物流组织管理功能和经济发展功能的双重特性，因此，建立在经济开发区模式上的物流园区建设项目，实际上就是在新的经济发展背景下的全新的经济开发区项目，而且以现代物流的发展特点、趋势和在经济发展中的地位和作用，物流园区无疑是构筑高效率和转变经济增长方式与增长质量的新的经济发展体系的重要组成部分。

同时，在近几年经济类开发区盲目开发和开发效率下降的背景下，物流园区的经济开发模式也要求开发者按照现代物流在中心城市、经济区域的发展规律和经济发展要求，在充分总结既有开发区项目建设和发展经验的基础上，通过更新观念和创新运作方式、管理制度，达到为中心城市寻求新的经济增长点和带动区域经济发展的目的，实现物流、经济双重发展目标。

2. 主体企业引导模式

物流园区是物流企业和工业、商业企业比较集中的区域，物流园区通过发挥自己的物流组织和管理功能，在规模化物流运作资源和技术条件支撑下，达到为工业、商业以及园区内物流企业提高物流效率、降低物流成本的目的。

主体企业引导模式主要是从利用市场进行物流资源和产业资源合理有效配置的角度，通过利用在物流产业经营和企业供应链管理中具有优势的企业，由其率先在园区内开发和发展，并在宏观政策的合理引导下，逐步实现园区范围内的物流产业的聚集和依托物流环境引进或吸引工业、商业企业在园区所在区域进行发展，达到物流园区开发和建设的目的。

企业是将来物流园区管理运营的主体，主体企业引导的物流园区开发模式以市场需求为立意点，采用了自下而上的"拉动"方式，从市场配置资源的优势分析，由于企业本身具有丰富的物流经营管理经验和较高的专业技术水平，不会造成整个园区功能上的单一与重合，同时又在这个单一功能上过分竞争的局面，整个前期规划、开发建设、营运过程具有企业的有效性优势。作为单独的一个企业能够在整体规划、功能定位与最后实现等诸多方面具有一个企业团体无法具备的洞察力与实际效率，降低了物流园区因功能定位不合理和需求不足等因素所造成的投资风险。

3. 工业地产商模式

物流园区开发的工业地产商模式，是指将物流园区作为工业地产项目，通过给予园区开发者适宜的工业项目开发的土地政策、税收政策和优惠的市政配套等综合性配套政策，由工业地产商主持进行物流园区的道路、仓库和其他物流基础设施及基础性装备的建设和投资，然后以租赁、转让或合资、合作经营的方式进行物流园区相关设施的经营和管理。

正如在本章第一节中介绍的，在美国、德国、日本这些经济发达国家的物流园区建设中，很多都是由政府作前期的规划和相关配套基础设施的建设，并提供相关的优惠政策，委托一个或多个专业实力较强的物流企业来进行园区后续的经营和管理，虽然这个企业不一定是工业地产商，但是我们可以将这种模式看作工业地产商模式的一种变形。

物流园区的开发建设就是为了建立一个良好的物流运作和管理的环境，从而提高工业、商业以及物流经营企业的物流效率，降低它们的物流成本，具有很明显的公益性质。城市或区域政府的收益来自物流园区发展对于城市或者区域整体经济规模的扩大和整体功能的提升。所以，在这种物流园区开发建设模式中，政府才会给予工业地产商以各项优惠政策甚至是资金方面的支持。

所以，这种模式要求政府正确认识物流业对于国民经济的贡献，并且，要给予物流园区的管理企业以较强的宏观支持，在提供土地和资金方面优惠政策的同时，以高效的工作效率以及良好的经济管理与运行制度体系作为保障；对于工业地产商要求具有良好的投融资能力和专业素质，并且能保证按照政府对物流园区的规划进行开发建设。

4. 综合运作模式

顾名思义，综合运作模式是对上述三种模式进行综合运用。

由于物流园区一般具有较大的建设规模和涉及经营范围较广的特点，既要求在土地、税收等政策上的有力支持，也需要在投资方面能跟上开发建设的步伐，还要求具备园区的经营运作能力的保证，因此，单纯采用一种开发模式，往往很难达到使园区建设能顺利推进的目的，必须对经济开发区模式、主体企业引导模式、工业地产商模式进行综合运用，即上述的综合运作模式。

由于各种开发模式均有相应的开发制度和机制，综合运作模式虽然是经济开发区模式、主体企业引导模式、工业地产商模式的综合运用，但决不等于这三种模式的简单相加，而是应该在考虑三种模式特点的基础上，确定一个主导模式，对园区的一些其他项目量体裁衣，有选择地采用其他模式，以保证园区建设的顺利进行。

19.7 我国物流园区赢利模式分析

在发达国家，物流园区的投资收益率为 6% ~ 8%，是基础设施型长期投资项目。收益主要来自前面介绍的土地的升值、仓库租金及服务费等。根据国外物流园区的发展经验并结合我国物流发展的实际情况，我国物流园区的赢利模式在不同的时期应该有不同的侧重点，在初始期应该着重发挥其物流基础功能，成长期应该发展其核心功能，成熟期应该挖掘其增值功能。不同类型的物流园区在不同的时期应该有不同的赢利模式，本节将重点分析仓储型物流园区、转运型物流园区、流通加工型物流园区以及综合型物流园区在不同时期的不同赢利模式。

19.7.1 仓储型物流园区

仓储型物流园区以大规模的仓库群为基础，以存储、流通加工、批发交易、配送为主营业务，所以应着重利用其仓储优势来确定赢利的重点。各时期的赢利模式见表 19.5。

表 19.5 仓储型物流园区不同时期的赢利模式

发展阶段	赢利模式	代表园区
初始期	重点争取少数几个大型客户，形成以储存、配送和批发交易功能为主的物流园区	安得芜湖物流园区：争取到美的集团和海螺型材两大客户，每年可保证 1000 万元的营业收入
成长期	建设物流信息交易中心，利用先进的信息技术发展物流配载业务	南京王家港物流园区：该园区的信息交易中心是南京第一个以先进的计算机网络技术为支撑，以物流为载体进行电子商务交易的综合物流信息中心。通过为物流企业发展配载业务，园区每年都可以获得相当可观的收入
成熟期	以园区优势项目为基础，发展物流增值延伸服务，参与客户的供应链管理	北京华通物流园区：与上海大众合作，创新采取由华通出资购买配件再卖给北京地区特约服务店的模式，实现了"双赢"

19.7.2 转运型物流园区

转运型物流园区最大的特点是具有良好的地理优势，至少处在两种或两种以上交通枢纽交汇的地区，所以，在确立赢利重点时应该着重利用其良好的地理优势，发挥其基础的与货运相关的转运连接功能。见表19.6。

表 19.6　　　　　　　　　　转运型物流园区不同时期的赢利模式

发展阶段	赢利模式	代表园区
初始期	发挥地理优势，提供仓储、多式联运等基于货物运输的基础物流服务	北京空港物流园区：园区邻近首都机场和多家出口加工区，入驻企业达150家，随着空港口岸的不断发展壮大，北京空港物流园区正在发挥其地理优势，着重发展工业品的中转业务
成长期	适应国际化需要，大力发展以保税仓储、保税展示、物流加工作业、运输配送、贸易服务以及配套商务服务活动为主的保税物流	广州保税物流园区：园区采取对大型跨国公司、大型物流企业实行即报即办，优先报验；对购买或租用广州保税区内土地或仓库的物流企业给予优惠价格等措施来发展保税物流，为园区的赢利提供了保障
成熟期	提供具有货物中转特色的增值服务，包括提供基本运输和仓储以外的包装、流通加工、分拣、配送和信息反馈等，此外还可开展覆盖全国、连接全球的物流商务平台，提供网上交易、通关代理、保险、银行支付等信息服务功能	上海外高桥物流园区：目前正重点塑造园区的商务平台，为入园企业提供增值服务功能，计划提供航运资源、航交指数、物流动态、网络营销和网上交易等服务。以加强供需双方和第三方整个物流供应链的连接和沟通，满足物流企业的运作要求

19.7.3　流通加工型物流园区

流通加工型物流园区一般承担了一部分生产加工功能，实现从厂商生产的标准产品部件到客户所需个性化产品转换衔接。所以在规划园区的赢利模式时，应基于其物品流通和生产加工的基本功能。见表19.7。

表 19.7　　　　　　　　　流通加工型物流园区不同时期的赢利模式

发展阶段	赢利模式	代表园区
初始期	建设货物的集散处理中心，发挥流通加工、配送的基本功能；利用现有设施，改建专业交易市场	笋岗-清水河物流园区：在发展初期利用现有的仓储设施，将其改造成专业的批发市场，构建了批发与零售相结合的现代采购中心。目前已形成了一个现代化的集新车销售、汽车租赁、配件供应、检测维修等多功能为一体的大型综合性汽车交易市场，累计销售汽车近3万辆，成交额近40亿元

发展阶段	赢利模式	代表园区
成长期	利用现有设施和经营优势，发展专卖和品牌特许经营	广东物资集团的汽车物流园区：在成功地开展了专业市场经营后，开始将重点转向品牌特许经营。目前其汽车物流园区已经成功开办了别克、帕萨特、奥迪 A6、捷达、美国通用、德国大众等知名品牌汽车专卖店
成熟期	进一步发挥流通加工的优势，为园区内企业提供相关增值延伸服务	广东物资集团的专业物流园区：在经营中提出"再多一道环节，再创一份效益"的经营理念。汽车市场紧扣出厂后的各个环节，开展新车销售、旧车交易、检测维修、按揭消费、缴费上牌、报废回收等一系列服务，在金属市场设立钢材剪切中心，按顾客要求进行有偿加工、汽车美容等

19.7.4　综合型物流园区

综合型物流园区是集转运、储存、加工、配送等作业集一身的多功能的物流园区。所以，综合型物流园区规模较大，投资回收期长。正因为如此，综合型物流园区的所有业务板块不能一蹴而就，而应该循序渐进。见表 19.8。

表 19.8　　　　　　　　　　**综合型物流园区不同时期的赢利模式**

发展阶段	赢利模式	代表园区
初始期	利用其占地规模大、辐射范围广的优势建立货运集散和信息交易中心，从出租费和交易费中赢利	浙江传化物流园区：该园区的交易中心总建筑面积 10758 平方米，营业用房总面积 7476 平方米，交易大厅近 600 平方米，共三层，有 300 多间商务用房，建成不到一年该园区已吸引逾 200 家第三方物流企业和 93 家第三产业的企业入驻，仅场地租金就可以收回除土地外的一般支出
成长期	进一步利用其功能优势，建设仓储配送中心和流通加工中心，为客户提供个性化的服务	深圳平湖物流园区：其国内综合物流园区占地 2.6 平方公里，以市场信息、产品配送、多式联运、商品交易五位一体的模式发展国内物流。目前已吸引了数万家百货配送中心、深圳商品配送中心等商业企业落户，为客户提供个性化的仓储配送和流通加工服务

续表

发展阶段	赢利模式	代表园区
成熟期	利用其人才和技术优势，发展物流培训、拓展电子商务等业务，从增值服务中创收	传化物流园区：在主体业务之外，还计划发展一系列的增值业务，利用已有资源，与相关院校、专业咨询机构联盟开展物流教育培训；与国内、国际大型物流企业、工商企业联盟，发展网上商城业务，拓展电子商务功能

总之，物流园区的赢利模式与物流园区的功能定位直接相关，同时也与物流园区的不同发展阶段直接相关。因此，我国在物流园区的建设上要充分认识物流园区的类型、功能和所处的发展阶段，根据其特点，采用不同的方式开发建设物流园区，使物流园区健康发展。

小 结

本章针对物流园区进行了专题介绍。主要包括：物流园区的基本概念，物流园区的相关理论，物流园区规划思路及基本原则，国外物流园区的建设与运营模式，我国物流园区发展模式分析，我国物流园区的开发建设模式分析及我国物流园区赢利模式分析等内容。

思 考 题

1. 试阐述物流园区、物流中心、配送中心的区别。
2. 物流园区的类型有哪些？
3. 试分析物流园区对区域经济发展的作用。
4. 试阐述物流园区规划的基本思路。
5. 试阐述物流园区规划的基本原则。
6. 试分析物流园区的战略定位和功能定位。
7. 物流园区占地规模是如何确定的？
8. 试分析物流园区的建设模式。
9. 试分析物流园区的经营模式。

第二十章　物流产业未来的企业组织形态

物流高质量发展不仅是经济高质量发展的重要组成部分，也是推动经济高质量发展不可或缺的重要力量。物流业增长率由过去远远高于同期 GDP 增速转变为低于 GDP 增速，意味着国民经济对物流业的要求已不再是规模扩张，而是提升物流服务能力，提升产业基础能力和产业链水平。顺应高质量发展要求，近年来我国物流产业发展呈现许多积极变化和新的趋势。基于全产业链的服务，在先进技术和现代物流组织方式的融合过程中，物流产业未来的企业组织形态已初现雏形，向整合性平台和供应链管理方向发展的趋势进一步显现。

本章主要介绍物流产业的六大发展趋势、物流产业未来的企业组织形态。

关键词： 快递业（expressdelivery industry）　电子商务（the electronic commerce）融合（integration）　物流金融（logistic finance）　技术创新（technology innovation）整合性平台（integrated platform）　供应链管理（supply chain management）　企业组织形态（enterprise organization form）

20.1　物流产业的发展趋势

20.1.1　快递业正进入融通变革的 3.0 阶段，快递企业将加速向综合物流服务商转型

1. 我国快递业正保持着高位稳速运行的势头

快递业是现代服务业的重要组成部分，是物流产业的生力军，是推动流通方式转型、促进消费升级的现代化先导性产业。近年来，我国快递业发展迅速，企业数量大幅度增加，业务规模持续扩大，服务水平不断提升，在降低流通成本、支撑电子商务、服务生产生活、扩大就业渠道等方面发挥了积极作用。2020 年新冠肺炎疫情发生以来，邮政快递业坚决贯彻落实习近平总书记重要讲话精神和中央决策部署，全力做好统筹推进疫情防控和服务经济社会发展各项工作，充分发挥了在"打通大动脉、畅通微循环"方面的先行作用，为统筹推进疫情防控和经济社会发展作出了积极贡献。

2019 年，我国快递服务企业业务量累计完成 635.2 亿件，同比增长 25.3%，依然延续逐年跨新百亿量级的增长态势，超过美、日、欧等发达国家经济体总和，占全球包裹量超过 50%，连续 6 年稳居世界第一。2019 年增量（128 亿件）已接近 2014 年全年业务量。2019 年，我国快递服务企业业务收入累计完成 7497.8 亿元，同比增 24.2%，较上年上升 2.4 个百分点。根据国家邮政局监测数据显示，2020 年 1~10 月，邮政行业业务总量达到 16336.4 亿元，增长 28.4%；其中，快递业务量完成 643.8 亿件，增长 29.6%，超过

了 2019 年全年（635.2 亿件）。截至 2020 年 11 月 16 日，我国快递年业务量首次突破 700
亿件，从 2018 至 2020 年，快递业务量实现从 500 亿件到 600 亿件再到 700 亿件的"三连
跳"，不仅凸显了我国快递市场蓬勃活力和巨大潜力，也彰显了中国经济复苏的良好势头
和强大的消费能力，更说明了我国快递业正保持着高位稳速运行，为快递业转型升级提供
着坚实的市场底盘，稳步推动着快递业由高速增长向高质量发展转变。①

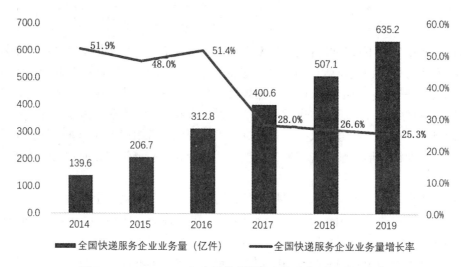

图 20.1　2014—2019 年全国快递服务企业业务量及增长率②

【专栏 20.1】

国务院关于促进快递业发展的若干意见③

《国务院关于促进快递业发展的若干意见》明确指出，为促进快递业健康发展，
进一步搞活流通、拉动内需，服务大众创业、万众创新，培育现代服务业新增长点，
更好发挥快递业对稳增长、促改革、调结构、惠民生的作用，现提出以下意见。

（一）基本原则

市场主导。遵循市场发展规律，进一步开放国内快递市场，用市场化手段引导快
递企业整合提升，鼓励企业持续提高服务能力和服务质量。进一步简政放权，发挥法
律法规、规划、标准的规范引导作用，形成有利于快递业发展的市场环境。

安全为基。进一步强化安全生产红线意识，加强寄递安全制度体系建设，落实企
业主体责任，夯实快递业安全基础。依靠科技手段创新管理方式、提升监管能力，保
障寄递渠道安全。

① 国家邮政局发展研究中心．中国快递行业发展研究报告（2019—2020 年）．2020-06-18.
② 数据来源：国家邮政局.
③ 资料来源：国务院．国务院关于促进快递业发展的若干意见．中华人民共和国中央人民政府网
站 http：//www.gov.cn/zhengce/content/2015/10/26/content_10256.htm，2015-10-26.

创新驱动。鼓励不同所有制资本在快递领域交叉持股、相互融合，激发市场主体活力和创造力。支持快递企业加快推广应用现代信息技术，不断创新商业模式、服务形式和管理方式。

协同发展。推动快递业加快融入生产、流通和消费环节，充分发挥服务电子商务的主渠道作用，联通线上线下，实现与先进制造业、现代农业、信息技术等产业协同发展。

（二）发展目标

到 2020 年，基本建成普惠城乡、技术先进、服务优质、安全高效、绿色节能的快递服务体系，形成覆盖全国、联通国际的服务网络。

——产业规模跃上新台阶。快递市场规模稳居世界首位，基本实现乡乡有网点、村村通快递，快递年业务量达到 500 亿件，年业务收入达到 8000 亿元。

——企业实力明显增强。快递企业自主航空运输能力大幅提升，建设一批辐射国内外的航空快递货运枢纽，积极引导培育形成具有国际竞争力的大型骨干快递企业。

——服务水平大幅提升。寄递服务产品体系更加丰富，国内重点城市间实现 48 小时送达，国际快递服务通达范围更广、速度更快，服务满意度稳步提高。

——综合效益更加显著。年均新增就业岗位约 20 万个，全年支撑网络零售交易额突破 10 万亿元，日均服务用户 2.7 亿人次以上，有效降低商品流通成本。

2. 我国快递业正进入融通变革的 3.0 阶段，快递企业将加速向综合物流服务商转型

我国快递业充分利用移动互联、物联网、大数据、云计算等信息技术，优化服务网络布局，提升运营管理效率，拓展协同发展空间，推动服务模式变革，正进入融通变革的 3.0 阶段，加快向综合性快递物流服务商转型的步伐。

融通变革一方面表现在快递向大物流方向发展，从传统商业、个人、电商快递向快递快运融合的横向方向发展。近年来，快递、快运企业互相融合趋势明显，快递企业需要补充长途干线的能力并拓展 B2B 业务；而快运企业需要丰富产品线，适应电商快速发展的需求，提升盈利能力。融通变革是快递企业向综合物流服务商转型迈出的重要一步。见表 20.1、表 20.2。

表 20.1 近年来快递向快运融合渗透的事件表

企业名称	时间	事 件
顺丰	2014 年 4 月	推出"物流普运"业务，开始涉足快运业务
中通	2016 年 8 月	启动全国快运招商加盟，开展零担和快运业务
韵达	2017 年 9 月	启动全国快运招商加盟
圆通	2017 年 3 月	圆通聘用零担快运领域多位高管，2018 年圆通快运起网
顺丰	2018 年 3 月	成立顺心捷达，2019 年 6 月成立顺丰快运公司

（数据来源：网络公开资料，东北证券）

表 20.2　　　　　　　　　　　近年来快运向快递融合渗透的事件表

企业名称	时间	事件
德邦	2013 年 9 月	德邦快递业务启动会举行，标志着德邦物流进军国内快递领域
德邦	2015 年 5 月	2015 年 5 月 18 日，德邦快递正式入驻菜鸟，2018 年，德邦改名德邦快递，专注大件快递
安能	2016 年 5 月	安能快递全国招商加盟会在上海召开，安能快递明确目标要做到规模上直达通达系
远成、晟邦	2017 年 7 月	远成快运和晟邦物流获得国家邮政局颁发的《快递业务经营许可证》，可从事跨省（区、市）经营国内快递业务

（数据来源：网络公开资料，东北证券）

　　融通变革另一方面表现在快递业深度服务于、融合于现代农业、制造业及城市生活服务业，创新赋能实体经济。目前，全国已打造快递服务现代农业"一地一品"年业务量超百万件项目 163 个，近年来新增昆明鲜花、烟台苹果、南宁沃柑、成都柑橘和五常大米等 20 个年业务量超千万件"快递+"金牌项目，农村地区年收投快件超过 150 亿件，支撑工业品下乡和农产品进城超过 8700 亿元。近年来，新增快递服务先进制造业项目 675 个，年支撑制造业产值超 1 万亿元。全年支撑网上零售额占社会消费品零售总额比重超 1/5。"懒人经济"带动本地生活业务迅猛发展，2019 年顺丰同城急送品牌独立运营，拥有骑士超过 30 万，在全国 200 多个城市，完成了 100 多万单的同城配送业务，开拓急送跑腿业务"帮我买"，上线全国 16 个城市。

【专栏 20.2】

快递业的 1.0 阶段至 3.0 阶段①

　　快递业 1.0 阶段：主要支持满足最基本的包裹寄递需求和电商件送货要求，业务和质量的主要关注点在于基本的时效和丢失损毁风险把控。

　　快递业 2.0 阶段：提升赋能，在满足基本寄递需求后，快递行业不断修炼内功：企业扩大转运中心自营率、提升中转效率；加大研发投入，优化路由网络；提升自动化水平，提高效率与精准度；优化加盟商、快递员行业考核体系；服务满意度和时限、准时率不断提升。除了企业层面，监管机构、菜鸟、物流信息、物流装备公司也在不断为行业赋能，共同提升消费者体验。快递业逐渐从关注单纯的基础服务支持逐步向用户体验升级、向供应链效率改造的方向进阶，成为引领商业经营"体验经济"的核心竞争力之一，快递基础设施的不断完善让商业模式创新成为可能。

---

　　① 资料来源：东北证券．快递行业迈入融通变革 3.0 阶段．亿欧网 https：//legacy.iyiou.com/p/105984.html，2019-07-19。

快递行业全新的 3.0 阶段：融通变革，技术要素作为新的生产力工具，与快递业实现深度融合，快递将服务范围延伸到大物流领域，传统生产组织和用户服务方式发生变化，科技将持续推进企业核心商业模式创新。

20.1.2　电子商务将持续推动快递业高速增长

近几年，受益于互联网快速发展和智能手机的普及，电商快递整体占比提升，驱动快递行业高速增长。2018 年，电商快递占比达到 76.5%，龙头电商增长势头迅猛，甚至超预期。受电商带动，快递行业公司业绩喜人。顺丰控股半年报显示，2019 年上半年实现业务 20.17 亿件，营收 500.75 亿元，同比增长 17.68%，净利润 31.01 亿元，同比增长 40.35%。圆通速递半年报显示，2019 年上半年公司业务完成量 38.03 亿件，同比增速 35.15%，占全国快递服务企业业务量的 13.7%，较 2018 年同期提升 0.96 个百分点，上半年实现营业收入 139.53 亿元，同比增长 15.64%，净利润 8.63 亿元，同比增长 7.63%，每股收益 0.31 元。申通快递半年报则显示，公司业务量强势增长，2019 年上半年完成业务量为 30.12 亿件，同比增长 47.25%，市场占有率 10.85%，同比扩大 1.59%，实现营业收入 98.71 亿元，同比增长 48.62%。[1]

2020 年邮政快递业能够克服疫情影响，迎难而上重回高位增长区间，不仅得益于行业的快速复工复产，还得益于我国消费市场加快线上线下融合发展，快递作为线上消费最主要的交付渠道，电子商务的蓬勃发展成为快递业务量增长的主要来源，同时，三四线城市及农村等下沉市场增量较快，在消费者享受到经济网购服务的同时，也令快递市场获得了新的规模扩张。尤其是"双 11"期间，各电商平台的系列促销活动带动了快递业务量的显著增长。据统计，2020 年 11 月 1—11 日，全国邮政、快递企业共处理快件 39.65 亿件，其中 11 月 11 日当天共处理快件 6.75 亿件，同比增长 26.16%，再创历史新高。

未来，电子商务企业将会更进一步加快与快递企业的深度合作，促进线上线下互动创新，共同发展体验经济、社区经济、逆向物流等便民利商新业态。快递企业也将会积极参与涉农电子商务平台建设，构建农产品快递网络，积极探索服务产地直销、订单生产等农业生产新模式。另一方面，跨境电商的大力发展将会促进快递企业"走出去"，在重点口岸城市建设国际快件处理中心，探索建立"海外仓"。电子商务将持续推动快递业高速增长。

20.1.3　物流产业与制造业、农业、流通业进一步融合，服务领域进一步延伸

1. 物流产业与制造业将加快融合创新

（1）生产物流领域。物流机器人、智能仓储、自动分拣等新型物流技术装备将会在生产领域加快推广应用，提高生产物流自动化、数字化、智能化水平，促使制造业企业适应智能制造发展需要。大型制造用装备等大件的运输管理和综合协调将进一步推进，跨省

---

[1]　前瞻产业研究院 . 2019 年中国快递行业市场现状及发展趋势分析——行业整合趋势下有望出现寡头垄断格局 . 2019-08-29.

大件运输并联许可服务也将不断优化。在商品车物流环节上，将加快商品车物流基地建设，优化铁路运输组织模式，稳定衔接车船班期，提高商品车铁路、水路运输比例；将大力优化商品车城市配送通道，便利合规车辆运输车通行。

（2）消费物流领域

一是邮政、快递企业将会继续加强差异化寄递，更好地与消费品制造业进行深度融合，例如针对高端电子消费产品、医药品等单位价值较高以及纺织服装、工艺品等个性化较强的产品提供高品质、差异化寄递服务，促进精益制造和定制化生产发展。

二是国家骨干冷链物流基地建设正在稳步推进，有力推动生鲜农产品产业化发展水平的提高。物流企业根据市场需求，将进一步提升港区及周边冷链存储能力，支持生鲜农产品及食品全程冷链物流体系建设，加快农产品产地"最先一公里"预冷、保鲜等商品化处理和面向城市消费者"最后一公里"的低温加工配送设施建设。例如京东物流正式对外发布京东云冷链计划，依托京东资源，联合区域优质冷链企业形成"骨干网+合伙人"的创新模式，通过"京东云冷链"实现网络共建、货量共集、利益共享与风险共担，共同推进冷链网络的纵深布局与社会化运力资源聚集。苏宁物流正在北京、上海、广州、深圳、杭州、大连、武汉、南京等核心30城建设和筹备冷链仓，苏宁冷链覆盖城市超过270多个，引入一大批三方生鲜客户。丹鸟进军生鲜物流，推出"丹鸟鲜送"品牌，通过提供"产地直采+空陆组合运输+优先配载+优先配送"的服务，向商家提供一站式生鲜物流解决方案。①

三是全国性、区域性冷链物流公共信息平台的构建进程将进一步加快，有力促进相关企业数据交换，逐步实现冷链信息全程透明化和可追溯。

（3）大宗商品物流领域。在中央政府和当地政府的推动和支持下，面向大型厂矿、制造业基地的"点对点"直达货运列车开行范围将进一步扩大，钢铁、有色金属、建材等大型制造业企业和工业园区将进一步提高煤炭、原油、矿石、粮食等大宗商品中长期运输合同比例以及铁路、水路等清洁运输比例。将会有更多的铁路、水路运输企业与制造业大客户签订量价互保协议，实现互惠共赢。

（4）国际物流领域

随着我国在全球供应链中的作用不断增强，物流企业将持续向海外市场寻求新的增长点。一是将伴随中国制造全球出海。以品牌出海领先的3C行业为例，物流企业积极配合制造品牌出海，正持续不断地在东南亚、中东、南美、非洲等新兴发展国家布局供应链及物流服务网络，以帮助上游企业出海奠定全球中后台服务保障能力。二是制造企业利用中欧班列拓展"一带一路"沿线国家市场，未来基于"一带一路"重要物流节点的资源卡位将成为物流企业重点关注对象，"一带一路"沿线国家的物流基础通道建设也将成为热点。当然物流企业在加快海外布局的同时也需整体考虑国际形势，明确企业盈利模式。三是围绕国际产能和装备制造合作重点领域，我国一批骨干制造企业将会与物流、快递企业携手合作开辟国际市场，一批具有全球采购、全球配送能力的国际供应链服务商有望得到培育与成长。四是高附加值产业的快速发展将催生出专门面向集成电路、生物制药、高端

---

① 国家邮政局发展研究中心. 中国快递行业发展研究报告（2019—2020年）. 2020-06-18.

电子消费产品、高端精密设备等高附加值制造业的全流程航空物流。

（5）应急物流。制造业与物流产业的融合创新还将体现在应急物流的发展之上。一是在越来越多的突发事件特别是重大的公共卫生事件往往演变成巨大的社会灾难的新挑战下，物流、快递企业将大力加强与应急物资制造企业深度合作，研究制定应急保障预案，提高紧急情况下关键原辅料、产成品等调运效率，在发生重大突发事件时确保主要制造产业链平稳运行。补齐医疗等应急物资储备设施短板，完善医疗等应急物资储备体系，提高实物储备和产能储备能力。二是为完善国家与健全国家应急物流体系，工业园区等生产制造设施、物流枢纽等物流基础设施在规划布局、功能设计中将会充分考虑产品生产、调运及原辅料供应保障等需要，确保紧急情况下物流通道畅通，增强相关制造产业链在受到外部冲击时的快速恢复能力。

【专栏 20.3】

关于印发《推动物流业制造业深度融合创新发展实施方案》的通知①

物流业是支撑国民经济发展的基础性、战略性、先导性产业，制造业是国民经济的主体，是全社会物流总需求的主要来源。推动物流业制造业融合发展，是深化供给侧结构性改革，推动经济高质量发展的现实需要；是进一步提高物流发展质量效率，深入推动物流降本增效的必然选择；是适应制造业数字化、智能化、绿色化发展趋势，加快物流业态模式创新的内在要求。紧扣关键环节，促进物流业制造业融合创新。

（一）促进企业主体融合发展。支持物流企业与制造企业通过市场化方式创新供应链协同共建模式，建立互利共赢的长期战略合作关系，进一步增强响应市场需求变化、应对外部冲击的能力，提高核心竞争力。引导制造企业结合实际系统整合其内部分散在采购、制造、销售等环节的物流服务能力，以及铁路专用线、仓储、配送等存量设施资源，向社会提供专业化、高水平的综合物流服务。（各部门按职能分工负责）

（二）促进设施设备融合联动。在国土空间规划和产业发展规划中加强物流业制造业有机衔接，统筹做好工业园区等生产制造设施，以及物流枢纽、铁路专用线等物流基础设施规划布局和用地用海安排。（发展改革委、工业和信息化部、自然资源部、交通运输部、国家邮政局、国家铁路集团按职责分工负责）积极推进生产服务型国家物流枢纽建设，充分发挥国家物流枢纽对接干线运力、促进资源集聚的显著优势，支撑制造业高质量集群化发展。（发展改革委、交通运输部、国家邮政局负责）支持大型工业园区新建或改扩建铁路专用线、仓储、配送等基础设施，吸引第三方物流企业进驻并提供专业化物流服务。（发展改革委、工业和信息化部、国家邮政局、

---

① 资料来源：国家发展改革委等十三部门．关于印发《推动物流业制造业深度融合创新发展实施方案》的通知．中华人民共和国中央人民政府网站 http：//www.gov.cn/zhengce/zhengceku/2020-09/09/content_5541919.htm，2020-09-09.

国家铁路集团按职责分工负责)

（三）促进业务流程融合协同。推动制造企业与第三方物流、快递企业密切合作，在生产基地规划、厂内设施布局、销售渠道建设等方面引入专业化物流解决方案，结合生产制造流程合理配套物流设施设备，具备条件的可结合实际共同投资建设专用物流设施。加快发展高品质、专业化定制物流，引导物流、快递企业为制造企业量身定做供应链管理库存、线边物流、供应链一体化服务等物流解决方案，增强柔性制造、敏捷制造能力。（发展改革委、工业和

信息化部、商务部、国家邮政局按职责分工负责)

（四）促进标准规范融合衔接。建立跨部门工作沟通机制，对涉及物流业制造业融合发展的国家标准、行业标准和地方标准，在立项、审核、发布等环节广泛听取相关部门意见，加强标准规范协调衔接；支持行业协会等社会团体结合实际研究制定物流业制造业融合发展的团体标准，引导和规范物流业制造业融合创新。鼓励制造企业在产品及包装设计、生产中充分考虑物流作业需要，采用标准化物流装载单元，促进 1200mm×1000mm 标准托盘和 600mm×400mm 包装基础模数从商贸、物流等领域向制造业领域延伸，提高托盘、包装箱等装载单元标准化和循环共用水平。（发展改革委、工业和信息化部、交通运输部、商务部、市场监管总局、国家邮政局按职责分工负责)

（五）促进信息资源融合共享。促进工业互联网在物流领域融合应用，发挥制造、物流龙头企业示范引领作用，推广应用工业互联网标识解析技术和基于物联网、云计算等智慧物流技术装备，建设物流工业互联网平台，实现采购、生产、流通等上下游环节信息实时采集、互联共享，推动提高生产制造和物流一体化运作水平。推动将物流业制造业深度融合信息基础设施纳入数字物流基础设施建设，夯实信息资源共享基础。支持大型工业园区、产业集聚区、物流枢纽等依托专业化的第三方物流信息平台实现互联互通，面向制造企业特别是中小型制造企业提供及时、准确的物流信息服务，促进制造企业与物流企业高效协同。积极探索和推进区块链、第五代移动通信技术（5G）等新兴技术在物流信息共享和物流信用体系建设中的应用。（发展改革委、工业和信息化部、交通运输部、国家邮政局按职责分工负责)

2. 物流产业与农业的融合深度发展

农业现代化是一项复杂的系统工程，在实现农业现代化进程中，其中一个重要环节、基础支撑和保障就是农业物流，即物流产业与农业之间通过相关交叉、相互渗透、相互关联而形成的产业融合。农业物流是以满足顾客需求为目标，对农业生产资料与农业产出物及其相关服务和信息，从起源地到消费地有效的流动和储存进行计划、执行和控制的全过程。农业物流包含农业生产资料物流、农产品物流、农村生活消费品物流、可再生物物资的回收物流等方面，在这些方面，物流业与农业正在进行日渐深入的融合，下面以农产品物流与农业生产资料物流为例。

（1）农产品物流方面

随着电商下乡（淘宝、拼多多上的生鲜蔬果需求增长）以及快递下乡，快递企业正

深入融合农产品的供应链，参与农产品生产资料的供应环节、生产环节、加工环节、配送环节和销售环节，提升农产品的供应链效率，为供求双方提升价值。典型案例有：快递企业参与云南橙子、阳澄湖大闸蟹、西安猕猴桃、樱桃，榆林红枣等农产品产地直供。

（2）农业生产资料物流方面

农业生产资料供应是连接工业与农业生产的桥梁，是发展现代农业的重要物资保障和基础，而农资配送是农资供应的重要环节，农资产品只有通过合理的物流配送，才能按质、按量、按时到达农户手中，实现价值。《农业生产资料供应服务农资配送服务质量要求》国家标准的编制与推行将极大地改进目前我国农资配送渠道不完善，配送服务方式、方法、流程不统一，标准化程度低的现状，将全面缩小农资配送服务水平、规模与现代农业和现代市场体系的要求之间的差距，将全面规范农资配送服务行为，减少农资流通环节，降低流转费用，确保农资的有效供给，保障农业生产持续、稳定、健康发展。

【专栏 20.4】

《关于深化交通运输与邮政快递融合 推进农村物流高质量发展的意见》①

农村物流直接服务于农村地区的生产生活及其他经济活动，是现代物流体系的末端环节，是农业生产资料供应、农产品及农村消费品流通的基础保障。推进农村物流健康发展，构筑农产品和农村生产生活物资高效便捷流通通道，对于支撑脱贫攻坚、助力乡村振兴具有重要意义。为贯彻落实党中央、国务院关于打赢脱贫攻坚战的工作部署，健全完善贫困地区农村物流服务体系，推动交通运输与邮政快递在农村地区加强合作，提高农村物流服务覆盖率，支撑农村经济发展，2019 年 8 月 12 日，交通运输部、国家邮政局、中国邮政集团公司联合印发了《关于深化交通运输与邮政快递融合 推进农村物流高质量发展的意见》（以下简称《意见》）。

《意见》围绕网络节点共建共享、运力资源互用互补、标准规范统一、企业融合创新等方面，对促进交通运输与邮政快递融合发展提出意见，总结起来，《意见》具有以下四个方面的特点：

一是坚持问题导向，强调资源共享。《意见》针对农村地区物流需求规模小、布局分散的实际情况，以及物流配送成本高、运营效益差的问题，集中力量围绕网络节点共建共享、运力资源互补互用等方面重点突破：一方面，支持县乡客货运站场根据需要设立邮政快递作业设施，拓展邮政快递中转及收投服务，鼓励邮政乡村服务点拓展快件收投、代购代销、金融缴费等功能，实现节点资源集约利用，提高农村物流网络节点覆盖率。另一方面，推广农村客车代运邮件快件，支持发展农村邮件快件货运班线以及共同配送、循环配送等模式，提高农村物流组织效率、降低配送成本。

二是突出跨部门协同，强调政策支持。《意见》立足农村物流在打赢脱贫攻坚战、助力乡村振兴战略中的重要作用，针对农村物流涉及部门多、涵盖领域广的特

---

① 资料来源：中华人民共和国交通运输部政府信息公开专栏 . http：//xxgk.mot.gov.cn/jigou/ysfws/201908/t20190819_3239332.html，2019-08-19.

点，围绕各部门各自为政造成站场重复建设与利用率不高、网络盲目扩张与运营难以为继的矛盾，提出要建立县级人民政府统筹协调的工作机制：一方面，推动农村物流体系改革，统筹利用各部门的支持政策，促进各方资源整合、优势互补、融合发展，共同构建县乡村三级农村物流服务体系；另一方面，促进交通运输、邮政快递资源整合，推动市场主体深入合作，延伸服务链条、拓展服务领域、创新服务产品，增强农村物流服务经济发展的能力。

三是注重标准规范引领，强调服务创新。《意见》围绕交通运输、邮政快递融合发展中体制机制障碍，提出各方通过签订合作协议、联合出台政策性文件、定期召开联席会议等方式，破除市场主体在融合发展中的体制机制障碍，为资源整合、协同联动创造良好的政策环境。同时，围绕各方运营服务规范不统一的问题，《意见》提出要在规划布局、运输仓储、收寄交付、安全管理等方面制定交邮融合的服务规范，通过推出定制化服务产品，创新农村物流运营模式，提升服务品质。

四是支持融合发展，强调便民利民。《意见》充分认识到农村地区经济基础薄弱制约农村物流发展的客观实际，围绕农村物流需求分布分散、量小、季节性强，造成农村物流组织难度大、配送成本高、经营效益差的问题，强调要抓住货源优势，统筹利用交通运输与邮政快递、商务、供销、农业等各方资源，盘活供应链上下游、产业前后向资源，探索"基地+生产加工+商贸流通+物流运输+邮政金融"一体化的供应链服务模式，实现产、运、销一体化的农村物流服务。同时，针对农民居住分散、交通不便的问题，创新提出邮政代办运政业务，通过在乡邮所设置道路运政、联网售票等服务终端，为老百姓建设"家门口"的运管所，提高交通运输的便民利民水平。

20.1.4 物流业与金融业的融合领域不断拓展、融合模式不断创新

物流业经营风险较大，大部分中小企业抗风险能力较弱，其主要面临着银行结算风险、实体质押风险、信用评级风险，每一个流程或者环节出现问题，都可能会为企业造成巨大损失。我国物流业和金融业融合起步晚，其风险管控体系尚不够完善，信用评价体系也不够健全，尚未形成一套有效管用的风险管控体系，特别是在金融服务过程中，相关的市场准入、行业标准、监管规范的不健全，导致了物流业与金融业融合发展受到一定的阻碍。但是，随着各级政府和金融监管部门持续的政策推动、信息技术的突飞猛进，金融业与物流业的融合正在成为现代物流发展的重要趋势，金融物流业务正朝向健康方向发展。

1. 物流业与金融业融合发展的政策环境将不断优化

一是各级政府和金融监管部门正加快紧跟互联网发展形势，深化治理结构，增强服务意识，转变政府职能，突破体制障碍，进一步建立健全支持现代金融业与物流业发展的政策法规体系。二是政府也在进一步加强对现代金融业和物流业的扶持，各级地方政府把金融业与物流业融合作为行业发展方向纳入地方经济发展战略，积极统筹规划，充分利用金融工具和调控政策，有效防范金融风险、法律风险和经营风险。三是政府也十分注重加强行业协会建设，发挥政府和行业之间的桥梁纽带作用，通过增强管理效能，助推政策完善。正是因为积极的政策推动，物流业与金融业融合发展的政策环境将不断优化，促进金

融物流业务健康发展。

2. 信息化技术将持续催化现代物流业与金融业的融合发展

在信息化技术的加持下，金融服务物流平台将被不断完善，移动支付、电子结算技术安全发展，自动配送、货物跟踪、无人机传递等先进技术广泛应用，商品运输、装卸、仓储、配送等各环节的信息化水平将得到持续提升，这将有效降低物流服务成本，提升服务质量和水平。在互联网带动下，物流企业供应链和金融机构供应链上下游企业也将加大实现信息共享，大大提高产业的信息化、自动化、网络化程度。信息技术已然并将持续成为现代物流业与金融业融合发展的催化剂。

3. 现代物流业与金融业的融合领域将持续拓展

党的"十八大"多次从国家战略高度对金融服务实体经济发展提出明确要求。2014年，国务院将"互联网+高效物流"列入"互联网+"重点行动之一。在各级政府的政策支持和电子商务的带动下，金融业和物流业、互联网将加速融合，金融服务物流业的方式、手段和领域将不断延伸，金融服务产品也将更加多样。随着各种金融产品的陆续开发与推广应用，金融产品正逐步覆盖物流业生产、运输、结算、支付等全过程。现代物流业与金融业的融合将进一步拓宽物流企业的融资渠道，实现物流企业与金融机构的互利共赢。①

4. 物流金融模式正在不断创新

随着现代物流和金融的发展，物流金融模式在不断创新，将创造出越来越多的新模式，进一步拓宽物流业的融资渠道，简化程序，降低成本，支持物流业持续健康发展。例如在物流仓单金融方面，出现了多物流中心仓单模式和反向担保模式等新仓单金融模式。多物流中心仓单模式是在仓单模式的基础上，对地理位置的一种拓展：第三方物流企业根据客户不同，整合社会仓库资源甚至是客户自身的仓库，就近进行质押监管，极大降低了客户的质押成本。反向担保模式对质押主体进行了拓展：不是直接以流动资产交付银行作抵押物而是由物流企业控制质押物，这样极大地简化了程序，提高了灵活性，降低了交易成本。

【专栏 20.5】

物流金融的三种主要模式

随着现代金融和现代物流的不断发展，物流金融的形式也越来越多，按照金融在现代物流中的业务内容，物流金融分为物流结算金融、物流仓单金融、物流授信金融三种主要模式。

（一）物流结算金融：是指利用各种结算方式为物流企业及其客户融资的金融活动。目前主要有代收货款、垫付货款、承兑汇票等业务形式。

1. 代收货款业务是物流公司为企业（大多为各类邮购公司、电子商务公司、商贸企业、金融机构等）提供传递实物的同时，帮助供方向买方收取现款，然后将货

---

① 矫利艳，王秀繁. 现代金融业与物流业融合发展探讨. 商业经济研究，2019（18）：101-103.

款转交投递企业并从中收取一定比例的费用。代收货款模式是物流金融的初级阶段，从盈利来看，它直接带来的利益属于物流公司，同时厂家和消费者获得的是方便快捷的服务。

2. 垫付货款业务是指当物流公司为发货人承运一批货物时，物流公司首先代提货人预付一半货款；当提货人取货时则交付给物流公司全部货款。为消除垫付货款对物流公司的资金占用，垫付货款还有另一种模式：发货人将货权转移给银行，银行根据市场情况按一定比例提供融资，当提货人向银行偿还货款后，银行向第三方物流企业发出放货指示，将货权还给提货人。此种模式下，物流公司的角色发生了变化，由原来商业信用主体变成为银行提供货物信息、承担货物运送、协助控制风险的配角。

从盈利来看，厂商获得了融资，银行获得了利息收入，而物流企业也因为提供了物流信息、物流监管等服务而获得了利润。

（二）物流仓单金融：主要是指融通仓融资，其基本原理是：生产经营企业先以其采购的原材料或产成品作为质押物或反担保品存入融通仓并据此获得协作银行的贷款，然后在其后续生产经营过程中或质押产品销售过程中分阶段还款。第三方物流企业提供质押物品的保管、价值评估、去向监管、信用担保等服务，从而架起银企间资金融通的桥梁。其实质就是将银行不太愿意接受的动产（主要是原材料、产成品）转变成其乐意接受的动产质押产品，以此作为质押担保品或反担保品进行信贷融资。从盈利来看，供方企业可以通过原材料、产成品等流动资产实现融资。银行可以拓展流动资产贷款业务，既减少了存贷差产生的费用，也增加了贷款的利息收入。物流企业的收益来自两个方面：第一，存放与管理货物向供方企业收取费用；第二，为供方企业和银行提供价值评估与质押监管中介服务收取一定比例的费用。

（三）物流授信金融：是指金融机构根据物流企业的规模、经营业绩、运营现状、资产负债比例以及信用程度，授予物流企业一定的信贷额度，物流企业直接利用这些信贷额度向相关企业提供灵活的质押贷款业务，由物流企业直接监控质押贷款业务的全过程，金融机构则基本上不参与该质押贷款项目的具体运作。该模式有利于企业更加便捷地获得融资，减少原先质押贷款中一些繁琐的环节；也有利于银行提高对质押贷款的全过程监控能力，更加灵活地开展质押贷款服务，优化其质押贷款的业务流程和工作环节，降低贷款风险。

从盈利来看，授信金融模式和仓单金融模式的各方收益基本相似，但是由于银行不参与质押贷款项目的具体运作，质押贷款由物流公司发放，因此程序更加简单，形式更加灵活。同时，也大大节省了银行与供方企业的相关交易费用。

20.1.5 物流业网络化

如果将物流系统比作一条生产线，每个物流过程就像是一道工序，在软件系统的控制下有序工作，那么物流信息便是流转其中的最关键的因素。物流信息能够及时甚至提前于物流过程在相关环节中传递，使得系统可以收集到足够的信息，提前预算并模拟最佳的物流路线，指导实际的物流过程，使得货物的实际输送过程变得相对自动化，甚至是精确，从而可以消除无效物流和冗余物流，缩短等待时间。充分及时的物流信息加上自动化的操作水平和即时的响应速度，使得"按需生产、零库存、短在途时间、无间隙传送"成为网络物流的理想状态。鉴于此，在物流网络化进程中，起决定作用的不再是物流设施或设备的处理能力，而是物流信息系统，它是一种在物流过程中进行信息采集、管理、分析和调度，并根据反馈情况及时进行调整的软系统。

物流业网络化的趋势主要体现在两个方面，一是物流节点信息化管理将更加普遍，将大大加速物流业的网络化进程。物流联结社会生产、生活的各个部分并使之成为一个有机整体，每个参与物流过程的环节构成物流系统中的一个节点，单个节点的信息化是物流系统信息化的基础。越来越多的企业不只是广泛利用自动化、机械化设备进行操作，而是更加趋向于利用自动化设备收集和处理商流、物流过程中产生的信息，对物流信息进行分析和挖掘，最大限度利用有效信息对物流活动进行指导和管理。这种趋向将会大大加速物流业的网络化进程。二是物流信息系统正趋向无限开放，促进物流业加速网络化。在传统模式下，节点之间的信息交换受到技术的限制，自动化的信息交换局限在业务合作的双方或者有限的几方，制约了物资流通的范围和速度。现代的物流信息系统构建在开放的互联网上，所有的物流节点都通过公用网络互相连接，和合作节点互换信息，协同处理业务。基于互联网的开放性，系统节点的数量可以无限多，每个节点可以与其他任何节点发生联系，快速交换数据，而且某个节点的变动不会影响其他节点，整个系统具有无限的开放性和拓展能力，将极大地拓展和提升物资流通的范围和速度，促进物流业加速网络化。

20.1.6　技术创新成为物流产业发展的重要引擎

1. 信息技术成为物流产业发展的重要技术支撑

现代物流的发展趋势呈现出全球化、多功能化、系统化、信息化和标准化的特征，其中信息化是现代物流的核心。现代物流充分利用现代信息技术，打破了运输环节独立于生产环节之外的行业界限，通过供应链建立起对企业产供销全过程的计划和控制，从而实现物流信息化，即采用信息技术对传统物流业务进行优化整合，达到降低成本、提高水平的目的。

信息技术具有很强渗透、溢出、带动和引领等效应，信息技术创新和普及应用已经成为培育经济发展新动能、推动社会提挡升级、构筑竞争新优势的重要手段。20世纪70年代电子数据交换技术（EDI）在物流领域的应用曾简化了物流过程中繁琐、耗时的订单处理过程，使得供需双方的物流信息得以即时沟通，物流过程中的各个环节得以精确衔接，极大地提高了物流效率。互联网的出现则促使物流行业发生了革命性的变化，基于互联网的及时准确的信息传递满足了物流系统高度集约化管理的信息需求，保证了物流网络各点和总部之间以及各网点之间信息的充分共享。[①]

2. 技术创新持续聚焦于各大物流领域，全场景应用加快

随着人力成本不断上升和对作业效率的需求不断加大，技术革新步伐愈发加快，从研

---

①　刘志学. 现代物流手册. 北京：中国物资出版社，2001.

发到应用时长不断缩短，研发应用领域从盲目到聚焦。5G、IoT、AR、无人驾驶等技术应用，全场景应用加快，尤其是运输、分拣、仓储、系统平台、投递等领域，人工智能、AI、大数据等技术加持的快递物流科技产品，在物流场景中纷纷落地实现应用。2019 年，快递物流科技亮点频现，国内外多家企业发布新型技术或产品。此外，为推动技术革新助力激烈的市场竞争，即时即用的技术应用加快，效能提升加速。2019 年，各快递企业在科技方面的投入继续加大，相较于去年均有较大提升，2019 年，顺丰科技投入增长 37%，百世在自动化设备方面投入 13 亿元，圆通研发投入 4 亿元，申通也将继续加大对数字化方向的投入和发展，未来 3 年将投入 10 亿元研发经费。物流企业以提升科技能力应对愈发激烈的市场竞争，无技术创新的企业将无法立足长远，技术创新成为物流产业发展的重要引擎。

表 20.3　　　　　　　　　　　**2019 年部分物流科技创新成果**①

物流领域	发布主体	技术创新
运输	中外运敦豪	国内首个全自动智能无人机物流解决方案
	百度	全球首次自动驾驶物流闭环
	苏宁物流	无人配送车"5G 卧龙"
	G7	智能挂车"数字货舱"V9 版
	G7	货运可视化新工具"云挂大屏"
	中寰	商用车虚拟副驾驶"智能副驾"
	顺丰	无人机实现商用，协助甘孜州运输松茸
仓储	京东物流	智能耗材推荐系统——精卫，多品类打包智能包装系统
	京东物流	X 仓储大脑
	亚马逊	新型机器人 Pegasus
	科纳普	最新 OSR 穿梭车 Evo+系统
	波士顿动力	物流机器人 Handle 升级亮相
	福特公司和 Agility Robotics	Digit 人形机器人
	普洛斯	仓储智慧化解决方案：海纳智慧仓
	德邦快递	机械臂、无人机、无人车
	美团	全自动"无人微仓"
	顺丰	数字化云仓——物联云仓打造"仓储即服务"数字仓网平台

---

① 资料来源：国家邮政局发展研究中心．中国快递行业发展研究报告（2019—2020 年）．2020-06-18.

物流领域	发布主体	技术创新
分拣	胜斐迩	全自动订单拣选系统 A 字架
	Geek+	全新 Roboshuttle 机器人穿梭系统
	德邦快递	AI 防暴力分拣系统
系统平台	顺丰科技	人工智能系统"慧眼神瞳"
	旷视科技	"河图（Hetu）"操作系统
	京东物流	5G 智能物流平台"LoMir"
	Geek+	实体智慧物流版 APaaS 系统"极智云脑"
其他	菜鸟网络	智能供应链大脑
	京东物流	国内首个 5G 智能物流示范园区
	菜鸟裹裹	菜鸟裹裹寄件柜
	顺丰科技	一站式体积测量工具"快测 AR"

3. 技术创新成为物流企业末端创新突破的方向

以快递企业为例，中通快递通过 AI、物联网、移动互联网等技术，针对不同的快递末端场景，为用户研发出多套智能化、系统化、精细化的末端场景解决方案；菜鸟驿站的智慧物流解决方案以"智能设备+站+柜+人"模式提高末端服务效率及服务质量。其他快递企业也纷纷加快末端由人力向智能物力的转变。技术创新正拉动物流产业飞速发展。

20.2　物流产业未来的企业组织形态

物流高质量发展是大势所趋，也是宏观经济对物流产业的必然要求。顺应高质量发展要求，近年来我国物流业发展呈现许多积极变化和新的趋势。基于全产业链的服务，在先进技术和现代物流组织方式的融合过程中，物流产业未来的企业组织形态已初现雏形，向整合性平台和供应链管理方向发展的趋势进一步显现，整合性平台化的物流企业和供应链管理型企业已崭露头角，其中，一批新兴平台型企业快速成长，成为物流产业发展的新生力量，少数成熟的平台型企业通过业务拓展和模式创新，解决产业共性问题，已然成为推动物流产业高质量发展的核心。

20.2.1　向整合性平台化方向发展的企业组织形态

2020 年 9 月，国务院办公厅印发的《关于以新业态新模式引领新型消费加快发展的意见》中指出，要建立健全"互联网+服务"，加快传统线下业态数字化改造和转型升级，推动上下游全链条一体发展，培育一批具有全球资源配置能力的国际一流平台企业和物流供应链企业。物流与供应链平台是产业内优化资源配置、加快新旧动能转换的新业态，在"新基建、双循环"背景下，依托 5G、车联网等新技术，实现从信息服务到供应链服务、从国内到国际的转型升级之路。

整合是一个汉语词汇，意思是把零散的东西衔接起来，从而实现系统的资源共享和协同工作，形成有价值有效率的一个整体。物流产业的整合包含货量的整合、资源的整合、能力的整合、系统的整合、信息的整合、价值的整合等多个方面，将会促使物流产业逐步形成一个个面向物流服务商、贸易服务商、技术服务商、金融服务商和服务供应商等多个产业链企业的融合全业务、全流程、全信息的大集成平台。这些平台不仅会为产业链企业带来巨大的经济效益，也将产生广泛的社会效益，实现全产业链企业的协同、共享、共赢。

1. 整合方向

物流产业的参与者众多，主体复杂，背景各异，不同背景出身的物流企业有着截然不同的整合方向与方法。物流产业的整合存在三个关键方向：垂直供应链整合、水平供应链整合、物流产品整合。

（1）垂直整合方向

制造型链主企业或品牌型链主企业所孵化出来的物流企业有垂直整合的先天优势和动机，它们可以向上游进行采购供应链的持续延展和模式演进（一级、二级供应商物流），所以垂直供应链整合具有极强的穿透能力。典型代表企业有：速必达希杰、日日顺、安得、安吉、准时达、九州通物流等。见图 20.2。

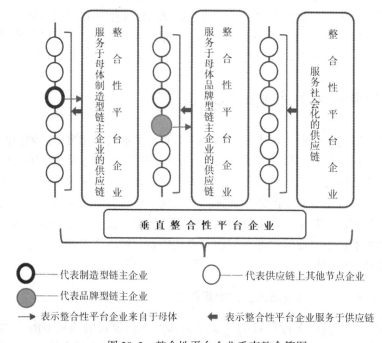

图 20.2 整合性平台企业垂直整合简图

以准时达（JUSDA）为例，JUSDA 是富士康科技集团唯一授权的供应链管理平台服务公司，是典型的制造型链主企业所孵化出来的物流企业。它具备国家 AAAAA 级综合型物流企业资质，AEO 企业高级认证、世界货运联盟等多项主要企业资质，是全球 C2M2C（component to manufacture to consumer）全程供应链整合服务先行者。JUSDA 的核心竞争优势是其面向工业制造型企业及 3C 制造商的端到端精益供应链管理服务实力，为客户提供端到端的全程供应链管理服务，为客户打通制造、供给、商贸的关键环节，连接从供应商、制造商、品牌商、经销商到客户的闭环供应链生态圈。

相较于 3PL 关注过程流的运营服务，和 4PL 关注物流资源整合的服务，JUSDA 凭借服务制造业的丰富经验，通过 BPO（business process outsourcing）的供应链统包解决方案将供应链条上的角色和过程融为一体，以科技手段和信息技术，打造大数据驱动的 C2M2C 智能化供应链。JUSDA 综合利用大数据分析、云平台建设、物联网信息系统集成应用为一体的综合信息网络，自主研发信息系统平台，为客户提供可视化、可共享、可集成、可监控的全网综合信息分析与处理，全面支持内部和外部客户的供应链管理和运营服务，实现端到端的全智能化系统平台协同运作。

在领先的制造业供应链管理基础上，JUSDA 以具有竞争力的增值和创新的供应链产品服务，以及平台化的运营模式整合供应链生态圈资源，创新不同区域特色的产业集群服务体系，构建工业 4.0 科技时代下以 DT（data technology）大数据运营为基础的智慧供应链实时协同平台。

以九州通物流为例，九州通医药集团物流有限公司（简称物流总公司）是九州通医药集团所属的全资子公司，成立于 2014 年 8 月 5 日，其注册资本 5000 万元，位于武汉市东西湖区田园大道 98—99 号，是典型的品牌型链主企业所孵化出来的物流企业。九州通物流定位于科技型、平台型物流企业。抢抓时机，发挥优势，九州通物流于 2018 年全力打造九州云仓智慧物流供应链平台，利用平台将全国 125 个物流中心、1700 余台运输车辆、700 余家外部运力资源集中并网。平台让运营主体间信息互联互通，协同联动。以网络化、平台化的经营模式，垂直化、数字化的管控模式为医疗健康生产企业、商业企业、医疗机构、物流企业等提供仓储服务、配送服务、控温品仓储配送服务、院内物流等全国性物流供应链解决方案。

（2）水平整合方向

电商平台型链主企业所孵化的物流企业有水平整合的先天优势和动机。水平供应链整合对象主要为当前各成成品供应链，在同品类中具有极高的整合效果，一般难以向上穿透达到零部件、原材料供应链。典型代表企业有：菜鸟、京东物流、苏宁物流、安迅物流等。见图 20.3。

以京东物流为例，2017 年 4 月 25 日，京东集团宣布：为了更好地向全社会输出京东物流的专业能力，帮助产业链上下游的合作伙伴降低供应链成本、提升流通效率，共同打造极致的客户体验，京东将正式组建京东物流子集团。京东物流子集团将拥有更加独立的经营权和决策权，并致力于与商家和社会化物流企业协同发展，以科技创新打造智慧供应链的价值网络，并最终成为中国商业最重要的基础设施之一。

在多平台、全渠道的互联网模式中，商家通常有多家线上平台店铺，甚至还有线下实体门店，必然会面临各个电商仓库和线下门店仓库的备货及库存问题。如何实现库存最优，避免库存积压及缺断货，实现成本效益最优，是商家最头痛的问题。

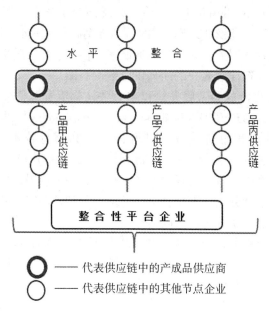

图 20.3 整合性平台企业水平整合简图

京东物流前瞻性地捕捉到行业发展趋势，推出了线上线下、多平台全渠道、全生命周期、全供应链一体化物流解决方案。无论商家的业务来自线上平台，还是客户自己的电商销售平台，或线下实体门店，京东物流可进行同仓融合，并通过系统对接，将数据在京东物流系统中进行整合和管理，实现深度融合商家库存，进行"一盘货管理"及库存的灵活调配，降低商家采购资金占用成本及物流成本。如对于食品商家而言，保质期管理尤为重要，京东物流进行"一盘货管理"，时时监测库存产品信息，包括 SKU、生产日期等，并按照先进先出原则出货。商家可结合库存状态，制定合理的促销计划，加快产品消化，避免库存锁死在平台或渠道，加快库存的物流周转，降低库存压力和断货风险，获得存货最低+成本最优的双重效益。

此外，京东物流结合大数据技术，可对前端销售预测、补货策略、库存分布等流通大数据进行分析，提供全生命周期、全供应链的物流服务，加快物流反应速度，提升消费者体验。

（3）混合型整合方向

纯物流出身的物流企业在建立物流产品能力优势后，可拓展垂直或水平供应链整合。整合方法为以物流能力牵引，不以供应链为依托，只要是符合相同物流要求的业务均可进行整合（不同品类、原材料/成品等）。从物流产品出发，通过货量整合实现价格和服务优势。代表企业：顺丰、德邦、中通、中外运等。

以中外运为例，中外运空运发展有限公司（即中外运）作为中央企业中国外运长航集团旗下的专业空运公司、中国外运股份有限公司的控股子公司，是国内航空货运代理行业第一家上市公司。中外运空运发展有限公司以专业化的航空物流为主营方向，主要经营航空货代、国际快件和与之密切相关的综合物流业务，同时积极开拓电商物流，并已开始探索物流的电商化，致力于成为具有专业能力的现代化物流网络运营商。

完成从传统仓储管理模式到现代仓储管理模式的转变后，中外运空运发展有限公司通过立足现代仓储，依托互联网技术建设了能够适应新型综合物流服务的全程供应链运营平台，平台除了包含仓储管理外，还涵盖了订单管理、运输管理和结算管理等物流活动的主要管理、操作环节，使自身的物流服务能力进一步得到提升。在订单管理方面，基于常规的订单管理功能，再结合索尼 VMI 项目实际需求，通过自主研发实现了根据客户的生产计划自动叫料，确定物料供应商、物料数量，并且自动挂 PO，并根据相关规则自动合并、生成后续出库预报、分送集报单据、送货单据等物流服务环节信息，最大限度规避了人为因素对物流信息准确度的影响。在运输管理方面，平台除了提供常规的运输环节操作管理、货物跟踪等功能外，还依托飞速发展的移动互联网，通过设计研发平台专属的手机 APP 客户端（货主端、司机端），不仅令客户能够随时随地咨询价格、预约发货、实时掌握货物最新动态，还通过手机 APP 的司机端将货物与运力科学整合、匹配到一起。在结算管理方面，物流结算管理是物流管理活动中的一个重要环节，通过自主研发的智能计费引擎，在具体业务单据进行费用结算时，根据物流公司与客户签订的服务合同的相关服务条款、计费模式以及费率，智能计费引擎能够自动计算出相关的费用，包括运费、仓储费、报关报检费等费用。通过智能计费引擎工具，能够有效降低结算人员劳动强度，显著提高物流结算的效率以及准确性。

中外运空运发展有限公司通过全程供应链运营平台，将物流所涉及的各类业务主体（托运人、承运人、运输公司、车辆、驾驶员、收货人、服务机构、仓储配送中心）通过统一的信息平台整合起来，有效解决了运力和货物难以高效整合匹配，空载率居高不下的问题，实现了物流业务的无缝连接，提高物流链的整体运营效率，降低运营成本，提高整体效益。

2. 整合性平台的主要功能

基于企业的物流业务基础、发展要求、战略转型等多方面需要，整合性平台采用或建立物流行业数据标准和服务标准，立足为生产、贸易和流通供应链上下游企业提供代理采购、代理销售、全供应链融资、仓储质押、运费保理等供应链服务，线上线下有机结合，实现集交易、仓储、运输、增值配套、结算支付、融资等全流程一体化服务。平台通过整合各方资源和一批服务供应商，将物流核心业务及配套增值服务实现一体化集成，形成一个融合全业务、全流程、全信息的大集成互联网云平台，提升整个供应链用户价值，打造完整、高效的"交易+物流+金融"供应链共享经济生态圈。

整合性平台的功能主要包含以下几个方面：

（1）运营中心后台功能。运营后台是运营中心应用的管理平台，对运营中心不同岗位的人员提供支持，如对客服、营销、金融、商城、风控等岗位人员，提供会员审核、业务监控、业务审核、业务查询、数据分析等方面应用。

（2）多模式运力交易功能。提供竞价、抢单个性服务，实现运力高效配置、运输资源共享，促进货源、车源和物流服务等信息的高效匹配，有效降低运输车辆空驶率，优化社会物流资源配置，对降低行业物流成本起到积极推动作用。

（3）运输全流程可视化管理功能。满足客户全程物流动态跟踪的需求，实现运输全流程可视化管理，提供了覆盖物流全过程的跟踪服务，可向用户展示车辆的实时定位和运输历史轨迹跟踪，通过可视化管理进而实现路径优化，为物流企业提升物流效率、降低物流成本，对动态货物做到实时监管、风险控制。

（4）统一结算支付功能。在结算服务中，平台通过与中信银行合作建立主子账号，主要通过 2B、2C 的支付方式进行结算，提供结算支付相关的功能主要有资金账户查询、出入金审核、业务单据查询、费用单据管理、账单对账管理、账单支付管理、结算相关查询、结算基础管理等功能，实现会员对结算支付及资金管理相关的应用。其中结算基础管理可对结算周期、结算规则、账单生成模式、支付方式、服务费率等相关方案参数进行定制化设置。

（5）诚信服务评价功能。平台将建立一套完善的客户诚信评价体系，客户的诚信积分来自交易数据的积累，客户诚信等级可影响信用金额度、平台融资授信额等方面。

（6）BI 报表功能。BI 报表是对物流电商平台的运营情况进行报表统计和分析，如会员注册情况、车辆注册情况、运力交易情况、运费结算情况、出入金统计情况、运费保理金融统计、保险业务统计、商城销售统计等相关报表统计，报表应有灵活实用的查询过滤条件、简洁的数据表单和图表结合的直观展示方式。

20.2.2　向供应链管理型方向发展的企业组织形态

供应链服务行业在中国经济迅猛发展及全球经济一体化浪潮中应运而生、蓬勃发展，第三方供应链管理对经济发展有重要的推动作用。第三方供应链管理平台往往以供应链服务为切入点，将供应链上下游有效协同并进行各环节管理和流程优化，促进供应链整体降本增效。在我国刚加入 WTO 时，企业供应链管理水平普遍较低，第三方平台通过供应链服务赋能，大大提高了中小企业效率，推动了相关行业的协同整合以及标准化、信息化建设，为我国经济发展做出了重要贡献。尤其在新冠肺炎疫情中，以深圳市怡亚通供应链股份有限公司（以下简称"怡亚通"）为代表的供应链创新与应用试点企业发挥一体化供应链服务平台优势，保障市场供应，推动复工复产，充分显示了现代供应链管理的力量。

1. 供应链管理型企业组织形态产生发展的背景

（1）"双循环"新发展格局下的产业升级更加迫切

伴随着国内外经济社会环境的变化和今年新冠肺炎疫情的冲击，中国经济供需结构进行了重新调整和定位。政府多次强调共同维护全球产业链供应链稳定，并提出"构建国内国际双循环相互促进的新发展格局"，这既是中国经济高质量发展的内在需要，也是全球经济再平衡的客观要求。以国内大循环为主体、国内国际双循环相互促进的新发展格局下的产业趋势，将进一步扩大国内消费，重塑消费结构和消费渠道；产业结构也将进一步优化升级，"补齐短板"和"新基建"将推动新兴产业的大发展；国际合作格局和通道也将发生重大变化。

根据最新统计数据，我国产业转型速度加快，新动能处于蓬勃发展阶段。2020 年前三季度，规模以上高技术制造业、装备制造业增加值分别增长 5.9%、4.7%，均快于上半年，增势明显。2020 年 1 月以来，重大投资持续落地，以 5G 等为代表的新基建建设有序推进，截至 9 月底，中国移动已开通 5G 基站逾 35 万座，提前完成全年目标。2020 年前三季度，基础设施投资增长 0.2%，年内首次由负转正，制造业投资降幅收窄，高技术产业投资增长 9.1%，经济增长后劲强。以上数据充分表明，当前我国正处在新一轮科技革命和产业变革蓄势待发的时期，根据科技革命和产业演变规律，数字经济正是发展的趋势和潮流，下一阶段的产业将更加注重数字基建、云服务、物联网、远程链接。伴随着 5G 技术的到来，海量的原始数据会被进行高效的处理和分析，并与应用场景不断深度融合，从而带动产业链的迅速成长。

（2）供应链正由深圳走向全国，成为中国产业转型升级的必然路径

中国商务部流通业发展司原司长向欣在"2019 中国供应链高峰论坛"上表示，无论是中国经济社会的发展，还是产业转型升级，供应链都是升级的必然路径。

供应链，作为一种新兴的生产组织方式，是集物流、信息流、资金流、价值流和业务流于完整产业链上的精准连接和优化管理，以期创造最优附加值。随着全球化和互联网技术的迅速发展，打造全球供应链，实现资源、生产、服务、消费的链接，已成为经济增长的新动力所在。从国家层面看，万物互联，国家最终会演变成很多条供应链，国家与国家的竞争很大程度上便是供应链之间的竞争。在 2020 全国两会（十三届全国人大三次会议和全国政协十三届三次会议）当中特别提到"六稳六保"，保产业链保供应链，无疑是重中之重。国务院发展研究中心产业经济研究部研究室主任魏际刚认为：供应链将制造业企业内部价值链与外部价值链连接起来，可以使企业最大限度地分享外部规模经济与范围经济；同时，制造业可以借助供应链整合相关方的核心优势，从而使产业竞争优势最大化。

（3）深圳示范：供应链行业是打造全球供应链创新中心的关键战略要素

供应链可以从整个生命周期的各环节加速产业升级，促进经济高质量发展。目前，国内供应链已发展到与互联网、物联网深度融合的智能供应链新阶段。一批又一批现代化智能供应链企业的发展壮大，降低了实体经济的成本负担。据统计，目前全国供应链管理企业约 90% 集中在广东，不难看出，深圳的供应链企业在发展中不断创新和应用，极大地激活了市场经济的血脉和神经，助力深圳城市经济高质量发展。

2020 年是深圳经济特区成立 40 周年。40 年来，深圳奋力解放和发展社会生产力，大力推进科技创新，实现了由一座落后的边陲小镇到具有全球影响力的国际化大都市的历史性跨越。从三来一补的加工制造业起家，走过模仿式创新到如今原始创新的发展全程，深圳积累起了极具优势的全产业链基础。供应链是产业链的基础，供应链体系建设越完善，产业链的运行效率就越高，企业在全球价值链中的话语权就越大。深圳市怡亚通供应链股份有限公司副总裁邱普说：供应链与产业链、价值链的协同发展是产业增长的新动力。在深圳市打造全球供应链创新中心的蓝图里，供应链行业是关键的战略要素和发展推力。

深圳与深圳企业正在以先行示范区的先进模式与成功经验，加快向深圳之外输出及助力中国各地城市经济发展。以怡亚通为例，自 2018 年 12 月以来，积极推进综合商业服务平台战略，与全国各省市的政府、国企共建综合商业服务合资公司，由当地的骨干国企控股，怡亚通参股并通过向各城市输出怡亚通的商业模式、品牌、网络、管理、运营等优势

资源与能力，为产业转型升级打造新动能，助力城市经济发展。现已在广西南宁、山东济南、四川成都、河南郑州、甘肃张掖等地成立了 20 多个综合商业服务平台合资公司项目。①

2. 供应链管理型企业的运作特点

供应链管理型企业的运作模式已初具雏形，正在不断完善与创新，目前呈现出来的主要特征为：一是主要任务与目标，是提供全程一体化供应链管理服务，聚焦于企业和行业降本增效，针对客户和行业需求，提供定制化、专业化及全程的供应链服务。具体来讲，让企业专注于研发、生产核心业务，将非核心业务采购、销售、营销、分销、物流等"非核心业务"外包，由供应链管理平台整合资源，优化全程供应链各环节管理，提供一体化整体解决方案，最大限度降低成本、提升效率，构建企业竞争力。二是主要手段与运作模式。供应链管理平台依托物联网、大数据等主要手段，改善上下游供应链关系，实现产销端对端协同，推动不同产业集群，带动区域经济发展。在采购、销售、物流服务各个环节，供应链管理型企业已初步形成了一些特别的模式，比如物流环节，构建 B2B、B2C 一站式物流服务平台，为客户提供国际和国内物流、保税物流等全方位服务；在 VMI 库存管理上，聚焦产业链上生产链和销售链的核心企业，共享核心企业和供应商的库存变化和实际消耗数据，灵活制定库存补货策略，降低因预测不确定导致的商流、物流和信息流的浪费。三是服务对象。产业园、企业、政府等都可以成为供应链管理型企业的服务对象。下面具体以怡亚通的供应链创新服务平台"供应通"为例，阐述供应链管理型企业的运作特点。

怡亚通综合供应链创新管理平台"供应通"集品牌直供与营销为一体，以商店需求为中心，以 VMI（供应商管理库存）为物流基础，以互联网为工具，以平台服务为载体，建立商店集中采购及综合服务 B2B 平台。通过打造供应通平台，怡亚通得以创建一种以"互联网为工具，物流为基础，供应通为载体"的商业新生态，既可为上游品牌商和众多厂商实现快速终端覆盖及终端动销，也可为下游经销商提供一站式商品采购服务，从而提升物流效率，降低商品流通环节的运行成本。

（1）物流基础建设

"供应通"在省级平台推动物流整合、加速网络搭建；在市级平台，穷实物流基础能力，规范操作，加快仓储与配送资源的升级。平台建设重点是物流网点及基础设施的建设以及推行"供应通"战略下的供应商管理库存（VMI）模式。

VMI 物流业务运作流程分为三部分：商品的"进"、商品的"出"、商品的"库存管理"。商品的"进"：此类商品进的数量、品类等，是完全基于系统预先设定的安全库存，由系统根据现有库存数量、安全库存数量、预计销货量等数据自动匹配计算出来的，具有较强的计划性、准确性。上游厂商接到怡亚通 VMI 物流方提供的自动补货计划，迅速、准确组织商品的生产或补货；卖家在为怡亚通补货之前，先将一份"预出货计划"（ASN）提前交付给怡亚通物流，必要时进行送货前预约以便其提前做好相应收货准备。

---

①　产业转型升级在即，怡亚通力推产业供应链走进全国，和讯网，http://news.hexun.com/2020-10-27/202309210.html，2020-10-27.

商品的"出"：VMI 物流的商品出库完全遵照上游厂商的发货指令，"指哪发哪、令到必达"（双方物流系统需对接），同时怡亚通 VMI 物流还为上游厂商解决客户拒收、退货、回单问题。商品的"库存管理"：重点如下：因为所有的补货需求、货权转移结算等关键数据都是基于物流提供的数据转化而来，所以供应通 VMI 更强调库存管理数址的准确性、入出库数据更新的及时性、货物收发的准确性；对物流信息化、智能化条件要求更高，安全库存设置、低于安全库存预警、自动补货功能、相关系统的无缝对接等功能十分必要。

（2）分销基础建设

在省级平台方面分销基础建设主要包括：统筹集采中心的建立，整合内外资源，以及推动升级转型。在市级平台方面分销基础建设主要包括：强化终端拓展覆盖及维护能力，线上交易平台的终端安装及使用推广，以及区域采购资源的整合与对接。

（3）信息系统基础建设

在省级平台方面信息系统建设主要包括：统筹宣导、标准化操作培训、鼓励区域创新、推动落实执行。在市级平台方面信息系统建设主要包括：内部系统规范化操作执行、外部客户应用系统的推广、安装及推动应用。①

【专栏 20.6】
怡亚通供应链服务简介②

深圳市怡亚通供应链股份有限公司成立于 1997 年，是深圳市投资控股有限公司控股企业，中国第一家上市供应链企业（股票代码 002183），怡亚通拥有 500 余家分支机构，员工 2 万多人，2018 年业绩量近 1000 亿元，是中国供应链服务网络最大、覆盖行业最广，创新能力最强，规模最大的供应链综合服务企业，连续四年入围中国企业联合会"中国 500 强"榜单。怡亚通致力于推动供应链服务的创新发展，成为产业供需之间交易的桥梁，迄今服务网络已覆盖 320 多个国内城市及新加坡、美国等国家或地区，服务行业涵盖快速消费品（母婴、日化、食品、酒饮）、家电、通信、信息技术、医疗、终端零售等。怡亚通打造品牌商扁平渠道的连接器，同时充当客户生产计划与市场变化之间的缓冲器，服务宝洁、联合利华、GE、飞利浦等 100 多家世界 500 强及 2600 多家知名企业，全面覆盖全国 200 万家终端门店，创新"分销+营销"闭环模式推动品牌销量增长。

怡亚通先后获评"全国商贸物流标准化专项行动重点推进企业""国家首批服务型制造示范平台""国家智能化仓储物流示范基地""国家 AAAAA 物流企业""中国供应链管理最佳创新企业""21 世纪中国最佳商业模式"等荣誉资质。

① 邱普，黄克，樊年丰. 深圳市怡亚通供应链股份有限公司：综合供应链创新服务平台"供应通". PH中国供应链发展报告，2017（11）：244-245.
② 资料来源：怡亚通官网. http：//www. eascs. com/index. php？ m＝page&a＝index&id＝6.

小　结

本章对物流产业的未来组织形态进行了详细阐述与分析，主要内容包括两个方面：第一方面是物流产业未来的发展趋势，详细分析了快递业迈入融通变革 3.0 阶段，电子商务持续推动快递业高速增长，物流产业与制造业、农业、流通业进一步融合，物流产业与金融业的融合领域不断拓展、融合模式不断创新，物流业网络化，技术创新成为物流产业发展的重要引擎六个方向的发展趋势；第二方面是物流产业未来的组织形态，主要分析了向整合性平台方向发展和向供应链管理型方向发展的两种组织形态。

思　考　题

1. 快递业发展的融通变革 3.0 阶段具有什么特点？
2. 物流产业与制造业的融合发展主要体现在哪些领域？
3. 物流产业与农业的融合发展主要体现在哪些领域？
4. 为什么说信息化技术是现代物流产业与金融业融合发展的催化剂？
5. 为什么说技术创新将成为物流产业发展的重要引擎？
6. 物流产业的整合主要分成哪三个方向？
7. 供应链管理型企业组织形态产生发展的背景是什么？

【案例分析】

向供应链一体化服务的转型发展与实践①

成立于 1989 年的中国诚通供应链服务有限公司（以下简称"中国诚通"），是在"中国金属材料西北一级站""中国黑色金属材料总公司西北公司"的基础上进行企业深化改革而来。30 多年，公司从计划经济体制中负责计划、调拨、分配，成功转型到市场经济环境下的自主经营、自负盈亏，再转型到集"贸易、仓储、加工、配送、运输"多业态、全流程供应链一体化服务商。

不断深刻总结国资国企改革发展步伐，中国诚通快速深入推进、上级集团资本运营试点和推进"园区+"战略，坚持"改革、调整、创新"的原则，秉承"诚信、规范、创新、高效"发展经营理念，坚持"为客户创造价值"的服务理念，始终贯彻"准确识别客户需求、及时满足客户需求、以创新理念引领客户需求"的经营方针，以"专业的服务理念、成熟的服务流程、贴切的服务手段，热情的服务态度"，不断改进现有的服务设施和服务手段，完善服务内容，持续提升服务系统保障能力，在实践中探索出了通过为客户创造价值来实现企业价值发展之路。

转型升级过程中，中国诚通着重明确在市场中的定位，确定发展方向，不断强化

---

① 资料来源：中国物流产业网．https：//www.xd56b.com/media/detail/Di4d，2020-11-23.

核心竞争力，向"发展成为具有行业影响力的供应链一体化服务提供商"目标转型发展。

一、不断拓展新业务。建设钢材加工配送中心，依托区域产业布局，进一步强化与制造业联动发展，不断提高加工及物流服务水平，创新服务模式。做强做优汽车产业相关物流业务，大力发展生产企业原材料的加工配送；同时拓展汽车零部件、轮胎、发动机等仓储、配送服务，增强对汽车产业的配套服务能力；以创新的服务模式抢抓汽车产业优质客户、优质业务，切实提高公司的业务服务能力，进入现有客户的生产物流环节，高效匹配客户需求；大宗物资与装备制造供应链管理方面，加强与黑色金属、有色金属等生产厂家的合作，围绕汽车、家电、装备制造等领域，为大客户提供供应链服务，在管控好风险的前提下，发挥公司加工、配送、仓储、运输一体化模式。

二、积极探索新业态。在国资国企改革快速深入推进、上级集团资本运营试点和推进"园区+"战略的背景下，中国诚通顺应潮流，加快改革步伐。积极开展干线运输业务、筹划酒类等快消品仓储物流业务、探索开展第三方汽车物流和综合型汽车物流业务，打造从生产前端的原材料、汽车零配件仓储、加工、运输服务到中间生产物流，再到产成品仓储和成品运输物流服务。依托区域产业布局，对汽车、装备制造产业链条进行全面梳理，结合物流园区建设，构建数字化供应链物流仓储网络服务平台，通过现代智能物流和智能仓储管理系统，实现数字化管理，利用平台优势，为不同客户提供便捷、高效的运输仓储服务，实现合作共赢。

三、推进传统物流向现代物流转型。加强成本、费用核算，精细分析总体物流收入、成本在企业的实际发展过程的影响程度，高度关注物流运行效率，然后做出正确的决定。中国诚通建立独立的物流管理部门和运营管理部，协同、专业处理公司的物流管理、运营工作，通过对物流管理、运营各要素的完善促进发展，对各要素的成本进行优化。结合企业的长期战略规划，把物流管理贯穿于整个企业的所有业务活动，积极应对新的发展环境，建立与企业发展相适应的新型现代物流配送中心，全面满足客户的配送需求。这些投资将不可避免地增加企业的物流成本，但如果这些要素投入被放置在整个公司的各个业务单元，可以极大地优化企业的物流效率，实现物流效益的提高和企业的持续发展。

四、通过物流外包降低物流成本，提高物流运营水平。选择部分物流相关业务外包给三方物流企业，减轻了公司资产投入压力，降低了人员管理难度，提高了为客户服务水平。工作重心转移到核心业务开发维护上，在管理、运营方面提高公司的竞争力，积极促进优化公司的生产、业务研发和创新。为了在外包过程中获得可观的收益，公司提出要做好三个方面的工作：一是与第三方提供物流服务的物流公司保持积极良好的合作关系。二是建立科学的评价标准，对供应商的绩效进行评估。清晰提出公司的服务要求，制定并执行完善的公司运营指引，有效规范相关员工的工作行为。三是注重良好的沟通，为公司发展建立畅通的沟通渠道，及时有效地解决业务运营中可能存在的一些潜在问题。

五、积极推进人才队伍建设、企业文化建设。持续加强人才储备，组建专业团队，不断完善岗位任职要求和职责，充分利用劳动力资源，达到科学、满负荷的工作要求。加大人才培养力度，力推并强化"学习型组织"作用，不断完善人才考核与激励机制，按照"职务能上能下，人员能进能出，收入能多能少"的原则全面深化人事、用工和分配三项制度，充分发挥工资分配的激励作用。打造具有特色的公司文化，从思想上解决进取心、带队伍意识和全局意识问题；注重标准化和程序化管理，解决责任心问题；加强企业文化宣传力度，充分发挥现有宣传媒体的导向作用，传播企业文化理念；通过对公司视觉识别系统、管理制度以及企业文化理念的整理，建立完善符合上级公司要求、反映公司精神面貌的文化体系。

案例思考题

1. 中国诚通是如何推进传统物流向现代物流转型的？
2. 中国诚通是如何提供供应链一体化服务的？
3. 中国诚通的供应链一体化服务带来了什么效益？

参 考 文 献

［1］ 骆宏．供应链系统下的企业物流管理研究．中国电子商务，2012，31（5）：116-116.

［2］ 葛存山．供应链管理环境下物流管理的一体化．中国博硕论文数据库，2003.

［3］ 袁邢君．试论供应链管理环境下的物流管理．物流工程与管理，2014（9）：55-56.

［4］ 朴惠淑，王培东．企业物流管理．大连：大连海事大学出版社，2015.

［5］ 上海现代物流人才培训中心．代物流管理．上海：上海人民出版社，2002.

［6］ 迈克尔·波特．竞争优势．北京：华夏出版社，1985.

［7］ Ballou Ronald H. 企业物流管理—供应链的规划、组织和控制．北京：机械工业出版社，2002.

［8］ 鲍辛中．物流运营管理．北京：中国物资出版社，2014.

［9］ 汝宜红．物流学导论．北京：清华大学出版社，2004.

［10］ 孙学琴，梁军．物流中心运作管理．北京：机械工业出版社，2004.

［11］ 杨海荣．现代物流系统与管理．北京：北京邮电大学出版社，2003.

［12］ 李思师．现代物流管理的发展趋势与策略．经营与管理，2017（10）：136-138.

［13］ 王槐林．物流资源计划（LRP）的原理及其应用．华中理工大学学报，1999，27（6）：107-109.

［14］ 马慧，杨一平．管理信息系统．北京：清华大学出版社，2010.

［15］ 夏文汇．物流战略管理．成都：西南财经大学出版社，2006.

［16］ 赵旭，刘进平．物流战略管理．北京：中国人民大学出版社，2015.

［17］ 徐冠杰，原前图．德国铁老大的物流演义．环球供应链，2006，000（003）：71-73.

［18］ 郭晓帅，卫欢乐，张倩．我国物流企业组织结构设置的思考．现代商业，2016（35）：92-93.

［19］ 陈媛媛．大数据时代物流企业面临的机遇与挑战分析．读书文摘，2017，（11）：124.

［20］ 赵俊卿．试论大数据时代下物流行业的发展．商情，2016，000（049）：84.

［21］ 范碧霞，饶欣．物流与供应链管理．上海：上海财经大学出版社，2016.

［22］ 迈克尔·波特．政府与国家竞争优势．理论参考，2002（7）：4-6.

［23］ 周祖军．找准定位，做到卓越．物流时代，2004，000（024）：30-30.

［24］ 李英杰，苏薇．准时生产模式下的物流体系研究．中国市场，2006，000（025）：5，54-56.

［25］ 赵皎云．浙江联华：打造先进物流系统赋能新零售．物流技术与应用，2019，024（004）：98-102.

[26] 韩丹丹，赵召华，梁海军．物流产业集聚及其产业发展研究．北京：中国纺织出版社，2018（7）：20-21．

[27] 韩丹丹，赵召华，梁海军．物流产业集聚及其产业发展研究．北京：中国纺织出版社，2018（7）：26-27．

[28] 魏继刚．中国物流业发展的现状、问题与趋势．北京交通大学学报（社会科学版），2019，18（01）．

[29] 中国物流学会．中国物流园区发展：历史、现状和未来．2012-12-17．

[30] 中国物流与采购联合会，中国物流学会．第五次全国物流园区（基地）调查报告（2018）．2018-07-27．

[31] 国家邮政局发展研究中心．中国快递行业发展研究报告（2019—2020年）．2020-06-18．

[32] 前瞻产业研究院．2019年中国快递行业市场现状及发展趋势分析—行业整合趋势下有望出现寡头垄断格局．2019-08-29．

[33] 国家邮政局发展研究中心．中国快递行业发展研究报告（2019—2020年），2020-06-18．

[34] 矫利艳，王秀繁．现代金融业与物流业融合发展探讨．商业经济研究，2019，（18）：101-103．

[35] 刘志学．现代物流手册．北京：中国物资出版社，2001．

[36] 邱普，黄克，樊年丰．深圳市怡亚通供应链股份有限公司：综合供应链创新服务平台"供应通"．中国供应链发展报告，2017（11）：244-245．

[37] 通创物流咨询有限公司课题组．中国物流园区发展模式．北京：中国物资出版社，2004．

[38] 王之泰．现代物流管理．北京：中国工人出版社，2001：128．

[39] 汪鸣．关于我国物流园区的发展问题思考．中国物流联盟网，2004-02-27．

[40] 范振宇．建设物流基地发展物流产业．国外公路，2001（4）：54．

[41] 周骞，杨涛，刘鹏飞．物流园区规划的若干问题探讨．长沙交通学院学报，2003（1）．

[42] 何明珂．物流系统论．北京：中国审计出版社，2001：319．

[43] 国务院发展研究中心物流产业发展政策赴欧考察团．政府与行业协会在物流产业发展中的作用．中国物资流通，2001（10）：10．

[44] 施李华．物流战略．北京：对外经济贸易大学出版社，2004．

[45] 牛鱼龙．世界物流经典案例．深圳：海天出版社，2003．

[46] 崔立新．服务质量评价模型．北京：经济日报出版社，2003．

[47] A. 佩恩．服务营销精要．北京：中信出版社，2003．

[48] 汪纯孝，蔡浩然．服务营销与服务质量管理．广州：中山大学出版社，1996．

[49] 杨俊等．服务补救运作策略研究．企业活力，2003，（1）．

[50] 梁晨．如何进行物流服务管理．北京：北京大学出版社，2004．

[51] 唐纳德 J. 鲍尔索克斯，戴维 J. 克劳斯．林国龙，宋柏，沙梅译．物流管理——供

应链过程的一体化. 北京：机械工业出版社, 1999.

[52] 郝渊晓. 现代物流管理学. 广州：中山大学出版社, 2001.

[53] John coyle, Edwardbardi, John Langley. 企业物流管理, 北京：电子工业出版社, 2003.

[54] 真虹, 张婕妹. 物流企业仓储管理与实务. 北京：中国物资出版社, 2004.

[55] 腾宝红, 葛春华. 仓储物流流程控制与管理. 北京：中国物资出版社, 2005.

[56] 彭彦平, 王晓敏. 物流与包装技术, 中国轻工业出版社, 2004.

[57] 吴清一. 物流系统工程. 北京：中国物资出版社, 2004.

[58] 王槐林, 刘明菲. 物流管理学. 武汉：武汉大学出版社, 2002.

[59] 戳守峰. 物流管理新论. 北京：科学出版社, 2004.

[60] 翁心刚. 物流管理基础. 北京：中国物资出版社, 2002.

[61] 夏春玉. 现代物流概论. 北京：首都经济贸易大学出版社, 2004.

[62] 叶怀珍. 现代物流学. 北京：高等教育出版社, 2003.

[63] 毛禹忠. 物流管理. 北京：机械工业出版社, 2004.

[64] 海峰, 张丽立. 物流企业竞争的关节点. 中国物流与采购, 2002 (23).

[65] 唐纳德 J. 鲍尔索克斯, 戴维 J. 克劳斯, M. 比克斯比. 库珀. 供应链物流管理. 李习文, 王增东, 译. 北京：机械工业出版社, 2004.

[66] 汪鸣, 冯浩. 我国物流业发展政策研究. 北京：中国计划出版社, 2002.

[67] 詹姆斯. C. 约翰逊, 唐纳德. F. 伍德. 张敏译. 现代物流学. 北京：社会科学文献出版社, 2003.

[68] 徐克林. 物流工作与管理. 上海：上海交通大学出版社, 2003.

[69] 王槐林, 凌大荣, 刘志学等. 物资资源配置技术. 北京：中国物资出版社, 1998.

[70] 裴少峰, 翟书斌, 曹利强, 杨树旺, 刘邦成. 现代物流技术学. 广东：中山大学出版社, 2001.

[71] 李长江. 物流中心设计与运作. 北京：中国物资出版社, 2002.

[72] 海峰, 胡娟. 第四方物流在中国发展的障碍. 物流技术, 2005 (1).

[73] 宋华. 物流供应链管理机制与发展. 北京：经济管理出版社, 2002.

[74] 董千里. 高级物流学. 北京：人民交通出版社, 2001.

[75] 崔介何. 物流学. 北京：北京大学出版社, 2003.

[76] 卢川. 国外物流中心建设的一些经验和做法. 湖南大学学报（社会科学版）, 2002, 16 (3).

[77] 白世贞等. 现代配送管理. 北京：中国物资出版社, 2005.

[78] 宋玉. 仓储实务. 北京：对外经济贸易大学出版社, 2004.

[79] 刘昌祺. 物流配送中心-拣货系统选择与设计. 北京：机械工业出版社, 2005.

[80] 俞仲文等. 物流配送技术与实务. 北京：人民交通出版社, 2001.

[81] 鲍新中等. 物流运营管理体系规划. 北京：中国物资出版社, 2004.

[82] 鲍尔索克斯等. 供应链物流管理. 北京：机械工业出版社, 2004.

[83] 程国权等. 物流设施规划与设计. 北京：中国物资出版社, 2003.

［84］ 中国物流年鉴.北京：中国物资出版社，2002.

［85］ 柏杰等.神龙汽车有限公司物流技术应用.工业工程与管理，2004.2.

［86］ 杨树乾，吴群琪.物流服务模式分类新探.综合运输，2007（02）：45-47.

［87］ Allenby G，Fennell G，Bemmaor A，Bhargava V，Christen F，Dawley J，Sawyer A. Market segmentation research：beyond within and across group differences. Marketing Letters，2002，13（3）：233-243.

［88］ Haley R I. Benefit segmentation：A decision-oriented research tool. Journal of marketing，1968，32（3）：30-35.

［89］ Sellers J，Hughes A M. RFM migration analysis：A new approach to a proven technique. Database Marketing Institute，2004.

［90］ Long M M，Schiffman L G. Consumption values and relationships：segmenting the market for frequency programs. Journal of consumer marketing，2000.

［91］ Mentzer J T，Gomes R，Krapfel R E. Physical distribution service：a fundamental marketing concept？. Journal of the academy of marketing science，1989，17（1）：53-62.

［92］ Smith W R. Product differentiation and market segmentation as alternative marketing strategies. Journal of marketing，1956，21（1）：3-8.

［93］ Zeithaml V A，Parasuraman A，& Berry L L. Problems and strategies in services marketing. Journal of marketing，1985，49（2）：33-46.

［94］ Withers，Barbara，Ebrahimpour，Maling. Does ISO9000 Certification Affect the Dimensions of Quality Used for Competitive Advantage. European Management Journal. 2000，18（4）：431-443.

［95］ Blanding W. Hidden Costs of Customer Service Management. Washington：D. C Marketing Publications，1974.

［96］ James L. Heskett. Controlling Customer Logistics Service . International Journal of Physical Distribution & Logistics Management 24，1994（4）：4.

［97］ Gronroos C A Service Quality Model and Its Marketing Implications. European Journal of Marketing，1984（4）.

［98］ Smith B T. Focus Forecasting and DRP：Logistics Tools of the Twenty-First Century. New York：Vantage Press，1991.

［99］ Martin A J. Distribution Resource Planning. Englewood Cliff：Prentice Hall，1983.

有关网站

［1］ 胡松评.沃尔玛物流——零售业物流典范.www. 21tb. com.

［2］ 中国技术创新广东省信息网.www. gdtg. com. cn.

［3］ AMT 研究院.周祖军.定位：物流企业的首要抉择.www. amteam. org/docs/bpwebsite. asp.

［4］ www. chinabig. com.

［5］ 物流市场力拼赢利模式 . www. chinapostnews. com. cn.

［6］ "一流三网"海尔独特的现代物流 . http：//learning. 21cn. com.

［7］ 物流信息系统助沃尔玛腾飞 . www. dlzhifeng. com.

［8］ 海尔现代物流系统建设 . www. jctrans. com.

［9］ http：//www. 56net. com/56net/news/wlzx/wlal/9-31. htm.

［10］ 山西省人民政府 . 山西推动快递业与制造业深度融合 . http：//www. shanxi. gov. cn/
yw/sxyw/202008/t20200805_837702. shtml，2020-08-05.

［11］ 国家发展改革委，中国物流与采购联合会 . 2017 年全国物流运行情况通报 . http：//
www. chinawuliu. com. cn/xsyj/201802/06/328614. shtml，2018-02-06.

［12］ 国家发展改革委，中国物流与采购联合会 . 2018 年全国物流运行情况通报 . http：//
www. chinawuliu. com. cn/lhhzq/201903/23/339377. shtml，2019-03-23.

［13］ 国家发展改革委，中国物流与采购联合会 . 2019 年全国物流运行情况通报 . http：//
www. chinawuliu. com. cn/lhhzq/202004/20/499790. shtml，2020-04-20.

［14］ 中华人民共和国中央人民政府 . 国务院关于印发物流业发展中长期规划（2014—
2020 年）的通知 . https：//www. gov. cn/，2014-10-04.

［15］ 东北证券 . 快递行业迈入融通变革 3. 0 阶段 . 亿欧网 https：//legacy. iyiou. com/p/
105984. html，2019-07-19.

［16］ 国家发展改革委等十三部门 . 关于印发《推动物流业制造业深度融合创新发展实施
方案》的通知 . 中华人民共和国中央人民政府网站 . http：//www. gov. cn/zhengce/
zhengceku/2020-09/09/content_5541919. htm，2020-09-09.

［17］ 中华人民共和国交通运输部政府信息公开专栏，http：//xxgk. mot. gov. cn/jigou/
ysfws/201908/t20190819_3239332. html，2019-08-19.

［18］ 产业转型升级在即，怡亚通力推产业供应链走进全国 . 和讯网 http：//
news. hexun. com/2020-10-27/202309210. html，2020-10-27.

［19］ 怡亚通官网 . http：//www. eascs. com/index. php？m＝page&a＝index&id＝6.

［20］ 中国物流产业网 . https：//www. xd56b. com/media/detail/Di4d，2020-11-23.

［21］ Basenton Logistics. The characteristics of Modern logistics［Online］. Available from：
https：//www. basenton. com/NEWS/Company-News/the-characteristics-of-modern-logistics-
enterprise. html［Accessed in 2020］.

［22］ 中国物流与采购网 . www. chinawuliu. com. cn.

［23］ http：//www. sthea. com. cn.

［24］ http：//www. china-logistics. net.

［25］ http：//www. 51one. net.

［26］ 吴南云《粤港信息日报》http：//www. gd-hk. deyin. com.

［27］ 降低物流成本的途径 . 中国第三方物流网 . 2004-08-02.

［28］ http：//www. 56156. com.

［29］ http：//learning. 21cn. com.

［30］ www. amteam. org/docs/bpwebsite. asp.

［31］ http：//www. jctrans. com/luntan/topic. asp？ topicid＝18902&topictype＝11.

［32］ 上海联华超市的供应链管理 http：//www. bj-tofi. com，2004. 11.

［33］ 中远集团：努力实现物流、商流、信息流一体化. 中国物流传播网，http：//
www. china56cb. com. cn，2006. 3.

［34］ 海尔现代物流创造的奇迹——对发展我国物流产业的调查与思考之一. http：//
www. pkualliance. com，2002. 9.

［35］ UPS 新变：跨国商业模式的新玩法. http：//www. zjport. gov. cn，2006. 12.

［36］ 沃尔玛物流配送体系. http：//chain. bosslink. com，2006. 2.

［37］ 联华生鲜食品加工配送中心案例. http：//www. jctrans. com，2006，5.

［38］ 百度文库. https：//wenku. baidu. com/view/eccfa754178884868762caaedd3383c4ba4
cb455. html，2020-09-07.

［39］ 中国产业信息. http：//www. chyxx. com/industry/201807/655269. html，2018-07-04.

［40］ 前瞻产业研究院. https：//www. qianzhan. com/analyst/detail/220/191106-bfe3f7be.
html，2019-11-07.

［41］ 前瞻产业研究院. https：//www. sohu. com/a/156506493_473133，2017-07-12.

［42］ 第 e 物流. https：//www. sohu. com/a/150850000_505913，2017-06-21.

［43］ 前瞻产业研究院. https：//www. sohu. com/a/315980107_99922905，2019-05-23.

［44］ 嘉诚国际物流. http：//field. 10jqka. com. cn/20190215/c609718141. shtml，2019-
02-15.

［45］ 鲸贝传媒. https：//www. sohu. com/a/391638466_120086456，2020-04-27.

［46］ 物流网. https：//info. 10000link. com/newsdetail. aspx？ doc＝2010072390068，2010-
07-23.